二十四史研究資料叢刊

校刊史記集解索隱正義札記

上册

〔清〕張文虎 撰

中華書局

圖書在版編目(CIP)數據

校刊史記集解索隱正義札記/(清)張文虎撰. -2版. —北京:中華書局,2012.3(2023.7 重印)
(二十四史研究資料叢刊)
ISBN 978-7-101-08189-3

Ⅰ.校… Ⅱ.張… Ⅲ.①史記-校勘②中國歷史:古代史-考訂 Ⅳ.K207

中國版本圖書館 CIP 數據核字(2011)第 186429 號

責任編輯:魯 明
責任印製:管 斌

二十四史研究資料叢刊
校刊史記集解索隱正義札記
〔清〕張文虎 撰

*

中 華 書 局 出 版 發 行
(北京市豐臺區太平橋西里 38 號 100073)
http://www.zhbc.com.cn
E-mail:zhbc@zhbc.com.cn
北京建宏印刷有限公司印刷

*

850×1168 毫米 1/32 · 23⅞印張 · 4 插頁 · 493 千字
1977 年 8 月第 1 版 2012 年 3 月第 2 版
2023 年 7 月第 3 次印刷
印數:2001-2500 册 定價:98.00 元

ISBN 978-7-101-08189-3

出版说明

《校刊史记集解索隐正义札记》五卷，清末张文虎撰。张文虎（一八〇八——一八八五年）字孟彪，又字啸山，江苏南汇人。他长期从事训诂、历法、乐律的研究和古书校勘工作，曾为钱熙祚校刻《守山阁丛书》及《小万卷楼丛书》，后来又在金陵书局校勘《史记》。除了《札记》，他的著作还有《舒艺室随笔》、《续笔》、《余笔》和《杂著》。另有《春秋朔闰考》和《古今乐律考》，没有刊行，原稿散失。

金陵书局校刊《史记》，开始于同治五年（一八六六年），先由唐仁寿用周学濬过录的钱泰吉校本覆校付刻，次年张文虎才参加了这一工作。同治九年（一八七〇年），全书毕功。由于这个校本是参酌众本，择善而从，所以张文虎另写了《札记》五卷，说明用以互校的各本异文及去取理由。《札记》对异文的是非有所判断，并吸取了一些前人的校订成果（采用较多的是梁玉绳《史记志疑》和王念孙《读书杂识》），这是它的长处；但也有失于琐细的地方，如列举通用字、异体字，这些都是意义不大的。

我们出版的点校本《史记》，即以张校金陵书局刻本为底本，用方圆括号改字之处，也主要依据张文虎的校勘成果。现将《札记》整理印出，这样不但我们在点校本中所作改动的理由可以一目了然，而且对于研究《史记》、持有其他版本的读者，也同样具有参考价值。

为了便于对照检查，每条都注明了点校本的页数、行数。如卷一「五帝本纪第一」条下的〔一·二〕，系指点校本第一页第二行。十表，标注了格和栏（我们把表的横行称为格，直行称为栏）。如卷三《三代世表》「号有熊」条下的〔四八八·一·二〕，系指点校本四八八页第一格第二栏。凡点校本移动了底本次序的（如三家注序，原在《五帝本纪》之前，点校本移置书末），《札记》中也作了相应调整。此外，还增编了目录。

整理过程中，承吴则虞同志惠借所藏张文虎批校金陵书局本《史记》，我们用它校正了《札记》的一些版刻错误，并补入几条校记。又据《舒艺室续笔》增添了《扁鹊仓公列传》校记四十条，均已分别注明。还有个别校记是我们新加的，附注〔增〕字，以资识别。

中华书局编辑部

校刊史記集解索隱正義札記目錄

校刊史記集解索隱正義札記卷一　本紀

常熟毛晉刻集解本云據宋板，今刊集解多據此。

毛刻單行本索隱云據北宋祕省大字刊本。今刊索隱多據此，省稱「索隱本」。

明震澤王延喆翻宋合刻集解索隱正義本今刊正義多據此。

舊刻本上海郁氏藏本。字形古樸，雜採集解、索隱頗略，似元明閒刊本，無序跋年月，卷尾多缺壞，蓋書估去之以充宋本，今不敢定，祇稱「舊刻本」。

明豐城游明刻本獨山莫子偲大令友芝藏本。有集解、索隱述贊，首有董浦序，蓋其本自中統出。

明金臺汪諒刻本云據舊本，有集解、索隱、正義，首有嘉靖四年費懋中序。以柯維熊所校，世稱「柯本」。

明吳興凌稚隆刻本有集解、索隱、正義，云以宋本與汪本字字詳對，有不合者又以他善本參之。

北宋本諸城劉燕庭方伯喜海所藏。集宋殘本之一。但有集解，「桓」字不避，知爲北宋刊本。此下並據嘉興錢警石學博泰吉校錄本。

宋本集宋殘本之二。但有集解，「桓」字「愼」字不避，蓋亦南宋以前刊本，今統稱「宋本」以爲別。

南宋本集宋殘本之三。有集解、索隱，「桓」字「愼」字避缺。

南宋建安蔡夢弼刻本集宋殘本之四。有集解、索隱述贊，卷後題「建安蔡夢弼謹案京蜀諸本校理梓寘於東塾」。詳見嘉定錢氏十駕齋養新錄及昭文張氏愛日精廬藏書志。

元中統本有集解、索隱述贊，首有「中統二年校理」，董浦序稱「平陽道參幕段子成刊行」，蓋當宋理宗景定時。

明南雍本有集解、索隱、正義，多删削。

明秦藩刻本莫大令藏本。有集解、索隱、正義，首有嘉靖十三年秦藩鑒抑道人序，大致同王本。

錢唐汪小米舍人遠孫校宋本

海寧吳子撰春照校柯本

乾隆四年經史館校刊本今稱「官本」。

五帝本紀第一（史記卷一）

五帝本紀第一〔一·三〕宋本、游本、王本每卷首行並小題在上，大題在下，今從之。柯本亦小題在上，而大題即注小題之下，云史記卷之幾，蓋以意爲之。（案：中華本均大題在前，云史記卷幾，小題在後。）

集解凡是云云〔一·三〕毛本此注在大題下，今依合刻本式。

索隱紀者云云〔一·三〕單本此注在小題下，今從合刻本式。

正義鄭玄云云至故曰五帝本紀第一〔一·四〕以索隱例推之，此注亦當在首行小題下，今依合刻本式。

禮云至故云史記也〔一·九〕此注當在大題下，而合刻本並連上注，仍其舊。

徇齊〔一·一二〕「徇」羣書治要、説文繫傳引並作「侚」，與集解訓疾義合。然如索隱所云，則相承作「徇」久矣。

黄帝者正義亭亭在牟陰〔三·六〕官本有「亭亭」二字。

少典索隱生黄帝〔三·八〕「生」上原衍「而」字，依國語删。

㠯征〔三·一一〕「㠯」字各本皆同，班馬字類亦引之，蓋古字之僅存者，而它處多作「以」，不能改歸一例。後凡字體雜出者，放此。（案：中華本「㠯」均改「以」。）

蓺五種〔三·一三〕舊刻本、游本、毛本並作「藝」，索隱本作「蓻」，蓋後人所改。

遂禽殺蚩尤〔三·一四〕治要引作「乃殺蚩尤」。

神農氏正義山東有石穴曰神農生於厲鄉〔四·四〕疑有脱誤。續漢郡國志南陽郡隨注引荆州記曰「縣北界有重山，山有一穴，云是神農所生」。（案：太平御覽七十八引荆州圖記云「永陽縣西北二百三十里厲鄉，山東有石穴。昔神農生於厲鄉，禮所謂烈山氏也。後春秋時爲厲國。穴高三十丈，長二百丈，謂之神農穴」。括地志所本。荆州記前數語，亦微有省脱。而「曰」當作「昔」，則信而有徵，今據改。）

蚩尤正義銅頭〔四·九〕「頭」字吴增，與官本合。

石子〔四·九〕二字吴增。

造立〔四·九〕原作「五」，吴改。

不慈仁〔四·一〇〕三字吳增。

欲令〔四·一〇〕原譌「欽命」，吳改。

信神〔四·一一〕二字吳增。

制伏〔四·一一〕「制」字吳補。

帝因使之主兵以制八方〔四·一一〕十字吳增。

沒後〔四·一一〕「沒」字吳補。

天下咸謂〔四·一一〕「天下」吳增。

萬邦〔四·一三〕二字吳增。

弭服〔四·一三〕原作「殄滅」，吳改。　以上吳校本並與太平御覽七十九引龍魚河圖合。

蓺五種索隱戎菽〔四·一七〕官本有「菽」字，各本並脫。

遂禽殺蚩尤集解高七丈〔五·一四〕御覽七十九引皇覽作「尺」。

披山通道集解音詖陂者〔六·三〕各本「音」字譌「爲」，「陂」字譌「詖」，依金壇段氏說文注改。案：舜紀「披九山」，正義披音皮義反，謂旁其山邊以通，即本裴。

勞勤〔六·九〕中統、游本、冊府元龜五十六引作「勤勞」。

丸山正義案地志〔六·一三〕「案」字譌「括」，今正。

雞頭正義福祿〔六·一〇〕二字原倒，依趙世家正義乙。

平高〔七·三〕原譌「陽」，汪改，與元和郡縣志合。

熊湘正義上洛〔七·五〕「上」字依四庫全書考證增。

風后正義圖二卷〔八·八〕「二」原譌「三」，依漢志改。此類筆畫之譌，後徑改，不復記。

蟲蛾索隱一作豸豸〔九·一〕此下失音，合刻本以爲複衍而删下「豸」字，誤。（按：中華本下「豸」字加圓括弧，以此下失音也。）

其得姓者十四人索隱儇〔九·一五〕儇，姓，在宣反，與「嬛」音義迥別，各本並譌从「女」，依天聖明道本國語改。

西陵〔一〇·一〕雜志云：「下脫『氏』字。」案：中統、舊刻、游本並作「西林」。

有聖悳〔一〇·三〕宋本。

若水索隱言帝子爲諸侯降居江水〔一一·三〕下當有「若水」二字。

橋山索隱陽周〔一一·一一〕原誤「同陽」，考證改。

帝顓頊高陽者〔一一·一四〕案：史記篇自爲卷，脈絡相貫，後人取便簡閱，中斷提行，然亦有改之未盡者，舊刻毛本此紀「帝堯」接「帝嚳」，不提行，是其迹也。他合傳亦有類是者，今概不提行，以歸一例。後倣此，不復記。（案：此就金陵本言。中華本分段提行，與金陵本不同。）

靜淵以有謀〔一一·一四〕汪云後漢書馮衍傳引作「沈深而有謀」。

制義〔一·三〕「制」，淩本依正義作「剬」，剬制音義絶不通，蓋形近而譌，辨見高郵王氏史記雜志。各本並作「制」。

交阯〔一·六〕宋本、舊刻、毛本並同。

西至〔一·六〕雜志云本作「西濟」，正義濟，渡也。治要引作「濟」。

正義居延海南甘州張掖縣東北千六十四里是〔三·一〕李將軍傳正義「南」作「在」，無「千」字。案：郡縣志甘州張掖縣，居延海在縣東北一千六百里。疑此「十四」二字即「百」字之譌。

蟠木集解東北云云〔三·三〕中統本、游本、毛本，册府元龜十八引皆無此五十一字，蓋合刻依續漢志注增。

一名神茶〔三·四〕四字汪校增。

高辛集解少昊以前〔三·八〕「以」各本並作「之」，惟舊刻作「以」，與夏本紀集解及漢書古今人表注合。

自言其名正義其母生見其神異〔四·二〕易疏引世紀作「其母不見生而神異」，御覽八十引世紀同，此疑誤。

岌〔四·二〕索隱作「㚇」，初學記引世紀同，蓋形近譌爲「岌」。

有聖德〔四·二〕「聖」字吳增。

生放勛〔四·一〕各本或作「勛」，今書作「勳」，正義云「勳亦作勛」，是張所據史本作「勳」也。下文亦作「勳」。

不善崩〔四·三〕索隱本無「崩」字，據注及正義，蓋後人妄增。

帝堯者〔五·八〕宋本無「帝」字。

放勳集解年百一十八〔五·一五〕「百」上毛本衍「一」字，各本無。

馴德索隱史記〔一六·八〕單本無二字，合刻增。

南爲〔一六·一五〕各本作「譌」，依撰異改。嘉定錢氏史記攷異、錢唐梁氏史記志疑說同。

數法索隱〔一七·八〕此注合刻皆在「日月星辰」下，今依單本。後放此，不復記。

羲仲正義春官卿〔一七·一七〕官本有「卿」字。

字微集解說文云〔一八·六〕段氏尚書撰異云衍「文」字。

中夏集解以正中夏之節〔一八·一四〕書傳「節」上有「氣」字，仲春引有。

毛毨正義毛更生曰整理〔一九·七〕與書傳合，「曰」字衍。它本作「毨理」，非。

中冬集解失之〔一九·一三〕二字依宋本補，舊刻同，多「矣」字。

氄毛集解氄毳〔一九·一四〕書傳作「耎毳」。

四嶽〔二〇·六〕舊刻「岳」。

試不可用而已〔二〇·七〕舊刻無「用」字，審經文及傳，無者是。

九歲〔二〇·八〕志疑云本作「載」。

丹朱正義丹水縣〔二〇·一一〕「水」原譌「朱」，考證改。下同。

湯湯洪水滔天浩浩懷山襄陵正義湯音商今讀如字蕩蕩廣平之貌言水奔突有所滌除地上之物爲水漂流蕩蕩然〔二一·三〕案：書傳湯湯，流貌。正義音下失義，柯、凌本遂改兩「蕩蕩」爲「湯湯」，不知蕩蕩廣平之貌十四字本孔傳文，地上之物爲水漂流蕩蕩然，亦與孔疏蕩蕩然滌除在地之物義合，不可以移釋湯湯。王本並作「蕩蕩」，不誤。惟史文及集解皆無「蕩蕩」字，疑今本有脫誤。撰異引五帝紀，張守節本云「湯湯洪水蕩蕩懷山襄陵浩浩滔天」，未知所據何本。然此注末云「言水襄上乘陵，浩浩盛大，勢若漫天」，解浩浩滔天在襄陵後，或當如段所云。

負命正義負音佩依字通〔二·七〕佩負義不通，疑作「倍」，倍與背同義。

試不可用而已正義异已已退也〔二·八〕今書傳作「异，已也。已，退也」。以孔疏證之，宜從此。

功用不成正義示不相襲也〔二·九〕「示」字吳增，與書疏合。

歲星〔二·一〇〕「歲」字吳增，與書疏合。

取禾穀一熟也〔二·一〇〕「禾」原譌「年」，吳校改。案：爾雅郭注「取禾一熟」，書疏引孫炎曰「年取米穀一熟也」，與郭義同。「米」亦「禾」之譌。

取萬物終更始也〔二·一〇〕「終始」原互誤，吳校乙，與爾雅注、書疏合。

鄙悳〔二·一三〕宋本。

衆皆言〔二·一三〕王、柯脫「言」字。

嬀汭索隱虞鄉〔二·一四〕「鄉」字吳增，與書疏合。

正義异原〔二·一六〕各本譌「泉」，依水經河水注改。（按中華本「原」徑改爲「源」。）

正月上日正義堯正建丑〔三·一〇〕「堯正」二字原脫，「丑」譌「朔」，吳校增改，與書疏合。

文祖索隱神斗〔三·二三〕單本譌「祖計」，王、柯、凌本與正義合，御覽五百三十三引帝命驗同。

正義立五府〔三·一四〕「五」字吳增。案：御覽引亦無。

五府者黃曰神斗〔三·一四〕瞽云：「正義亦當引帝命驗全文，合刻者以與索隱複而刪之。『黃曰神斗注云』六字則刪之未盡者。」

天府〔三·一五〕依索隱當作「五府」，然御覽引注云「帝者承天立五帝之府，是爲天府」，則亦可通，今仍其舊。

汁光紀〔四·一〕「汁」考證補。

揖五瑞〔四·四〕「揖」游本「輯」，集解同。

柴〔四·五〕宋本、毛本「祡」，各本「柴」。

璿璣正義竝縣璣〔四·一三〕「竝」疑誤，書疏作「蓋」。（按：中華本凡「竝」字均作「並」。）

二丈五尺〔四·一四〕原作「二尺五寸」，吳校改，與書疏合。

六宗正義五緯星〔五·三〕「緯星」原倒，吳校乙，與書疏合。

幽禜〔五·五〕經作「宗」，鄭注讀爲「禜」，書疏引亦作「禜」，柯本作「宗」，蓋依經改。下「雩禜」同。

禮比大社〔五·六〕官本與續漢志合，各本「比」譌「北」。

望于山川集解徐廣曰名山大川〔五·八〕七字各本脫，游本混在「辯于羣神」下，今移補。

班瑞正義孔文祥〔五·一三〕官本「祥」，各本譌「詳」。

同律度量衡正義漢律曆志〔二六·六〕官本有「麻」字。

合龠〔二六·一〇〕官本與漢志合，各本「合」誤「十」。

本起於黃鍾之重〔二六·一一〕官本有「重」字，與漢志合。

爲摯正義孤執〔二七·九〕二字考證據國語注增。

執鷙〔二七·九〕各本譌「鹿」，考證據國語注改。

放驩兜於崇山正義扶翼〔二九·一四〕今本神異經作「杖翼」，御覽七百九十引同。

禽獸〔二九·一五〕「禽」字考證增，與神異經合。

三危正義三峯〔二九·一六〕「三」字考證增，與後漢書西羌傳注合。

羽山正義曰云〔三〇·四〕二字當衍其一。

而崩集解皆小〔三〇·一一〕二字原誤「山」，考證據漢書劉向傳改。

正義郭緣生〔三〇·一四〕官本有「緣」字。

本漢城陽〔三〇·一四〕官本「城」，各本譌「郕」。

重華正義言其光文〔三一·三〕原譌「又」，依書傳改。

瞽叟〔三一·三〕堯典疏、御覽百三十五、元龜二十七引史文，並作「瞍」。今作「叟」，疑非。又書傳「配字曰瞍，瞍無目之稱」，今正義引並作「叟」，皆誤也。

兄弟孝慈〔三一·二〕志疑云：「與上下文不接，疑衍。」

雷澤正義龍身人頭〔三三·六〕原誤「龍首人頰」，依海內北經改。淮南子墬形訓亦作「人頭」。

陶河濱正義或耕〔三三·八〕二字吳補，與水經河水注合。

何必定陶方得爲陶也舜之陶也斯或一焉〔三三·八〕原脫上「也」字，「舜」字錯在「爲」下，考證據河水注改。

讓畔正義韓非子歷山之農〔三四·一二〕原脫「非」字、「山」字，「之」譌「云」，考證據韓非子改。

得其利〔三五·一三〕志疑云：「左傳無。依下文例，三字衍。」

使布五教〔三五·一五〕舊刻「使」作「以」。

后土集解地官〔三六·八〕原誤「也」，吳改，與左傳注合。

渾沌正義有腸直而不旋〔三七·五〕原作「有腹直短」四字，吳改增，與神異經合。

抵觸之〔三七·五〕「觸」原譌「角」，脫「之」字，吳改增，與神異經合。

則往〔三七·五〕原作「而行」，吳改，與神異經合。

北海之帝爲〔三七·六〕五字原脫，考證依莊子補。

檮杌正義豬口牙〔三七·一六〕左傳疏引無「口」字，今神異經有。御覽九百十引作「口有豬牙」。

縉雲正義字書〔三八·一〕「字」字吳增。

饕餮正義頭上〔三八·三〕原倒，吳乙，與神異經合。

奪老弱者〔三八·三〕四字吳增，與神異經合。

擊單〔三八·三〕「擊」字吳增，與神異經合。

三凶正義〔三八·四〕此條王本、柯本在「不才子」下，凌本在「饕餮」下，依文義移訂。後放此，不復記。

四門正義以賓禮衆賢也〔三八·六〕吳校補「禮」字，「賢」下删「之」字，與左傳注合。

嗟然〔三八·一五〕凌本倒誤。

歌長言〔三九·七〕「歌」舊刻、游本、毛本作「謌」，注同。宋本注亦作「謌」。

倕正義內言之官也〔三九·一四〕句上脫「龍」，又錯在「倕」下，吳徑改「內言」爲「共工」，非。

分職正義又如字〔四〇·一〕官本有「又」字。

五刑正義言得輕重之中正也〔四〇·一四〕凌脫「言」，王、柯脫「得」，依書傳補。

朱虎熊羆正義二臣名〔四一·七〕「名」譌「也」，吳校改，與書傳合。王本「二」譌「云」。

秩宗正義漢書百官表〔四一·一一〕見王莽傳。

改太常〔四一·一一〕「改」字吳增。

穉子集解穉冑聲相近〔四一·一五〕句上原衍「孔安國曰」，依撰異删。

正義長也〔四一·一五〕官本與書傳合，各本「也」誤「子」。

以歌〔四一·一六〕官本與書傳合，各本「以」誤「也」。

歌長言正義以導〔四二·三〕官本與書傳合，各本譌「蹈」。

百獸正義不音福尤反〔四二·九〕官本「不」，警云：「此集解服不氏音也。」案：各本作「下」，疑正義單本出「服不」二字，而注云「下音福尤反」，後人删其所出字而散隸史文，遂不可通，此合刻之弊也。

服不服之獸也〔四二·一〇〕官本有上「服」字，與周禮注合。

畏忌正義言已〔四二·一三〕凌本有「已」字，王、柯脱。

民各伏得其實〔四三·二〕「伏」御覽八十一引作「服」。

鳥夷正義注鳥或作㠀〔四四·四〕此四字蓋集解文，今本佚。（案：中華本凡「㠀」字皆徑改爲「島」。）

封弟正義營道〔四五·三〕「營」字依陽湖孫氏輯括地志補。

本泉陵縣〔四五·五〕「本」字原誤作「此大」二字，依水經湘水注改。

自黄帝至舜禹皆同姓正義釐音力其反姞音其吉反儇音在宣反〔四六·二〕十五字原錯在黄帝紀「其得姓者十四人」下。案：史文無「釐姞儇」三字，此爲集解作音，宜在此，今移正。「釐」原作「僖」，僖無力其反，集解本作「釐」也。「儇」亦誤从「女」，並正。

帝繫姓正義繫音奚計反〔四七·六〕此下原衍「五帝德」云云四十字，乃索隱文，官本無。

夏本紀第二（史記卷二）

文命索隱蓋古者（四九·九）中統作「質」，王本同。

正義汶山（四九·一三）王、柯「汶」譌「汝」。

茂州（四九·一三）官本「州」，各本譌「洲」。

殛鯀正義黃熊（五〇·一三）官本「熊」，各本譌「熊」，下同。

克勤其悳（五一·三）宋本。

禹傷先人父鯀功之不成受誅（五一·九）「父鯀」疑衍。御覽八十二引作「禹傷先人之功不成受誅」。

卑溼（五二·二）毛本「溼」，乇本「濕」。

乘橇集解置其泥上以通行路（五二·六）「其」字疑衍。漢書溝洫志注，御覽八十二引，並無。

入于海（五三·一四）禹貢、漢志並作「河」。

壺口集解縣之東南（五三·三）「縣」誤「懸」，下索隱同，今正。案：此條全同索隱，小司馬注本以補裴，不當相襲，蓋傳寫錯亂，今不能別，各仍之。後放此，不復記。

正義吉昌（五三·四）各本誤「常」，吳校改。警云後壺口雷首正義作「吉昌」。

在岐州（五三·四）「在」字依陽湖孫氏輯括地志增。

島夷皮服集解東北之民賦食鳥獸者〔五四·三〕書疏引鄭注「北」作「方」，「賦」作「搏」，疑此誤。

靁夏集解縣西北〔五五·三〕官本、凌本有此三字。

賦貞集解下下〔五五·八〕宋本、毛本同，書疏云貞卽下下，爲第九也。它本作「中下」，非。

漆絲集解桑蠶〔五五·九〕官本有「桑」字，與書傳合。

濟漯索隱漯陰〔五五·一二〕「漯」字考證據漢志增。

東武陽〔五五·一二〕「東」字單本脫。

堣夷〔五五·一三〕宋本，舊刻本作「堣」，本古文也。索隱本作「嵎」，蓋後人依今文改，見撰異。

厥田斥鹵〔五五·一三〕錢氏史記拾遺云：「潟斥義同，不當重出，禹貢、漢志皆無，此後人妄增。」雜志云：「集解『徐廣曰潟一作澤，又作斥』。鄭玄曰斥謂地鹹鹵。後人加『厥田斥鹵』四字，移鄭玄曰八字於下，加索隱二十二字，又於『貢鹽絺』上加『厥』字，甚謬。」撰異說同。

濰淄索隱都昌〔五六·二〕原倒，依禹貢疏引地理志及水經濰水注乙。今漢志亦誤。

正義濰山〔五六·三〕「濰」字吳補，與郡縣志合。

斥鹵索隱鹵音魯云云〔五六·六〕單本無。

萊夷索隱〔五六·一〇〕單本無。

酓絲集解中琴瑟弦〔五六·一三〕「中」下衍「爲」字，吳刪，與書傳合。

其蓺　〔五六・一四〕毛本。

夏狄　〔五六・一五〕宋本、舊刻本、毛本並作「狄」，王、柯、凌本作「翟」。

通于河　〔五六・一六〕志疑云「菏」之省。

其蓺索隱艾山　〔五七・三〕「艾」譌「汶」，考證據汶水注改。

蒙陰縣西南　〔五七・三〕「南」字吳補，與漢志合。考證說同。

東原集解今東平郡卽東原　〔五七・五〕宋本作「今東郡有東平」。

淮夷集解淮夷二水　〔五八・三〕毛本下有「名」字。

夷民也　〔五八・三〕「夷」字吳補，與書疏及釋文合。

其草惟夭其木惟喬　〔五八・八〕撰異云「其」「惟」字地理志無，後人增之。

羽旄　〔五八・九〕宋本、舊刻本「旄」，各本作「毛」。

三江索隱浦陽江　〔五八・一五〕官本有「浦」字，與釋文引韋昭合。

蕪湖縣西南東至會稽　〔五八・一六〕原作「蕪湖東北至會稽」，吳增改，與漢志合。

陽羨縣入海　〔五八・一六〕「縣」下原衍「東」字，吳刪，與漢志、書疏合。

震澤正義澤在蘇州西南　〔五九・三〕「南」字吳補。德清胡氏禹貢錐指引同。

其木惟喬集解少長曰夭喬高也　〔五九・一七〕此亦書傳文，上當有「孔安國曰」字。

三品集解銅三色也〔六〇·三〕疑句上脱「金銀」二字。

齒革羽旄集解象齒〔六〇·五〕書傳「牙」。

織貝集解細紵〔六〇·一一〕書傳作「紵」，疏云細紵布也。

織之卽成矣〔六〇·一一〕書疏引鄭注，「成」下有「文」字。

雲土夢爲治〔六〇·一六〕柯、凌本與索隱本合。錢氏三史拾遺引淳熙耿秉本同。它本作「雲夢土」。辨見撰異。

維箘簬楛〔六一·二〕毛本「簬」，它本並作「簵」。

〔增〕浮于江沱涔于漢〔六一·三〕按：漢志作「浮于江沱灊漢」，王先謙補注曰：「夏紀『灊漢』作『涔于漢』，『于』字衍，詳禹貢班義述。」中華本據删下「于」字。

南河〔六一·三〕中統、游本倒誤。

九江索隱按尋陽記九江者烏江蚌江烏白江嘉靡江沙江畎江廩江隄江箘江〔六一·九〕釋文引潯陽記，「沙」作「源」，「廩」作「累」，「隄」作「提」。

張湞九江圖所載有三里五畎烏土白蚌〔六一·九〕釋文引作「張須元緣江圖一三里，二五州，三嘉靡，四烏土，五白蚌，六白烏，七箘，八沙隄，九廩」，無「五畎」。又通典州郡門注引作「張須九江圖」，疑「須」「湞」形近而誤。釋文「元」卽「九」字之譌，而又衍「緣」字。

沱涔索隱潛出漢中安陽縣直西〔六一·一三〕案：漢志漢中郡安陽鬻谷水出西南，北入漢，此「直」字疑「南」之誤，而又錯在「西」上。

雲土夢索隱楚子濟江入于雲中（六一·一六）原作「昭王寢於雲中」，考證依左傳改。

滎播（六二·二）宋本、舊刻作「潘」，與說文合。段注謂「潘」正字，「播」假借，是也。然小司馬謂播是播溢之義，則所見史文作「播」。

瀍澗索隱瞀亭（六三·二）官本「瞀」，各本「瞀」。凌本剜作「瞀」，與漢志合。

正義又東合伊水（六三·三）「東」原作「各」，依孫輯括地志改。

汶嶓索隱一云瀆山（六四·四）「山」字吳增，與封禪書合。

在蜀都（六四·四）吳改「郡」。

西縣（六四·四）中統、王、柯本有「西」字。

正義溢樂（六四·五）原譌「洛」，考證依唐志改。郡縣志同。

西傾索隱行羌中入南海也（六四·一六）「南」字吳增，與漢志合，郡縣志同。

正義臨潭（六四·一六）原譌「澤」，吳改，與郡縣志合。

敦物（六五·四）中統「惇物」。

黑水西河索隱地說（六五·七）中統本「地」，各本譌「他」。

渭汭正義渭州（六五·一三）二字吳補。

漆沮正義岐漆山〔六五·一五〕「漆」字當衍。

石川水〔六五·一五〕「石」字依孫輯括地志補，與水經沮水注合。

十三州地理志〔六五·一六〕「地理」二字當衍。

南有涇渭〔六五·一六〕沮水注作「西有涇渭」。

灃水索隱而水經以滻水〔六六·四〕單本「滻」譌「盧」，依中統本改，各本作「沮」。

鄠縣東南〔六六·五〕「東南」原倒，吳乙，與漢志合。

敦物索隱華山〔六六·一〇〕漢志作「垂山」，蓋小司馬所見本誤。

正義一名泰山〔六六·一二〕「泰」疑「秦」字之譌。杜子美慈恩寺塔詩「秦山忽破碎」，蓋即此。

地肺〔六六·一三〕原譌「脯」，考證依釋文引三秦記改。

原隰正義高平〔六六·一三〕官本「高平」，各本並倒。案：爾雅「廣平曰原」，「高」字疑誤。

涼州〔六六·一四〕官本「涼」，各本譌「源」。

琅玕集解石而似珠者〔六七·一〕「石」下衍「名」字，吳刪，與書傳合。

龍門索隱夏陽縣西北〔六七·三〕漢志無「西」字，書疏引同。

正義小積石〔六七·三〕原譌「山」，考證改，與郡縣志合。

皆雍州地〔六七·六〕官本「地」，各本譌「城」。

郎序集解皆就次序〔六七·八〕下衍「之」字，吳删，與書傳合。

索隱西戎在西域〔六七·九〕官本有上「西」字，與書疏合。

砥柱〔六七·一一〕「砥」舊刻本「厎」。

九山索隱內方岐〔六七·一五〕原譌「岐」，吳改，與下文合。

荆山索隱猶岐〔六八·一〕原譌「岐」，吳改。

汧縣西古文以爲汧山岐山在〔六八·二〕十二字吳增，與漢志合。

美陽縣西北〔六八·二〕「北」字吳增，與漢志合。

正義岐岫〔六八·三〕「岐」原譌「岐」，依孫輯括地志改。

砥柱集解在冀州之南河之北〔六八·七〕上「之」字衍，書傳無。

正義厎柱山〔六八·八〕王、柯脱「柱」，凌脱「山」，今補。

在陝州〔六八·八〕三字吳增。

析城山〔六八·九〕凌本「山」，各本譌「縣」。

陽城縣〔六八·一〇〕三字考證據郡縣志增。

二泉〔六八·一〇〕原譌「水」，吳改，與沁水注合。

太行索隱太行山〔六八·一二〕單本脱「山」字。

熊耳索隱平氏〔六九·三〕單本譌「盧氏」。

正義華陰縣南〔六九·四〕原譌「界」，依封禪書正義改，郡縣志同。

陽城〔六九·五〕原倒，吳乙。

桐柏縣東南五十里〔六九·五〕「桐柏縣」三字吳增。案：郡縣志唐州桐柏縣，桐柏山在縣西南九十里。

道嶓冢正義按孫叔敖〔六九·八〕「孫」上衍「縣」字，吳刪。

內方索隱六安國〔六九·一二〕官本與漢志合。各本誤作「大國」二字。

敷淺原集解孔安國〔六九·一五〕原誤「國語」二字，考證據書傳改。

傅陽山〔六九·一五〕「傅」譌「博」，依漢志改。（案：金陵本未改正，中華本改。）

逆河〔七〇·二〕雜志云：「本作『迎河』，後人依古文改。而溝洫志『同爲迎河』，河渠書贊『余東觀洛汭、大邳、迎河』，則改之未盡者。」撰異說同。

東別爲沱〔七〇·四〕宋本「沲」。

又東北入于海〔七〇·六〕毛本作「北東」，與經合，傳云「北折而東」也。漢志師古注並同。撰異以爲作「東北」者今文尚書。

又東北至于涇〔七〇·七〕舊刻無「北」字，與經文及漢志合，疑此衍。然水經澮水注引此紀云「導渭水東北至涇」，則所見本有「北」字矣。

合黎索隱地說〔七〇·一二〕單本「地」譌「他」。

正義窮石〔七〇·一三〕各本譌「名」，考證改，下同。

七十里〔七〇·一三〕「十」字吳增，與錐指引合。

臨松縣臨松山〔七〇·一三〕原作「臨路松山」四字，吳校改。

二十三里〔七〇·一四〕王本「二」，柯、淩本「三」。

流沙集解在居延西北〔七〇·一六〕「在」字吳增，與漢志合。「西北」志作「東北」，書疏引同，水經、禹貢山水澤地及郡縣志並同。

道黑水正義伊州伊吾〔七一·五〕原作「伊吳」二字，吳增改。

二千里〔七一·五〕「千」原譌「十」，吳改，與錐指引合。

極遠〔七一·九〕王、柯下衍「無流」二字。

南海去此〔七一·九〕官本有「南海」二字。

積石索隱停居〔七一·一三〕游本有「居」字，與漢書西域傳合。

潛行地中〔七一·一三〕四字考證據西域傳補。

南出〔七一·一三〕「南」上原衍「其」字，考證刪。

華陰集解華山〔七一·一四〕「山」上衍「陰」字，考證據書傳刪。

盟津索隱在河陽〔七二·二〕原譌「陰」，考證據下引十三州記改。

在河上〔七二·一〕「在」下衍「於」字，吳刪。又改「上」爲「北」。案：水經河水注河陽，引十三州志云治河上，「上」字不誤。

降水集解信都南〔七二·七〕「南」字衍。漢志師古注，續漢志及書疏引漢志，並無。

索隱虖池〔七二·八〕官本「虖」，與漢志合。各本「雩」。

正義屯留縣西南〔七二·九〕官本「屯」，各本譌「毛」。「西南」下衍「方」字，吳校刪。

至冀州〔七二·九〕「至」字吳增。

逆河集解相向〔七二·一〇〕「向」字吳補，與書疏合。

道瀁索隱東流〔七二·一四〕原作「行」，吳改，與書傳合。案：阮刻校勘記云古本、岳本作「行」。

正義始欲〔七二·一五〕孫輯括地志作「衍」。

三澨索隱邔〔七三·二〕原作「鄖」，官本改「邔」，與漢志及水經、禹貢山水澤地合。

東至于醴集解及馬融〔七三·六〕官本「及」字，各本譌「曰」。

道沇集解垣縣東〔七三·一一〕原倒作「東垣」，依漢志、水經濟水注乙。「縣」字官本有。

索隱溫縣〔七三·一二〕「溫」原譌「濕」，依王本改，與水經注合。

正義巖下〔七三·一三〕官本「巖」，各本「崖」。

既見而伏〔七三·一三〕四字吳校增。

濟源〔七三·一三〕二字吳校增。

汜〔七三·一四〕「汜」疑「沇」。

沇東〔七三·一四〕「沇」原作「汜」，吳校改。

泲水〔七三·一四〕「泲」原譌「沛」，警云當依說文作「泲」。下「會汶」正義「入泲」同。

當鞏縣之北南入于河〔七三·一四〕「縣」字吳增。北南原互誤，考證據水經注改。

陶丘集解定陶西北〔七三·一六〕漢志師古注作「西南」，水經濟水注、禹貢山水澤地注、詩曹譜疏引地理志並同，此作「北」，疑傳寫誤。

正義國都城記〔七三·一七〕官本有「城」字。

于汶正義入泲〔七四·二〕譌「沛」，警云「泲」之譌，今改。官本作「濟」。

泗沂集解泗沂〔七四·四〕原倒，吳乙，與書傳合。

鳥鼠正義名鼣〔七四·七〕案：鳥鼠同穴之「鼵」，徒忽反，此作「鼣」，音扶廢反，乃別一物，張自誤憶，非今本傳寫之譌。

東過漆沮集解二水名〔七四·一一〕「二」當作「一」，見阮刻尚書校勘記。

四奥集解四方之宅〔七五·四〕官本「宅」，與書傳合，各本作「邑」。

甸服集解爲天子之服治田〔七六·一〕「之」字衍，書傳無。

納總集解國馬〔七六·二〕「國」下衍「之」字，官本無，與書傳合。

武衞集解天子所以安〔七六・一三〕下衍「之」字，官本無，與書傳合。

太平治〔七七・三〕雜志云「太」當爲「大」，治要引作「大」。

玄圭正義水色〔七七・五〕官本「色」，各本譌「也」。

伯夷〔七七・六〕鄒平馬氏繹史云當作「伯益」。

皐〔七七・一四〕宋本、毛本。

理民正義〔七八・二〕已見舜紀，官本無。

身脩正義絕句〔七八・四〕上衍「以爲」二字，閣本無。

衆明集解以衆賢〔七八・六〕「賢」字吳增，與書疏引合。

〔增〕俊乂在官集解謂天子也如此〔七八・一七〕依孔疏删「也」字。

與益予衆庶稻鮮食〔七九・七〕案：「與」亦當作「予」，故索隱別之云上「予」謂「同與」之「與」，下「予」謂「施予」之「予」。後人以兩予相混，改爲「與益」，而并改索隱上「予」之「予」亦爲「與」。不知若作「與益」則何所爲上下，而索隱非贅乎？蓋古「予」「與」二字通用，說見戰國策雜志。

女聽〔七九・一六〕游本下有「之」字，與「女輔之」「女明之」句法一例，似勝它本。

毋水行舟〔八〇・一三〕王、柯、毛本「行舟」倒。

予辛壬娶塗山癸甲生啓〔八〇・一四〕案：「辛壬」錯在「塗山」上，傳寫偶誤。裴引傳文但增「四日」二字，餘無所辨，張亦祇依集解爲說，似所見本皆不誤。小司馬適據誤本，不能辨正，反謂今文脫漏，不思甚矣。

予娶塗山索隱女媧（八一·四）各本皆同。官本下作「憍」，上仍作「媧」。大戴記帝繫篇作「憍」，而正義引亦作「媧」。漢書人表作「嶠」，吳越春秋、路史作「嬌」，今不能定，姑從原本。

脫漏（八一·五）官本「漏」，各本譌「陋」。

舜又歌曰（八二·二）志疑云一本無「舜」字，當衍。

行樂正義（八二·四）已見舜紀「秩宗」下，此又屬之「夔」，疑誤衍。官本無。

簫韶集解舜樂名（八二·五）官本「舜」，與書傳合。各本譌「舞」。

英六索隱六安國（八三·八）官本「六」，各本譌「云」。

十年（八三·一四）孟子作「七年」。「十」與「七」形近易亂，疑今本史文傳寫誤。下「箕山之陽」裴云孟子作「陰」，如此處史作「十」，則亦當引異文，今三家注皆無辨，是所見本尙未誤也。

箕山集解孟子陽字作陰（八四·二）各本「孟子」下衍「曰」字，「作陰」上衍「一」字，官本無。

勦絕（八四·六）「勦」當爲「勦」，說文作「剿」，辨見撰異。

帝太康失國（八五·七）毛本「帝」上空格，「中康」以下同，殷紀亦如此，此後人斷之，取便檢閱耳，而周紀又不然。今悉依合刻本不空，以歸一例。

少康索隱殺羿（八六·八）單本「殺」誤「射」。

正義以代夏政〔八六·一三〕各本「代譌伐」,「政」誤「篡」,吳改。

不恤民事〔八六·一六〕官本有「民」字。

有仍氏〔八六·一六〕「有」字吳補。

遺臣〔八七·一〕「遺」譌「貴」,吳改。

韋城〔八七·三〕「韋」譌「衞」,孫輯括地志改。

鬲縣〔八七·五〕官本「鬲」,各本譌「高」。

故鄩城〔八七·九〕「鄩」譌「鄩」,吳改。

劉累正義劉累之故地〔八八·一〕「之」上衍「舊」字,官本無。

遂放正義巢縣〔八九·三〕官本「巢」,各本譌「樂」。

末喜〔八九·三〕王本與淮南子合。各本「末」作「妹」。

封夏正義郲城〔八九·五〕官本「郲」,各本譌「郲」。

斟氏戈氏〔八九·八〕考異云索隱本作「斟戈氏」,卽斟灌也,上「氏」字衍。

會稽集解穿壙深七尺〔九〇·一〕毛本「二尺」。

殷本紀第三（史記卷三）

有娀氏之女〔九一·三〕商頌疏引下有「也」字。

殷契正義北蒙〔九一·八〕原作「冡」，吳改，下並同。疑本作「冢」，譌爲「冡」也。

自奄遷于北蒙〔九一·八〕原譌「字也北冢」四字，吳校改，與項羽紀索隱引汲冢古文合。

相土正義宋城縣〔九二·二〕「宋」「縣」二字吳補。

曹圉索隱糧圉〔九二·三〕案：三代世表亦作「曹」，漢書人表、國語韋注並作「根圉」，祭法疏引世本又云「遭圉生根國，根國生冥」，疑皆形聲近似，展轉譌衍。

子冥索隱禮記〔九二·四〕「記」字吳增。

子振索隱核〔九二·六〕人表「垓」。

成湯索隱書曰予小子履〔九三·四〕六字單本無。

成湯自契至湯〔九三·六〕志疑云「成湯」二字傳寫誤增，史詮云洞本無。案：舊刻本亦無。

居亳正義亦徙〔九三·九〕原誤「所從」，依孫輯括地志改。柯本「亦」字不誤。

奸〔九四·四〕字類「奸」，各本「干」。

阿衡索隱採桑〔九四·九〕官本有「桑」字，與呂氏春秋合。藝文類聚八十八引同。

母居伊水〔九四·九〕官本「母」，與呂氏春秋、類聚合，它本作「後」，誤。

九主索隱始皇等也〔九四·一四〕單本作「之屬也」。

專君授君〔九五·三〕案：集解在「勞君等君」上，此倒。又下脫「寄君」。（案：司馬貞所見注本無此二字耳，非脫也。）各本同。

女鳩集解言所以醜夏〔九五·五〕官本「言」字，與書傳合。各本作「皆」。

昆吾正義長子〔九五·一五〕「長」下原衍「於夏臺」三字，汪引葉氏石君校删。

昆吾者衞氏是〔九五·一五〕楚世家集解引世本作「昆吾者，衞是也」。大戴記作「昆吾者，衞氏也」。

畢服〔九六·一二〕「畢」宋本、中統、柯、毛作「必」，舊刻、游本、王本作「心」。案：說文珌，古文蹕。管子版法解「往事畢登」宋本作「必」。雜志云古字假借，是也。「心」又「必」之爛文。志疑云後書王暢傳引史作「畢」。

王自至於東郊〔九七·三〕疑有衍字。元龜六十二引作「王至自東郊」。

東爲江北爲濟西爲河南爲淮〔九七·五〕志疑引史詮謂「江」「淮」當互易。又云初學記六引作「北爲河，西爲濟」。

泰卷陶集解一無此陶字〔九七·九〕案：一無此字四字。蓋本注「陶」下，而小司馬所見本偶誤在「卷」下，故辨之云「卷」非衍字，「陶」字是衍，後人遂又增「陶」於此下耳。

正義坰〔九七·一二〕原誤「陶」，考證改。

先王言索隱故後〔九八·一二〕單本無「後」字。

咸有一德索隱太史公〔九八·四〕「太」上單本衍「故」字。

上白〔九八·七〕二字疑後人旁注，誤入正文。「上白」見篇末。

外丙即位三年〔九八·八〕各本同，伊訓疏及孟子疏兩引並作「三」，御覽八十三引作「二」，疑依孟子改。

湯崩集解北東郭〔九八·一一〕吳云金板作「東北東郭」。案：正義云「北郭東」。

大司空御史長卿〔九八·一三〕臨海洪氏讀書叢錄云「大司空」下不得言「御史」，此本作「大司空史御長卿」，傳寫誤。水經汲水注引皇覽作「大司空史郤長卿」，「郤」即「御」之譌。

索隱爲漢司空御史〔九八·一三〕據上下文，此「御」字衍。

暴虐不遵湯法亂德〔九九·五〕疑誤倒，當以「暴虐亂德」爲句。

伊尹卒正義大霧〔九九·一三〕「大」原譌「天」，官本據尚書疏引帝王世紀，水經注引皇覽改。

隞〔一〇〇·一五〕御覽引作「敖」，孟子疏引作「囂」。

祖乙遷于邢〔一〇〇·一五〕御覽引作「耿」。句疑錯簡，當在「祖乙立」下。

仲丁書闕不具〔一〇一·一〕志疑云句當在「仲丁崩」上，錯簡。

巫賢〔一〇一·一〇〕淩誤「咸」。

故居〔一〇二·二〕御覽引作「國」。

皆怨〔一〇二·三〕毛本「皆」誤「相」。凡它本不誤，毛本確誤者，今重刊毛本並改正，而附見於此記。

傅險〔一〇二·一四〕御覽引作「巖」，下同。

正義地理志〔一〇三·二〕警云漢志無此文，疑「括地志」之誤。

沙澗水北出虞山東南逕傳巖〔一〇三·四〕「出」「東」二字考證據水經河水注增。

歷傳說〔一〇三·四〕「歷」字吳增，與河水注合。

毋禮于弃道〔一〇三·九〕經作「無豐于昵」。

集解無非天所嗣常也〔一〇三·一六〕原作「無非天時，天時所常祀也」，考證據書傳增改。

印〔一〇四·二〕字類。

之閒〔一〇四·二〕毛本作「濱」。

太丁〔一〇四·二〕御覽引同，世表亦作「太」。紀年作「文丁」。

言足以飾非〔一〇五·七〕治要引作「飾是非之端」，疑是集解誤入正文。

愛妲己〔一〇五·八〕御覽百三十五引句上有「紂伐有蘇，有蘇人以妲己女焉」二句，與國語文合，疑今本史有脫簡，然書疏引亦無。

妲己之言是從〔一〇五·八〕書疏引句上有「惟」字。

充仞〔一〇五·一〇〕泰誓疏引作「牣」。

蜚〔一〇五·一〇〕治要「飛」，泰誓疏引同。

大冣〔一〇五·一〇〕泰誓疏引作「聚」，各本譌「最」，依考異改。

鹿臺正義衞州〔一〇五·一五〕二字吳增。

沙丘正義竹書紀年〔一〇六·四〕下衍「云」字，吳刪。

二百五十三年〔一〇六·四〕原作「七百七十三年」，吳改，與紀年合。

刑辟〔一〇六·一〇〕宋本、舊刻、游、毛並同。它本倒，非。

炮格〔一〇六·一〇〕宋本「格」，後同。各本皆譌「烙」。金壇段氏云江鄰幾引陳和叔云漢書作「炮格」，索隱引鄒誕生一音「閣」，楊倞注荀子音古責反。呂氏春秋「肉圃爲格」，高注「格以銅爲之」。諸書皆爲後人改作「烙」矣。說見盧氏鍾山札記。餘詳雜志。

以獻紂〔一〇六·一三〕毛本無「以」字。

炮格索隱格〔一〇七·二〕原譌「烙」，依宋本正文改，下同。

銅斗〔一〇七·二〕官本「斗」，單本譌「升」，王、柯、凌譌「竔」。

九侯正義滏陽〔一〇七·三〕王本「洛陽」，柯、凌本「谷陽」，官本據唐志改。

羑里正義牖一作羑〔一〇七·六〕警云：「據此則正義本正文作『牖』。」案：水經蕩水注引史記音義曰牖里在蕩陰縣，是徐廣本作「牖」。

洛西正義洛西之丹坊等州也〔一〇七·九〕「之」各本譌「文」，今正。

祭樂器〔一〇八·一三〕凌云一本無「祭」字。志疑云衍。周紀無。

白旗〔一〇八·一四〕洪範序疏引作「太白旗」。案：周紀云「縣大白之旗」，此脫「大」字。

封紂子〔一〇八·一四〕「紂」字宋本、王本、毛本並錯在上句封比干之墓「封」字下，今從凌本。中統、游、柯並脫。

剖比干正義主過〔一〇九·二〕王本「主」，柯、凌作「王」。

七竅〔一〇九·四〕官本有「七」字。

書詩〔一〇九·一三〕宋本、毛本倒。

周本紀第四（史記卷四）

弃〔二一·三〕宋本、王、柯、凌本並作「弃」，治要同。舊刻、毛本作「棄」。後並放此。

居期而生子〔二一·四〕生民疏引作「及朞而生棄」。

馬牛〔二一·四〕御覽「牛羊」。

名弃正義美陽〔二一·七〕二字考證據漢志增。

在西北〔二一·七〕「在」字考證據漢志增。

姜原〔二一·九〕詩生民疏引作「嫄」，御覽八十四引同。

隘巷索隱是其事也〔二一·三〕單本「事」下衍「者」，依各本删。

屹〔二二·二〕游、王、柯「屹」，凌、毛譌「忔」，吳校改「仡」。

種樹麻菽〔二二·二〕生民疏「樹」作「殖」，「菽」作「麥」，下同。

相地之宜宜穀者〔二二·二〕生民疏「宜」字不重，御覽同。

封弃正義武功縣〔二二·九〕「武功」二字考證增，與郡縣志合。

不窋卒子鞠立鞠卒子公劉立〔二二·三〕詩豳譜疏引「鞠」作「鞠陶」，公劉疏引作「后稷生不窋，不窋生鞠陶，鞠陶生公劉」。酒誥疏、國語韋注、路史引世本並作「鞠陶」，疑今本脫「陶」字。然三代世表、漢書人表亦秖作「鞠」。

行地宜〔一一三·一四〕詩大明疏引行作「相」。

自此始〔一一三·一五〕王本「始」，宋本、中統、舊刻、游、柯、毛作「後」，書武成疏引作「自此之後」，御覽作「蓋自此始也」。

國於豳〔一一三·一五〕御覽「邠」，下同。

后稷卒集解黑水青水之閒有廣都之野〔一一三·一〕案：今見海內經云「西南黑水之閒，有都廣之野，后稷葬焉」，文小異。疑此因下「若木」條黑水青水之閒而誤，抑今本山海經非邪？又海內西經「后稷之葬，山水環之」，注云「廣都之野」，與此注合。

自漆正義從漆縣〔一一三·八〕「從」原譌「徙」，吳改。

出岐州普潤縣東南岐山漆溪〔一一三·八〕「出」原譌「在」，脫「南」字，「溪」譌「水」，依夏本紀正義改。

國於豳正義漆縣〔一一三·一三〕「漆」下衍「沮」，考證據漢志删。

差弗〔一一三·一三〕「差」毛本「羌」，下同。

毀隃〔一一三·一三〕世表「渝」。

乃與〔一一四·二〕御覽「以」。

室屋〔一一四·三〕中統作「宮室」。

祖類索隱諸盩〔一一四·一〇〕攷異云當作「盭」，盭類聲近。

梁山正義在梁山〔一一四·一三〕三字警依緜詩疏補。

夏陽〔一四·一三〕「夏」字吳增，與緜詩疏合。

太姜正義國語注〔一五·五〕「注」字吳增，下「太任」正義注字同。

太任集解有呂〔一五·六〕原誤「郘」，考證據列女傳改。（案：錢塘梁端校注列女傳改「有呂氏」爲「有台氏」。注云：「『台』舊誤『呂』，從史記周紀集解、藝文類聚后妃部、太平御覽皇親部一校改。『台』與『郘』同。」中華本仍作「有郘」。）

正義摯疇〔一五·六〕官本「疇」，與國語注合，各本譌「時」。

奚仲〔一五·六〕官本「奚」，與國語注合，各本誤「虞」。

生昌正義則枉〔一五·一三〕「枉」上衍「不」字，吳刪，與大戴記合。

遺道〔一六·一〕書武成疏引「遺」作「之」。

篤於行義〔一六·一〕毛本「於行」倒。

西伯曰文王〔一六·二〕雜志云衍「曰」字，脫「也」字。文選報任少卿書注作「西伯文王也」。

正義虎肩〔一六·六〕「肩」原譌「眉」，吳改，與宋書符瑞志引讖書合。

胸有四乳〔一六·六〕「胸」字吳增，同上。

靈準聽〔一六·六〕「準」字吳增。

孤竹正義孤竹國也〔一六·八〕「孤」字考證增。

墨胎氏〔二六·八〕原譌「點氏」，考證據伯夷列傳索隱改增。

炮格〔二六·一五〕宋本。

有獄〔二七·八〕御覽作「訟」。

乃如周〔二七·八〕「如」御覽作「詣」。

入界〔二七·八〕御覽「入其界」。

遂還〔二七·一〇〕舊刻無「還」字。

蓋受命之君〔二七·一〇〕治要有「也」字，緜詩疏引同。

虞芮正義在芮城〔二七·一二〕三字吳增。

又云〔二七·一三〕二字原倒，吳乙。

入其境至爲卿三十七字〔二七·一四〕吳增，與緜詩傳合。

芮鄉〔二七·一六〕原作「城」，吳改。

犬戎〔二八·一〕文王詩疏引作「犬夷」。

正義又云〔二八·四〕警云上無所承，必有脫誤。案：集解引山海經云云，疑正義亦引之，而又更端再引，以詳其支系。又者，又山海經也。合刻本以上所引與集解複而删之，文遂不可通。

幷明〔二八·四〕「幷」今本山海經作「弄」，下同。

密須正義密國〔二八·八〕後文「密康公」正義引括地志同。秦紀正義作「密須國」。

耆國集解一作阢〔二八·九〕柯、凌作「阮」。

〔增〕斷虞芮之訟正義又毛詩云〔二九·七〕各本「詩」下脱「疏」字，中華本依詩疏補。

改法度正義布王號〔二九·一二〕「布」原譌「有」，依下文改。文王詩疏引乾鑿度亦作「布」，當即此文。

武王成大事而退〔二九·一三〕「王」字吳增。案：此蓋隱括大傳文。

武王即位正義駢齒〔三〇·四〕官本「駢」，各本誤「胼」。

畢立〔三〇·七〕宋本、毛本作「力」。

上祭索隱星也〔三〇·一三〕二字單本無。

正義不豫〔三一·一〕「豫」譌「愈」，吳校改。

號曰集解號令之軍法重者〔三一·七〕「之」字疑當在「軍法」下。

殺王子比干〔三一·一三〕御覽引作「剖比干」。

少師彊〔三一·一三〕中統、舊刻、游、毛作「強」。

樂器〔三一·一三〕類聚十二引作「祭器」。

太誓〔三一·一六〕中統、游本「太」作「泰」。案：太誓疏引周本紀云「武王伐紂，卜龜兆不吉，羣公皆懼，唯太公勸之」十八字，今見太公世家，疑孔氏誤憶。

虎賁集解若虎賁獸 〔一二三·三〕「獸」字吳增，與書序傳合。

有國 〔一二三·一一〕游本「友國」。

其于 〔一二三·一三〕游、凌作「予」。

牧野集解朝誓之 〔一二三·一五〕中統「之」作「也」。今書傳皆無。（案：金陵本亦作「也」，中華本改作「之」。）

庸蜀正義古庸 〔一二三·一四〕原譌「石」，盧依郡縣志改。

姚府 〔一二三·一五〕柯本、凌本同。王作「微纑」。

有髳州微濮州瀘府 〔一二三·一六〕警云疑有脫誤。

不答集解問也 〔一二四·三〕「問」字疑誤。元龜五引作「報也」。案：魯語韋昭注云「報，報德，謂祭也」。孔氏傳訓當，義亦相近。

馳帝紂師 〔一二四·一〇〕大明詩疏引無「帝」字。元龜四十四作「商」。

倒兵 〔一二四·一一〕大明疏作「戈」。類聚作「干戈」。

紂兵皆崩畔紂 〔一二四·一二〕類聚引作「紂軍潰畔」。元龜引作「紂軍皆潰畔紂」。

殊玉 〔一二四·一三〕王本「殊」。案：據逸周書「天智玉」云云，疑「殊」字是，各本作「珠玉」。

至紂之嬖妾二女 〔一二四·一六〕「至」元龜作「致」，義較勝。然克殷解作「乃適二女之所」，則史文作「至」，非誤。

乃出復軍 〔一二五·一〕御覽引作「復于軍」。案：克殷解作「乃出場于厥軍」，「場」即「復」字之譌，下當有「于」字。

蒙衣其殊玉正義環身〔一二五·六〕今逸周書「環」作「縫」，疑誤。

揖諸侯正義其心〔一二五·八〕凌本「其」。王、柯誤「之」。

商人皆再拜稽首武王亦答拜索隱云云〔一二五·一〇〕案：逸周書克殷解「羣賓僉進曰，上天降休，再拜稽首，武王答拜稽首」。孔晁注「諸侯賀武王也」。是武王答拜諸侯，非答商人，史文殘缺錯亂，遂來小司馬之疑。

叔振鐸奉陳常車〔一二五·一四〕案：克殷解云「叔振鐸奏拜假又陳常車」，此「奉」字疑當作「奏」。奏，進也，見廉藺傳。雜志云孔晁訓爲行，非。

畢公把小鉞〔一二五·一五〕志疑云「畢公」誤，周書及魯世家是「召公」。

立于社南大卒之左右畢從〔一二五·一五〕志疑云周書「王入即位於社大卒之左，羣臣畢從」，此誤增「右」字，脫「羣臣」字。或曰「之」下脫一「左」字。

膺更大命革殷〔一二六·二〕游、王、柯、凌本「膺更」下注「監本作受」四字，蓋校者所加，今删。案：此文亦本克殷解。文選王元長曲水詩注序引周書云「膺受大命，革殷，受天明命」，與史同。今本逸周書失此十字，而其注猶存。「更」古作「叏」，每與「受」相混。

罕旗集解旒旗名〔一二六·四〕王、柯、凌同，疑「旒」上脫「九」字。毛本作「旂，旗名」，誤。

明水索隱舊本皆無水字〔一二六·六〕案：克殷解作「明水」。

鹿臺之財〔一二六·一四〕治要作「錢」，武成疏引同。雜志云作「財」者，後人依晚出古文改。

命閎夭封比干之墓〔一二六·一五〕武成疏引句在「表商容」下，疑今本錯。

作分殷之器物〔一二六·一六〕此句文不成義，疑本云「分殷之器物，作分器」。分器，書篇，集解引鄭注可證。

治殷正義殷都〔一二七·六〕官本有「殷」字。

營丘集解及東〔一二八·三〕「及」譌「乃」，吳改，與爾雅注合。

正義今臨菑城中有丘云〔一二八·三〕此文未完，疑有脫句，見水經淄水注，今不具。

青州臨淄縣古營丘之地〔一二八·四〕「縣古」原倒，吳乙，又增「青州臨淄縣」五字，與郡縣志合。案：據齊世家正義，此亦括地志文。

曲阜正義居軒轅之丘於山海經云〔一二八·八〕「於」字衍。警云疑當在「居」下。

封召公正義薊城內〔一二八·一〇〕原誤「薊則」二字，考證據水經注改。

在幽州〔一二八·一二〕「在」字考證增。

宗國都城記〔一二八·一二〕官本有「宗」字。案：隋志國都城記二卷，不著人名。據五帝紀、夏紀正義引作「徐才宗國都城記」，餘祇作「國都城記」，似即徐才宗所著，而「宗」上脫「徐才」二字。（按中華本徑補「徐才」二字。）

叔鮮正義叔鮮〔一二八·一四〕「鮮」字考證增。

定我西土〔一二九·四〕宋本有「定」字，索隱本、中統、舊刻、游、毛、元龜十三引並同。王、柯、凌脫。

居易毋固〔一二九·四〕「易」字度邑解作「陽」，據集解、正義，疑所見本亦作「陽」。

商邑正義因公〔二九·七〕警云疑「以」之誤。

不顯集解不顧亦不賓成〔三〇·一〕原作「滅」，吳改。與逸周書度邑解合。舊刻、毛本並作「不顧失亦不賓滅失」，語不可曉。

索隱亦不賓成〔三〇·三〕「成」字吳補。

方明正義至武王至于周〔三〇·九〕原作「爲至周」三字，吳增改。

有夏之居索隱言自〔三〇·一一〕「言」字單本無。

正義都之〔三〇·一三〕原倒，今乙。

三塗集解太公〔三〇·一五〕度邑解作「周公」。

索隱陸渾縣〔三〇·一六〕中統「渾」，各本譌「澤」。「縣」字考證據左傳注增。

正義西北〔三〇·一七〕二字考證據漢志增。

在洛西北〔三一·一〕官本「西」，各本譌「而」。

恆山〔三一·一〕「恆」字考證增。

桃林正義夸父〔三一·七〕官本與山海經合，趙世家引同。各本譌作「木火」。

亦醜〔三一·一二〕毛本「亦」上多「王」字。

國宜正義所宜〔三一·一三〕王本脫「宜」字。

武王有瘳後〔一三一·四〕志疑云下有闕。

伐誅武庚管叔〔一三一·七〕類聚、御覽引「管叔」上有「殺」字，雜志云後人删之。

魯天子之命〔一三一·九〕案：依書傳當有「作嘉禾」三字，後人以其與下複而删之，然文義不完。魯世家有。

其事在周公之篇〔一三一·一〇〕志疑云「公」是「書」之誤。

衞康叔正義餘民〔一三二·二〕柯、凌有「餘」字。書傳無。

度制〔一三二·二〕中統、游本倒。

殘奄正義泗水〔一三二·一三〕孫輯括地志作「泗州」，當是。

奄里〔一三二·一四〕原譌「至」，孫輯改。

作康誥〔一三四·九〕案：當作「康王之誥」。

王道衰微〔一三四·一六〕御覽引句上有「而」字。

江上正義船解〔一三五·二〕王譌「鮮」。

辛游靡〔一三五·三〕「辛」譌「卒」，吳改，與御覽八十五引世紀合。

伯臩集解臣名也〔一三五·四〕官本有「臣」字，與書傳合。

臩命正義應劭云云〔一三五·七〕此注已見集解，字句全同，不當複引，疑合刻誤屬正義。又疑上「尚書序云」十三字亦集解文，而今本脫之。

燿德〔一三五·八〕宋本、毛本同。王、柯、凌作「耀」。

訢載〔一三五·一五〕柯、凌作「戴」。

天子曰正義申穆王〔一三八·七〕官本有「申」字，各本脫。

具備〔一三八·一一〕中統、游本倒。

無簡不疑〔一三八·一四〕經作「聽」。撰異以爲作「疑」乃今文。案：集解但引書傳，索隱、正義亦無辨，是所見本皆作「聽」，今本傳寫誤；否則如上句「惟訊」，小司馬作音矣，段說殆非。又疑裴時「訊」亦本作「貌」，故亦但引傳文。

何敬集解所宜乎〔一三九·五〕凌本「乎」，與書傳合。各本作「也」。

師聽五辭正義視眊〔一三九·八〕原作「眇」，吳改，與周禮注合。

貌赧〔一三九·九〕官本與周禮注合。各本譌「艴」。

數喘〔一三九·九〕凌本「喘」，與周禮注合。各本譌「端」。

官獄索隱惟官〔一三九·一三〕凌本有此二字，與經合。

黥辟索隱鋝〔一四〇·二〕各本譌「鋢」，考證據周禮注改。

倍灑集解一作蓰〔一四〇·三〕凌本有「蓰」字，各本脫。

公行下衆〔一四〇·八〕各本作「公行不下衆」，注云：「國語、列女傳皆無『不』字。」案：據韋昭注、劉向頌及正義引曹大家，則「不」字衍，今刪。志疑說同。（案：看上下文語氣，「不」非衍字。朱駿聲云：「蓋公行則人宜下車以避，有三人則下車較緩，且恐仍不及避以致罪也，此曲體人情也。」見朱氏經史答問卷二。中華本仍作「公行不下衆」。）

正義公之所行〔一四一·一〕王、柯脫「行」字，淩脫「所」字。

辟方〔一四一·五〕世表無「辟」字，王風譜疏引此紀，與今本同。

夷王正義烹齊哀公于鼎〔一四一·六〕各本「烹」譌「翦」，「鼎」譌「昴」，吳改，與紀年合。御覽八十五引同。

芮良夫〔一四一·七〕游、王、柯譌「正」。

猶日〔一四一·一〇〕官本「日」，與治要合，天聖本國語同。各本譌「曰」。

用事〔一四一·一三〕小大雅譜疏引作「使用事焉」。

國人莫敢言〔一四二·三〕小大雅譜疏引「莫」作「不」。

瞽獻曲〔一四二·六〕各本譌「典」，依天聖本國語改，注同。說詳志疑。

國莫敢出言〔一四二·一〇〕小大雅譜疏引作「國人不敢出言」。

道路集解相盼〔一四二·一五〕中統、淩本「盼」。它本作「眄」，國語注同。游譌「盼」。

傳語集解不得達〔一四三·七〕各本譌「言」，吳改，與國語注合。

語王〔一四三·七〕各本作「士」，國語注同，吳改。

二相行政〔一四四·三〕御覽引「二相」下有「共」字。

王死于彘〔一四四·三〕小大雅譜疏引「死」作「崩」。

復宗周〔一四四·四〕小大雅譜疏引「復」下有「歸」字。

共和正義王子靖〔一四四·九〕柯、淩作「清」。

虢文公正義東西〔一四五·三〕孫輯括地志改「四」。

九十里〔一四五·三〕三字王脫。

不可索隱人之緐庶〔一四五·四〕各本「人」字與下事之共給「事」字互誤，依國語改。

姜氏之戎集解西夷〔一四五·七〕國語注作「戎」。

料民集解江漢之閒〔一四五·一〇〕原譌「漢江之門」，考證據國語注改。

仲山甫正義三十五里〔一四五·一一〕四字王脫。

宮湦〔一四五·一三〕王、柯、淩、毛作「湼」。

幽王二年〔一四五·一三〕國語「三年」。

西周〔一四五·一三〕王誤「州」。

亂之〔一四五·一四〕御覽倒。

必山崩〔一四六·二〕汪云國語、漢志「必山」字倒。

國亡〔一四六·三〕國語、漢志同。中統、舊刻、游、毛倒。

伯陽甫集解伯陽父〔一四六·九〕宋本、毛本，與國語合。

愛之〔一四七·三〕御覽引作「而篤愛之」。

莫敢發之〔一四七·六〕雜志云文選幽通賦注、運命論注引並作「莫之敢發」，列女傳同。

既齔〔一四七·八〕志疑云國語作「未既齔」，此缺。未既齔者，齒未盡毀也。

嬖愛正義故城〔一四七·一五〕柯本有「故」字。

既齔集解而毀齒也〔一四八·九〕官本有「齒」字，與國語注合。

烽燧〔一四八·一六〕宋本、毛本與字類合。

正義烽土魯也〔一四九·一〕案：魏公子列傳集解引文穎曰「作高木櫓，櫓上作桔槔，桔槔頭兜零，以薪置其中，謂之烽」。此「土櫓」疑即「木櫓」之爛文，而上下並有脫字。胡三省通鑑注引文穎作「土櫓」。

王用之又廢申后去太子也申侯怒〔一四九·二〕雜志云：「『王用之』與上『用事』複，本作『王之廢申后去太子也』，因衍『用』字，後人遂加『又』字。治要引作『王之廢后去太子也』，御覽引作『幽王之廢申后去太子也』。」案：王風譜疏引與治要同，王說近是。然元龜百八十引「王用之」上有「而」字，小大雅譜疏引皇甫謐云褒姒與虢石比而譖申后及太子，八年竟以石父譖廢申后，逐太子。則「王用之」三字專指此一事，與上泛言「用事」不同，非複衍。「又」字則或誤或衍耳。雅譜疏引「申侯怒」上有「故」字，文氣自貫。古人引書容有刪節，未定今本之必非。

與繒〔一四九·三〕治要、王風譜疏引「與」上有「乃」字。

攻幽王〔一四九·三〕治要、王風譜疏、小大雅譜疏、御覽引並作「共攻幽王」。

驪山下〔一四九·四〕「驪」王風譜疏引作「麗」，小大雅譜疏、御覽引作「驪山之下」，字類引作「酈」。蓋本作「麗」，俗增邑旁。

酈讀鄰知切者，乃魯縣，非麗山字，各本它篇亦雜出，不能悉改也。

與繒正義古侯國禹後〔一四九·七〕王本無此二字，柯、凌有。

驪山下正義〔一四九·九〕王本脫此條，明秦藩、柯、凌本有。

東遷于雒邑〔一四九·一三〕黍離疏引作「東徙雒邑」。御覽引作「乃東徙雒邑」。

辟戎寇〔一四九·一三〕御覽引末有「也」字。

周室衰微諸侯彊并弱〔一四九·一三〕黍離疏引作「周室微弱，諸侯以彊并弱」，御覽引作「王室」，餘同。

洩父〔一五〇·三〕王風譜疏、御覽引「洩」作「泄」。

鄭怨〔一五〇·五〕據正義云「宛，鄭大夫」，似所見本作「宛」，與經傳合，然今各本皆作「怨」。志疑云：「說文宀部有『惌』字，云宛或從心，則『怨』當爲『惌』。」案：鄭世家「莊公怒周弗禮，與魯易祊、許田」，疑「怨」是「怒」之譌。又怨怒義亦相近，或不煩改字。正義經合刻竄亂，未足爲據。

正義不能復〔一五〇·一〇〕柯、凌有「能」字，與杜注合。

在許州〔一五〇·一三〕「在」字吳增。孫輯括地志云玉海引有「在」字。

四十里〔一五〇·一三〕柯、凌有此三字。

魯城〔一五〇·一三〕下複衍「城」字，依柯、凌删。

莊王佗〔一五一·一〕王風譜疏、御覽引作「他」。

子釐王〔一五一·八〕御覽引「釐」作「僖」，下同。

奪其大臣園以爲囿〔一五一·一二〕御覽、元龜引作「奪其大臣蔿國之田以爲囿」。

燕衞師〔一五一·一二〕御覽引作「燕衞之師」。

樂及徧舞〔一五一·一三〕雜志云御覽引「樂及徧舞」上有「遂享五大夫」五字，今本脫。

子釐王正義謚作毋涼也〔一五一·一四〕「謚」疑「謐」，上脫「皇甫」字。此注當在「惠王閬」下。（按此注原在「子釐王」下，中華本移「惠王閬」下。）

犇溫正義五大夫〔一五二·五〕官本「五」，各本譌「王」。

叔帶正義甘水〔一五三·一〕「甘」原譌「有」，吳改，與水經注合。

今以小怨弃之〔一五三·三〕志疑云節錄國語，疑脫「不可」二字。

來誅〔一五三·一四〕王誤「諸」。

伐滑正義滑國都費〔一五三·一六〕原作「滑故國都」，吳改，與杜注合。

南東〔一五四·一〕孫輯括地志倒。案：秦本紀正義無「南字」。

厲公爵集解與鄭〔一五四·四〕宋、中統、毛本誤作「之」。

珪鬯〔一五四·一四〕御覽引作「秬鬯」。

踐土正義在城〔二五五·七〕柯、凌作「王城」。（案：中華本亦作「王城」。）警云以下文推之，當有脫誤。

有踐土臺〔二五五·七〕「踐土」下王本有「一十」兩字，柯、凌本作「十一」，疑即「土」字譌衍。官本無。

三十二年〔二五五·一三〕官本云三十三年之誤，合左傳及年表證之自知。志疑說同。

陸渾正義在秦晉〔二五五·一六〕「晉」字考證據杜注增。

徙之〔二五五·一六〕「之」字吳增，與杜注合。

泄心〔二五六·七〕官本云晉語作「大心」。案：「泄」疑當作「世」，古世大同用。

二十年〔二五六·八〕官本云左傳及年表「景王二十五年」，脫「五」字。志疑說同。

欲立之正義出水〔二五六·一五〕原倒，吳乙，與杜注合。

四十一年〔二五七·九〕志疑云案左傳在哀十七年，爲敬王四十二年。

四十二年敬王崩〔二五七·一〇〕御覽引作「四十三年」，與年表合。

定王介〔二五七·一〇〕御覽引作「貞定王」。

集解貞定王〔二五七·一四〕官本有「定」字。

索隱彌縫〔二五七·一六〕單本作「遺於」，誤。

得也〔二五七·一六〕單木作「得其實也」。

合十七歲〔二五九·四〕封禪書同。攷異云：「秦紀『七十七歲』，老子列傳『七十歲』，皆傳寫之誤。」志疑云：「漢郊祀志、水經注十九皆作『七十』。」案：顏師古注郊祀志已辨之。

五百載索隱凡五百一十六年 〔一五九·一三〕案：此謂秦襄公七年，下至昭襄王五十二年也。單本脫「五」字，各本有。

合十七歲正義邑之秦 〔一五九·一六〕「之」字吳增。

十年 〔一六〇·四〕志疑云烈王在位七年，此傳寫誤。

王赧 〔一六〇·一三〕原倒，吳乙。

赧王延索隱名誕 〔一六〇·一三〕單本作「延」，誤。

爾雅曰 〔一六〇·一四〕中統有「曰」字。

分治索隱分主 〔一六〇·一五〕官本「主」，各本作「王」。

之地 〔一六〇·一六〕二字單本無。

徙都正義從王城東徙成周 〔一六一·一〕「從」「徙」原互誤，吳乙改，下同。

賀之 〔一六一·四〕志疑云國策「賀」作「資」，上文亦云「以地資公子」，「賀」字傳寫誤。

以疏之於秦正義周親秦 〔一六二·五〕「秦」字，王、柯作「我」，疑誤。

借道正義上借音精夕反下音子夜反 〔一六二·一二〕此蓋單本正義出「借道」二字，而注「上音精夕反」，又出下文「恐借」二字，而注「下音子夜反」。合刻既增「借」字，又仍「上」「下」二字，而復妄并爲一。

令人謂韓集解應劭曰氏姓注云 〔一六二·一四〕「注」官本作「譜」。案：當作「注」，又見秦紀、老子韓非傳、孟子荀卿列傳集解。警云「姓氏注卽應氏所撰風俗通之一篇。『曰』字衍。」（案：局刻初印本亦作「譜」。此條據張氏批校本增。）

令周不受正義令秦疑周親韓〔一六三・一〕官本「令」，各本譌「今」。「韓」字吳增。

而令周不敢不受韓地也〔一六三・二〕下「不」字疑衍。

爲辭於秦索隱以魏兵〔一六三・六〕單本脫「以」字。

攻南陽正義河北〔一六三・七〕二字吳增，與杜注合。

說韓正義蓋或〔一六三・一〇〕官本「蓋」，各本作「及」，疑「乃」之譌。（按：金陵本作「乃或」。）

說韓王令按兵〔一六三・一〇〕「韓」字吳增。

韓徵甲與粟於東周〔一六三・一四〕案：國策在西周策，文無「東」字。

雍氏正義臣雍父〔一六四・八〕「臣父」二字吳補，與孫輯括地志合。

楚有養由基者〔一六五・二〕中統、游本、吳校金板無「者」字。

詘右〔一六五・四〕宋本、毛本「詘」作「絀」。

趙藺離石集解西河郡有藺離石〔一六五・九〕原脫「郡」字，「有」下衍「趙」字，考證據漢志增刪。

正義藺近離石〔一六五・九〕警云「近」字疑誤。

而復之索隱入梁也〔一六七・二〕單本「梁」下衍「者」字。

正義戍周〔一六七・三〕柯、凌「戍」譌「伐」。

周最〔一六七·九〕索隱音詞喩反，則當作「冣」，今本並誤作「最」。

養地正義城父〔一六七·一六〕當依集解作「父城」。

必有罪正義以上至〔一六八·二〕「至」字𡿪增。

則令不行矣正義故勸王攻周〔一六八·五〕「周」字𡿪增。

以上至〔一六八·六〕「至」字𡿪增。

滅東西周〔一六九·一三〕志疑云西周已滅於赧王五十九年，此與年表皆多「西」字。

𢈔狐索隱何主〔一七〇·三〕中統作「王」。

正義秦遷東周君地〔一七〇·五〕各本譌「也」，今改。

卜居居九鼎焉〔一七〇·一三〕王鳳譜疏引作「卜居之，遷九鼎焉」。

豐鎬〔一七〇·一三〕宋本、毛本「鄗」。

葬我畢〔一七〇·一三〕志疑云「我」是「於」之誤，蓋引書序。

周子南君正義元帝初元五年嘉孫延年〔一七一·五〕原作「元鼎三年，嘉弟昭」，𡿪改，與漢書元紀合。

建武十三年封於觀〔一七一·五〕「十」字𡿪增，與後漢書光武紀合。「於」字𡿪增。

爲周後〔一七一·六〕三字𡿪增，與漢書注合。

秦本紀第五(史記卷五)

生大費(一七三·四)秦風譜疏引「大」作「太」，下又重「太費」二字。

乃妻之(一七三·五)秦風譜疏引「乃」作「遂」。

柏翳(一七三·六)秦風譜疏引作「伯翳」。

乃妻之姚姓之玉女集解賜(一七四·三)元龜百八十五引作「錫」。

大廉(一七四·四)秦風譜疏引作「太廉」。

鳥俗(一七四·四)秦風譜疏引作「谷」。

鳥身人言(一七四·六)志疑云「鳥身」上似脫「仲衍」二字。

遂世有功(一七四·七)御覽八十五引無「遂」字。

多顯(一七四·七)王本「多」作「爲」。王風譜疏引作「名」。

爲紂石北方(一七四·一四)志疑云：「水經注述此事，言飛廉先爲紂使北方。御覽五百五十一引史記，亦曰時飛廉爲紂使北方。傳寫誤爲『石』。」叢錄說同。案：據集解，則皇甫謐所見本已誤。

爲壇霍太山而報得石棺(一七四·一五)案：水經汾水注云飛廉先爲紂使北方，還無所報，乃壇於霍太山而致命焉，得石棺，銘曰云云，蓋與史文大同。彼文「致命」，即此文「報」字，史當以「爲壇霍太山而報」絕句。正義惑於皇甫謐說，以「而報得石棺」五字爲句，注謂「報云作得石棺」，非史義。

賜爾〔一七四・一五〕御覽作「汝」。

一日千里〔一七五・三〕毛本有此四字。據正義引古史考，則史文當有。

女防〔一七五・五〕秦風譜疏引作「妨」，與漢書人表合，下同。

太几〔一七五・五〕秦風譜疏、元龜百八十二引作「大几」，與人表合，下同。

大駱〔一七五・五〕秦風譜疏引作「雒」，與人表合，下同。

騄耳索隱騟輪騄耳〔一七六・七〕今穆天子傳作「踰輪綠耳」，御覽八百九十六引同。

西巡正義十六國〔一七六・一〇〕官本有「十」字。

前涼〔一七六・一〇〕官本「涼」，各本誤「梁」。

珠璣鏤飾〔一七六・一一〕「鏤」譌「樓」，下衍「嚴」字，吳校改，與御覽三十八引十六國春秋合。

徐偃集解地理志曰〔一七六・一三〕毛無「曰」字。

正義孤獨母〔一七六・一三〕各本作「無」，因「母」譌爲「毋」而再誤也。今依趙世家正義改，後漢書東夷傳注同。

生時正偃故以爲名〔一七六・一四〕吳增「時正以爲名」五字，與博物志合。

黃龍〔一七六・一五〕柯、凌本與博物志合。王本「黃」誤「成」。

適子成〔一七七・八〕中統無「適」字。

申駱正義重直龍反（一七八·二）四字原錯在「言申駱重婚」下，今乙。

諸侯或叛之（一七八·五）元龜引「或」作「咸」。

西垂正義西縣（一七八·一三）原誤「郡縣」，考證據封禪書正義改。

元年以（一七九·一）宋本無此三字。

戎圍犬丘世父（一七九·一）志疑云二字衍。

雒邑（一七九·四）秦風譜疏引作「洛邑」。

賜之岐（一七九·四）秦風譜疏引作「岐山」，下文又引無「山」字。

各三祠上帝（一七九·六）志疑云案年表及封禪書，「三」當作「一」，「上」當作「白」。

雒邑正義雒誥（一七九·八）官本「誥」，各本誤「邑」。

西畤索隱自以居西畤西畤縣名（一七九·一〇）兩「畤」字當衍。「西縣名」三字疑當在下句「故作西畤祠白帝」下。

是爲寧公（一八〇·三）志疑云：「秦記作『憲公』，索隱引秦本紀亦作『憲公』，則『寧』字以形近致譌。」案：漢書人表亦作「憲公」，梁說似是。然秦風譜疏、水經汳水注、元龜百八十二引史皆作「寧公」，則作「寧」之本已久。

卜居正義毛萇云鄜地名也（一八〇·四）詩傳無此文，吳徑改「毛萇」爲「秦紀」，恐非。凌本無「鄜地名也」四字。

陳寶正義寶雞神（一八〇·一一）疑當作「祠」。

立六年（一八一·二）宋本無「立」字。

蕩社集解蕩音湯社一作杜〔一八一·一四〕志疑云「蕩」即「湯」，古字通。西戎亳王號湯，湯在杜縣，後人以「杜」字注其下，混入正文，又譌爲「社」。

晉滅霍魏耿〔一八三·四〕案十二諸侯年表及晉世家，事在晉獻公十六年，當秦成公三年，疑此文錯簡，非紀載之誤。索隱系「曲沃」條上，則已同今本。

雍廩〔一八三·四〕齊世家作「雍林人」。雜志云本作「雍林人」，此後人依左傳改。

晉滅霍魏耿索隱此不言魏史闕文耳〔一八三·六〕警云據此則史本無「魏」字，正義但釋霍耿，則所見本亦同。合刻本據左傳增「魏」，遂刪索隱此文，幸尙存於單本，而其出史文仍有「魏」，蓋亦後人妄增。

杜預注至姬姓二十八字〔一八三·六〕單本作「杜預曰霍在河東永安縣。耿今河東皮氏縣耿鄉」。此亦合刻本據杜注增。

雍廩正義雍於宮反廩力甚反〔一八三·一〇〕雜志云雍字不須音，正義既作「雍林」，又不當有「廩力甚反」之音，此皆後人所加。

是雍林邑人姓名也〔一八三·一〇〕雜志云「雍林邑人」正釋「雍林人」三字，則不得又以「雍林」爲姓名，此亦經後人改竄。

亝〔一八三·二〕宋本、中統本、游本、柯本並作「亝」，字類引此文同。（案：金陵本「齊桓公伯於鄄」之「齊」字作「亝」，中華本徑改作「齊」。）

芮伯正義州芮城縣〔一八四·九〕案：郡縣志芮城縣貞觀元年屬陝州，故芮城在縣西二十里，古芮伯國也。此「州」上當脫「陜」字。

禦蠱正義穀久積〔一八四·一五〕各本「久」誤「皆」，依玉篇改。

密畤正義祠炎帝〔一八五·八〕原作「亦祠黃帝」，吳校改，與水經渭水注引太康地記合。

孤竹正義竹國〔一八五·一三〕「竹」上當有「孤」字，周紀正義引亦無，伯夷列傳正義引有。

繆公任好〔一八五·一五〕案：上節索隱云「宣公已上史失其名」，今按系本、古史考得繆公名任好，則此史文「任好」字係後人據索隱增。

以璧馬賂於虞故也既虜百里傒〔一八六·三〕宋本無此十三字。

秋繆公自將伐晉戰於河曲〔一八六·一五〕志疑云河曲之戰在秦康公時，此十一字衍。

梁芮正義故滅二國之君〔一九〇·一〕凌本「故」作「又」。

繆公聞怒曰〔一九一·三〕御覽三百八十三引作「繆公聞而怒曰」。

臣子與往〔一九一·四〕毛本「臣」作「吾」。中統、王、柯、凌本「臣」下注「監本作吾」，此校者所注，今删。

殽阸正義殽音胡交反〔一九一·一一〕各本譌作「故交反」，今正。

鄭販賣賈人正義賣麥卦反〔一九一·一六〕「販賣」疑衍。賣音當在下文「將賣」下。

弦高集解人姓名〔一九二·一〕中統、毛本無此注，凌本在上節正義下，疑校者旁注誤入。

人謀〔一九四·一〕考證云秦誓作「謀人」，疑此誤倒。

王官集解皆晉地〔一九四·四〕王、柯、凌「皆」作「此」。

正義上文云〔一九四·七〕官本「云」字，各本譌「公」。

地東〔一九四·七〕官本不誤，各本倒。

人謀正義以申思〔一九四·一三〕三字疑涉下正文而誤衍。

百七十七人〔一九四·一五〕黃鳥詩疏引此文作「七十人」，與十二諸侯年表合。

問伐戎正義韓安國云二十八字〔一九五·四〕此文見漢書韓安國傳，原脫「安」字，今補。案：所引與伐戎全不相涉。疑當注後文「開地千里」下，錯簡在此。（按：此正義注各本皆在前「問伐戎之形」下，中華本依張說移正。）

子輿正義左傳云子車氏〔一九五·七〕「子輿」秦風作「子車」，疏引左傳作「子輿」，而今本左傳亦作「子車」，釋文音居，孔疏亦不言作「輿」之本，正義此文徑引左傳子車云云，不言同異，則所見左傳並作「車」，不作「輿」也。

取武城〔一九五·一三〕「取」誤「於」，吳校改，與左傳及年表合。

使隨會正義韋昭〔一九六·二〕各本譌「韓昭」，警云此周語注文也，今改。

晉正卿〔一九六·二〕凌本首有「隨會」二字。

共公索隱名猳〔一九六·九〕考證云春秋名「稻」，年表名「和」，此疑誤。

十年楚莊王服鄭〔一九六·一三〕志疑云「十」乃「七」之誤。

景公立索隱始皇本紀作哀公〔一九六·一五〕「哀」當爲「僖」。

於申正義南陽縣〔一九七·九〕瞥云「縣」下楚鄭世家正義並有「北」字。

哀公立索隱始皇本紀作㻫公〔一九七·一〇〕今本秦紀作「畢公」。

惠公元年〔一九八·九〕中統、游本譌「三年」。

是爲悼公〔一九八·一二〕游本、吳校宋板有「是」字。

吳敗齊師〔一九八·一二〕志疑云哀十年左傳乃齊敗吳師。案：吳齊世家並與左同，疑此「吳」「齊」互誤。

渭南〔一九九·九〕志疑云六國表作「渭陽」。

立其弟懷公索隱生昭至靈公〔一九九·一二〕單本、中統本並無此十六字，蓋合刻所增。

十三年城籍姑靈公卒〔二〇〇·一〕志疑云：「靈公在位十年，卽卒於城籍姑之歲，『三』字衍。」案：元龜百八十二引作「靈公十年卒」，與秦紀及年表合。中統、游本「籍」作「藉」。

簡公昭子之弟〔二〇〇·三〕索隱本、宋本、中統、王、柯並無「子」字。

而懷公子也正義今史記謂簡公是厲公子〔二〇〇·六〕瞥云：「據此，則正義本文『懷』作『厲』。」案：索隱本作「懷」，與今本同。惟秦記謂簡公是靈公子，索隱亦已辨其誤。蓋此注「史記」字當作「秦記」，「厲公」當作「靈公」。

河西正義西者秦州西縣〔二〇〇·一五〕雜志云如正義，則正文無「河」字。

合七十七歲〔二〇一·二〕吳云上「七」字衍。

黼黻〔二〇一·三〕字類引二字與正義論例合，桓十四年穀梁傳釋文及干祿字書亦引之，蓋當時有此俗字，張謂鄒誕生前已從「耑」是也。今本多從「褍」，蓋後人所改。

魏晉〔二〇一·四〕雜志云「魏」字後人所加，「晉」即「魏」也，魏得晉故都，故自稱晉國。

城櫟陽正義櫟陽漢七年〔二〇一·六〕警云「櫟陽」二字衍。

南有巴黔中〔二〇二·二〕志疑引明程一枝史詮曰一本「巴」作「巫」，巴屬秦，非楚地。

四十一縣〔二〇三·八〕志疑云「四」字疑誤，年表及商君傳並作「三」。

二十年〔二〇三·九〕中統無此三字。

元里正義祁城在同州澄城縣界〔二〇三·一一〕此複衍上「杜平」注，蓋誤。案：元和郡縣志太原府祁縣故祁城在縣東南五里。

咸陽正義秦孝公〔二〇三·一三〕考證增「孝」字。

馬陵正義深峻〔二〇四·一〕考證據通鑑集覽增「峻」字，與魏世家正義合。

即此也〔二〇四·二〕「也」疑當作「地」。

商君正義商州商洛縣在州東八十九里〔二〇四·一三〕通鑑集覽引作「商，今商洛縣，在商州東九十里」。案：商君列傳正義作「商洛縣在商州東八十九里」。

鴈門正義二十八里〔二〇四·一六〕韓世家正義作「十八里」。

而卒〔二〇五·四〕吳云宋板無二字。

集解漢書曰〔二〇五·七〕注與漢書百官表大同，吳改爲「徐廣曰」，未知所本。

五千石〔二〇五·七〕「千」字疑誤，韓非子定法篇作「五十石」。（案：各本皆作「五千石」，金陵本已改「五千石」爲「五十石」。）

六官大夫七公大夫〔二〇五·八〕「官」「公」原互誤，吳改，與百官表及劉昭續漢志注合。

陰晉〔二〇五·一四〕二字中統、游本不重。

縣義渠〔二〇六·二〕志疑云羨文，是年義渠爲臣，非爲縣也。

皮氏正義一里八十步〔二〇六·九〕下文「秦以垣爲蒲阪皮氏」正義同，魏世家正義作「一百八十步」。

曲沃正義在陝州縣〔二〇七·二〕孫云「州」下脱「陝」字。案：魏世家正義作「在陝縣」。

北河〔二〇七·八〕中統、游本倒。

秦使庶長〔二〇七·八〕宋本無「秦」字。

中都西陽〔二〇七·一〇〕志疑云此與表同誤，趙世家作「西都中陽」，是。漢志地屬西河郡，若中都屬太原，西都屬山陽，未可相混，正義謬。

榑里疾〔二〇七·一二〕六國表、樗甘、穰侯傳並作「樗」，惟此紀獨作「榑」，各本皆同，字類亦引之，姑仍其舊。

斬首萬〔二〇七·一二〕宋本下有「級」字。

其將犀首走〔二〇七·一三〕志疑云五字當在「降之」下。

欒池正義音池〔二〇八·二〕疑作「沱」。

申差正義韓將軍〔二〇八·三〕「軍」字與今本年表合，韓世家作「鰒」，各仍之。

將泥集解將一作莊〔二〇八·一一〕案：六國表趙武靈十一秦敗我將軍英，此注「將一作莊」疑「泥一作英」之誤。或後人誤憶十三年虜趙莊而妄改。

丹犂正義姚府〔二〇八·一五〕官本與周紀正義合，各本「姚」譌「桃」。

楚越集解一作趙〔二〇九·三〕案：越爲楚威王所破久矣，作「趙」是。

舉鼎絶臏〔二〇九·八〕御覽三百八十六引作「舉龍文赤鼎，絶臏而死」。又五百四十八又七百五十六引同，惟無「赤」字，疑今本有脱文。

景快〔二一〇·二〕六國表、楚世家並作「景缺」，上文「拔新城」正義引同，今本惟此文作「景快」，各本皆同，或傳寫誤。然殺景缺在昭襄七年，而此在九年，疑是錯簡，抑別有「景快」耶？今仍其舊。

金受〔二一〇·一三〕疑倒，正義云「秦丞相」，未知所據。

上庸正義竹山〔二一一·五〕「山」誤「邑」，依元和郡縣志改。

新市集解晉地記〔二一一·一三〕「地」誤「帝」，吳改。

封陵正義武遂近平陽地也〔二一二·三〕王脱「近」字，柯、凌脱「遂」字，警據上「城武遂」正義補。

十九年王爲西帝〔二一二·一〇〕案：表書十月爲帝，疑先秦改十月爲歲首當始此，說在下。

伐齊河東〔二二一・一三〕志疑云「河東」上疑有脱字，古史作「取河東」。

侯冄復相〔二二三・二〕「侯」疑當作「魏」，或「侯」上脱一「穰」字。

若伐楚〔二二三・五〕「楚」字依志疑、史詮補。

反我江南〔二二三・六〕毛本「反」作「伐」。

胡傷〔二二三・七〕志疑云穰侯傳作「陽」，趙策作「昜」，卽古陽字。

攻韓南郡〔二二三・一三〕攷異云南郡非韓地。志疑云年表及白起傳作「南陽」，是。

葉陽君〔二二三・一三〕官本有「君」字，志疑引一本同。

四十八年十月〔二二三・一五〕案：上四十二年先書十月，後書九月，此年先書十月，後書正月，大事記、古文尚書疏證謂秦先世已嘗改十月爲歲首，是也。自此年以後，復用夏正，故下文書「其十月」云云，遂不以爲歲首。而四十九年先書正月，後書其十月，文甚明白。志疑乃以四十二年之十月爲七月之誤，四十八年之十月爲衍，考之未審矣。

伐趙武安〔二二四・一〕毛本下有「君攻」二字。案：六國表、趙世家不載此事，白起傳但云王齕攻皮牢，拔之；蓋「武安」二字涉上而衍，後人又增「君攻」字。

攻鄭〔二二四・四〕志疑云疑「鄭」字。

攻新城正義將而〔二二四・八〕凌本與白起傳合，王、柯本「而」誤「兵」。

蒲阪皮氏正義故城〔二二五・二〕官本「城」，與魏世家正義合，各本誤作「縣」。

二十一年集解徐廣曰有牡馬生牛而死〔二三五·六〕吳云宋板「牛」作「羊」。案：漢書五行志引史記秦孝公二十一年有馬生人，昭王二十年牡馬生子而死。上條今見六國表，而下條紀、表皆無，疑史有逸文。牡馬即父馬，子即駒，子字與牛羊字形近致譌。疑此文本作「有牡馬生子而死」，則史記正文與漢志合，當在上二十年下。其「秦地有父馬生駒」，乃集解所引徐廣語，後人不察，誤以正文入注，校者又移入二十一年，岐之中又有岐矣。

光狼正義二十里〔二三五·一三〕柯、凌無此三字。

鄢鄧正義〔二三五·一四〕柯、凌脫。

南郡正義〔二三五·一五〕柯、凌脫。

襄陵正義〔二三五·一六〕柯、凌脫。

晉大夫讐〔二三五·一七〕警云：據水經汾水注當作「郤讐」。（案：金陵本「讐」作「犨」。）

武安君正義〔二三六·一〕柯、凌脫。

潞州〔二三六·一〕警云「潞」當作「洺」，潞州無武安縣，唐初武安嘗屬洺州也。

五十里〔二三六·一〕案：元和郡縣志作「五里」，未知孰誤。

黔中正義〔二三六·四〕柯、凌脫。

魏入南陽正義懷獲嘉縣〔二三六·一三〕官本云「懷」下宜有「州」字。

南陽郡正義而居陽地〔二三六·一四〕案：穀梁傳「水北爲陽」，故云居陽地也。王本「而」作「旧」，「居」作「名」，傳寫之譌。柯、凌「而」字未誤，今依釋名改。

剛壽正義龔丘〔二二六·一六〕原譌「襲丘」，依穰侯列傳正義改。

閼與正義聚城〔二二六·一七〕趙世家正義作「落」。

銅鞮〔二二六·一七〕原譌「鍉」，依趙世家正義改。

洺州〔二二七·二〕「洺」原譌「潞」，依趙世家正義改。

芷陽正義鹿原〔二二七·四〕案：郡縣志京兆府藍田縣白鹿原在縣西六里，此脫「白」字。

葉陽君集解一云華陽〔二二七·三〕志疑云「華」形近「葉」，傳寫致譌。華陽君乃昭王舅，芈戎悝乃昭王母弟高陵君，此紀有脫誤。不然，將以芈戎爲公子悝矣。

正義書涉反〔二二七·三〕「書」原譌「車」，葉字無此音，依廣韻改。

晉楚流死正義按此時無楚軍〔二二八·一〕志疑云楚軍即楚救邯鄲之兵，楚世家稱救趙至新中可證。死當讀爲尸，古通用。

拔寧集解一作曼〔二二八·二〕宋本有「一」字。

負黍正義今河南府縣也〔二二八·一二〕案：郡縣志開元元年改洛州爲河南府陽城縣。萬歲，登封元年改名告成。此注「縣」上當有「告成」二字。若周紀正義引括地志則云陽城，洛州縣也。「負黍亭」以下與此同。

亦時〔二二八·一二〕疑倒。

九鼎正義其一〔二二八·一四〕「其」作「然」，考證改。

吳城正義虞城〔二二九·三〕官本「虞」字，各本譌「廣」。

虞山〔二二九·三〕官本「山」字，與郡縣志合，各本譌「下」。

孝文索隱子莊襄王〔二二九·四〕四字單本無，中統同。

四年〔二二九·一四〕志疑云莊襄無四年，乃三年之誤。案：王齕攻上黨，六國表書在三年，不誤。此「四年」二字，涉上四月而衍，觀下文五月即接上文四月，其證也。三年上已書，何必複出。

成皋正義古東虢國〔二三〇·三〕「東」誤「之」，孫輯括地志改，與郡縣志合。

高都汲正義汲故城〔二三〇·六〕官本有「城」字。

十二邑〔二三〇·八〕「十二」上王有「六」字，柯、凌有「七」字，考證删。案：「六」「七」疑皆「之」字之譌。

五十一年〔二三〇·一六〕志疑云：「始皇十三而立，踰年改元，在位三十七年，年五十，安得五十一。」案：疑本作「年五十」，衍「一」字，又誤倒耳。（案：錢大昕曰「五」當作「立」，始皇爲帝十一年耳。）

二世索隱秦自襄公至二世凡六百一十七歲〔二三一·四〕案：秦襄元年甲子，至二世三年甲午，凡五百七十一年，此「六」當作「五」，「一」「七」二字當互易。單本作「二十七」，更誤矣。

而注別舉之〔二三一·四〕瞥云此「注」字不知何所指，疑有集解而缺失也。

秦始皇本紀第六（史記卷六）

王齮索隱卽王齕〔二四·五〕王、柯、凌誤作「騎」，依秦本紀及白起列傳改。單本無此三字。

四十九年〔二四·五〕各本「四」誤「二」，依秦本紀及白起列傳改。

晉陽反〔二四·九〕元龜百八十三引在元年下。

元年〔二四·九〕合刻本皆每年提行，亦後人取便檢閱耳。中統、舊刻、游本皆連前文，毛本此紀亦連，今從其式，以歸一例。後放此，不再出。（案：此就金陵本言，若中華本則分段標點，不發生此類問題。）

十月庚寅〔二四·一二〕案：顓頊術十月戊辰朔，二十三日庚寅，表作「七月」，誤。

河魚索隱豖蟲〔二六·一三〕案：漢志作「劉向以爲魚孽也」，此有誤。

四月寒凍〔二七·九〕志疑云「四月」重出。史詮云當更曰「是月」。案：疑本作「是月」，後人因正義「四月建巳」之文而妄改之。

坐嫪毐〔二七·一〇〕凌本「嫪」譌「繆」，云一本作「譽」，舊刻本作「譽」。案：「譽」疑「舉」之譌。

垣蒲陽正義垣作垣垣音袁〔二八·二〕案：此宋人諱「桓」，因幷及「垣」而缺筆，非正義有異文也。王、柯、凌所據宋本皆如此，仍其舊以見當時坊刻之謬。

四月上宿雍集解〔二八·四〕案：上下文皆稱「王」，此不當忽稱「上」，「上」蓋「王」之爛文。此集解當在二十八年「上問博士曰」下，後人妄移於此。裴言司馬遷記事當言「帝」，則依違但言「上」，然則此時秦未稱帝，不得言「上」，而其注亦不當在此矣。

車裂正義咸陽宮〔二二九·七〕考證云通鑑作「雍萯陽」，「咸」疑「萯」字誤。

迎太后集解天下亢直〔二三〇·三〕疑有誤。今本說苑作「亢枉令直」，御覽百三十五引同。

以秦之彊諸侯〔二三〇·七〕御覽八十六引作「以秦之強視諸侯」，疑今本脫。

翁〔二三〇·八〕御覽無。

三十萬金〔二三〇·九〕御覽引「三」作「四」。

我布衣〔二三〇·一一〕御覽七百二十九引下有「也」字。

固止〔二三〇·一二〕御覽引下有「之」字。

宜安正義常山〔二三一·六〕凌本「山」，各本誤「州」。

內史騰〔二三一·一〇〕考證云六國表作「勝」。

始皇帝母〔二三二·四〕上下皆稱「秦王」，不得突稱「始皇帝」，且「母」字正承上文來，無須再稱，此亦後人妄增。

王賁攻薊〔二三三·一二〕志疑云年表及王翦傳王賁擊楚，此「薊」明是「荆」之譌。

淮南正義昌平也〔二三四·一三〕案：此上有脫文，蓋謂即前秦相國昌平君也。

越君正義楚威王已滅〔二三五·三〕疑下脫「越」字。

誅遂破之〔二三五·一四〕「誅遂」疑倒。

遂定其荆地〔二三五·一五〕雜志云「其」字涉上而衍。

至于萬世〔二三六·一〇〕王本「于」譌「千」，誤，說具雜志。

旄旌節旗正義旌音精旄音毛旗音其〔二三八·八〕據音似正文先「旌」次「旄」，下又云「旄節者編毛爲之」，又似以「旌旗旄節」連文，而音又先「旄」後「旗」，恐皆有錯亂。

分天下〔二三九·八〕御覽八十六引下有「之國」二字。

金人十二〔二三九·九〕御覽引句上有「鑄爲」二字。

置廷宮中〔二三九·九〕淩云一本作「宮廷」。雜志云文選過秦論注、御覽皇王部引，並作「宮廷」，通鑑秦紀二同。

周閤〔二三九·一三〕御覽八十六、元龜百九十六引並作「閣」。

分天下集解三十六郡者〔二三九·一四〕毛本脫「者」字，下衍「謂河南上中地」六字。

焉作信宮渭南〔二四一·一〇〕雜志云「焉」字下屬爲句。

雞頭山正義平高〔二四一·一五〕二字考證據唐志增。

回中正義岐州雍縣〔二四一·一六〕四字原作「雍州」二字，考證據通鑑集覽引增改。

立石與魯諸儒生議刻石頌秦德議封禪望祭山川之事〔二四二·七〕錘山札記云：「『上鄒嶧山下』即當云『刻石頌秦德，其辭曰』云云，頌後接與『魯諸生議封禪望祭山川之事』，其『立石』二字，與『議刻石』之『議』，『立石封』之

『石』皆衍。」案：嶧山碑辭今史記本無。

立石封祠祀集解於泰山上立封禪而祭之〔二四三·一〕據此注，則正文無「石」字，如盧說。下引「瓚曰積土爲封，謂負土於泰山上爲壇而祭之」，益知「石」字衍。

不懈於治〔二四三·九〕元龜百九十二引「於」作「爲」。案：爲猶於也，見王氏經傳釋詞。

建設長利〔二四三·一〇〕史詮云「吏」誤作「利」。案：元龜引作「吏」。

三萬戶〔二四四·九〕志疑云：「水經注二十六、御覽百六十並作『二萬戶』。」案：續漢郡國志引史作「三」，郡縣志引作「二」。今趙、戴二家校水經注亦作「三」，蓋依史記改。

琅邪臺下〔二四四·九〕「臺」字疑誤。水經注、郡縣志並作「山」。又案：水經注述此事，文與史略同而較詳，但不云史記。郡縣志引史記卻與彼文同，疑今史文有缺佚。

復十二歲〔二四四·九〕水經注、郡縣志作「年」。

立石刻〔二四四·一〇〕凌云一本無「刻」字。案：御覽八十六引無。

琅邪臺下正義有琅邪故〔二四四·一三〕疑脫「城」字。（案：中華本已據補。）

吳越春秋〔二四四·一四〕「越」字今補。

作琅邪臺正義今琅邪臺〔二四五·二〕此注有脫誤。

維二十八年〔二四五·四〕「八」譌「六」，吳校改。

誅亂〔二四五·一一〕吳云宋板「誅」作「去」。

不用〔二四五·一二〕吳云宋板作「以銷」。

立名爲皇帝〔二四六·一三〕吳云宋板無「爲」字。

隗林索隱隗姓林名有本作狀者非〔二四七·五〕案：據下引顏之推說，似小司馬以作「狀」爲是，其所據史本作「狀」，當云「隗姓狀名」，有本作「林」者，非。然今各本並作「林」，單本出正文亦作「林」，注云作「狀」者非，疑經後人改竄。顏氏家訓書證篇云史記「隗林」，諸本皆作「山林」之「林」，則舊本皆「林」字。作「狀」之說發於顏氏，云徵之秦權，未必果得其實，存疑可矣。

而葬此〔二四八·七〕舊刻本無「而」字。

武關正義少習商縣〔二四九·五〕「少」字考證據杜注補。

不怠索隱亦以怠與臺爲韻〔二五〇·一四〕案：越語范蠡語以怠、來、災、之爲韻，無「臺」字，此「臺」乃「來」字之誤。凌作「時」，亦非。

嘉平索隱今此云茅濛初成者〔二五一·一〇〕案：今集解引謠歌無「濛」字，蓋又後人所刪。

壞城郭決通隄防〔二五一·一五〕志疑引陳太僕兆崙云二語與上下不貫，當羨。

高誓正義亦古仙人〔二五二·三〕志疑云：「封禪書羨門子高與郊祀志羨門高是一仙人名，張揖司馬相如傳注云『碣石山上仙人也』，分羨門、高誓爲二人，大誤。」案：梁說是也。然「誓」字不可解，非衍即誤，或有脫文。

碣石門集解一作盟〔二五二·三〕疑此注當在「誓」字下。

三十四縣〔二五三·四〕志疑云表作「四十四」，匈奴傳同，此誤。

陶山北假中〔二五三·五〕河水注引作「據陽山北假中」。案：蒙恬傳云「於是度河，據陽山」，匈奴傳云「又渡河，據陽山、北假中」，二文相同，與河水注合。據上文云「並河以東，屬之陰山」，是在河南。此云「渡河取高闕」，是在河北，正與徐廣陰山「在河南，陽山在河北」說合。然則此文當作「陽山」，因舊本上文「陰山」誤作「陶」，而并此「陽」字亦誤爲「陶」矣。

陰山集解在五原北〔二五四·一〕水經河水注作「陶山」，引徐廣史記音義曰「陶山在五原北」，是酈所據史文及注並作「陶」，今史本作「陰」，而音義止存下四字。案：蒙恬列傳集解引徐廣曰「五原西安陽縣北有陰山，陰山在河南，陽山在河北」。陶陰形近易混，此「陶」本當作「陰」，後人改之。今戴校本水經注兩「陶」字亦並改「陰」。

正義之欲反〔二五四·一〕原誤「廣」，今改。

田常六卿之臣〔二五四·二〕李斯傳作「患」。

輔拂〔二五四·三〕治要、御覽四百五十一、字類引並作「弼」，李斯傳同。

相救〔二五四·三〕中統、游本作「助」。

非忠臣〔二五四·四〕治要下有「也」字，李斯傳同。

愚儒所知〔二五四·五〕治要下有「也」字。

異取〔二五五·五〕元龜二百十八引作「趍」。

偶語詩書者〔二五五·七〕「者」字依吳校宋板補。

與同罪〔二五五·七〕御覽八十六引作「與之同罪」，下有「諸文學之書捐除之」八字。

若欲有學法令〔二五五·八〕雜志云「欲有」當爲「有欲」，「法令」下當有「者」字。李斯傳作「若有欲學者」，通鑑秦紀作「若有欲學法令者」。

城旦集解四歲刑〔二五五·一六〕「刑」字原誤「也」，考證據通鑑集覽引改。

復道〔二五六·五〕御覽作「複道」，下同。治要、水經渭水注引並同。

麗山〔二五六·七〕治要「驪山」，下同。

恬倓〔二五七·七〕字類引作「倓」，中統、游、柯作「惔」，它本作「淡」。

乃令〔二五七·八〕御覽百七十五引作「命」。

弗善也中人或告丞相〔二五七·一〇〕御覽八十六引「弗」作「不」。又百七十二引作「不善之，中人以告丞相」。

皆殺〔二五七·一二〕御覽百七十二引作「斬」。

梁山宮正義秦始皇起〔二五七·一四〕疑「紀」之譌。

博士雖七十人〔二五八·三〕吳校宋板無「雖」字。

使者從關東〔二五九·一二〕御覽八百六引「使者」上有「有」字。雜志云：「文選西征賦注引作『鄭使者從關東來』，初學記地部上引作『鄭客從關東來』，漢書五行志同，皆有『鄭』字『來』字。」案：王謂當有「來」字，是也。下文云「謁者從東方來」，句法一例。

今年〔二五九・一二〕志疑云搜神記作「明年」，文選西征賦注、初學記五引政作「明年」。

上許之〔二六〇・一三〕御覽八十六引作「始皇許之」。

海渚〔二六〇・一四〕御覽作「梅渚」。

正義同安〔二六一・三〕「同」譌「周」，考證據唐志改。

浙江集解其流東至會稽山陰而西折故稱浙〔二六一・六〕原作「江水至會稽山陰爲浙江」，考證據漢書注改。

恆常〔二六一・一四〕志疑云：「文帝名恒，何以不諱？」案：元龜百九十二引作「典常」。

飾省〔二六二・二〕淩引余有丁曰：「『省』字或作『眚』。」案：徐廣云「省」一作「非」，正義云省，過也，余說近是。

和安〔二六二・四〕毛本倒。

敦勉〔二六二・四〕中統、游本作「誠」。

詐謀索隱刻石文作謀詐〔二六二・一六〕「作謀」原倒，今正。

問占夢〔二六三・一二〕御覽引「問」上有「以」字。

江乘正義謂濟渡也〔二六四・一〕官本如此，各本誤作「渭京兆也」。

滎成山正義卽成山也〔二六四・三〕「成」字考證增。

而病〔二六四・四〕中統、游本作「疾」。

其賜死　〔二六四・一〇〕雜志云「其」字後人據李斯傳增，御覽引無。

〔增〕以象山正義取大石於渭山　〔二六六・九〕「渭山」疑當作「渭南」。殿本考證云：「渭山『山』字疑有誤，或是『城』字或是『水』字。」

雖萬世世不軼毁　〔二六六・一三〕札記云當在「極廟」下。

奉酌　〔二六六・一三〕雜志云「酌」當爲「酎」，漢制以八月嘗酎，蓋本於秦。

祠始皇廟　〔二六六・一三〕中統、游本「祠」作「祀」。

遵用　〔二六八・一〕治要引作「尊用」，史詮引洞本同。

管中事　〔二六八・三〕御覽六百四十五引「中」作「重」。

實不服　〔二六八・四〕治要引下有「也」字。

不及謀　〔二六八・五〕治要引下有「矣」字。

闕廷　〔二六八・八〕御覽四百四十七引作「朝廷」。

鉅鹿正義離圍趙王歇　〔二七一・二〕「離」上當有「王」字。

減省正義上色反　〔二七二・四〕案：上色反當有誤，疑史本作「省減」，正義出此二字，作音云「上色景反」，合刻者誤删之，今本又省減倒，遂不可通。

土墻索隱一作篕　〔二七三・六〕「一」原誤「不」，依雜志改。

不轂正義又苦角反〔二七二·九〕又上當脫一音。

或言鹿者〔二七三·九〕雜志云「者」字衍。治要、後漢書文苑傳注、御覽職官部獸部引並無。

乃齋〔二七三·一四〕中統作「齊」，下同。

欲祠涇〔二七四·二〕御覽八十六引下有「水」字。

坐幃〔二七四·六〕中統、游本作「帷」。

稱病〔二七五·八〕御覽引作「疾」。

三族高家〔二七五·一〇〕御覽引作「夷三族」。

約降〔二七五·一二〕御覽作「納降」。

鉏耰索隱〔二七七·二〕單本無。

秦王〔二七七·八〕志疑云：「當作『始皇』，下五『秦王』同。」案：陳涉世家並作「始皇」。

飾法〔二七八·六〕治要「飭法」。

變化有時〔二七八·一二〕雜志云宋本作「應時」。治要、淳祐本賈子皆作「應」。案：中統、游本作「應」。

囊括集解結囊也〔二七九·三〕各本「結」誤「括」，依漢書陳勝傳注、文選過秦論注改。

索隱注同〔二七九·三〕單本無此條，而中統本及合刻各本皆有此四字，姑仍之。

重士〔二七九·九〕治要「重上有而」。

常以〔二七九·一三〕宋本、毛本「嘗以」。

叩關〔二七九·一三〕陳涉世家作「仰關」，與新書、漢書合。蓋本作「卬」，形近譌爲叩。文選同。

逡巡遁逃〔二七九·一三〕志疑云：「世家、文選無『逡巡』字，新書作『逡巡』，漢書作『遁巡』，無四字連文者。」案：周禮司士注「士皆逡遁」，鄭固碑「逡遁退讓」，逡遁卽逡巡之異文。疑本文或作「巡」，或作「遁」，後人兩存之，讀者不察，又增「逃」字於下耳。世家、文選作「遁逃」，漢書作「遁巡」，疑皆傳寫誤，師古逡音遁爲七旬反，集韻收入逡字下，恐未必然。

王廖索隱呂氏〔二八〇·一〇〕二字今補。

斬華索隱亦出〔二八一·九〕單本脫二字。

什伯〔二八一·一五〕志疑云世家、漢書、文選並作「阡陌」，此作「什」，誤。案：如世家索隱，梁說似是，然據集解引漢書音義及如淳說，則裴所見本作「什」。

罷散〔二八一·一六〕治要「疲散」。

鉏櫌〔二八二·六〕治要「耰」。

句戟長鎩〔二八二·六〕治要「長鎩矛戟」。

千乘之權〔二八二·九〕志疑云各處作「致萬乘之權」。

棘矜集解矛槿〔二八二·一二〕治要「⿰禾堇」，漢書陳涉傳同。

如淳〔二八二·一三〕漢書注作「晉灼」。

句戟長鎩集解鉤戟似矛〔二八二·一三〕上三字依文選注補。

方上鉤曲也〔二八二·一三〕選注無「方」字，「鉤曲」原倒，無「也」字，今依選注改增。

以養四海〔二八三·一〕志疑云新書云「以四海養」。

異也〔二八三·一三〕雜志云「異」上當有「無」字。

裂地〔二八四·一〕凌本「裂」作「表」，云一本作「裂」。

威德〔二八四·四〕志疑云案新書「威」乃「盛」之譌。

襄公立〔二八五·二〕此秦記係後人附益，宋本連上，王、柯並同。今依凌本、毛本提行。（案：此就金陵本言。中華本分段標點，不發生此類問題。下同。）

葬車里康景〔二八七·五〕凌云：「『康景』疑衍，或下有闕文。」案：上文康公葬竘社，景公葬丘里南，疑車里在康景二墓閒，脫「閒」字。

〔增〕**悼公享國十五年正義雍本紀作十四年**〔二八七·七〕「雍」字當衍。

右秦襄公〔二九〇·一〕依王本提行，毛同。

孝明皇帝〔二九〇·一三〕各本連上，凌本低一格，今改提行。

〔增〕**佐政驅除**〔二九一·五〕「政」凌譌「攻」，王同，各本不誤。（據張文虎批校本眉注增。案：黃善夫本、殿本均譌「攻」。）

其位索隱木火之閒〔二九一·九〕「火」字考證增。

項羽本紀第七（史記卷七）

下相正義宿豫　〔二九五·六〕「宿」各本誤「宣」，考證據唐書地理志改。

梁掩其口曰　〔二九六·五〕舊刻、毛本並脫「曰」字。

櫟陽索隱漢史　〔二九六·七〕疑「世」。

會稽守通　〔二九七·一〕御覽八十七作「商通」，蓋本作「殷通」，宋人諱改，後幷删之。

慴伏索隱讋失氣也　〔二九七·一六〕「讋」，單本、中統、游、王、柯並同，漢書正文與注並作「讋」。案：說文「讋，失氣言」，傅毅讀若慴。疑索隱有脫文。凌徑依正文改作「慴」，非。

欲與連和　〔二九八·四〕中統、游、毛並有「欲」字，凌引一本有。

蒼頭　〔二九八·六〕索隱本作「倉頭」。

令史集解丞史　〔二九九·三〕毛本作「史人」，中統作「丞吏」，並誤。

逆無道　〔二九九·一三〕凌云：「宋本『逆』上有『大』字。」案：漢書有。

景駒集解文穎　〔三〇〇·三〕舊刻作「如淳」。

彭城正義彭祖　〔三〇〇·四〕原脫「彭」字，「祖」譌「相」，考證據楚世家正義增改。

胡陵集解今胡陸　〔三〇〇·五〕毛本譌「陵」。

改曰胡陵〔三〇〇·五〕高紀索隱引作「陸」。案：漢志「山陽郡胡陵，莽曰湖陸」。應劭曰「章帝封東平王倉子爲湖陵侯，更名湖陵」。是莽改湖陸，而章帝復其舊名，應劭以漢人言漢事，當不誤。而續漢志云「湖陸故湖陵，章帝更名」，似因湖陵後復統稱湖陸而誤。水經泗水注引漢志及注並與今本同，戴本徑改兩「陵」字爲「陸」矣。

入薛正義滕縣〔三〇〇·七〕各本「滕」下衍「國」字，依通鑑注引刪。

田文〔三〇〇·八〕各本譌「曰叉」，官本不誤。

蠭午〔三〇〇·一三〕各本作「蠭起」，誤，依索隱本改，辨見雜志。

從民所望也〔三〇〇·一四〕御覽二百七十九引作「以從民欲也」。

三戶正義善識〔三〇一·一〇〕王、凌譌「識」。

別攻城陽〔三〇二·四〕攷異云當作「成陽」。

濮陽東正義古吳〔三〇三·二〕官本云「昆吾」之誤。

西北至定陶〔三〇三·一〇〕雜志云「北」漢書作「比」，定陶在東阿西南，不得言北。文選王命論注引無「西」字。

趙歇爲王陳餘爲將〔三〇四·三〕志疑云餘時在鉅鹿北，此四字衍。

不進正義粲甬道屬河〔三〇六·四〕官本有「屬」字，與傳合。

諸侯將〔三〇七·三〕毛本重此三字。

諸侯皆屬焉〔三〇七·一三〕志疑云「諸侯」下漢書有「兵」字。

三歲〔三〇八·六〕毛本「年」。

三戶集解梁淇〔三〇九·一一〕水經濁漳水注引作「期」。

在鄴西三十里〔三〇九·一二〕濁漳水注引作「四十里」。

殷虛集解此汲冢〔三一〇·四〕據索隱及水經洹水注「此冢」當爲「北冢」之譌，妄人增「汲」字。（案：雷學淇竹書紀年考證云：「『汲冢曰』下二句本是傳文，故瓚復標以『汲冢曰』。」據雷說，則當讀爲「汲冢古文曰盤庚遷于此，汲冢曰云云」，與張說異。

是舊殷乎〔三一〇·四〕中統作「墟」。（案：金陵本原亦作「墟」，惟黃善夫本作「乎」，然張氏未見黃善夫本，此條疑有誤。）

〔增〕殷虛南舊地〔三一〇·六〕「南」字疑衍。

沛公兵十萬〔三一一·三〕中統、游本作「十餘萬」。

毋從俱死也〔三一一·一一〕雜志云「從」當爲「徒」。漢書作「特」，蘇林曰「特，但也」，特、但、徒一聲之轉。

籍吏民〔三一一·三〕中統、游本脫「吏」字。

鯫生集解士垢反〔三一一·一〇〕南宋本「垢」，毛本「后」。

籍何以至此〔三一二·一三〕中統「至」作「生」，與高祖紀合。

與飲〔三一二·一三〕柯本「與」作「舉」。

收其貨寶〔三一五·七〕中統、游本「收」作「取」。

衣繡〔三一五·九〕毛本倒。

先下河南郡〔三一六·八〕志疑云漢書無「郡」字，此衍。

鄱君〔三一六·一三〕字類引作「番君」。

都郴正義二十里〔三一九·一〕郡縣志黄州黄岡縣故邾城在縣東南一百二十里。

俠居至魯隱公徙蘄音機〔三一九·二〕「俠」原譌「狹」，依左傳隱元年疏引譜改。案：譜云周武王封俠爲附庸，居邾。水經江水注，江水又東經邾縣故城南，楚宣王滅邾，徙居于此。此文「俠居」下有脱簡。又正文無「蘄」字，正義蓋爲集解作音，今亦缺矣。

西楚霸王正義淮以北沛陳汝南南郡〔三一九·一七〕官本與傳合，各本「以」誤「南」，「陳」誤「郡」，脱下「南」字。

又以齊梁反書遺項王〔三二一·八〕南宋、中統、游、王、毛本作「羽」。

貨寶〔三二一·一五〕御覽引作「寶貨」，與漢書合。

五諸侯兵正義漢欲〔三二二·一三〕王本下衍「令」字，凌無，與漢書注合。

今羽聞漢東〔三二二·一四〕王本「羽」下衍「乃」，「漢」下衍「王」。

撥發〔三二三·二〕官本有「撥」字。

胡陵正義徐州〔三二三·五〕二字疑涉下節注而衍。

睢水正義過郡四行千二百六十里〔三二三·一三〕王本「郡」下衍「其」，「行」下衍「至一」兩字，末衍「者矣」兩字。

左纛集解注之〔三六·九〕「注」原譌「柱」，考證據漢書注改。

漢之四年〔三七·一〕志疑云此下敍事前後倒置，不但與漢書異，并與高祖紀不同，恐係錯簡。「漢之四年」當在後「擊陳留、外黃」句上，觀漢書高紀、籍傳自明。

廣武正義戴延之西征記〔三七·一二〕官本與通鑑注引合，各本「之」下衍「側」字。

相去百步〔三七·一三〕續漢郡國志注引西征記作「二百步」。

汴水從廣澗中東南流〔三七·一三〕案：汴水不聞經廣武澗，水經濟水注云「濟水又東經廣武城北，夾城之間有絕澗斷山，謂之廣武澗」。疑「濟」本作「泲」，形近譌爲「汴」。

糧食〔三七·一五〕御覽八十七引作「道」。

臨廣武閒〔三八·一三〕藝文類聚九引作「澗」。案：正義及續漢志注引西征記，水經濟水注作「澗」，是也。今本史記、漢書並作「閒」，誤。志疑說同。

項王怒〔三八·一三〕御覽三百十引下有「甚」字。

〔增〕淮陰侯與戰騎將灌嬰擊之〔三九·三〕梁云此與高紀「騎將」上多一「戰」字，當衍，漢書無「戰騎將」三字。案：張文虎批校本眉注云「此蓋淮陰與龍且合戰，而灌嬰以騎兵橫擊之也。漢書無『戰騎將』三字，混言之耳。梁云衍『戰』字，非」。中華本初版據梁說括去「戰」字，再版改正。

百姓豈有歸心〔三九·一三〕御覽二百七十九引作「豈有所歸心哉」，與漢書合。又三百八十四引亦有「所」字。

大司馬咎長史翳塞王欣皆自剄汜水上〔三三〇·五〕志疑云高紀及漢書紀傳皆無「翳塞王」三字，此後人妄增。盧學士云二字必非史記本文，觀下但舉咎、欣可知。翳舊爲都尉，不爲長史。又欣稱塞王，則翳亦當稱翟王，皆不協。

匿弗肯復見〔三三一·二〕五字與上下文不接，漢書高紀無，疑後人依注竄入。

鴻溝正義在滎陽東〔三三一·五〕漢書注作「東南」。

平國君正義乃肯見〔三三一·八〕依史文則「乃」字誤。警云疑當作「不」。

邦國〔三三一·九〕各本「邦」譌「郡」，考證據漢書注改。

因其機〔三三二·二〕漢書高紀及漢紀作「幾」，古通。毛作「飢」，御覽二百九十引同。

垓下正義老君廟〔三三三·四〕各本脫，官本云宜有「廟」字。

以舒屠六正義今盧江之故舒城〔三三三·五〕各本「之」誤「則」，依通鑑注引改。

九江正義分爲九江〔三三三·八〕「九」原譌「北」，考證據漢書地理志改。

數行正義行戶郎反〔三三四·五〕原作「色郎反」，涉上「色庚反」而誤，今正。

快戰〔三三四·二〕凌作「決戰」，誤。

吾爲若德〔三三六·七〕王、柯「若」作「汝」，御覽引同。

故分其地〔三三六·九〕王、凌無「故」字，志疑云班馬異同無。

烏江正義注水經云江水又北左得黃律口〔三三六·一三〕注原譌「江」，「水」上脫「江」字，「得」譌「傳」，依方輿紀要改。紀要删「左」字，非也。餘詳仁和趙氏校水經注江水篇補注。

面之集解難視斫之〔三三七·二〕「視」漢書注作「親」，御覽引同。

中水正義易㴲〔三三七·七〕官本「㴲」，各本譌「渡」。

吳防正義棠谿〔三三七·一二〕「棠」原誤「唐」，考證據吳、楚世家及正義改。

涅陽正義涅陽故城〔三三七·一三〕「故」下各本有「地」字，官本云衍。

皆項氏〔三三八·五〕中統、游本無「氏」字。

何興之暴也〔三三八·一四〕舊刻「何」下有「其」字，毛同。

非用兵之罪也〔三三九·三〕毛脱「也」。

高祖本紀第八（史記卷八）

母曰劉媼〔三四一·三〕索隱本作「母媼」，與漢書合，疑「曰劉」二字衍。

其先劉媼〔三四一·三〕四字漢書無，亦疑衍。

蛟龍〔三四一·四〕漢書作「交龍」。

遂産〔三四一·四〕類聚十二引作「生」。

太公索隱名煓〔三四二·三〕各本作「燸」，字書、韻書無「燸」字。後漢書章帝紀注作「煓，它官反」與湍音合，新唐書宰相世系表同，今依改。

母曰劉媼正義無取〔三四二·一四〕官本「取」，各本作「及」。

仁而愛人〔三四二·一六〕類聚引作「寬仁愛人」，與漢書、漢紀合。

泗水〔三四二·一七〕雜志云當依漢書作「泗上」，類聚、御覽引並作「上」。

醉臥〔三四三·一〕類聚引「醉」上有「飲」字。御覽八十七引作「時飲醉臥」，與漢書合。

隆準集解文穎〔三四三·四〕據漢書注及索隱當作「李斐」。

黑子正義黶子〔三四三·九〕柯、凌本「子」，王誤「而」。

爲泗水亭長正義有寓室〔三四三·一三〕案：周語作「畺有寓望」，此脫誤。

數倍集解讎亦售〔三四三·一七〕舊刻本末有「也」字，與漢書注合。

折券索隱小司寇〔三四四·三〕案：文見天官小宰，而云「小司寇」者，以秋官士師有「正之以傅別約劑」之文而誤憶也。

大手書〔三四四·三〕「手」原誤「字」，依小宰注改。

縱觀正義包愷〔三四四·八〕凌本「愷」，王、柯譌「慢」。

乃呂后也〔三四五·一〕「乃」類聚引作「即」，與漢書合。

生孝惠帝〔三四五·一〕中統本有「帝」字，與漢書合。類聚及班馬異同引俱有。

魯元正義漢制〔三四五·一六〕各本「倒」，今正。

夫人天下貴人〔三四六·三〕類聚引有「也」字，與漢書合。

孝惠〔三四六·三〕類聚引有「帝」字，與漢書合。

魯元〔三四六·三〕類聚引有「公主」字，與漢書合。

皆似君〔三四六·四〕漢書「似」作「以」，師古曰不當作「似」。志疑云宋書符瑞志亦作「以」。

告歸集解印紱〔三四六·八〕漢書注作「綬」，義同。

夜乃解縱〔三四七·五〕類聚、御覽引「乃」作「皆」，與漢書合。舊刻「夜乃」倒。

夜徑〔三四七·六〕類聚作「經」，御覽八十七同。而三百四十二引仍作「徑」。

斬蛇〔三四七·八〕類聚引作「之」。

欲告之〔三四七·一〇〕索隱本作「告」，蓋所見舊本如此。今本作「答」，並依注改。

斬蛇正義常佩之劍〔三四八·四〕官本有「劍」字。

十五里〔三四八·四〕官本與郡縣志合，各本作「五十里」，誤。

以厭之〔三四八·一四〕御覽八十七引「厭」下有「當」字，與漢書合。漢紀無。

心喜〔三四八·一六〕御覽引作「又喜」，與漢書合。

芒碭集解其閒也〔三四九·二〕毛無「也」字。

正義碭縣〔三四九·三〕「碭」下原衍「陽」，今删。

雲氣正義京房易兆候〔三四九·四〕案：隋書經籍志周易飛候九卷，又六卷，並京房撰。類聚一、御覽八並引易飛候云「視四方常有大雲，五色俱，其下賢人隱」，正與此文合，「兆」當爲「飛」之誤。然天官書正義引此文亦作「易兆候」，姑仍之。

顏師古曰〔三四九·四〕水經睢水注作「師曰」，此衍。

以應陳涉〔三四九·六〕上作「勝」，此作「涉」，當有一誤。

欲以沛應涉〔三四九·七〕御覽引作「勝」。

壹敗〔三五〇·五〕舊刻「一敗」。

珍怪〔三五〇·七〕御覽引作「奇怪」，與漢書合。

故上赤〔三五〇·九〕游本「上」作「尙」。

泗川〔三五一·一六〕志疑云「川」乃「水」誤。

周市來攻方與〔三五二·一〕六字疑衍。

司馬𡰥〔三五二·五〕南宋本作「𡰥」，字類引同，與漢書合。它本作「𡰣」，作「尼」，並誤。

至戚索隱千笠反〔三五三·三〕戚字無此音，「笠」疑「竺」之譌。

屠相正義故相城〔三五三·一七〕官本「城」，各本譌「地」。

數月〔三五四·一〇〕志疑云案月表及漢紀立懷王在六月，攻亢父在七月，只隔數十日，疑「月」當作「日」。

復振集解振迅〔三五五·四〕毛本「迅」誤「退」。

銜枚集解枚狀〔三五五·一四〕「枚」毛誤「銜」。

至成陽與杠里〔三五七·三〕漢書斷句同。案：如淳云「秦軍所別屯地名也」，則「與杠里」三字屬下爲句。史詮云「時秦軍屯杠里，漢軍與對壘，故曰夾壁」，蓋本此。

秦軍夾壁〔三五七·三〕南宋本、舊刻、王本「夾」作「來」，疑誤。

破魏二軍〔三五七·三〕「魏」字誤。史詮云當作「秦」。漢書作「其」。

楚軍出兵擊王離大破之〔三五七·三〕志疑云方敍沛公入關，不應忽入楚軍，漢書無此十字，當衍。

〔增〕謂監門〔三五八·二〕漢書作「爲里監門」，酈生傳作「爲里監門吏」，此「謂」字亦當作「爲」。

引兵〔三五九·一三〕御覽作「引軍」，與漢書合。

更旗幟〔三五九·一四〕御覽引「更」下有「張」字。

黎明〔三五九·一四〕漢書作「遲明」，師古云史記「遲」作「邌」。案：今各本並作「黎」，索隱本出正文同。

無不下者〔三六〇·四〕御覽引作「無有不下者」。

守宛正義故城〔三六〇·一二〕官本「城」，各本譌「地」。

西陵集解是陵所封〔三六一·六〕「陵」字依南宋本補。

〔增〕因襲攻武關索隱起營所以臨上雒〔三六一·一五〕「營所」二字應依左傳作「豐析」。

十月正義己未年十月〔三六二·二〕原譌「七月」，今改。

封漢王〔三六二·三〕官本有「封」字。

初至霸上之月〔三六二·一三〕官本有「月」字，各本脫。又「之」上衍「戰」字，今刪。

皇帝璽正義璽令施行〔三六三·四〕「璽」字上下當有脫文。

天子之璽以發兵〔三六三·四〕「天子」二字吳增。

青囊白素裹〔三六三·五〕原誤作「青布索白素」，考證據續漢輿服志改。

抵罪集解李斐〔三六三·一五〕考證云漢書注作「李奇」。

案堵集解案案次第〔三六四·二〕下「案」字吳增，與漢書注合。

夜往〔三六四·九〕南宋、毛本無「往」字。

生此〔三六四·一〇〕「生」字南宋、中統、毛本同，與漢書合。王本作「玉」，亦「生」之譌。凌作「至」。案：疑「生」與「至」皆「出」之誤。

函谷正義其水山原壁立〔三六四·一四〕疑有脫誤。郡縣志引西征記云「其中劣通東西十五里，絕岸壁立」。

都洛陽〔三六五·一三〕南宋、中統、游本「洛」作「雒」。

正月正義當時〔三六六·四〕「時」誤「是」，考證據漢書注改。

王巴蜀漢中集解三十二縣〔三六六·七〕舊刻作「四十二縣」，漢書云「四十一縣」，漢紀同。據漢志，漢中郡十二縣，蜀郡十五縣，巴郡十一縣，則共三十八縣。

有大功〔三六七·七〕御覽二百八十三引「有」作「成」。

蝕中索隱說文作鎰器名也〔三六七·一五〕案：說文無「鎰」字。集韻六豪云「鎰鉼銅器」，類篇同。中統、凌本作「鐘」，柯本「鍾」，皆誤。

南浮正義從是東行〔三七〇·一四〕官本「是」，各本誤「務」。

陳平之計〔三七三·一〕中統、游本無「之」字。

漢軍絕食〔三七三·六〕中統、游本作「乏食」。

漢常困〔三七三·一三〕御覽引「困」上有「中」字。

且得休〔三七三·一三〕御覽引下有「息」字，疑依漢書增。

輯河北〔三七三·一三〕御覽引「輯」作「平」。

漢得休〔三七三·一四〕御覽引下有「息」字，蓋亦依漢書。

漢王堅壁〔三七四·三〕舊刻有「王」字，淩引一本及御覽引同。

漢王跳索隱超通爲跳〔三七四·一三〕義本說文。

玉門集解徐廣曰〔三七四·一四〕瞥云：「『曰』當作『注』。」案：如錢說，疑此是後人旁注，非集解文。

楚漢久相持〔三七六·七〕「楚漢」毛本倒。

乃與公〔三七六·一五〕「乃與」疑當乙。

鴻溝索隱北征記云〔三七八·三〕單本作「水經云」，今水經無此文。合刻本作「北征記」。案：後漢書獻帝紀注引裴松之北征記，正與此注合，今從之。

大破之〔三七八·五〕舊刻無「大」字。

〔增〕舉九江兵而迎之〔三七八·七〕志疑云「之」字衍。

隨何〔三七八·七〕志疑云「何」字衍，漢書無。案：項羽紀亦作「隨劉賈」。

高祖〔三七八·一四〕御覽引作「漢王」，與漢書合。

皇帝〔三七八·一五〕御覽引作「漢王」，與漢書合，下同。

楚兵不利〔三九·一〕御覽引作「楚兵退」。

淮陰侯復乘之〔三九·二〕御覽引作「信復乘之」。

項羽卒聞漢軍楚歌〔三九·二〕漢書作「羽夜聞漢軍四面皆楚歌」，項羽本紀亦作「夜」，疑此「卒」字誤。「漢軍」下各本有「之」字，凌云「一本無」，志疑云「衍」。今刪。（案：中華本不刪「之」字。）

淮陰侯復乘之正義扶富反〔三九·六〕原誤「侯富反」，今改。

甲午集解二月甲午〔三九·一四〕毛刻如此，南宋本、舊刻、王、柯皆無二字，凌本但有「二月」兩字。案：疑史文不書「二月」，故徐廣據漢書注之。

故德番君〔三八〇·五〕舊刻「德」作「封」。

天下大定〔三八〇·一〇〕舊刻「大」作「悉」。

夫運籌策〔三八一·四〕御覽八十七引「策」作「於」，志疑云留侯世家亦作「策」。

劉敬〔三八一·一〇〕敬未賜姓，宜如漢書稱「婁敬」，或史公以下文不書賜姓事，故省文稱之。御覽此處所引皆同漢書，「劉」亦作「婁」，蓋參班文，不足據校。

十月燕王臧荼反〔三八一·一三〕志疑云「十」乃「七」之誤。

屬齊正義言齊國形勝次於秦中〔三八四·一三〕各本作「齊之遠國次秦」，警依通鑑注校正。

近齊〔三八四·一三〕各本譌「濟」，今改。

信因與謀反〔三八四·一五〕「與」下王、柯、毛、凌有「同」字，南宋、中統、游本無。

故趙將〔三八四·一五〕志疑云信本傳云「趙苗裔」，漢紀云「趙後」，則「將」乃「後」字之譌。

平城正義蹋頓〔三八五·七〕當作「冒頓」，然各本皆作「蹋」，仍之。

長安索隱扶風〔三八五·一〇〕二字單本無，南宋、中統、游本有。

未央宮正義公車司馬〔三八六·四〕凌本有「馬」字，與漢書注合。

孰與仲多〔三八七·二〕御覽引作「與仲力孰多」。

皆呼〔三八七·二〕御覽引作「稱」，與漢書合。

無賴集解江淮〔三八七·四〕「淮」各本誤「湖」，考證據漢書注改。

東往〔三八八·二〕南宋本倒。

立子恆〔三八九·二〕攷異云文帝名再見高紀，一見呂后紀。景紀四年立皇子徹，七年皇太子名徹，皆後人所加。

會甀索隱漢書作缶音作保非也〔三八九·九〕攷異云沛郡蘄縣有甀鄉，即此會甀也。隸書「垂」似「缶」，故漢書譌「缶」，孟康讀「會」爲「儈保」之「儈」，非讀「甀」爲「保」，小顏未達，小司馬又承顏之謬。

洮水〔三九〇·一四〕全氏經史問答云九江左右無洮水，蓋沘水也。沘水見水經。

陳涉〔三九一·三〕案：楚隱王卽陳涉也，此二字蓋讀者旁注，誤入正文。志疑云：「漢書詔詞無，蓋諸帝王皆不稱名也。索隱以隱王爲楚幽王，大謬。」

提三尺劍〔三九一·一四〕柯、淩本「提」作「持」。

何益〔三九一·一五〕御覽引作「亦何益」。

崩長樂宮〔三九二·五〕御覽引「崩」下有「於」字。

此聞〔三九二·八〕南宋本「此」作「比」。案：荀悅漢紀直云「此四人者」，則「此」字不誤。

崩長樂宮集解年六十二〔三九二·一〇〕各本作「六十三」誤，依御覽引改。

立太子〔三九二·一三〕案：此謂太子卽帝位也。將相表於孝文元年書「立太子」，後七年又書「太子立」，疑此文「立」字亦當在「太子」下。

葬長陵〔三九四·二〕志疑云錯簡，當在「丙寅」句下。

呂太后本紀第九（史記卷九）

及留侯策〔三九五·六〕御覽八十七引「及」下有「用」字。

出射〔三九七·五〕御覽引有「雉」字。

飲之〔三九七·六〕御覽引作「而飲之」。

犂明孝惠還〔三九七·六〕雜志云：「當作『犂孝惠還』，言比及孝惠還也。漢書外戚傳作『遲帝還』，無『明』字。晉世家『犂二十五年』與『犂孝惠還』同義。」

煇耳〔三九七·七〕御覽引作「燻」，漢書外戚傳作「熏」。

迺召孝惠帝〔三九七·八〕御覽下有「來」字。

孝惠〔三九七·八〕御覽下有「帝」字。

其戚夫人〔三九七·八〕御覽「其」作「是」。

人所爲〔三九七·九〕御覽「人」下有「之」。

故有病〔三九七·九〕御覽作「疾」。

迺令〔三九八·三〕王、柯、凌本無「令」字。

起泛索隱泛也〔三九八·九〕「泛」不當仍訓泛，疑「覂」之誤。漢書武帝紀「夫泛駕之馬」，師古曰「泛覆也，字本作覂，後通用耳」。案：食貨志「大命將泛」，玉篇襾部引作「覂」，云「謂覆也」。

呂台呂產呂祿〔三九九·六〕志疑云南北軍不容三人將，漢傳無呂祿。

心安〔三九九·七〕中統、游本「心」作「必」。

孝惠帝崩集解年二十三〔三九九·一〇〕毛本作「二」，誤。

從欲〔四〇〇·四〕南宋本「從」，各本作「縱」。

魯元公主薨至張敖也〔四〇〇·一三—一四〕志疑云廿六字當在「南宮侯」句下。

封齊至妻之〔四〇〇·一四—四〇一·一〕志疑云十七字當在二年呂王嘉代立下，蓋呂嘉以二年十一月嗣，章以五月封也。

襄城〔四〇一·一三〕中統、游本作「城」，它本譌「成」，下同。

風大臣〔四〇一·一四〕毛本「風」誤「封」。

常山至名義〔四〇一·一五—一六〕志疑云：「十八字當在呂嘉代立下，蓋呂在十一月，常山在七月也。」案：如梁說，當以朱虛次呂嘉，以常山次朱虛。

呂城〔四〇二·二〕各本譌「成」，今正。

軹侯正義濟源〔四〇二·六〕各本誤「終原」，考證據秦本紀正義改。

贅其索隱表作〔四〇二·一三〕當作「志屬」。

時無子〔四〇二·一五〕舊刻無「時」字。

有身〔四〇二·一五〕御覽引作「娠」。

爲太子〔四〇二·一五〕御覽「爲」上有「以」字。

帝壯〔四〇二·一六〕「壯」字疑衍。

皇后子〔四〇二·一六〕御覽「子」上有「之」字。

壯卽爲變〔四〇三·一〕吳云元板「卽」作「則」。

永巷中〔四〇三·一〕御覽作「於永巷中」。

以太后制〔四〇三·五〕王、柯誤「稱」。

治爲萬民命集解一無此字〔四〇三·一〇〕案：漢書呂紀無「爲」字「命」字，皆衍。

劉氏危〔四〇三·一四—四〇四·一〕雜志云「危」古魚戈反，不與「妃」韵，漢書高五王傳作「微」。

己丑日食晝晦〔四〇四·五〕志疑云：「漢書作『己丑晦，日有食之』。」案：顓頊術、殷術皆三月庚寅朔，漢書是也。

侯太〔四〇四·六〕志疑云：「漢書異姓、恩澤二表皆作『大』，師古無音，史記譌爲『太』。」案：通鑑亦作「太」。

據高后掖〔四〇五·五〕「高后」二字疑後人所增。

魯元王偃〔四〇五·九〕志疑云：「漢書張耳傳無『元』字，是也。此紀及耳傳並誤增。下文『廢魯王偃』句不誤。」案：通鑑作「魯王偃」。

年少〔四〇五·九〕中統、游本倒。

五百戶集解將帥　〔四〇六·二〕中統、游本作「相」。

軍北軍　〔四〇六·三〕上「軍」字當作「居」，漢書正作「居北軍」，通鑑同。

辛巳　〔四〇六·五〕志疑云：「通鑑目錄辛巳是八月朔，當日厤法疎，安知不以爲七月晦？」案：二術八月皆辛巳朔，與通鑑合，漢書書七月，承史誤。梁因下文書八月而致疑，實則「八」乃「九」之譌。

遺詔集解子弟　〔四〇六·八〕「弟」字吳增。

遺諸侯王書　〔四〇七·三〕南宋本無「王」字。

朱虛　〔四〇七·一一〕中統、游本下有「侯」字。

呂氏所立三王　〔四〇八·六〕索隱本有「所」字，漢書、漢紀並同。

八月庚申旦　〔四〇九·二〕庚申距辛巳四十日，不得同月。二術九月皆辛亥朔。庚申，九月十日也。將相表九月誅諸呂，是其證。通鑑作「九月」，是。

平陽侯聞之以呂產謀告丞相平　〔四〇九·一三〕志疑云：「十三字與上下文不接，且前已言平陽侯馳告丞相、太尉矣，重出，當衍。漢書無。」

已去北軍　〔四〇九·一四〕吳云元板下有「之趙」二字。

已殺產　〔四一〇·七〕吳云元板「已殺呂產」。

今已誅　〔四一〇·九〕吳云元板「今」上重「產」字。

壬戌以帝太傅食其復爲左丞相〔四〇·一〇〕案：七月辛巳晦，食其免相，爲帝太傅，卽高后崩之日也。九月壬戌復爲相，後九月復免。壬戌，庚申後二日，將相表作「丙戌」，誤也。通鑑考異以壬戌爲誤，非。

母家駟鈞〔四一·三〕「鈞」字涉下而衍，南宋本、中統本並無。

淮南王〔四一·三〕吳云元板「南」作「陽」。

法駕集解上所乘曰〔四二·五〕「所」字「曰」字考證據獨斷增。

皆駕〔四二·五〕「皆」字考證據獨斷增。

二十三年崩謚爲孝文皇帝〔四二·七〕此後人妄增。

房戶〔四三·九〕御覽引作「闥房」。

罕〔四三·九〕南宋本。（案：中華本逕改作「罕」。）

孝文本紀第十（史記卷十）

豪桀〔四一三·一一〕中統、游本作「傑」。

盤石〔四一三·一三〕毛本「盤」，索隱本、漢書、漢紀並同。它本作「磐」。

一節〔四一四·二〕御覽八十八引無「一」字。

乃天子〔四一四·七〕御覽引下有「也」字，與漢書合。

啑血索隱無盟歃事〔四一四·一一〕字類引史文云「啑」古「歃」字，疑是集解文，索隱以此與呂后紀「啑血盟」異義，故辨之，而今集解本佚矣。

大橫集解庚庚橫貌也李奇曰庚庚〔四一五·三〕兩「庚庚」北宋本與漢書注合，各本皆不重。

〔增〕橫行無思不服〔四一五·三〕「行」乃「謂」之譌，依漢書補注引改。

至啓〔四一五·四〕各本「至」譌「王」，考證據漢書注改。

高陵正義興樂宮〔四一五·八〕各本誤作「與宮」二字，依下索隱引改補。案：今本三輔黃圖及水經渭水注、宋敏求長安志引並作長樂宮。

京石水中〔四一五·九〕渭水注引作「橋之北首壘石水中」，長安志亦作「壘」，疑本作「絫」，因譌爲「京」。

忖留〔四一五·九〕官本有「忖」字，與渭水注、長安志引合。

腰以上〔四一五·一二〕「腰」渭水注、長安志並作「背」，疑彼文誤。

〔增〕請與陰安侯〔四一五·一六〕案：漢書無「與」字，此「與」字衍。

陰安集解侯信〔四一六·一三〕各本誤「終」，考證改。

頃王后集解林光〔四一六·一四〕與漢書注合。呂后紀、樊噲傳作「臨光」，宜各仍之。

壬子〔四一八·六〕中統本誤「午」。

太尉身率〔四一八·八〕中統、游本作「奪」，涉下而誤。

弗歆享〔四一九·六〕吳校宋板「弗」，各本作「未」。（案：金陵本未及剜改，仍作「未」。中華本初版亦作「未」，再版改。）

莫長焉〔四一九·一三〕各本「莫」下衍「不」字，索隱本無，與漢書合，考證據刪，志疑說同。

〔增〕嗛志索隱不滿之意也〔四二〇·三〕案：「嗛」當爲「慊」，漢書作「懕」，義與「慊」同，注引應劭曰懕滿也。此衍「不」字。

塡撫〔四二〇·一四〕中統、游本作「鎭撫」。

乃循從代來功臣〔四二〇·一四〕何氏讀書記云漢書「循」作「脩」，是。志疑說同。

壯武集解景帝中四年〔四二一·二〕中統、游本「四」誤「元」。

各三百戶〔四二一·六〕漢書同。北宋本、舊刻「三」作「二」，誤。

申徒〔四二一·七〕北宋、中統、游、毛本並同。王本剜改「屠」，它本作「屠」。案：元和姓纂「申徒」，引風俗通云「本申屠氏，隨晉改爲『申徒』。尸子云狄夏賢也，莊子申徒嘉兀者，漢有申徒建」。雜志云酷吏傳有勝屠公，索隱引風俗通義曰即申徒。

衞尉定（四二·七）志疑云漢書紀及百官表作「足」。

周陽侯正義二十九里（四二·九）與外戚傳正義合。柯、凌本「二」作「三」。

建國千餘歲（四三·二）雜志云「歲」字因上「治安皆千餘歲」而衍。此謂千餘國，非謂千餘歲，漢書無「歲」字。志疑說同。

匄以告朕（四三·一〇）「匄」各本作「白」，字形相近而譌。考證據漢書改。

傳置（四三·一三）索隱本與漢書合，各本誤倒。

十二月望日又食集解按漢書及五行志無此日食文也（四三·一四）案：下文帝詔亦祇言十一月晦，不及十二月，漢書一同，疑誤衍。說具志疑。

籍田（四三·一七）中統·游本「藉田」。

相讓集解不畢（四四·九）南宋、中統本並作「必」，古通。

計遣（四四·一六）「計」當依漢書作「詔」。中統、游本作「諸」，蓋「詔」字之誤。

列侯（四四·一六）中統、游本「諸侯」。

欲以（四六·九）游本「爲」。

邛都正義本邛都國（四六·一四）「邛」字考證增。

本秦嚴道（四二七·二）「道」字考證增。案：疑「道」下當有「縣」字。

都尉卬集解匈奴所殺（四二九·二）案：此四字疑當在「其子」上。

縣長（四二九·五）雜志云「縣」當爲「緜」。漢書作「彌」，彌亦緜也。

墠（四二九·六）毛本「壇」。

結軼（四三一·七）各本「軼」下並注「音轍」二字，疑校者所增。中統、游、毛無。

句注集解在鴈門陰館（四三一·七）各本脫「在」字，北宋本、舊刻脫「館」字，並依漢書注補。

細柳集解石徼（四三一·八）各本同。漢書注、通鑑注、今本三輔黃圖並同。毛本譌「右徼」。

孝文帝從代來至興於禮義（四三三·一一八）志疑云此總敍文帝諸善政，當在後七年末「襲號曰皇帝」下，錯簡。

發民（四三四·七）舊刻「民」，御覽引同，與漢書合。它本作「人」，唐諱改。

兵器集解服虔曰（四三五·三）三字考證據漢書注增。

釋服集解細布衣（四三五·五）毛本「服」。

孝景皇帝（四三六·二）中統、游本此以下提行，疑此亦後人所增。

除肉刑（四三六·五）上文云「去肉刑」，此不當複出，當依漢書作「除宮刑」，與下「出美人」爲類，所謂重絕人之世也。志疑以其複出，疑上去肉刑爲去田租。案：漢書亦作「去肉刑」，不誤。

世功（四三六·一〇）「世」字各本皆同，漢書亦作「世」，惟凌本作「曰」，蓋校者所改。

孝景本紀第十一（史記卷十一）

在代時〔四三九·三〕御覽八十八引作「初在代」。

乙巳〔四三九·六〕志疑云：「二字衍。乙巳先乙卯十日，不應賜爵在前，亦不應相隔多日。」案：漢書四月赦天下，賜民爵一級，不書日。

武陵〔四三九·八〕志疑云功臣表及漢書表傳皆作「武陽」，此誤。

秋〔四三九·一〇〕志疑云上已書「八月」，何又言「秋」，當衍。

深者二尺〔四三九·一〇〕雜志云「者」字因上句而衍，初學記、御覽天部引並無。

熒惑逆行守北辰月出北辰閒〔四三九·一〇〕志疑云：「熒惑何由守北辰，月何由出北辰閒，史譌。」案：「辰」疑「戌」之誤，拾遺以爲「戌」，非也。辨具雜志。

置南陵及內史祋祤爲縣〔四四〇·一〕志疑云當云「置左右內史及祋祤爲縣」。

武陵集解鄒誕生〔四四〇·三〕案：鄒誕生南齊人，裴氏無由引，且其文全同索隱，此俗本兼采二注而誤入者。後凡類此者不復出。北宋本「誕生」二字作「說」，亦非。

遺袁盎〔四四〇·一三〕中統、游本「遺」譌「遣」。

平陸侯禮〔四四〇·一四〕「禮」上各本衍「劉」字，索隱本無。

燔雒陽索隱雒陽漢書作淮陽〔四四一·三〕單本如此，下云「災，故徙王於魯也」，文義本明。各本誤以「災」字上屬，遂於「淮陽」下加「王宮」二字，而删去「雒陽」字，大失小司馬意。

楚王戊正義二十一年反〔四四一·五〕官本有「反」字。

王卬正義齊悼惠王〔四四一·七〕各本下重「悼惠王」三字，衍，官本無。

平昌侯〔四四一·七〕「平」字考證據年表增。

〔增〕**辟光正義故初侯**〔四四一·八〕案：「初」當作「扐」，見惠景間侯者年表。

淄川〔四四一·八〕官本「川」，各本譌「州」。

雄渠正義故白石侯立〔四四一·一三〕各本「白」譌「自」，「立」譌「五」，官本不誤。

弋陽〔四四二·一〇〕志疑云「易陽」之誤，地理志可證。

津關集解音檄傳之傳〔四四二·一四〕「之」原作「而」，依明南雍本改。

長公主〔四四三·二〕北宋本、毛本脫「主」字。

隆慮索隱〔四四三·四〕單本無。

趙綰〔四四三·五〕志疑云以「衞綰」爲「趙綰」。盧學士云「趙」字後人妄增下嘉、渾邪、嘉、布皆不書姓。

馳道正義天子道秦始皇作之三丈而樹〔四四三·一二〕「道」字「三」字依秦始皇紀集解補。

十二月晦日有食之〔四四三·一三〕漢書景紀作「十一月庚寅晦」，五行志同。案：殷術十二月辛卯朔，顓頊術庚寅朔，則此文「二」字當作「一」。

名徹〔四四·三〕二字疑後人旁注誤入。

周昌子〔四四·六〕「子」當作「孫」。

尺八寸〔四四·七〕中統、游、柯「尺」作「赤」，古通。

周亞夫死〔四五·三〕當作「免」，志疑云將相表「免」。

列侯正義徐盧〔四五·四〕各本作「慮」，考證據年表改。

僕黚〔四五·四〕各本作「日」，考證據年表改。

十侯〔四五·一〇〕志疑云「十」乃「五」之譌。

正義亞谷〔四五·一三〕「亞」原譌「王」，考證據年表改。

隆盧〔四五·一三〕「隆」原作「龍」，考證據年表改。「盧」字年表作「慮」，索隱本亦作「盧」。

陳蟜〔四五·一三〕「陳」下原衍「留」，考證據年表刪。

中大夫令〔四七·一一〕「令」字考證據漢書百官表增。

以御史大夫綰爲丞相封爲建陵侯〔四七·一三〕志疑云當云「以御史大夫建陵侯綰爲丞相」，衍「封爲」二字。

中大夫令正義中大夫令〔四七·一四〕官本「令」，各本譌「分」。

七緵正義六十縷〔四八·六〕各本作「縫」，官本云「縷」字之譌。

十月〔四八·一〇〕志疑云「十月」不當書「三月」後。史詮謂「七月」之譌。

日月皆食赤五日〔四八·一〇〕志疑云或疑「食」字衍，當合下作「皆赤五日」。漢書紀志皆不言日食。

置陽陵〔四八·一三〕凌云「置」一作「葬」。志疑云作「葬」是。史詮云此三字當在上文「太子即位」句前，錯簡。蓋封太后弟在三月，而孝景之葬在二月癸酉，去甲子崩纔十日爾。

晦靁集解一作雷字又作圖字〔四八·一四〕北宋、中統、游本「雷」作「書」。案：「書」乃「雷」之譌，「圖」乃「靁」之譌也。作「書」作「圖」則義不可通，故徐云未詳。

天廷索隱龍在左角〔四九·一〕「在」字疑即「左」之譌衍，天官書索隱引無。

豈不以謀哉〔四九·八〕王、柯脫「謀」字。

孝武本紀第十二（史記卷十二）

孝景中子索隱自河閒 〔四五一·一二〕 單本「自」上衍「是」字。

蹏氏 〔四五二·一四〕 字類補遺引「蹏」作「磃」，與漢書郊祀志合。今本作「蹏」，蓋後人依封禪書改。

〔增〕郊見五畤正義作吳陽上畤下畤祭赤帝黄帝 〔四五三·三〕 官本作「作吳陽上畤祭黄帝下畤祭赤帝」，與封禪書合，宜依改。（案：此條據批校本增。）

平原君集解曰君 〔四五三·一三〕 毛本「曰」誤「爲」。

是時而 〔四五三·一五〕 中統、游、柯作「有」。

金錢帛 〔四五四·一〕 舊刻無「帛」字，與封禪書及漢書郊祀志合。

祠竈索隱髻 〔四五四·七〕 原誤「浩」，依莊子音義改。

音詰 〔四五四·七〕 原譌「浩」，依莊子音義改。

柏寢正義振窮乏 〔四五四·一六〕 「振」各本譌「服」，蓋俗作「賑」而譌也。今依韓非子改。

致物 〔四五五·二〕 毛本二字不重。

食臣棗 〔四五五·三〕 舊刻、毛本並作「臣」，是也。封禪書此字北宋本、舊刻本亦並作「臣」，與郊祀志合。它本作「巨」，誤。

安期正義一量 〔四五五·八〕 官本「量」，各本譌「重」。

用羊祠（四五六·五）毛本「用」作「宜」。

五帝正義國語（四五六·一三）考證云此春秋文耀鉤文，見周禮春官疏，國語無。

神斗（四五六·一三）王本「汗」，凌本「汚」，或本作「協」，皆「汁」之譌，而「汁」又「斗」之譌也。今依五帝本紀索隱、正義及漢書注改。考證說同。

白金正義錫爲（四五七·一〇）官本與漢書食貨志注合，各本譌「鉤馬」。（案：金陵本亦譌「鉤馬」，蓋未及剜改也。）

以續先王（四五八·九）舊刻「世」。

晝天地（四五八·一三）「地」字毛缺。

書言（四五八·一五）葉校宋本無「書」字。

爲書（四五八·一五）北宋、中統、游、王、柯、毛並作「爲」，此亦古字之僅存者。凌本改「僞」，非。（案：中華本爲便利讀者，改「爲」爲「僞」。）

誅文成正義有使者（四五九·六）王本「有」譌「日」。

至不愈（四五九·一三）「至」字疑即上「致」字譌衍，封禪書、郊祀志並無。

置壽宮神君（四五九·一四）疑當作「置神君壽宮」，故孟康曰「更立此宮也」。下云「又置壽宮北宮」，是其證。然郊祀志文與此紀同，封禪書正作「神君壽宮」，而其上又作「置酒壽宮」，疑「酒壽宮」三字後人所增。

大夫（四五九·一五）封禪書、郊祀志並作「太一」，疑此誤。

北宮（四六〇・二）舊刻「宮」作「闕」，誤。

鼎湖索隱韋昭云（四六〇・五）「云」字當衍，各本無。

發根集解在臨淮淮浦也（四六〇・六）北宋本、舊刻並重「淮」字，與郊祀志、地理志合。

一二數集解黄龍鳳皇（四六一・二）毛本無四字，與今郊祀志注合。

以奉先王祀焉（四六一・九）吴云元板「祀」上有「祠」字。

不相中得（四六二・七）不相中卽不相得，蓋讀者旁注「得」字，混入正文。封禪書郊祀志並無。攷異云衍。

諸侯耳（四六二・一一）游本無「耳」字。

我何愛乎（四六二・一三）中統、游、柯「愛」作「憂」。

人者求之（四六二・一三）吴云元板「者」作「自」。

連屬於道（四六三・一三）中統、游本、吴校元板「連」上有「相」字。

夜祠其家（四六三・一五）舊刻「宮」。

搤捥（四六四・一）毛本「腕」。

鬺烹（四六五・五）封禪書作「亨鬺」，集解、索隱皆先釋烹，後釋鬺，似當如封禪書。然郊祀志作「鬺亨」，注引服虔曰「以亨祀上帝也」。蓋此文當以「皆嘗鬺亨上帝鬼神」爲句，古亨字烹字皆作「亨」，致相混耳。疑史文當作「鬺亨」。

不虞（四六五・六）攷異云古虞吴通，漢碑亦有「不虞不揚」之文，今封禪書作「吴」，乃後人據毛詩改。

制曰可（四六五·九）中統、游本「制」作「詔」。

祭云集解薦之（四六六·三）毛缺「薦」字。

或曰祭鼎乎（四六六·三）封禪書集解作「或者祭鼎也」。

祉亡正義不使通（四六六·九）「不」字考證增，與漢書五行志合。

危亡（四六六·一〇）「亡」字原作「民」，依漢書五行志改。

自堂徂基正義告充已（四六六·一二）各本脱「告」字，「已」譌「包」，依鄭箋改補。

不虞索隱一曰（四六六·一五）各本譌「口」，依説文大徐本改。

上幸雍（四六七·七）索隱本無「幸」字，與郊祀志合。中統本作「上上雍」，疑後人以「上」字複而改之。封禪書與此同。漢書雜志云當作「上幸雍」。

宛侯（四六七·九）攷異云封禪書作「宛朐」，蓋地名，濟陰宛句縣是也。漢志作「冕侯」，冕卽宛之譌，侯句音相近。

區對曰黄帝（四六七·九）此「黄」字似衍，封禪書、郊祀志並同。

受此書申功（四六七·一三）王本作「公」。

申功曰（四六七·一五）游本「功」作「公」。

空桐（四六九·一〇）北宋、游本「崆峒」。

五帝壇（四六九·一一）北宋本無「壇」字。

滿壇（四七〇・三）王、柯、毛多「旁」字，宋本、舊刻、凌本並無。

祐福兆祥（四七〇・四）中統、游本「祐福」下多「也」字，蓋即「兆」字譌衍。

領祀（四七〇・四）封禪書作「秋」，郊祀志同，此「祀」字誤。

夕月集解郊泰一時（四七〇・一六）王、毛譌「時」。

竹宮（四七一・一）凌、毛「竹」譌「行」。

告禱（四七一・七）中統本誤作「以疇」。

及箜篌瑟（四七二・一〇）「瑟」字疑當在「及」上，與「二十五弦」相屬。封禪書「瑟」上多「琴」字，疑衍。郊祀志與此紀同。

比悳（四七三・一）毛本「比」譌「此」。

議封禪正義以報天（四七三・一五）各本「報」譌「放」，依白虎通改。

射牛集解示親殺也（四七四・二）中統本末有「事見國語」四字，蓋兼采索隱文。它本無。

然后去（四七五・一四）封禪書作「祭后土」，郊祀志與此同。

二匹（四七六・六）中統「二」譌「三」。

治邸正義佳擬（四七六・一三）「佳」疑「準」之譌。（案：中華本據殿本改作「准」。）

無風雨菑（四七六・一三）各本句首衍「既」字，舊刻及吳校元板無，與封禪書郊祀志合。

巡自遼西（四七六・一五）舊刻無「自」字。

其星〔四七七·二〕各本皆同。索隱本無「其」字。據注，似所見本本無。北宋本作「塡星」，疑依郊祀志增。封禪書作「旗星」。

祝祠〔四七七·八〕舊刻「祀」。

泰祝〔四七七·九〕中統、游、王、柯、毛作「況」。

見天子〔四七七·一三〕封禪書「見」上有「欲」字，郊祀志同。

謾怠〔四七八·九〕封禪書「怠慢」，郊祀志「怠嫚」。

雞卜集解雞骨〔四七八·一三〕宋本、毛本「骨」，吳校元板同。它本譌「用」。

殿防〔四七九·二〕索隱本作「房」，封禪書、郊祀志同。

若有光云〔四七九·二〕毛缺「若」。

西河〔四八〇·二〕凌本倒誤。

昆侖〔四八〇·一二〕中統、游本作「崑崙」。

公玉索隱音語錄反〔四八一·三〕「語」疑「許」誤。

〔增〕每脩封禪〔四八一·九〕封禪書「每」作「毋」。郊祀志作「每」。

度爲〔四八二·七〕中統、游本下衍「作」字。

唐中〔四八二·八〕北宋本「唐」作「商」。案：郊祀志亦作「商中」，注云「如淳曰商中，商庭也。師古曰商，金也，於序在秋，故謂西方之庭爲商庭」。蓋別一本。然與索隱皆引如淳而不同，不可解。

虎圈正義今在（四八三·三）官本「今」，各本譌「天」。

漸臺正義故曰漸臺（四八三·四）各本脫「漸」字，官本脫「臺」字，今補。

井幹索隱一本作韓音（四八三·一〇）疑「音」下有脫字，不然則衍。（案：「音」下疑脫「韓」字。「韓」古作「韓」，說文「韓，井垣也」。）

禺馬（四八四·三）北宋本「禺」，與封禪書合。各本作「耦」。索隱本作「耦」，而注引「孟云寓寄龍形」及姚氏云「寓叚也」，則所據本作「寓」，與郊祀志合，後人改「耦」耳。

行親郊（四八四·三）游本無「行」字。中統無「親」字。

名曰明年（四八四·八）北宋本有「名曰」二字，與郊祀志合，它本並脫。封禪書作「命曰」。

十二樓集解此仙人（四八四·九）北宋本有「此」字。

不死焉（四八四·一三）中統、游本誤「然」。

祠具（四八四·一四）王、柯、毛作「其」，誤。

泰一后土（四八五·七）中統「一」誤「山」。

五寬舒（四八五·八）北宋本「五」下嵌補「牀」字，舊刻亦有，疑依郊祀志增。索隱本與今本同，如小司馬注，則所見史本無「牀」字。

校刊史記集解索隱正義札記卷二　表

三代世表第一（史記卷十三）

三代世表（四八七·三）此表舛繆百出，具詳志疑，不悉著。

正義表者（四八七·五）官本有此「表」字。

集世紀（四八八·三）毛無「集」字。

顓頊屬（四八八·三·一）以下七格毛本小字，今依王、柯、凌本大書。（案：中華本以下七格及上「帝王世國號」皆用新四號字。）

號有熊（四八八·一·三）三字各本或作中字，或作注，今依柯本大書，餘放此。（案：中華本自「黄帝號有熊」下均用老五號字。）

至顓頊三世（四八九·一·三）考證云脱「號高陽」三字，史詮説同。

蟜極生高辛爲帝俈（四八九·三·三）北宋本、舊刻、毛本同。它本誤作「蟜極生高辛，高辛生帝俈」。案：高辛乃國號，不可云「生」。索隱本作「蟜極生帝嚳」，是也。然表中前後文並作「生高辛」，姑仍之。

號唐〔四八九·一·四〕原衍「堯」字，依虞表刪。

帝予〔四九一·一·四〕柯、凌作「杼」。

帝泄〔四九二·一·四〕各本「帝泄」以下不作横格，蓋刊者省之。

從禹至桀云云〔四九四·一·一〕此十五字各本另作直行，祇二格，今依前表例横書，後放此。

殷湯代夏氏〔四九四·一·三〕各本此下複衍「殷湯」二字，舊刻、凌本無。

帝中丁〔四九六·一·四〕游、王、柯、凌本注「俗本作仲丁」五字，蓋校者旁注誤入。

是爲紂弒〔五〇〇·一·四〕疑有脱誤。凌本作「死」。

代殷〔五〇〇·一·五〕「代」各本作「伐」，依前「殷湯代夏」文改。

魯周公旦〔五〇一·二·一〕各本諸國名皆大字另格，今依毛本。

初封〔五〇一·二·一〕各本「初封」一行隔在「魯公旦」「武王弟」中閒，文氣不屬，今移後，餘放此。

齊太公尚文王武王師〔五〇一·三·一〕毛無「武王」二字。

秦惡來〔五〇一·五·一〕秦至非子始封，各本表首亦衍「初封」二字，今依毛本。

曹叔振鐸〔五〇一·一一·一〕王、毛本誤「繹」。

康王釗索隱古堯反〔五〇一·一·三〕「古」各本譌「克」，釗字無此音，依玉篇、廣韻改。漢書人表師古注作「工遙反」，音同。

衞孝伯〔五〇一·八·三〕毛本「孝」作「考」。

陳相公〔五〇一·九·三〕志疑云人表作「栢公」，謚法不聞「相」「栢」。案：世家亦作「相」，陳風譜疏引同。

詩人作刺〔五〇二·一·四〕北宋本、中統、舊刻、毛本無「人」字「刺」字。

秦非子〔五〇二·五·四〕此格當有「初封」二字。

楚熊無康〔五〇三·六·二〕考證云衍。世家毋康蚤死，未立。

陳釐公〔五〇三·九·二〕考證云衍。

以惡聞遇亂〔五〇三·一·四〕警云：「『遇』疑當作『過』。」案：惡聞過謂監謗者。

姊妹〔五〇五·五〕毛本「姊」譌「妹」。

牛羊〔五〇五·九〕舊刻與生民詩合，各本作「羊牛」。

朝降〔五〇六·一〇〕游本「朝」譌「廟」。

出自燕之鄉〔五〇七·一〕「自」當作「白」，下同。又句下王、柯本有「正義本作燕」五字，疑史文舊作「㷼」，故校者旁注此，今既改燕，則不可通矣。凌本亦有「索隱曰本作燕」六字，單本無之，今並刪。

蜀王正義黃帝〔五〇七·六〕王本「黃」誤「皇」。

十二諸侯年表第二（史記卷十四）

近勢〔五一〇·三〕凌本「世」。

六論〔五一〇·四〕中統本「六」誤「三」。

張蒼〔五一〇·五〕毛譌「君」。

太史公曰〔五一一·九〕依毛本不提行。（案：中華本每篇分段提行，此「太史公曰」當然提行。）

周〔五一二·二·一〕案：各國國名疑當如三代世表連屬各君之首，周爲共主，不須更書。今各本皆另列此行，姑仍其舊。

庚申〔五一二·一·二〕錢氏養新錄云：「六國表周元王元年『徐廣曰乙丑』，秦楚之際月表秦二世元年『徐廣曰壬辰』，共和元年亦當有『徐廣曰庚申』字，今刊本乃於最上格書干支，而删去徐廣注，讀者遂疑爲史公本文矣。徐注唯於每王元年記干支，此表十年輒書，並非徐氏之例。」案：錢說甚辨，而今傳本皆同，無可據改，並仍舊貫。

共和元年集解在春秋前〔五一二·二·三〕毛脫「前」字。

魯眞公十五年一云十四年〔五一二·三·三〕「一云十四年」五字疑非史文。

楚熊勇索隱熊繹十一代孫〔五一二·七·三〕單本「十一」，各本作「九」。案：楚世家自熊繹至勇僅七世，即增楊延，皆以弟繼兄，爲九世，亦不得云九代孫，疑「十一」兩字即「七」字誤分，九與七亦形近而譌。

厲王子居召公宮是爲宣王〔五一四·二·一〕十一字各本誤入二年，今移正。

王少 〔五一四·二·一〕各本「王」上衍「以宣」二字，今依舊刻本。

楚熊嚴 〔五一五·七·四〕凌本無「楚」字，它本有。案：書本國皆稱「我」，疑史文本以共和元年一行爲綱，餘皆依次旁行，不著國名，特後人增之，以便省覽，故或有或無，各本不同。今舉其例，後並放此，不再出。

宣王元年 〔五一七·二·三〕各本衍「厲王子」三字，蓋讀者旁注混入，今刪。

燕惠侯三十八 〔五一七·一四·三〕王本「三」譌「五」。案：表中年次前後相承，舛譌易見，誤者徑改，後不復記。

齊厲公無忌 〔五一九·四·一〕中統、游、王、柯「無」作「无」。

晉獻侯 〔五一九·五·三〕游、王、柯、凌誤「公」。

秦莊公其索隱其名也 〔五一九·六·四〕正文「其」字，考證據索隱增。案：小司馬謂其非名，則此注三字疑是引集解文。

晉穆侯弗生 〔五二一·五·三〕毛誤作「秦穆公弗生」。雜志云：「『穆侯』上脫『晉』字，當依索隱本補。」案：索隱單行不能不加「晉」字以爲別，未必表中原有，今各本皆無，毛又舛誤不足據，姑仍其舊。

蔡釐侯所事 〔五二三·一·三〕據索隱則表無「事」字，後人依世家增。

齊成公說索隱系家說作脫 〔五二四·四·四〕凌脫「齊成」二字，單本此注補出「齊莊公贖」下。

楚熊鄂 〔五二六·七·三〕毛本「熊」誤「雄」。

宋戴公立 〔五二六·八·三〕案：宋世家惠公卒，子哀公立，哀公元年卒，子戴公立，此無「哀公」，疑傳寫脫。

曹惠公伯雉 〔五二七·一三·三〕志疑云：「世家作『惠伯雉』，『公』字衍。」案：索隱本亦出此五字，則衍誤久矣。

齊莊公贖索隱並作購　（五二八·四·一）單本譌「贖」。

鄭桓公三十六爲犬戎所殺　（五三一·三·三）舊刻有「爲」字。

秦襄公八初立西畤　（五三一·六·四）凌譌「疇」。

祠白帝　（五三一·六·四）王、柯、凌「白」譌「皇」。

鄭武公滑突　（五三二·三·四）二字依索隱本補。

魯惠公弗湦　（五三三·三·三）北宋、舊刻「湦」，王、柯、凌、毛作「湟」。

秦襄公十二伐戎至岐而死　（五三四·六·二）北宋本「而」作「乃」，舊刻同。

鄭武公十四生莊公寤生　（五三七·三·一）王、柯、凌「寤」作「悟」。

十七生大叔段母欲立段公不聽　（五三八·三·一）「母欲」七字各本錯在「鄭莊公寤生元年」上，語無所承，今移此。

蔡宣侯楷論　（五三九·二·二）中統、游、柯、凌同，王、毛「楷」作「揩」，北宋本、舊刻作「偕倫」，世家作「措父」，經書「考父」。案：禮記儒行「儒有今人與居，古人與稽，今世行之，後世以爲楷」，則楷倫二字義得相比，與考父義亦近，或有兩名，或一其字也。楷考一聲，揩偕偏旁之誤，措又揩之譌也。倫論古通。

晉昭侯元年封季弟　（五三九·五·五—五四〇·五·一）王、柯、凌「封」下有「其」字。志疑云「弟」乃「父」字誤。

鄭莊公元年祭仲相　（五四一·三·三）「相」原作「生」，依志疑改。案：世家云「莊公使爲卿」。

衞莊公十七愛妾子州吁　（五四一·九·五—五四二·九·一）毛本「子」作「生」，非。

武王立〔五四二・七・二〕志疑云當稱「楚武王熊達元年」。

衞莊公二十三夫人無子桓公立〔五四四・九・二〕七字各本錯在「桓元年」依志疑移。

衞桓公二桓黜之〔五四五・九・一〕凌本「桓」下省「公」字，各本遂改「桓」爲「完」，非。

晉孝侯十六立孝侯子郤爲鄂侯〔五四七・五・四〕王、柯脫「侯」字，又以下年「晉鄂侯郤元年曲沃強於晉」十一字及索隱誤侵入此格之末，混爲一。凌本亦於此年末複出「郤元年曲沃強於晉」八字，而以索隱隸之。惟舊刻及毛本不誤。

魯隱公三二月日蝕〔五五〇・三・二〕以下日蝕或不書月，疑傳寫失之。

宋殤公〔五五〇・八・三—五五一・八・一〕毛脫「公」字。

衞宣公晉元年〔五五一・九・二〕「晉」字各本錯在「年」下，依志疑乙。

共立之〔五五一・九・二〕句上疑有脫字。

討州吁〔五五一・九・二〕三字凌本在上格。

秦寧公〔五五二・六・三〕凌本「寧」，與秦紀合。它本並作「寍」。

鄭莊公二十九與魯祊〔五五二・一三・三〕官本「祊」，各本誤「璧」，說具志疑。

魯隱公九大雨雹電〔五五三・三・二〕北宋本有「電」字，毛作「震電」，無「大雨」二字。

魯桓公允索隱一作軌〔五五四・三・二—五五五・三・一〕單本「軏」，各本作「軌」。

鄭莊公三十三以璧加魯〔五五四・三・三〕凌本「加」，各本作「如」。案：魯世家集解引粟信曰「鄭以祊不足當許田，故復加璧」，「加」字是。

晉小子〔五五六・五・三〕舊刻、王、柯、凌本「小」譌「少」。志疑云「小子」下脫「侯」字。

陳文公三十八弟他云云〔五五七・一〇・三—五五八・一〇・一〕十二字各本錯入下年，依志疑移。然索隱本出「弟他」二字於「晉哀侯弟緡」下，似所見本已誤。

晉侯潛元年周伐曲沃〔五五八・五・二〕官本「周」，各本譌「因」。

楚武王三十五侵隨〔五五八・七・二〕北宋本「隨」，各本譌「隋」，下同。

陳厲公二周史卜完後世王齊〔五五九・一〇・二〕八字各本誤斷入下年，今移正。「王齊」字各本倒，今依舊刻。

秦出公〔五六〇・六・二〕志疑云「出子」之誤。

齊釐公三十二釐公令毋知〔五六一・四・二〕「毋知」二字各本錯在「釐公」上，北宋、舊刻本不誤。

秩服〔五六一・四・二〕北宋、毛本「秩」譌「袟」，下同。

秦出公六三父〔五六一・六・三〕北宋、凌本作「父」，各本譌「公」。

燕桓公〔五六二・四・二〕志疑云燕世家自惠至桓稱侯，集解、索隱所引世本及人表並作「桓侯」。

魯桓公十六公會晉〔五六二・三・三〕志疑云「曹」之譌。

鄭昭公忽元年〔五六二・一三・三〕「忽」字考證增。

祭仲取之〔五六三・一三・一〕疑當作「立之」。

周莊王二有兄弟〔五六三・二・二〕志疑云：「當作『有弟克』。」案：梁說是也。此三字疑當在四年「周公欲殺王」上。

魯桓公十七日食不書官失之〔五六三・三・二〕北宋本「食」作「蝕」。毛本脫此八字。

周莊王四王誅周公〔五六四・二・二〕「誅」字中統、游、柯譌「詘」，王譌「訥」。

楚武王五十一告夫人心動〔五六五・七・三〕毛本有「告」字。

楚文王二鄧甥〔五六六・七・三〕北宋、舊刻本作「甥」，它本誤「人」。

六息夫人至之楚〔五六八・七・三—五六九・七・一〕十三字各本誤入前年，依志疑移併。

鄭厲公元年十七歲〔五七一・一三・一〕游、王、柯脫「七」字，凌、毛脫「十」字，依志疑補。

晉武公稱并晉已立三十八年〔五七一・五・二—五七二・五・一〕「三」字各本譌「二」，依晉世家改。下「三十九」同。

楚堵敖囏集解一作動〔五七三・七・一〕雜志云「動」當爲「勤」。案：北宋本作「勛」。

索隱楚杜敖囏〔五七三・七・一〕雜志云「據此，則史記本作『杜敖』，杜堵聲近，故左傳作『堵敖』。其作『莊』者，『杜』譌爲『壯』，又譌爲『莊耳』。左傳釋文亦云史記作『杜敖』，漢書人表亦作『杜』，不得以左改史」。

周惠王四入惠王〔五七五・二・二〕中統、游、凌同。北宋、王、柯本脫「入」字。毛作「惠王入」。

周惠王五太子母云云〔五七五・二・三〕北宋本、凌本有此十字。

齊桓公十四正義云云〔五七五・四・三—五七六・四・一〕案：表中歷歷書年，何煩贅出，疑從世家移來。

曹釐公夷元年（五七六·三·三）毛脱「夷」字。

晉獻公九始城絳都（五七七·五·二）各本下衍「之」字，水經澮水注引無，依志疑删。毛本「城」作「成」，與澮水注合。

魯莊公三十二子般（五七九·三·二）史詮云上脱「慶父弑」三字。

晉獻公十六伐魏取霍（五八〇·五·一）志疑云「伐」當作「滅」，「取」又「耿」之譌。

衛戴公元年翟伐至我國（五八〇·九·二—五八一·九·一）十二字各本誤入前年，依志疑移併。

齊桓公二十八救戎狄伐（五八二·四·二）毛本「狄伐」誤倒，北宋本作「救我狄伐」，則當入衞格。

楚成王十八許君（五八四·七·三）官本「君」，各本誤「公」。

周襄王元年諸侯立王（五八五·二·三）志疑云四字當移前年。

魯釐公九齊率我（五八五·三·三）官本「我」，各本譌「戎」。

秦穆公九夷吾使郤芮賂求入（五八五·六·三—五八六·六·一）各本下衍「夷吾」二字，依史詮删。

晉獻公二十六及卓子（五八六·五·一）三字疑當在「立奚齊」下。

周襄王三叔帶奔齊（五八七·二·一）「叔帶」二字依志疑增。

齊桓公三十九王怒（五八八·四·二）疑脱「弗聽」二字。

秦穆公十三丕豹欲無與（五八八·六·二）史詮云「丕豹」上脱「晉饑請粟」四字。

楚成王二十六滅六英（五八九·七·一）志疑云：「滅六爲楚穆王四年，後此二十四歲，表及世家皆書之，世家於此年單書滅英，徐廣曰『一本作黄』，知此乃『滅黄』之誤。」案：春秋書滅黄在魯僖十二年，當楚成二十四。

魯釐公十五不書〔五八九・三・三〕志疑云下脱「朔與日」三字。

宋襄公七六鷁〔五九〇・八・一〕王、柯作「鶂」。

秦穆公十九梁好城〔五九〇・六・四—五九一・六・一〕舊刻、毛本「城」，與索隱本合。各本譌「成」。

宋襄公十三楚敗公〔五九二・八・一〕凌本「公」作「之」，北宋、舊刻本作「公敗之」，誤，今依毛本。

鄭文公三十五君如楚宋伐我〔五九二・一三・一〕毛本脱此六字。

晉文公元年魏武子〔五九三・五・三〕「子」字依志疑增。

秦穆公二十四以兵送重耳〔五九三・六・三〕中統、游本下有「晉」字。

齊孝公十衞公子〔五九五・四・三〕「公」字依志疑增。

衞成公三立公子瑕會晉朝復歸晉〔五九六・九・一〕志疑云「公子瑕」當作「叔武」，「歸晉」當作「歸衞」。

蔡莊侯十四會晉伐楚朝周王〔五九六・一二・一〕中統、游、王、柯、毛本脱此七字，而衍下曹表八字。北宋、凌本不誤。

衞成公四晉以衞與宋〔五九七・九・三〕「衞」下疑脱「田」字。志疑云在成公二年。案：疑寫者以前格字多而侵入此，此類表中甚多，不能悉改。

晉文公七聽周〔五九七・五・三〕毛本「聽」譌「德」。

秦穆公三十有言卽去〔五九七・六・三〕「言」上各本有「奇」字，蓋卽「言」字譌衍，北宋本無。

齊昭公六狄侵我（五九八·四·三）柯脱「我」字。

晉襄公元年于殽（五九八·五·三）凌本「殽」，各本作「崤」，下同。

二伐衞衞伐我（五九九·五·一）此五字北宋、游、王、柯、毛並誤入上格。

秦穆公三十四敗殽將亡歸（五九九·六·一）北宋、游、王、柯本並同。舊刻脱「歸」字，毛本「將亡」倒，凌作「三將歸」，並誤。

楚成王四十六立職（五九九·七·一）舊刻無二字。

與傅潘崇殺王（五九九·七·一）舊刻作「與御殺王」。

王欲食熊蹯死（五九九·七·一）舊刻脱「死」字。

自立爲王（五九九·七·一）舊刻無此四字。

楚穆王元年爲相（六〇〇·七·一）游本下衍「于紅」二字。

宋昭公元年襄公之子集解徐廣曰一云成公少子（六〇四·八·二—六〇五·八·一）據索隱云「襄公少子，非也。案：徐廣云一曰成公大子」，然則表文「之」字當作「少」，集解「少」字當作「大」，今本兩誤。

周頃王（六〇六·三·一）凌本「頃」，各本作「傾」，下同。

楚穆王八伐鄭（六〇六·七·一）中統、游、王、柯誤作「陳」。

晉靈公四北徵（六〇六·五·三）案：世家集解引無「北」字，今此表及彼文並有之，蓋後人所增，說見世家。

七得隨會（六〇八·五·一）前不書隨會奔秦，蓋傳寫失之。

周頃王六頃王崩公卿爭政故不赴〔六〇八·二·二〕十一字各本並誤入前年，官本不誤。

魯文公十四宋齊晉君死〔六〇八·三·二〕凌脫「宋」字「死」字，北宋、中統、游、王、柯、毛脫「宋」字，而「齊」下並衍「君」字。舊刻不誤，與官本合。

齊昭公二十是爲懿公〔六〇八·四·二〕凌脫「公」字。

齊懿公二不得民心〔六〇九·四·二〕志疑云當移在元年。

四立桓公子〔六一一·四·一〕北宋、中統、游、王、柯、毛作「悼公」，誤。

楚莊公六服晉故〔六一一·七·二〕毛誤「地」。

鄭穆公二十晉使〔六一一·三·二〕毛無「使」字。

宋文公四以羊羹故〔六一二·八·二〕官本有「故」字。

陷於鄭〔六一三·八·二〕北宋、毛本有「於」字。

五贖華元亡歸〔六一三·八·二〕毛無「亡」字。志疑云華元歸爲宋文四年，宋鄭世家與左合，此誤後一年。

陳靈公十楚伐鄭云云〔六一四·一〇·二〕十七字各本誤入上格，依志疑移。

鄭襄公元年靈公庶弟〔六一四·一三·二〕叢錄云案鄭世家，堅者靈公庶弟。集解徐廣曰「年表云庶兄」，今表與世家同，蓋後人所改。

楚伐我〔六一四·一三·二〕「我」字依志疑增。

晉成公四與衞侵陳〔六二五·五·一〕北宋、毛本同。它本「衞」誤「鄭」。

陳靈公十三楚伐我〔六二五·一〇·三〕各本有「滅舒蓼」三字，蓋涉上楚表而衍，依志疑删。

晉成公七伐陳〔六二六·五·二〕中統、游本「伐」譌「戍」。

成公薨〔六二六·五·二〕北宋、中統、凌本「薨」，它本誤作「殺」。

齊惠公十高國逐之〔六二七·四·二〕北宋、舊刻本有「逐之」二字，它本皆脱。

衞穆公元年齊高國來奔〔六二七·九·二〕「高國」當作「崔杼」。

晉景公三救鄭〔六二八·五·二〕志疑云趙世家徐廣曰「案年表救鄭及誅滅皆景公三年」，今表無誅滅趙氏事，豈傳寫脱邪？

鄭襄公八楚圍我我卑辭以解〔六二八·一三·一〕各本誤入下格，中統本在此格而作「楚莊圍我」四字，脱下五字，吴校金板同，今並參正。

宋文公十七華元告楚楚去〔六二九·八·二〕毛脱一「楚」字。

曹宣公廬〔六二九·三·二〕北宋本「廬」，舊刻同。它本並作「盧」。

鄭襄公十一佐楚〔六二九·一三·二〕毛本「佐」，各本作「左」。

晉景公九子彊〔六三〇·五·三〕游脱「子」字。

十一與魯曹敗齊〔六三一·五·三〕北宋本、舊刻有「魯」字，它本脱。

魯成公三伐鄭〔六二二·三·二〕「鄭」上各本衍「楚」字，依志疑刪。

曹宣公七伐鄭〔六二三·三·二〕二字各本皆誤入上格，依志疑移。

晉景公十三魯公來〔六二三·五·三〕中統本脫「來」字。

鄭襄公十八取我氾〔六二三·一三·三〕索隱本「氾」，各本作「范」。

楚共王五鄭悼公〔六二三·七·三〕中統本「悼」誤「穆」。

鄭成公元年悼公弟也〔六二四·一三·二〕案：索隱本出「鄭成公睔」四字，而注云「古困反，悼公弟也」，疑表中四字本索隱文，合刻者誤混入表，今姑仍其舊。

蔡景侯九晉伐我〔六二五·二·一〕「晉」下各本衍「侯」字，依志疑刪。

鄭成公三與楚盟云云〔六二五·一三·二〕十字毛脫。

秦桓公二十六晉率諸侯伐我〔六二六·六·四—六二七·六·一〕凌本有此六字，它本無。

鄭成公七伐秦〔六二六·一三·四—六二七·一三·一〕史詮云上脫「晉率我」三字。

宋共公十三宋華元〔六二七·八·三〕志疑云「宋」字衍。

魯成公十六得以義脫〔六二八·三·一〕中統、游本作「免」。

燕昭公十三昭公薨〔六二八·一四·三〕中統、游、王、柯誤入上格。

晉厲公八襄公孫〔六二九·五·一〕志疑云曾孫。

鄭成公十二與楚伐宋〔六二九·一三·一〕毛誤「我」。

齊靈公十我不救鄭晉伐我〔六二九·四·二〕志疑云：「齊不會圍宋，故晉討，非因不救鄭。」案：「救鄭」二字疑涉楚表而誤。

鄭成公十三晉伐敗我〔六二九·一三·三〕各本「敗」譌「取」，依志疑改。

洧上〔六二九·一三·三〕「洧」字王誤「泫」，柯誤「沄」。

齊靈公十二伐吳〔六三〇·四·三〕志疑云無伐吳事，因楚而衍。

陳成公三十成公薨〔六三一·一〇·三〕各本誤入下年，依志疑移。

陳哀公三楚圍我爲公亡歸〔六三二·一〇·一〕志疑云：「左傳楚圍陳，晉會于鄬以救之，楚僞執公子黄，陳人使告陳侯于會，哀公逃歸。楚圍陳，爲陳服晉，不爲亡歸，此誤。」案：「爲」疑脫「卩」旁，史文當作「會于鄬」，脫「會于」二字，「鄬」又爛文，梁以屬下讀，遂不可通。

鄭簡公喜〔六三二·一三·三〕志疑云當作「嘉」。

魯襄公九會河上〔六三三·三·三〕北宋本脫「上」字。

年十二〔六三三·三·三〕中統、舊刻、游、柯「二」，乇本譌「一」。

冠於衛〔六三三·三·三〕北宋、舊刻本有「冠」字。

宋平公十二伐鄭〔六三三·八·三〕王、凌本衍「師」字。

曹成公十四晉率我伐鄭〔六三三·三·二〕五字各本誤入上格，依志疑移。王、柯「率」作「帥」。

鄭簡公二我與盟〔六三三·三·二〕北宋本脫「我」字。毛同，「盟」誤作「鄭」。志疑云事在簡公三年。

三子產攻之〔六三四·三·一〕毛本「攻」譌「救」。

魯襄公十一各將軍〔六三四·三·二〕「軍」上疑有「一」字。

晉悼公十一公曰〔六三四·五·二〕二字中統、王、柯、毛本脫。

秦景公十五晉救鄭〔六三四·六·二〕王、柯、凌本誤「魏」。

楚共王二十九鄭晉伐我〔六三四·七·二〕志疑云：「『與鄭伐宋』之誤。」案：疑卽下格「楚鄭伐我」之誤衍。

宋平公十四楚鄭伐我〔六三四·八·二〕官本有「鄭」字。（案：金陵本脫「鄭」字。）

衛獻公十五救鄭敗晉師櫟〔六三四·九·二〕志疑云六字衍。史詮云「救」乃「伐」之誤，衍「敗晉師櫟」四字。

晉悼公十一賜之樂〔六三五·五·一〕三字各本脫，宋本、舊刻有。

楚康王昭〔六三六·七·一〕中統、游本「昭」，它本作「招」。

索隱楚康王略〔六三六·七·一〕疑亦「昭」之譌。

衛殤公狄〔六三六·九·二〕世家作「秋」，考異云「猋」之譌。人表作「猋」，春秋作「剽」，音相近。

晉平公元年伐敗楚于湛坂〔六三七·五·二〕史詮引洞本「伐」作「我」。中統、游、凌、毛「于」譌「子」。

索隱視林反〔六三七·五·二〕單本「視」作「褚」，恐誤。

曹成公二十二伐衛〔六三八·三·一〕志疑云「衛伐我」之譌。

齊靈公二十七晉圍臨淄晏嬰〔六三八·四·三〕各本下有「大破之」三字。雜志云：「齊世家晏嬰止靈公，靈公弗從，此文殘缺，僅餘『晏嬰』二字，其『大破之』三字，因下晉表而衍。」案：今依王說删。

晉平公三率魯〔六三八·五·三〕毛誤「齊」。

鄭衛〔六三八·五·三〕北宋本「鄭衛」，它本倒。

鄭簡公十七子產曰〔六四一·三·三〕志疑云三字衍。

魯襄公二十五以報〔六四二·三·一〕毛本「以」誤「出」。

衛殤公十二齊晉殺殤公復內獻公〔六四二·九·二—六四三·九·一〕凌本有此九字，北宋本「晉」誤「楚」，它本全脱。

楚康王十五康王〔六四三·七·三〕游、王、柯本「康」誤「慶」。

魯襄公二十九吳季札〔六四四·三·三〕毛本誤「子」。

齊景公四吳季札來使〔六四四·四·三〕北宋本無「使」字。

楚熊郟敖〔六四四·七·二〕志疑云「熊」字衍。

鄭簡公二十二吳季札〔六四四·一三·三〕王、柯、凌無「吳」字，中統、游本無「季」字。

吳餘祭四守門閽殺餘祭〔六四四·一五·三〕志疑云：「案春秋餘祭在位四年，夷末在位十三年，表與世家倒錯二君之年，此『守門閽殺餘祭』之文蓋後人依春秋移入，史表元文必書于十七年。」

鄭簡公二十三諸公子爭寵相殺子產（六四五・一三・二）「子產」上疑脫「又欲殺」三字。志疑云「相」乃「欲」之誤。

子成止之（六四五・一三・二）世家作「公子彧」，疑「皮」字譌「成」，轉寫爲「或」也。

魯昭公元年昭公年十九有童心（六四六・三・二）各本錯在前年，今移正。疑當衍下「昭公」二字。

秦景公三十六公弟后子（六四六・六・二）北宋本、舊刻同。它本「公弟」二字作「秦」字，「后」子下衍「來」字，皆涉上格而誤也。

楚熊郟敖四自立爲靈王（六四六・七・二）北宋本、舊刻、凌本有「爲」字，它本脫。

齊景公八齊田無宇送女（六四六・四・三—六四七・四・一）「送女」下柯、凌有「來」字，毛本在「送女」上。志疑云「齊」字「來」字皆衍。案：此皆涉魯表而誤。

楚靈王圍（六四六・七・三）中統、王本「圍」譌「國」。

齊景公九晏嬰二十字（六四七・四・二—六四八・四・一）王本誤入魯格。

楚靈王三取三城（六四八・七・二）各本譌「五城」，今正。志疑云吳世家作「三邑」。

吳餘祭十一楚率（六四九・一五・一）中統、游、王、柯作「帥」。

秦哀公（六四九・六・二）北宋本、舊刻「哀」，它本譌「襄」。

燕惠公九齊伐我（六四九・一四・二）三字毛脫。

吳餘祭十二次乾谿（六四九・一五・二）毛脫「次」字。

楚靈王六芋尹〔六四九·七·三〕中統、游本「芋」，北宋、凌本譌「芊」，王、柯、毛譌「羊」。志疑云釋文芋，于付反。

魯昭公八楚留之〔六五〇·三·二〕凌本「留」，各本作「召」。

〔增〕**陳哀公三十五哀公自殺**〔六五〇·一〇·二〕各本譌「襄公」，中統不誤。（本條據批校本補。）

魯昭公十四月日蝕〔六五一·三·二〕志疑云：「案春秋是年無日食，此誤增。」案：昭七年四月甲辰，日有食之，前表但書日蝕，無月，疑此「四月日蝕」四字即彼文錯簡，七年十年字又相近，傳寫誤填，容有之，如下晉表可證也。

晉平公二十六十月公薨〔六五一·五·二〕志疑云春秋平公卒於「七月」，此譌「十」。

楚靈王十一王伐徐〔六五二·七·二〕中統本、徐吳校金本同，與世家合，經傳亦作「徐」。各本作「舒」，誤。

蔡侯廬〔六五二·二·二〕「侯」上疑脫「平」字。

鄭簡公三十六公如晉〔六五二·三·二〕志疑云：「簡公以三月卒，朝晉者定公。」案：疑上有脫文。

魯昭十五公如晉云云〔六五四·三·二〕十字各本誤入下年，依志疑移。

十七五月〔六五五·三·二〕各本作「正月」。北宋、舊刻本不誤。

鄭定公五火欲禳云云〔六五五·三·二〕十一字各本誤入前年，依志疑移。

宋元公十公毋信詐殺公子〔六五六·八·二〕王本「信」誤「元」，「殺」誤「穆」。案：世家作「詐殺諸公子」，疑此脫「諸」字。

蔡平侯九平侯薨〔六五六·二·二〕各本「侯」誤「公」，依志疑改。下靈侯同。

鄭定公八楚太子建從宋來奔〔六五六·三·二〕毛本脫此八字。

魯昭公二十一公如晉至河晉謝之歸日蝕〔六五七·三·二〕案：經書「秋七月壬午，日有食之。冬，公如晉」。則日蝕當書在前，疑傳寫誤倒。

吳僚八公子光敗楚〔六五八·一五·一〕毛本脫「光」字。

魯昭公二十四鸜鵒來巢〔六五八·三·二〕志疑云在二十五年。

鄭定公十二公如晉請內王〔六五八·一三·二〕六字各本誤入燕表，依志疑移。

楚平王十三秦女子立〔六六〇·七·一〕毛本有「立」字。凌本「女」誤「太」。

吳僚十二自立〔六六〇·一五·二〕毛本「自」，各本作「光」。

楚昭王四吳三公子〔六六二·七·二〕北宋、毛本「三」，各本並譌「王」。

曹襄公五殺襄公〔六六三·三·二〕毛本「殺」誤「曹」。

蔡昭侯十以裘故〔六六三·一一·三〕王、柯、凌「裘」譌「喪」。

甲午〔六六四·一·三〕毛本脫。

晉定公六侵楚〔六六五·五·二〕毛本「楚」誤「我」。

蔡昭侯十三楚侵我〔六六五·一一·二〕各本「楚」譌「衞」，依志疑改。

伐楚郢〔六六五·一一·二〕史詮云入郢，脫「入」字。

魯定公五陽虎〔六六五·三·三〕王、柯、凌本「陽」作「楊」，志疑云古通。

楚昭王十二徙鄀〔六六六·七·二〕舊刻「徙」作「都」，與索隱本合。

十四子西云云〔六六七·七·二〕志疑云子西事蔡，世家書於前一年。

衞靈公三十三晉魯侵伐我〔六六七·九·二〕北宋本、舊刻無「魯」字。案：經傳此年有「魯侵衞」。志疑云「伐」字衍。

〔增〕秦哀公三十六哀公薨〔六六七·六·三〕王、淩譌「襄公」，毛同，宋、舊刻不誤。（本條據批校本補。）

曹伯陽三請待公孫彊〔六六九·三·一〕淩、毛本「請待」上有「止之」二字。中統、游、王、柯本「請」字錯在「公孫」下。毛本「公孫」下衍「立」字。

魯定公十二女樂〔六六九·三·二—六七〇·三·一〕淩脫「女」字，毛譌作「艾」，下齊表同。

衞靈公三十七伐曹〔六六九·九·二〕淩本脫，它本並譌作「伐魯」，依志疑改。

晉定公十五趙鞅伐范中行〔六七〇·五·二〕此文疑誤倒，當作「范中行伐趙鞅」。

曹伯陽六夢者子行〔六七一·三·一〕北宋、舊刻、游、柯本有「子行」二字，中統、王、毛本脫，淩作「夢者之子亡去」。

楚昭王二十一滅胡〔六七一·七·二〕王、柯誤「相」。

鄭聲公六伐宋〔六七一·三·二〕毛脫。

〔增〕魯哀公將〔六七一·三·三〕各本「將」，官本作「蔣」，游脫。（本條據批校本補。）

衞靈公四十一伐晉〔六七一·九·三〕游本脫。

吳王夫差二伐越〔六七一·五·三〕淩誤「趙」。

晉定公十八齊衞伐我〔六七二·五·一〕各本脫「衞」字，依志疑補。

十九我敗之〔六七二·五·三〕凌本複衍「我」字，王、毛「我敗」誤倒，脫「之」字。

鄭聲公八救范中行〔六七二·一三·二〕各本「救」譌「敗」，依志疑改。

衞出公輒〔六七三·九·一〕王、柯脫「出」字，毛誤「衞公出」。

齊景公五十七乞救范氏〔六七三·四·三〕凌本「乞」上有「田」字。

晉定公二十一趙鞅拔邯鄲〔六七三·五·三〕王、柯、凌「拔」誤「救」。

宋景公二十八伐曹〔六七四·八·三〕游、王、柯譌「晉」，中統、吳校金板、毛本並譌「魯」。

魯哀公七吳徵百牢〔六七五·三·一〕「吳」字吳校增。

宋景公二十九圍曹〔六七五·八·一〕各本誤作「衞魯」，今依曹表改。

曹伯陽十五宋滅曹〔六七五·一三·三〕毛本「宋」誤「鄭」。

吳王夫差九伐魯〔六七五·一五·三〕中統、游、王、柯、凌並脫。

楚惠王四伐陳〔六七六·七·三〕各本作「鄭」，涉宋表而誤，依志疑改。

齊悼公四齊鮑子〔六七七·四·一〕「齊」字衍。

子壬〔六七七·四·一〕北宋、中統、游本「壬」，它本作「任」。

吳王夫差十一五員〔六七七·一五·一〕北宋本「五」，它本作「伍」。

衞出公十公如晉（六七八・九・三）毛譌「魯」。

鄭聲公十九敗宋師（六七九・一三・一）各本誤入燕表，依志疑移。

齊簡公四立其弟驁（六七九・四・三）各本脫「驁」字，索隱本出「弟驁」二字，今依雜志補。

齊平公元年景公子（六八〇・四・三）志疑云當作「孫」。

宋景公三十七子韋曰善（六八〇・八・三）疑有脫文。

吳王夫差十八越敗我（六八一・一五・二—六八二・一五・一）各本「越」誤「楚」。毛作「敗楚」二字，更謬。依志疑改。

衞莊公三辱戎州人（六八二・九・一）毛脫「戎」字。

周敬王四十三集解歲在甲子（六八二・二・三）北宋本、舊刻並作「皇甫謐云敬王四十四年，元己卯，崩壬戌」，已見周紀集解。

齊平公四二十五卒（六八二・四・三）毛本「二」譌「三」。

秦悼公十四厲公（六八二・六・三）志疑云「厲共」兩字謚，此脫。

衞君起元年石傅（六八二・九・三）凌本「傅」，與索隱本合。各本作「專」，乃「專」之譌。

燕獻公十六二十八卒（六八二・一四・三）北宋本「八」作「七」。

吳王夫差十九二十三卒（六八二・一五・三）北宋本、舊刻同。它本「三」譌「二」。

索隱二十三年滅（六八二・一五・三）此各本刪存索隱文也。單本索隱於「石傅逐君起」條下出「敬王四十三年卒」七字，注云：「皇甫謐云四十四年，當魯哀公十八年，二十七年卒。齊平公四年，二十五年卒。晉定公三十五年，三十七年卒。秦悼公十四年，子厲公立。楚惠王章十二年，五十七年卒。宋景公四十年，十四年卒。衞君起元年。陳湣公楚滅之前年。蔡朔十四年，十九年卒。曹伯陽立十五年，曹亡在敬王四十三年。鄭聲公二十四年，四十八年卒。燕獻公十六年，二十八年卒。吳王夫差十九年，二十三年滅。」案：所引蓋帝王世紀文，中多舛誤，傳寫失之。據此疑史表本不著卒年，故小司馬詳引之，以終其事。後人移書各公紀年下，合刻者反以索隱文複而删之。又以吳表卒與滅不同，故獨存五字，而史文與小司馬書皆失其眞面矣。各本皆同，不敢增改，錄附於此。其各公年數，已見本表及六國表，舛誤處不復辨。

六國年表第三(史記卷十五)

六國年表〔六八五·二〕「年」字依索隱本增。

太史公〔六八五·四〕王、柯脱「公」字。

戰功〔六八五·八〕北宋本「攻」。

東方〔六八六·四〕毛誤「萬」。

周元王〔六八七·一·一〕各本周、秦、楚、燕、齊别出國號，與魏獻子、韓宣子、趙簡子作一行，殊參錯，蓋後人所題，今幷入表中。

秦厲共公元年〔六八七·二·一〕毛脱「厲共公元年」五字。

魏獻子〔六八七·三·一〕志疑云：「魏獻，韓宣，後人因趙表而妄增。魏舒卒於魯定元年，韓起卒於魯昭二十八年，久無其人，何以書。」案：梁說甚確。單本索隱此表止出「趙簡子」，無「魏獻」「韓宣」，蓋所見本尚未增入。

衞出公輒〔六八七·三·一〕案：衞晉附魏，鄭附韓，魯、蔡、吳、越附楚，宋附齊，各本附表皆與四表平列，今低一字别之。

趙簡子四十二索隱〔六八七·五·一〕此條各本並入下年。案：單本出正文明作「四十二」，今移正。

頃公〔六八七·五·一〕單本「頃」，各本作「傾」，下同。

定公明年三十七年卒是四十二爲簡子在位之年〔六八七·五·一—六八八·五·一〕「三」各本誤「四」，依前表及世家改。「二」字單本亦譌「三」，此則各本致誤所由，遂幷刪上「明年」二字，謬甚。今依正文改。

楚惠王章十三年（六八七・六・一）毛本「十三年」錯在「楚惠」上，單本索隱誤混入注。

集解（六八七・六・一）各本錯在「吳伐我」下，今移正。

索隱五十七年卒（六八七・六・二）單本脫「卒」字。

吳伐我（六八七・六・二）志疑云哀十九年止有越侵楚，以誤吳。盧學士云「越伐我」之誤。案：楚世家是年亦有此文。

燕獻公（六八七・七・二）索隱本作「侯」。

齊平公驁五年（六八七・八・一）毛本「五年」錯在「齊平」上。

索隱二十五年卒（六八七・八・二）各本「五」譌「九」，依前表及世家改。

已上當並元王元年（六八七・八・二）各本無此八字。案：單本於「衞出公輒」下出「二年晉定公卒」，下出「趙簡子四十二」「楚惠王章」「燕獻公」「齊平公驁」四條，而注云「已上當並元王元年」，蓋小司馬所見本此四條皆錯入「元王二年」，故正之，後人既依其說改入元年，遂刪此八字，然使讀單本者將不知所謂，故仍補入而附識之。

楚惠十四吳恕（六八八・六・二）凌本「怒」，疑皆「恐」之譌。

魏表晉出公錯元年索隱系本名鑿（六八八・三・三）案：單本於上年「晉定公卒」下注「明年子出公錯立，系本名鑿也」。各本嫌與表複，故刪去「明年」七字，今姑仍之。出公，世家名鑿，與錯聲近，疑單本誤。

楚惠十七蔡景侯卒索隱徐廣不辨卽言或作成（六八九・六・二）據此當有集解，而今失之。世家作「成侯」，徐廣曰或作「景」，又與此不合。

秦厲共六緜諸〔六八九·二·三〕史詮云「緜諸」之誤。

楚惠十八蔡聲侯元年索隱〔六八九·六·三〕單本在「蔡聲侯卒」下。

秦厲共七彗星見〔六九〇·二·二〕志疑云秦紀無，秦記其十年彗星見，疑因而誤重。

魏表衞莊公飲大夫不解履〔六九〇·三·二〕衞事各本誤入趙表，今移正。志疑云「莊」乃「出」誤，「履」乃「襪」誤。

周定王元年〔六九〇·一·四〕王、柯本自元王五至定王元年，「秦」下「趙」上脫一格。

秦厲共十拔魏城集解一作捕〔六九一·二·二〕志疑云當爲「補」，若後「補龐戲城」「補龐」矣。

楚惠二十二魯哀公卒〔六九一·六·二〕志疑云哀卒於楚惠二十一，此後一年。案：疑表中凡前後一年，皆傳寫誤。此類甚多，不能悉正。

二十三魯悼公元年〔六九一·六·三〕中統、游、王、柯、毛錯在下年。志疑云當書於楚惠二十二。

趙簡子五十四知伯〔六九二·五·三〕北宋本「智伯」。

怨知伯〔六九二·五·三〕北宋、中統、游、毛本「怨」譌「怒」。

齊平十七乃今知所以亡〔六九二·八·三〕「所」字考證據左傳增。王、柯、凌本「今」譌「令」。

秦厲共十四晉人楚人來賂〔六九二·二·四〕六字王、柯脫。

十六塹阿旁〔六九三·二·三〕「阿」紀作「河」。

補龐戲城（六九三·二·三）「補龐」王、柯、毛譌「捕龍」。中統、游本脫「補」字。

趙襄子索隱叛智伯（六九三·五·七）「叛」疑「敗」，後表可證。

未除（六九四·五·一）北宋本此二字連上「襄子元年」四字，誤混入前年格內。

魏表晉哀公忌元年正義表云晉出公錯十八年晉哀公忌二年晉懿公驕立十七年而卒（六九四·三·二—六九五·三·一）官本「立」，各本誤「驕」。案：晉世家索隱引年表與此正義略同，據此，則表有「晉懿公」，其元蓋在此後三年，當「周定王十五」，單本索隱於六國表「齊宣公就匝」下出「晉懿公驕」四字，注云「哀公忌之子，生幽公柳也」，其次正相當，而今表失去「懿公」一代，各本皆然。志疑說同。

齊宣公就匝（六九六·八·二）北宋本、舊刻本作「匠」。

索隱積（六九六·八·三）單本無「積」字。

趙襄子四與智伯（六九六·五·三）中統、游本作「知伯」，下同。

分范中行地（六九六·五·三）志疑云脫「韓魏」字。案：韓魏表亦當有此八字，今脫。

燕孝十四（六九七·七·三）毛脫「十四」二字，下「十五」同。

齊宣五宋景公卒（六九七·八·三）案：十二諸侯表敬王四十三年，宋景公四十，六十四年卒，世家同。則景公卒當在齊宣三年，此表後二年，疑亦傳寫誤。

秦厲共二十九智寬（六九九·二·三）「寬」上原衍「伯」字，依志疑刪。又引杭氏疏證云疑前二十五智開事重出。

魏表服韓魏〔七〇一·三·三〕志疑云脫「趙」。

秦懷元年生靈公〔七〇二·二·四〕案：表於是年書「生靈公」，而後靈公元年書「生獻公」，首尾僅五年，錯誤甚矣。

四庶長鼂〔七〇三·二·二〕北宋、舊刻本作「晁」，古通。中統、游、王、柯、毛作「龜」，蓋亦「鼂」之譌。

韓武子二鄭幽公元年〔七〇三·四·四—七〇四·四·一〕志疑云鄭世家幽之前爲共公丑嗣，哀公在位三十一年，卒於威烈王二年，表失。

秦靈三作上下畤〔七〇四·二·二〕北宋本誤入下格。

韓武子三繻公〔七〇四·四·二〕中統本作「德公」。

魏文五魏誅晉幽公立其弟止〔七〇四·三·四〕志疑云世家言盜殺幽公，魏文侯以兵誅晉亂，此表脫誤。又世家紀年及索隱引世本，並以止爲幽公子，此亦誤。

魏文六魏城少梁〔七〇五·三·一〕王、柯「城」誤「滅」。

秦靈八城塹河瀕〔七〇五·二·三〕北宋、游、柯本「瀕」，凌作「頻」，中統、王、毛誤「瀨」。

君主〔七〇五·二·三〕北宋本「甥」。

十補龐城籍姑〔七〇六·二·一〕各本重「城」字，志疑云衍。索隱本無。

趙桓子十集解周定王〔七〇六·五·二—七〇七·五·一〕舊刻有「王」字。

齊宣四十三毁黃城圍陽狐〔七〇七·八·二〕「毁」各本譌「敗」，世家作「毁」，依志疑改。北宋、中統、游、王、柯「狐」作

「孤」。

魏文十三出其民〔七〇七·三·三〕各本「民」下衍「人」字，中統無。

齊宣四十四安陽〔七〇七·八·三〕志疑云世家作「安陵」，皆非魯地。

四十五取都〔七〇七·八·四〕王本誤「鄭」。

魏文十六元里〔七〇八·三·二〕中統、游、王、柯「元」譌「九」。

十七擊宋中山〔七〇八·三·三〕志疑云魏、趙世家云伐中山，使子擊守之，則「宋」乃「守」之譌。案：徐廣曰「一云擊宋中山」，蓋表本作「守」，形近譌爲「宋」，後人反依誤本改。

洛陰合陽〔七〇八·三·三〕「陰」「合」二字依世家增，說具志疑。

集解雒陰合陽〔七〇八·三·三〕官本與世家合，各本誤作「合陽雒陽」。

趙烈侯〔七〇八·五·三〕官本「烈」，各本作「列」。

齊宣四十九取毌〔七〇九·八·二〕王作「毋」，毛作「母」，皆「毌」之譌，索隱音館可證。凌作「丹陽」，謬甚。北宋本、舊刻本並作「丘」。案：世家作「毌丘」，疑表脫「丘」字，然索隱本表及世家皆無之。

魏文二十翟璜〔七〇九·三·三〕北宋本作「黃」。案：呂氏春秋贊能篇、說苑臣術篇並作「翟黃」。

楚聲五魏韓〔七〇九·六·五〕凌本誤倒。

趙烈七徐越侍以仁義〔七一〇·五·二〕志疑云世家以節儉侍者徐越，以仁義侍者牛畜，此撮舉互異，又失「荀欣」。案：此表疑有脫文。

秦簡十四陽狐〔七〇·二·三〕凌、毛「狐」，各本作「孤」。魏表同。

魏文二十四秦伐我〔七〇·三·二〕各本作「伐秦」，北宋、毛本不誤。

二十五太子罃〔七〇·三·三〕王、柯、毛作「瑩」。志疑云莊子則陽篇作「罃」。案：莊子釋文云音「瑩磨」之「瑩」，則「罃」非誤字。

楚悼二桑丘〔七〇·六·三〕志疑云：「桑丘燕地，當依世家作『乘丘』，形近致譌。」警云：「世家正義引年表『三晉公子伐我至乘丘』，誤也，已解在年表中』，今正義缺。」

韓列侯〔七〇·四·四〕北宋、王、柯、凌本「烈」作「列」。

趙武公〔七〇·五·四〕志疑云前列侯，後敬侯，不應獨稱「公」。

韓烈三鄭人殺君〔七一·四·二〕志疑云羨文，即後年弑繻公事。

四鄭相〔七一·四·三〕中統本、吳校金板譌「桓」，毛譌「伯」。

秦惠五伐緜諸〔七三·二·一〕北宋本「緜諸」，凌本倒，它本脫「諸」字。志疑云亦「緜諸」之譌。

韓烈五鄭康公〔七三·四·一〕志疑云世家集解引表，下有「乙」字。

楚悼九伐韓取負黍〔七三·六·三〕毛脫此五字。中統、游、王、柯作「韓伐我負黍」。北宋、凌本不誤。

魏文三十三晉孝公傾〔七三·三·四〕志疑云世家作「頎」。

三十五襄陵〔七二三·三·一〕各本誤「陽」。志疑云世家作「陵」，是，今依改。

秦惠十一太子生〔七二三·二·三〕志疑云紀在十二年。

魏文三十六秦侵陰晉〔七二三·三·二〕北宋本、舊刻有「陰」字，它本並脫。世家索隱引表「秦」作「齊」，誤。志疑說同。

魏武侯索隱名擊〔七二三·三·五〕單本出「魏武侯」三字，注云「擊元年」，蓋脫誤。各本於下文「襲邯鄲敗焉」下注「索隱武侯名擊」，亦衍誤也。今刪二字，移正。

齊康十九始列〔七二三·八·五〕索隱本作「立」，疑誤。

遷康公〔七二三·八·五〕毛脫「康」字。

秦獻六善明氏〔七二五·二·四〕北宋本「善」作「華」。

趙敬八襲衞不克〔七二五·五·四〕毛脫四字。

齊威王因齊〔七二五·八·五〕志疑云：「世家、魯仲連傳並作『因齊』。攷莊子則陽篇有『田侯牟』。釋文曰『司馬云齊威王也。案史記威王名因，不名「牟」』。據釋文，則史元無『齊』字。穰苴傳因爲齊威王，尤可互證。」案：穰苴傳索隱亦以爲威王名因，今史文「齊」字疑後人據國策作「嬰齊」而增。

楚肅四茲方〔七二六·六·二〕凌本「芳」。

韓哀侯元年〔七二六·四·三〕各本表首有「十一」二字，蓋因魏趙表而衍，依志疑刪。

趙敬十一分晉國〔七二六·五·三〕北宋本無「國」字。

楚肅五魯共公元年〔七一六·六·三〕各本在楚肅六，與校元板在七，惟淩本在五。案：魯世家集解徐廣曰「皇甫謐云元乙巳，終丙寅」，則淩是。

韓哀二康公二十年滅〔七一六·四·四〕毛本「二十年」上衍「康公以」三字，蓋誤以「康公」二字屬上而妄增。志疑云康公二十一年滅，缺「一」字。

燕釐三十林孤〔七一七·七·二〕淩作「林孤營」，世家作「林營」。志疑云通鑑書「林狐」，「孤」「狐」形近易譌。

齊威六鱄陵〔七一七·八·二〕北宋本「鱄」作「摶」，游本作「鱄陸」。志疑云當依世家作「博陵」。

索隱屬沇反〔七一七·八·二〕各本「沇」譌「沈」，依攷異改。

趙成三都鄙〔七一七·五·三〕游譌「郡」。

魏武十六魯陽〔七一八·三·二〕北宋、游、柯、毛本「魯」譌「魚」。

韓莊侯〔七一八·四·三〕毛本「莊」，索隱本世家索隱引年表同。中統、游、王、柯作「壯」，蓋漢諱改字。北宋本、舊刻、淩本並作「懿」，則依世家改。

趙成六敗魏〔七一八·五·四〕各本倒，北宋、舊刻本不誤。

秦獻十七櫟陽雨金四月至八月〔七一八·二·五〕志疑云本紀在十八年，是。

魏惠三齊伐我觀〔七一八·三·五〕各本作「觀津」。志疑云齊表、魏世家、田完世家、紀年俱不言「觀津」。觀津，趙邑，與魏無干。

齊威十一伐魏取觀〔七八·八·五〕「觀」下王、柯亦衍「澤」字，淩亦衍「津」字，它本無。志疑云魏世家徐廣引此表無。

趙侵我長城〔七八·八·五〕毛脫「侵」字，各本譌「取」，依趙表、趙世家改。游本無此五字。

秦獻十九洛陰〔七九·二·二〕各本譌「陽」。志疑云：「魏世家徐廣引表作『洛陰』。」今依改。

魏惠五武都〔七九·三·二〕志疑云世家作「堵」。

六伐宋取儀臺〔七九·三·三〕北宋、王、柯本「取」譌「敗」，世家作「伐取宋儀臺」。志疑云：「世家徐廣作『義臺』，索隱云表亦作『義臺』。」案：今表作「儀」，古通。

秦獻二十一章蟜集解一云車騎〔七九·二·四〕毛本「章蟜」下衍「曰」字，「車騎」上衍「以」字，皆校者妄增。又各本正文與集解互混，致不可讀，今釐正。

石門集解徐廣曰一作阿〔七九·二·四〕毛本脫。北宋本「阿」作「河」。

六萬〔七九·二·四〕中統「六」作「七」。

天子賀〔七九·二·四〕三字各本錯在「斬首」上，惟毛本不誤。

二十三虜其太子〔七〇·二·二〕舊刻、毛本末衍「也」字，蓋依魏世家集解妄增。

韓莊九大雨三月〔七〇·四·二〕游、柯「三」作「一」。

魏惠十皮牢〔七〇·三·三〕舊刻、游、毛本作「虎牢」，誤。

楚宣十三君尹〔七一·六·三〕志疑云「君」疑「右」。

趙成十九會河〔七二·五·四〕志疑云世家作「阿」，是。

魏惠十六〔七二·三·五—七三·三·一〕表首各本衍「徐廣曰」三字，蓋涉前年集解而誤。官本無。

秦孝七與魏王會杜平〔七三·二·一〕志疑云：「魏未稱王，『王』字衍。」案：各本皆同，秦紀亦有「王」字，仍之。

魏惠十八齊敗我桂陵〔七三·三·三〕北宋、中統、毛本脫「我」字。游、王、柯作「齊日敗桂陵」。今依凌本。

趙成二十二魏拔邯鄲〔七三·五·三〕王、柯「拔」誤「敗」。

齊威二十六敗魏桂陵〔七三·八·三〕游脫四字。

秦孝十二初取小邑爲三十一縣令〔七三·二·二〕雜志云：「『取』當爲『聚』，『令』上有脫文。」案：秦紀云「並諸小鄉聚集爲大縣，縣一令，四十一縣」，此作「三十一」，亦疑誤。

十三初爲縣〔七三·二·三〕凌、毛有「縣」字，它本脫。

齊威三十三殺其大夫牟辛〔七四·八·三〕世家同，集解云「一作夫人」，索隱云「表亦作夫人」，是今本後人依世家改。北宋、中統、游本無「辛」字。

魏惠二十七丹封名會丹魏大臣〔七四·三·五〕世家集解徐廣引表同。「丹封名會」四字不可解，彼文「大臣」下有「也」字，疑後四字是徐廣語，後人誤增入表。

秦孝十九牡丘〔七五·二·一〕北宋、王、柯本作「壯丘」。

齊宣二爲師〔七五·八·三〕王、柯譌「帥」。

三與趙會伐魏〔七二六・八・二〕志疑云徐廣於田完世家引表云「與趙會博望伐魏」，則今本脫「博望」二字。

秦孝二十四秦大荔圍合陽〔七二六・二・四〕「秦」字蓋衍。

彤地〔七二六・二・四〕志疑云：「商君傳言『殺之於鄭黽池』，徐廣曰『黽或作彭』。索隱引鹽鐵論『商君困於彭池爲證』。水經穀水注云『黽池或謂之彭池』。『彤地』必『彭池』之誤。」

魏惠三十三我恐〔七二六・三・四〕趙世家作「魏不入」，商君傳作「魏人怨其欺公子卬而破魏師，弗受」，此「恐」字疑「怨」之譌。

齊宣七平阿〔七二七・八・二〕北宋本「阿」，各本誤「河」。

秦惠文三拔韓宜陽〔七二七・二・三〕志疑云「拔」疑「攻」之譌。

魏襄二彫陰〔七二八・三・二〕舊刻「雕陰」，毛同。

秦惠文八少梁〔七二九・二・一〕志疑云：「秦紀、魏世家並不言『少梁』，前二十五年孝公已取少梁矣。秦魏兩表當衍『少梁』二字。」

魏襄五秦圍我焦曲沃〔七二九・三・一〕中統本「焦」誤「燕」。案：依世家此六字當在「與秦河西地」上。

六與秦會應〔七二九・三・二〕各本作「雍」。志疑云：「秦紀、表及魏世家皆作『應』。」案：此字形相似而譌，今改。

秦惠文十公子桑〔七二九・二・三〕志疑云張儀傳作「華」。

十一歸魏〔七二九・二・四〕中統、游本脫「魏」字。

十三君爲王〔七三〇・二・二〕各本「君」上衍「魏」字，依志疑删。

韓宣惠八魏敗我韓舉〔七三〇・四・二〕毛本「魏」誤「韓」。舊刻「敗」上有「伐」字。

趙武靈二城部〔七三〇・五・三〕志疑云世家在三年。

秦惠文更元二與齊楚會〔七三〇・二・四〕志疑云脱「魏」。

齊湣王地〔七三〇・八・四〕王、柯脱「地」字。

趙武靈四與韓〔七三〇・五・五〕北宋、中統、舊刻、游、王、柯本並脱「與」字。

齊湣三封田嬰於薛〔七三一・八・二〕毛誤「蔡」。

秦初更五戎地〔七三一・二・三〕王、柯、凌譌「池」。

七五國〔七三一・二・五〕柯、凌本「五」，各本作「六」。

齊湣六宋自立爲王〔七三一・八・五〕北宋、凌本、吳校元板同。它本脱此五字。

魏哀二齊敗我觀澤〔七三一・三・二〕毛本「齊」誤「徐」。凌本「澤」譌「津」，趙齊表同。它本魏表亦譌。而趙齊世家作「觀澤」，韓世家正義引表實作「澤」。「津」乃傳寫之譌，今依改。

韓宣惠十六得韓將軍申差〔七三一・四・二〕韓世家正義引表無「韓」字。秦紀正義引有，志疑云衍。

趙武靈九與韓魏擊秦〔七三一・五・二〕志疑云上年事重出，當衍。

秦更元九取趙中都西陽安邑〔七三一・二・二〕志疑云：「張儀傳索隱、正義引此表，俱有『十月』二字，今本失之。安邑非趙地，此與趙表『安邑』二字皆衍。秦紀正義引趙表作『中都安陽』，亦非。」

燕王噲五顧爲臣〔七三二·七·三〕「顧」各本作「願」。志疑云：「世家作『顧』，索隱云顧猶反也。」今依改。

趙武靈十一秦敗我將軍英〔七三二·五·三〕秦紀作「伐敗趙將泥」。

秦更元十一侵義渠得二十五城〔七三二·二·四〕志疑云紀在十年。

燕王噲七君噲及太子相子之皆死〔七三二·七·四〕凌本脫「太子」二字。中統、游、王、柯、毛「噲」字錯在「太子」下，脫「相」字。北宋本作「君噲及噲子之皆死」，尤謬。今依燕世家集解、索隱引表補正。志疑說同。

秦更元十二公子繇通封蜀〔七三三·二·二〕志疑云在十一年，秦紀及華陽國志可證。

魏哀七聲子〔七三三·三·三〕志疑云魏世家徐廣引表作「贅子」。

韓宣惠二十一秦助我〔七三三·四·三〕志疑云「我助秦」之誤。

景座〔七三三·四·三〕志疑云：「當作『痤』，猶商鞅傳公叔座。」案：春秋襄二十六年「宋世子痤」，穀梁作「座」。

秦武元死于〔七三四·二·二〕史詮云「出之」作「死于」，誤。

趙武靈十六生子何〔七三四·五·二〕游譌「河」，北宋、王、柯、毛譌「阿」。

魏哀十一集解父城〔七三四·三·三〕各本譌「大城」，依世家集解改。

韓襄五秦拔我宜陽斬首六萬〔七三五·四·二〕毛本「陽」字誤作「萬」，「六」下脫「萬」字。

秦昭王〔七三五·二·二〕志疑云秦紀、秦記並作「昭襄」，失「襄」字。

五魏王來朝〔七三六·二·二〕中統、游、王、柯、毛脫此四字。

魏哀十七復我蒲坂〔七三六·三·二〕史詮云「復」下缺「歸」字。

楚懷二十八唐眛〔七三六·六·三〕各本誤「昧」，依志疑改。

齊湣二十三使公子將〔七三六·八·三〕「使」字依北宋、中統、游、毛本。志疑云世家集解引表有。

秦昭七三萬〔七三六·二·四〕志疑云：「楚世家云楚軍死者二萬，秦紀正義引世家亦作二萬，此誤。」

楚懷二十九襄城〔七三六·六·四〕志疑云秦紀作「新城」，此必後人改。

齊湣二十四涇陽君來〔七三六·八·四〕毛脫「來」字。

秦昭七魏冄爲相〔七三七·二·二〕志疑云魏冄相在十二年，此必「薛文」之誤，當在八年。

魏哀二十一與齊韓〔七三七·三·三〕中統、游、王、柯、毛作「魏」，涉下韓表而誤。

趙惠文元爲相〔七三七·五·三〕舊刻無二字。

封平原君〔七三七·五·三〕毛脫「君」字，北宋本誤「侯」。

楚頃襄〔七三七·六·三〕中統、游、王、柯本「頃」作「傾」。

秦取我十六城〔七三七·六·三〕中統、游、王、柯本「取」譌「敗」。

齊湣二十六孟嘗君〔七三七·八·三〕凌本有「君」字。

秦昭十弗內〔七三七·二·四〕凌本「納」，毛誤「用」。

韓襄十六與齊魏擊秦〔七三七·四·五〕志疑云衍。

魏昭元秦尉錯來〔七三八·三·二〕毛譌「卒」。

〔增〕趙惠文王四共伐中山〔七三八·五·二〕「伐」當作「滅」。案：金陵局刻初印本作「伐」，張文虎朱筆改「滅」，但未剜改。中華本初版依金陵本作「伐」，再版改正。

楚頃襄四魯文侯〔七三八·六·二〕志疑云「公」之誤。

魏昭二解不利〔七三八·三·三〕史詮云「解」當作「我」。案：世家作「我」。

齊湣三十田甲劫王〔七三八·八·三〕毛本「田甲」譌「甲申」。柯本「王」作「主」，游本誤「承」。

秦昭十四二十四萬〔七三八·二·四—七三九·二·一〕毛脫「十」。

韓釐三二十四萬〔七三八·四·四—七三九·四·一〕史詮云上脫「斬首」二字。

楚頃襄七迎婦秦〔七三九·六·二〕各本誤入趙表，依志疑移。

韓釐五秦拔我宛城〔七三九·四·三〕志疑云：「宛，楚邑，秦取於楚，秦紀及穰侯傳甚明。此與韓世家並誤，又事在前一年。」案：韓世家無「城」字，疑衍。

趙惠文十一桂陽〔七三九·五·六〕中統「杜陽」，游本「社陽」。志疑云世家作「梗陽」。

十五昔陽〔七四〇·五·五〕淩本「昔陽」，各本作「淮北」。案：趙世家取昔陽在十六年，廉頗傳作「晉陽」，索隱本作「陽晉」，注云「陽晉，衞地，後屬齊。司馬彪郡國志曰今衞國陽晉城是也。有本作『晉陽』，非也」。正義云「晉陽在曹州乘氏縣西北四十七里」。據張所云，是亦「陽晉」誤倒，說與小司馬同。趙世家作「昔陽」，又「晉陽」之誤。然集解引杜預「樂平之昔陽」釋之，則其來已久，正義輒承其誤，引括地志「并州樂平縣昔陽」爲證，與廉頗傳各不相蒙，何也？本作「淮北」者，蓋因下楚表而誤。其年則當從表，志疑論之矣。

秦昭二十四與楚會穰〔七四一·二·三〕北宋、凌本有此四字。

楚頃襄十六與秦王會穰〔七四一·六·三〕各本誤入趙表，依志疑移。

秦昭二十七三萬〔七四一·二·五—七四二·二·一〕志疑云廉頗傳「二萬」。案：趙表亦作「二」，中統、游本誤「七」。

楚頃襄十九漢北〔七四二·六·一〕凌本有「北」字，與世家合。各本脱。

二十拔隔〔七四二·六·二〕凌、毛本「鄢」。

秦昭二十九更東至竟陵〔七四二·二·三〕凌本「至」作「攻」。毛本「竟」誤「乚」。

三十白起封爲武安君〔七四二·二·四〕志疑云在二十九年。

楚頃襄二十二秦拔我巫黔中〔七四二·六·四〕凌誤入燕表。

魏安釐元兩城〔七四三·三·一〕官本與秦紀、魏世家合。各本「兩」譌「南」。

楚頃襄二十三秦所拔我江旁反秦〔七四三·六·一〕各本皆同。毛作「復取秦所拔我江旁十五邑爲郡距秦」，疑依世家增改。

魏安釐二軍大梁下〔七四三·三·二〕官本「下」，與世家合。各本作「城」。

韓來救〔七四三·三·二〕王、柯譌「投」。

四以和〔七四三·三·四〕毛譌「知」。

楚頃襄二十七擊燕〔七四四·六·二〕志疑云齊表誤入楚。案：燕世家惠王七年卒，韓、魏、楚共伐燕，楚世家頃襄王二十七年，使三萬人助三晉伐燕，與表合。蓋史公所聞，與國策異也。

韓桓惠三秦擊我閼與城不拔〔七四四·四·四〕此八字各本誤入明年趙惠文三十表內，今移正。

趙惠文二十九秦拔我閼與〔七四四·五·四〕志疑云「拔」當作「攻」，「我」當作「韓」。案：此「我」字正因韓表而誤，益知上條八字之當移。

韓桓惠九秦拔我陘〔七四六·四·二〕官本、毛本有「陘」字，與世家合。

城汾旁〔七四六·四·二〕北宋本脫「城」字，毛本重衍。

秦昭四十四秦攻韓〔七四六·二·三〕志疑云盧學士曰「秦」字不當有，下年同。

四十七白起破趙〔七四七·二·三〕中統、游、王、柯、毛「破」作「殺」。

殺卒〔七四七·二·二〕毛無「殺」字，柯作「降」。

魏安釐二十一救趙新中〔七四七·三·六—七四八·三·一〕志疑云趙世家集解、正義皆引魏表作「新中軍」。

韓桓惠十七秦擊我陽城救趙新中〔七四七·四·六—七四八·四·一〕北宋本、舊刻有此九字。

周赧王五十九赧王卒〔七四八·一·二〕各本此三字誤入集解「乙巳」下，北宋、中統、游、王、柯、毛并誤入秦表，今正。

秦昭五十二取西周王〔七四八·二·二〕志疑云「王」字衍，在五十一年。

楚考烈八魯君封於莒〔七四八·六·二〕志疑云春申傳索隱引表作「封魯君於莒」，今本誤倒。

秦孝文元〔七四九·二·二〕中統、游本此後皆占二格。

集解文王后云云〔七四九·二·二〕此十八字疑亦正文誤混。

秦莊襄元蒙驁取成皋滎陽初置三川郡呂不韋相取東周〔七四九·二·三—七五〇·二·二〕此十九字各本亦混入集解。「初置」上衍「元年」二字，「東」下衍「西」字，並依志疑删正。

韓桓惠二十四成皋滎陽〔七四九·四·三〕中統、游本「成」作「城」，「滎」作「熒」。

楚考烈十四滅魯〔七四九·六·三〕志疑云在前一年。

遷卞〔七四九·六·三〕北宋本、舊刻作「卞」。它本作「下邑」，疑依世家改。

秦莊襄二〔七五〇·二·三〕莊襄表此下兩年各本脱「二」「三」字，依志疑補。

三王齮云云〔七五〇·二·三〕十七字各本細書，與集解相混，今改正。

魏安釐三十敗秦軍河外〔七五〇·三·三〕「河外」上毛多「於」字，王脱「外」字。

始皇帝元年〔七五一·一·二〕各本删一格，升并作首格。凌仍依前，至二十八年乃升并。案：時未并六國，宜書「秦王政」如常，今既書始「皇帝」，則固已帝之，故遂升格，豈以政并六國後不更元，難斷續書邪？史於秦紀政即位即别爲始皇本紀，意亦猶此。凌本蓋以臆改，今從衆。

擊取晉陽作鄭國渠〔七五一·一·三〕各本誤入集解，今正。

趙孝成二十秦拔〔七五一·四·三〕游、王、柯、毛誤「敗」。

秦始三十三城〔七五一·一·四〕官本、毛本「十三」，韓表同，與始皇紀、韓世家、蒙恬傳合。各本「三」譌「二」。（案：金陵本仍作「十二城」，韓表同，蓋未及剜改也。中華本俱作「十三」。）

四七月蝗蔽天下〔七五一·一·五〕志疑云：「當有脫字。紀云『蝗從東方來，蔽天，天下疫』。」

五蒙驁取燕酸棗二十城〔七五一·一·六〕案：始皇紀「將軍驁攻魏，定酸棗、燕、虛、長平、雍丘、山陽城，皆拔之，取二十城」。疑此表有脫文。「燕」下脫「虛」字，淺人誤爲燕國，移置「酸棗」上，淩本遂據始皇紀改爲「魏」字；志疑又謂衍「酸棗」二字，何不察之甚也。北宋本「二十」下衍「二」字。

趙悼襄三魯柯〔七五一·四·六〕志疑云：「魯無『柯』，又滅已七年，『魯』字衍。」案：春秋襄十九叔孫豹會晉士匄于柯，杜注在魏郡內黃縣西北，蓋魏地也。

魏景湣二秦拔我朝歌〔七五二·二·三〕毛本「拔」譌「攻」。

衞從濮陽〔七五二·二·三〕官本「從」，各本譌「徙」。

徙野王〔七五二·二·三〕毛本「徙」譌「徒」。

五秦拔我垣蒲陽衍〔七五二·二·五〕北宋本「衍」在「垣」下。中統、毛本同，「垣」作「桓」。游作「垣衍浦陽」。柯同，脫「垣」字。王本此七字並脫。今依淩本。

秦始十大索〔七五三・一・二〕凌本有「十日」二字。考證據本紀增「逐客」二字。

十二復嫪毐〔七五三・一・三〕毛本「復」譌「後」。

趙王遷二秦拔我〔七五三・四・四〕北宋、毛本譌「伐」。

秦始十四請爲臣〔七五四・一・二〕凌無「爲」字。

十五興軍至鄴軍至太原取狼孟〔七五四・一・三〕志疑云有脫誤。案：毛本作「大興兵一軍至鄴一軍至太原取狼孟」，蓋依本紀增。

燕王喜二十三太子丹質於秦〔七五四・六・三〕毛脫「質」字。

秦始十七內史勝〔七五四・一・四〕志疑云紀兩稱「內史騰」，形聲相近而譌。

韓王安九秦滅韓〔七五四・三・四—七五五・三・一〕三字各本在下年，依趙表移，楚、燕、齊同。「秦」字蓋後人所增。

秦始十九虜王遷之邯鄲〔七五五・一・三〕志疑云「之」字衍。

楚幽十弟郝〔七五五・五・三〕志疑云世家、列女傳作「猶」。案：「郝」疑「郪」之譌。郪猶音相近，郪郝形相涉。

秦始二十王翦〔七五五・一・四〕毛譌「翦」。

楚王負芻元負芻哀王庶兄〔七五五・五・四〕六字疑後人旁注。

秦始二十一王賁擊楚〔七五六・一・二〕四字王本脫。

燕王喜二十九王徙遼東〔七五六・六・二〕各本「王徙」誤倒，依志疑乙。毛本「徙」譌「徒」。

魏王假三秦虜王假（七五六·二·二）志疑云：「失書秦滅魏。」案：此蓋傳寫誤脫。

秦始二十五又擊得代王嘉（七五七·一·二）中統、游、毛有「得」字。凌本「王」上有「虜」字。

趙王嘉六秦將王賁虜王嘉秦滅趙（七五七·四·二）十字毛本脫。志疑云：「諸國皆於明年書滅，以悉定其地爲滅，獨書滅趙於虜王之年，必傳刻譌。」案：梁說殆非也。始皇紀十七年攻韓，得韓王安，盡納其地以爲郡，二十二年攻魏，王降，盡取其地，是虜王卽定其地矣。至代王嘉見虜於二十五年，而十九年已書盡定取趙地。燕王喜失國五年始見虜於遼東，又何待後年始定其地。楚世家王負芻五年，秦虜王，滅楚名爲楚郡，正當始皇二十四年，與表合。又紀書二十六年攻齊，得齊王建。秦初并天下，其令曰「兵吏誅，虜其王，平齊地，」則不必至二十七可知。韓、楚、燕、齊表書滅國，傳刻誤入後年，惟趙表不誤，各本皆同，今據以改正各表。

齊王建四十四秦滅齊（七五七·七·二）王、柯脫「齊」字。

始皇二十七更命河爲德水云云（七五七·三欄）各本至二十八年始改直行，蓋以「秦滅齊」三字占入二十七年下故也。案：二十六年既書「初并天下立爲皇帝」，豈有二十七年仍前式之理，因愈知滅齊之必書於前年也，今更正從二十七年起直行。又年下書事，各本或雙或單，參錯不齊，今改歸一例。志疑云「以秦繼周，當始二十六年」。又云「所書事本紀皆在二十六年，此誤」。案：如梁說，益見「秦滅齊」三字不當占二十七年表下矣。

二十八阿房（七五七·四欄）毛本「阿」譌「何」，「房」作「旁」，舊刻亦作「旁」，與拾遺引耿本合。

之衡山治馳道帝之琅邪道南郡入爲太極廟賜戶三十爵一級（七五七·四欄）毛本「道南」誤倒。志疑云：

「當云『帝之琅邪，之衡山，道南郡入。爲極廟。治馳道。賜戶爵一級』。極廟象天極，不名『太極』，『太』字衍。」（案：「太極廟」金陵局刻一本作「天極廟」，中華本初版承其誤，再版改。）

三十三西北取戎爲四十四縣（七五七·九欄）王、柯脫「取」字。案：紀作「三十四縣」，表亦宜同，故徐廣引「一云四十四」，以著異文，今表蓋後人誤依集解改。

蒙恬將三十萬（七五八·一欄）志疑云句當在「築長城」上。

三十四及南方越地（七五八·二欄）志疑云「及」當作「取」。

覆獄故失（七五八·二欄）志疑云當在「不直者」下。

三十六徙民於北河榆中耐徙三處（七五八·四欄）集解云「處」一作「家」。案：紀云「遷北河榆中三萬家」，疑「三」下脫「萬」字。

石晝下（七五八·四欄）志疑云本紀徐廣引表云「石晝隕」。

二世元年（七五八·六欄）此四字毛誤作「三十八」。

阿房（七五八·六欄）王、柯作「旁」，拾遺引耿本同。

秦楚之際月表第四（史記卷十六）

帝祚〔七五九・六〕毛本「阼」。

然後〔七五九・九〕毛本誤「虐」。

非大聖〔七六〇・八〕毛脫「非」字。

秦二世元年九月楚兵〔七六四・一・二〕游、王、柯「楚」誤「齊」。

楚陳涉三至戲敗而陳嬰〔七六四・二・二〕「而」字疑當在「敗」上。史詮云「葛」作「陳」，誤。

齊田儋始榮弟橫〔七六四・五・二〕「榮」字依志疑補。

韓廣爲燕王始〔七六四・七・二〕毛脫「始」字。

索隱二世三年十月破〔七六四・七・二〕「破」下疑脫「邯鄲」二字。（案：「破」疑「使」之譌，下「十五」表內書「使將臧荼救趙」可證。）

齊田儋二儋之起殺狄令自王〔七六五・五・二〕八字疑當在前月，志疑亦云在九月。

趙武臣四李良殺武臣〔七六五・四・三〕武臣此月被殺，而各本後月仍衍五字，依志疑删。後凡類此者，不復出。

魏咎四咎自陳歸立〔七六五・八・四〕下衍「陳涉死」三字，已書楚表，依志疑删。

趙王歇始〔七六六・四・二〕下衍「立」字，依志疑删。

楚景駒二嘉爲上將軍〔七六六·二·三〕志疑云陳涉世家徐廣云正月，今本誤在二月。

齊田儋六景駒使公孫慶讓齊誅慶〔七六六·五·三〕志疑云齊讓擅王，慶讓齊，齊誅慶，本一時事，分兩月，誤。

項梁八梁擊殺景駒云云〔七六七·三·二〕十五字王、凌誤入楚表，「殺」誤「救」。

漢沛公八雍齒奔魏〔七六七·六·二〕各本誤入後月，依志疑移。

魏咎八臨濟〔七六七·八·二〕中統本、吳校金板誤「菑」。

韓王成始〔七六七·九·四〕「成」下衍「韓」字，依史詮删。

齊立田假〔七六八·五·二〕「立」字毛譌「王」。

魏咎弟豹走東阿〔七六八·八·二〕志疑云考豹傳「東阿」乃「楚」之誤。徐廣注「二年六月」，今本誤後一月。

齊田市二謂楚殺假乃出兵項羽怒田榮〔七六九·五·一〕各本脫「謂」字，「楚」誤「齊」，「殺」誤「救」，今依毛本。又各本誤入後月，依志疑移。志疑疑「羽」乃「梁」，誤。案：項紀無此文，而後田市「十八」表內有「項羽怨榮」語，疑即後文之衍，又誤「怨」爲「怒」。

趙歇十陳餘出救兵〔七六九·四·二〕志疑云疑是「不出」，或「救」乃「收」字之譌。

十一章邯破邯鄲〔七六九·四·三—七七〇·四·一〕「破」原作「失」，考證據通鑑改。志疑云「入」之誤。案：張耳陳餘傳作「章邯引兵至邯鄲」。

韓王成六〔七六九·九·三〕原衍「從項羽略入關」六字，依史詮删。

楚懷七拜籍上將軍〔七七〇・二・二〕毛本「拜籍」下有「爲」字。

漢沛公十七救趙〔七七〇・六・三〕志疑云二字誤，沛公是時攻秦，略地至栗。

韓成八〔七七〇・九・三〕各本衍「分魏爲殷國」五字，毛本「魏」作「趙」，史詮云衍。案：舊刻無。

項羽五虜秦將王離〔七七〇・三・四〕志疑云當前一月。

齊田市七〔七七〇・五・四〕各本衍「項羽田榮分齊爲二國」九字，依史詮刪。

魏豹八〔七七一・八・三〕各本衍「分韓爲河南國」六字，依史詮刪。

楚懷二年一月〔七七二・二・一〕志疑云：「實計月數爲年，隨時改年易月，從古未聞，宜更之曰『十三月』，以後月數依次更。」案：或疑後人注於旁側，寫者誤混。然班表於韓王信亦用其例，則固本於史公矣。「一月」毛誤「正月」，中統、游本、吳校金板並作「五月」，五與正形近，又因秦格「五月」而譌。

項羽十許而擊之〔七七二・三・二〕中統、游本「許」作「詐」。毛脫「之」字。

趙歇十九〔七七二・四・二〕各本衍「張耳從楚西入秦」七字，依史詮刪。

漢沛公二十三集解南陽〔七七二・六・二〕毛誤「陵」。

二十四南陽〔七七二・六・三〕中統本「南」誤「申」。

二十六下嶢〔七七三・六・三〕史詮謂缺「關」字，非也。案：留侯傳云「擊秦嶢下軍」，疑此誤倒。

秦十月〔七七三・一・四〕志疑云秦已亡矣，此與下「十一月」「十二月」皆當衍。

集解徐廣曰歲在乙未〔七七三·一·四〕各本誤入九月，依索隱移正。

趙歇二十三從楚〔七七三·四·四〕毛誤「秦」。

秦十月索隱〔七七四·一·二〕依單本增。

漢沛公二十八三章〔七七四·六·三〕蔡本、中統、游、王、柯、毛並譌「軍」。

楚懷八分楚爲四〔七七五·二·一〕各本誤入後月，依志疑移。索隱出正文，「分楚」倒。

索隱〔七七五·二·二〕依單本增。

趙歇二十五分趙爲代國〔七七五·四·一〕索隱本出正文「趙爲二」。

齊田市十八殺之〔七七五·五·一〕「殺」字志疑引一本作「叛」，近是。（案：「殺之」二字疑衍，殿本無。）

漢沛公二十九講解〔七七五·六·一〕凌本「講」，與項紀合。蔡本、王本誤「購」。毛作「謝」。

燕韓廣二十九臧荼從入分燕爲二國〔七七五·七·一〕中統、游本「入」誤「之」，「分」誤「并」。

魏豹十七分魏爲殷國〔七七五·八·一〕索隱本作「魏爲二」。

韓成二十分韓爲河南國〔七七五·九·一〕索隱本作「韓爲三」。案：「三」乃「二」之誤也。後月表於趙云「分爲代」，於魏云「分爲殷」，於韓云分爲「河南」，則此表趙、魏、韓三國亦當如楚、齊、關中、燕例，疑索隱本爲是。今各本皆同，不能據改矣。

楚懷九義帝元年諸侯尊懷王爲義帝〔七七五·一·三〕表以義帝接秦，升弟一格，各本誤占二格，今并。此下分國，各本淆混，與前月表不相當，今並改正。又既書「元年」不得復續前計月，表首九字當後人妄增。志疑云：「『元年』下各本有『一月』兩字。」今案：各本皆無，史例各國初起不書「一月」，其有者，蓋亦後人依班表增也。

索隱〔七七五·一·三〕依單本增。各本摘錄，系後十月表中。

分爲衡山〔七七五·三·三〕索隱本於「義帝元年」下出正文「衡山王」，注云「吳芮，故番君，從入關，都邾」。以下至「河南王」放此。其文皆與表同，殊爲複衍。疑毛刻改大字爲小字，誤以正文羼入，如上「諸侯尊懷王爲義帝」，亦羼入「義帝元年」注也。今不增。

漢正月索隱〔七七五·二·三〕各本誤系西楚表，今依單本移正。

高祖及十二諸侯〔七七五·二·三〕此外趙歇、田市、韓廣、魏豹、韓成而言十二，并高祖爲十三也。各本改爲「十八」，誤。今依單本。

十三王同時稱一月〔七七六·二·二〕案：漢表著「漢元年一月」於上，故應劭注云「十八王同時稱一月」，小司馬引以注「正月」下，改爲「十三王」，即上所云「高祖及十二諸侯」也，然非應注之意。各本依彼文改爲「十八」，則又非小司馬意矣。今依單本。

分關中爲漢〔七七七·二·二〕案：前表已書分「關中爲四」，則此亦當如楚、趙、齊、魏、燕、韓例書「分爲漢」「分爲雍」「分爲塞」「分爲翟」可矣。「關中」字疑衍。

義帝二徙都〔七七七·一·三〕毛脫「徙」字。志疑云徙義帝在四月，此誤。

西楚主伯項籍〔七七七·二·三〕中統、游、毛「主」作「王」。毛作「西楚伯項王籍」。

趙歇二十七索隱〔七七七·七·三〕單本出正文「代王歇二十七月」，注中「七」字誤「九」，各本遂系於後表「二十九」下，不知注中明云「前爲趙王已二十六月，今從王代之二月」，則自注「二十七」下，不當越此而注彼也。今移正。

前爲趙王〔七七七·七·三〕單本「爲」誤「與」。

漢二月索隱〔七七七·二·二—七七八·二·二〕各本系後表「西楚」下，誤。格內又衍「漢表云二月」五字，蓋後人所增。注中「十三王」亦改「十八」。今並依單本正。

義帝三〔七七九·一·三〕凌脫「三」字。案：此下凡表中數目字，各本或脫或誤，不復出。

西楚二都彭城〔七七九·二·三〕各本此格下衍「都江都」一格，即前義帝表多占空格也。舊刻無，與漢表合。考證、志疑並云衍，今删。

西楚三罷戲下兵〔七八一·二·二—七八二·二·二〕中統、游、王、柯無「兵」字。

齊王田榮始〔七八二·八·三〕各本衍「五」字，依志疑删。

韓成二十七項羽誅成〔七八二·一九·四—七八三·一·一九〕四字毛脫。

濟北屬齊〔七八三·九·二〕各本首衍「七」字，依志疑删。

渭南河上郡〔七八三·一三·三〕原脫「渭」字，「南河」倒，依漢書異姓諸侯王表補乙。

漢十月王至陝〔七八三·一一·四—七八四·一一·一〕「十月」上脫「二年」兩字，各本同。

趙歇三十六〔七八四・七・二〕各本衍「代王歇還王趙」六字，依志疑刪。

章邯十漢拔我隴西〔七八四・三・二〕中統、游本「拔」誤「伐」。

歇以陳餘爲代王號成安君〔七八四・六・三—七八五・六・一〕志疑云：「餘爲代王與歇復王趙，同在十月，且餘繼歇王代，當互易。『號』乃『故』字之誤。」

章邯十二北地〔七八五・三・二〕各本「地」譌「城」，依漢表改。

魏豹三十二爲廢王〔七八六・一七・二〕志疑云衍。

齊王田廣始〔七八六・八・三—七八七・八・一〕蔡、王、柯、凌、毛首衍「三」字，中統、游本衍「二」字，並依志疑刪。

爲河內郡屬漢〔七八六・一八・三—七八七・一八・一〕「屬漢」二字當在「爲河內」上。

漢二年四月壞走〔七八七・二・一〕中統本、吳校金板「壞走」，各本作「懷定」，舊刻作「懷王走」。案：項紀云「大破漢軍，漢軍皆走」，又傅寬傳云「從擊項籍，待懷」，疑表本作「走懷」而上失「大破」二字。（案：張氏舒藝室隨筆云「前作札記，因它本多譌『壞』作『懷』，據傅寬傳疑爲『走懷』之誤，及讀漢書王莽傳云『大衆崩壞號謼』，乃悟此『壞走』字不誤，蓋直不戰而潰，前說非是。」）

屬漢爲隴西北地中地郡〔七八八・三・一〕蔡本、中統、毛本、吳校金板同，它本誤作「爲隴西北屯戍地郡」。案：漢表作「爲中地隴西北地郡」，書在五月。

漢二年後九月〔七八八・二・四〕此以上史表皆後漢表一月，以漢元年正月以下，遞差一月故也。乃漢表又失此「後九月」，故自三年十月以後，史漢適同。

共敖二十二〔七八九·四·二〕凌本此以下四格皆誤下一格。

趙歇四十八漢滅歇〔七八九·七·二〕各本下衍「立張耳」三字，凌本又衍「屬漢爲郡」四字，乃後表誤入也，並依志疑刪。

屬漢爲太原郡〔七八九·六·三〕各本誤入後月，依志疑移。

英布十二地屬項籍〔七九〇·五·一〕四字各本在後月，今依凌本。

漢四月楚圍王滎陽〔七九〇·二·五〕中統、游本無「王」字。

王出滎陽集解徐廣曰項羽高紀七月出滎陽〔七九一·二·一〕案：王出滎陽項紀、高紀不著月分，故徐廣引月表「七月，王出滎陽」。今本表脫「七月」字，後人見牽連「六月」下，故摘徐廣語以著異文，不察彼注本引月表，非紀文，裴誤不至此，宜於表首補「七月」，而刪集解。然傳譌已久，姑仍之。

八月周苛樅公〔七九一·二·二〕毛本「樅」譌「縱」。

田廣二十一擊殺廣〔七九二·八·四〕凌本下有「屬漢爲郡」四字，蓋卽後表誤衍。舊刻則并後表脫去。

漢四年十二月〔七九三·二·一〕中統、游、王、柯、凌本此格及下臧荼「十二」，韓王信「三」，皆誤上一格。蔡、毛本不誤。

二月王齊〔七九三·二·三〕毛誤倒。

項羽四年三月周苛入楚〔七九三·二·四〕漢表同。志疑云：「高紀徐廣引表作『周苛死』。孫侍御云今本『入楚』下脫『死』字。」

漢四年四月王出滎陽豹死 〔七九四·一一·二〕志疑云「事在三年五月，且表已書之，此六字誤衍」。案：高紀徐廣引表亦作「四年四月魏豹死」。

淮南王英布始漢立之 〔七九五·五·二〕毛脫「漢」字。

漢四年七月立布 〔七九五·一一·二〕毛脫「布」字。

韓信十二屬漢爲四郡 〔七九六·八·三〕游本「爲」，各本誤「南」。

韓王信四徙王代都馬邑 〔七九六·一九·三—七九七·一九·一〕六字各本誤入後月，凌本不誤。

分臨江爲長沙國 〔七九六·二〇·三〕毛誤「王」。

梁王彭越始 〔七九七·一七·二〕首衍「一月」二字，依志疑刪。

吳芮六薨 〔七九八·二〇·六〕中統、游本無。

趙王張敖立 〔七九九·六·一〕史詮云「始」作「立」，誤。

長沙成王臣 〔七九九·二〇·一〕「成王」二字毛誤倒。

楚王韓信九斬之 〔七九九·二·二〕舊刻、游本有此二字，毛本作「殺之」。

以聞 〔七九九·二·二〕游本脫「以」字。

韓王信十二 〔七九九·一九·二〕毛本作「五年一月」四字，蓋涉後月而誤衍。

漢興以來諸侯王年表第五(史記卷十七)

漢興以來諸侯王年表 〔八〇一·三〕「王」字依索隱本增。

遼陽集解遼陽縣 〔八〇二·一〇〕「陽」字考證據漢志增。

忕邪臣 〔八〇二·一三〕毛本「忕」，蔡本、中統本誤「怢」，餘並誤「怵」。索隱本亦誤「怵」，然音訾訓習，則本作「忕」可知，辨見漢書雜志。

蕃輔 〔八〇三·三〕中統、游本、吳校金板「蕃」作「藩」。

梁分爲五集解濟陰 〔八〇三·九〕舊刻「陰」，與梁孝王世家及漢表師古注合。各本作「陽」，誤。

高祖元年 〔八〇四·一·二〕志疑云：「諸國當以分封先後爲次，乃表不序先後，而後之增封諸國亦遂錯雜不明。」案：史文傳寫錯亂，自昔已然，而諸表尤甚，當時原次今不可攷，不得輒訾史公，略之可也。

二楚都彭城 〔八〇五·二·二〕志疑云韓信都下邳，紀傳甚明，劉交始都彭城。

淮南都壽春 〔八〇五·一三·一〕志疑云英布都六，紀傳甚明，此蓋以後之王淮南者都壽春而沒其始也。

梁都淮陽 〔八〇五·二二·一〕志疑云：「彭越都定陶，此誤。史詮謂當作『睢陽』，亦誤，梁孝王始都睢陽。」

代初王韓信 〔八〇五·二六·一〕中統無「初」字。「王韓」原倒，依志疑乙。

都馬邑 〔八〇五·二六·一〕志疑云：「韓王信未嘗更封代，此表韓代共格，故妄以韓爲代。又信都陽翟，後乃徙馬邑。」

四齊初王信元年〔八〇六·五·三〕志疑云：「『初王』上當有『二月』字，下失『韓』字。」案：此類是否史公失書，抑傳寫殘缺，皆不可攷，後不復出。

淮南十月乙丑〔八〇六·一三·三〕志疑云「七月」之誤。

趙初王張耳元年薨〔八〇六·一五·三—八〇七·一五·一〕志疑云：「缺書『十一月』。」案：張耳傳漢立耳爲趙王，徐廣曰「四年十一月」，疑表中本有三字，而今本失之。又此文七字蔡本、中統、游、王、柯本並誤入下年，又脫「薨」字。凌本「薨」下有「在四年」三字，蓋因所據宋本亦在下年，故校者旁注此，遂混入表中，今刪。

淮南武王英布〔八〇七·一三·一〕攷異云「武王」衍。

五楚齊王信徙〔八〇七·二·二〕中統誤「反」。

燕九月壬子初王盧綰元年〔八〇七·一四·二—八〇八·一四·一〕志疑云：「封綰在後九月，月表、將相表、漢書異姓表甚明。」案：梁說是也。是年九月，殷術己未朔，顓頊術戊午朔，無壬子。後九月戊子朔，二術同。二十五日壬子，此表蓋失「後」字。

趙王敖元年敖耳子〔八〇七·一五·二〕七字蔡本、中統、游、王、柯本脫。凌本「王」下脫「敖」。毛本作「王張敖」。今依舊刻。

代降匈奴國除爲郡〔八〇七·二六·二〕志疑云信降匈奴在六年九月，此誤。

六齊正月甲子〔八〇八·五·二〕志疑云：「漢書紀表作『壬子』。」案：是年正月丙戌朔，二術同。二十七日壬子，無甲子。凌本誤入上空格。

代空格〔八〇八·二六·三〕毛本有「初王喜元年」五字，凌本又多圈及「按喜高祖兄」五字，蔡本、中統、舊刻、游、王、柯本皆無之。蓋喜不久亡歸，故史不入表。其有者，後人依漢表增入。喜廢後改封如意，表亦不書，其證也。

楚高祖弟〔八〇九·二·二〕凌本「高祖」上衍「是」字，又「弟」下各本衍「也」字，依志疑删。

七代空格〔八〇九·二六·三〕凌、毛衍「二」字，各本無。

八趙四廢〔八〇九·一五·三〕志疑云：「九年廢，史漢紀表功臣傳甚明。」案：中統、游本無「廢」字。

代空格〔八〇九·二六·三〕凌、毛衍「三」字，各本無。

九梁五來朝〔八〇九·二二·四〕二字王本誤入下格。

代空格〔八〇九·二六·四〕凌、毛衍「四」字及「匈奴攻代代王弃其國亡歸漢」十二字，舊刻同。「代王」下多「喜」字，蔡本、中統、游、王、柯本皆無之。案：喜之王代，高紀七年封，八年亡歸。將相表六年封，八年亡歸。吳王濞傳亦云七年封，不言亡歸年。漢書高紀亦云六年封，七年亡歸，立如意爲代王，諸侯王表同，烏得有四年之久，其爲後人妄增可知。

趙如意高祖子〔八一〇·一五·一〕五字凌本全脱，王、柯脱「如意」二字，蔡本、中統、游本脱「如」字。今依毛本。

十代復置代都中都〔八一〇·二六·三〕「復」各本作「後」，依志疑改。此六字凌、毛皆誤入九年。蔡本、舊刻、中統、游、王、柯本並不誤。又案：據此文正與五年代表「國除爲郡」相承，又元年表索隱云「二年封韓王信，五年降匈奴，十一年立子恆也」，則小司馬所見本代表無「王喜」可知。

十一荆六爲英布所殺〔八二二·三·二〕凌脫「所」字。

淮南十二月庚午〔八二二·一三·二〕志疑云：「布以七月反，厲王即七月封，史漢紀甚明。」案術推，是年十二月無庚午，七月甲寅朔，十七日庚午，此「十二月」誤。漢書諸侯王表作「十月」，亦字形相近而譌。

梁二月丙午〔八二二·三·二〕蔡本、王本、毛本並同，與通鑑考異引史表合。凌本依漢表及高紀改「三月」。案：三月丙辰朔，無丙午。

淮陽三月丙寅〔八二二·二五·二〕各本作「二月」，承梁表而誤也。二月無丙寅，今依凌本。

徙趙〔八二二·二五·二〕志疑云衍。

代正月丙子〔八二二·二六·二〕各本作「二月」，中統、凌本作「三月」，志疑云「正月」之誤，漢書紀表可證，今依改。

初王元年〔八二二·二六·二〕凌、毛本「初王」下有「恆」字，「元年」下有「恆高祖子」四字，蓋後人妄增。

十二燕三月甲午〔八二三·一四·二〕志疑云：「當作『二月』。」案術推，二月辛巳朔，十四日甲午。

趙四死〔八二三·一五·二〕志疑云「『死』當作『薨』，在孝惠元年，史漢表並誤。」案：如意不得其死，故不書「薨」，惠紀亦書「死」。

吳王濞元年故沛侯〔八二三·三·二〕蔡本、中統、游、王、柯本此三字誤入下年。

孝惠元年趙淮陽王徙於趙名友〔八二三·一五·二—八二四·一五·二〕「於」字衍。上已書「名友」，此不當重出，宜如史詮說作「淮陽王友」。

七初置呂國〔八二五·二四·五〕攷異云呂國以齊之濟南郡置，列梁下，誤。

復置淮陽國〔八一五·二五·五〕中統、游本無此五字。

高后元年魯元王張偃〔八一六·三·一〕志疑云「元」乃「初」字誤。

常山四月辛卯〔八一六·二〇·一〕案：四月癸亥朔，二十九日辛卯，二術同。然漢書高后紀書「五月丙申，趙王宮叢臺災」，後書「立強爲淮陽王，不疑爲恆山王」，五行志書「叢臺災」與紀同，則又非四月矣。五月癸巳朔，無辛卯。

元年薨〔八一六·二〇·一〕志疑云：「二年薨，呂后紀及漢表可證。」案：此與下呂表兩「薨」字疑皆衍。

呂王台元年薨〔八一六·二四·一〕志疑云：「薨在二年十一月，將相表在二年十二月，漢表亦在二年，此誤。」

二常山七月癸巳〔八一七·二〇·三〕志疑云：「紀書義爲王在十一月，此『七月』乃『十月』誤，但十月辛酉朔，無癸巳。」案：漢書呂后紀二年秋七月，恆山王不疑薨，是即封義之月，則七月不誤。史紀書於十一月前，蓋淺人不知漢初仍秦以十月爲歲首，妄移七月於前。夫七月後之十一月，則當入下年矣。七月癸巳，顓頊術初九日，殷術初七日。

皇子哀王弟義孝惠子〔八一七·二〇·二—八一八·二〇·一〕志疑云：「『皇子』衍。『哀王弟』宜置『孝惠子』下。」

呂十一月癸亥〔八一七·二四·三〕志疑云：「十一月庚寅朔，無癸亥。」案：毛作「十月」，中統本作「十一月癸巳」。

長沙恭王右〔八一七·二七·三〕蔡本、中統、游、王、柯作「右」，與漢書吳芮傳合。舊刻、凌本作「若」，漢表同，毛作「石」，疑皆譌。

常山立爲帝〔八一八·二〇·一〕志疑云：「『立』上缺『後』字。」中統、游本無此三字。

四齊五〔八一九·五·三〕凌本誤入上空格。

常山五月丙辰〔八一九·二〇·二〕中統、游、毛本「丙辰」，與漢表及史漢二紀合，它本作「丙午」，疑非。

六呂七月丙辰〔八二一·二四·二〕紀在十月，漢表作「十一月」，皆無日。惠景表作「七月壬辰」。案：以術推，是年十月有丙辰，無壬辰，十一月、七月有壬辰，無丙辰，未知孰是。王、柯、凌本此表誤入上格，而此格反空。

淮陽元年武孝惠帝子故壺關侯〔八二一·二五·二—八二三·二五·一〕毛無「武」字，蔡本、中統、游、王、柯同，又誤入下年。凌本後五字誤入上格，今並正。

呂浚侯索隱又音□也〔八二三·二四·一〕單本作「又音也」三字，蓋音下缺一字，各本遂刪去之，今增空方。案：主父偃傳浚，戶交反。

七趙十四楚呂產徙梁元年〔八二三·二五·一〕案：此表九字皆衍，而失書王友幽死及王恢徙趙自殺事。又漢書諸侯王表於呂后七年書「呂祿始」，則此表亦當書「呂祿元年」，今在下年，蓋皆傳寫脫誤。

梁十六〔八二三·二三·一〕「十六」二字亦衍。

徙王趙自殺〔八二三·二三·一〕舊刻本、凌本如此，各本但有「趙徙」二字，蓋誤倒。然自殺當書於趙格，疑亦錯簡。

呂七月丁巳〔八二三·二四·一〕柯、凌本「巳」誤「卯」。志疑云紀作「二月」是。

索隱〔八二四·二四·一〕依單本補。

昌平〔八二四·二四·一〕原譌「呂平」，依漢志改。

八淮陽三武誅國除〔八二四·二五·二〕各本此五字誤入下年，而此格又衍「二」字，今依志疑移改。然此「三」字亦當衍。

孝文前元年〔八二六・一・三〕「前」字後人妄增。索隱本於下出「孝文二年」，無「前」字，是所見本尚未增。紀及將相表皆不著「前」字，它表有者亦後人所增，孝景表放此。

魯九廢爲侯〔八二六・三・三〕志疑云：「偃無九年，宜移前年而删『九』字。」案：蔡、王、柯本無此四字。

初置城陽郡〔八二六・六・三〕志疑云：「齊悼惠世家正義引表云『都莒』，今本脫。」案：表中「郡」字蓋即「都」字之譌，而失「莒」字。或疑「郡」當爲「國」，然此表濟北、河閒、太原下皆省「國」字，殆非也。

琅邪徙燕元是爲敬王〔八二六・一四・二—八二七・一四・一〕四字各本誤入下年，依志疑移。

趙王遂元年幽王子〔八二六・一五・二—八二七・一五・一〕三字中統、游、王、柯誤在下年。

分爲河閒都樂成〔八二六・一六・三〕毛本「樂成」，舊刻作「樂城」，蔡、王、凌誤「洛城」。

二河閒元文王〔八二七・一六・二—八二八・一六・一〕毛誤「天」。

城陽章悼惠王子故朱虛侯〔八二八・六・一〕此九字幷索隱各本皆誤入下年，今依毛本。

濟北興居悼惠王子故東牟侯〔八二八・七・一〕此十字幷索隱各本亦誤入下年，今依毛本。

河閒辟強〔八二八・一六・一〕毛本「彊」，下同。

三濟北爲郡〔八二九・七・三〕各本「三」譌「二」，「爲郡」兩字誤入下年，今移正。志疑云當書「反誅國除爲郡」。

四代三太原王參云云〔八二九・二六・三—八三〇・二六・一〕二十字舊刻誤入上淮陽表，凌本誤入下長沙表。

實居〔八三〇・二六・一〕中統、游本、吳校金板「實」作「徙」，非。

六淮南二十三爲郡〔八三一·一三·二〕蔡本、中統、游、王、柯、毛本此二字在下年。

十一淮陽十爲郡〔八三三·二五·二〕中統、游本、吳校金板無此二字。

十二梁十一淮陽王武徙梁年〔八三三·三·二〕案：勝紀年止於十，上年已書「薨」，此十一年即武自淮陽來徙，承上年不改元，故云「徙梁年」。蔡、王、淩本不誤。毛本「年」上有「元」字，舊刻作「十一」兩字，中統「年」作「王」，皆以意增改。志疑謂缺「元」字，非也。

十四燕十二來朝〔八三四·一四·三〕二字游脫。

十五分爲膠西都宛〔八三四·一〇·四—八三五·一〇·一〕志疑云：「齊悼惠世家引表云『都高宛』。水經注廿四卷『時水又西逕東高苑城中，史記漢文帝十五年分齊爲膠西王國，都高苑。徐廣音義曰樂安有高苑城，俗謂之東高苑也』。據此，則史表舊文是『高苑』，傳刻脫一『高』字。宛與苑同。」

初置盧江國〔八三四·一九·四〕攷異云盧江亦淮南所分，與淸河一格，似失其倫。

十六〔八三五·一·二〕索隱本孝文十六年下出「淮南三」，「齊七」，「趙分爲六」，各注並已見篇首集解，又多舛誤，蓋傳寫錯亂，今不增。

衡山淮南厲王子故安陽侯〔八三六·四·二〕「淮南」九字各本並誤入下年，今依淩、毛本。齊、濟北、濟南、菑川、膠西、膠東、淮南、盧江各表並放此。

濟南扐侯〔八三六·八·二〕毛本「扐」，各本並譌「初」。

後二梁十七〔八三七·三·二〕志疑云世家十七、十八比年來朝，此缺。

代十七薨〔八三七·六·二〕志疑云文三王傳參五年一朝，凡三朝薨，表止書二，蓋脱一「來朝」。

五濟南六來朝〔八三七·八·四〕中統、游本在下格。

膠西六來朝〔八三七·一〇·四〕中統、游本在下格。

六梁二十一來朝〔八三八·三·一〕游本脱。

孝景前元年初置臨江都江都〔八三八·一三·三一八三九·一三·一〕凌脱上「江」字。攷異云「江都」當作「江陵」。史詮同。

初置汝南國〔八三八·一四·三一八三九·一四·一〕王、柯有「國」字。

初置淮陽國〔八三八·一五·三一八三九·一五·一〕史詮云「復」作「初」，誤。

二臨江初王閼于〔八三九·一三·二〕索隱本作「閼于」，與五宗世家合。各本無「于」字，蓋依漢表。

汝南王非〔八三九·一四·二〕凌本「非」，各本皆誤「元」。

淮陽王餘〔八三九·一五·二〕凌本「餘」，各本皆誤「非」。

三楚反誅〔八四〇·二·二〕舊刻脱「反」字。

魯乙亥〔八四〇·三·二〕中統、游本作「丁亥」。

濟南十一反誅爲郡〔八四〇·八·二〕「爲郡」二字各本皆誤入下年，今移正。

菑川十一反誅〔八四〇·九·二〕「反誅」上各本衍「賢」字，官本無。

趙二十六反誅爲郡〔八四〇·一五·二〕舊刻脫「反」字，各本脫「反誅」二字，而「爲郡」二字誤入下年，依志疑補正。

淮陽徙魯爲郡〔八四〇·二五·二〕各本首衍「二」字，「徙魯」誤入上年，「爲郡」誤入下年，依志疑改正。

魯是爲恭王〔八四一·三·二〕毛本「恭」作「共」，中統本誤「安」。

四四月己巳立太子〔八四二·一·二〕「己巳」原譌「乙巳」。志疑云：「漢紀作『己巳』。四月丙午朔，乙巳誤。」案：乙己形近易亂，今依改。膠東表同。又案：立太子書於將相表大事記，不當獨闌入此表，疑後人增。

楚文王禮元王子〔八四二·二·二〕蔡本、中統、游、王、柯本並脫「元」字。

衡山十二徙衡山王〔八四二·四·二〕志疑云「王」字衍。

濟北〔八四二·七·二〕此表各本止有「十二」兩字，今從凌本。

是爲貞王〔八四二·七·二〕此四字各本誤入下年，凌本亦誤，依志疑移。

初置江都六月乙亥汝南王非爲江都王元年〔八四二·三·一—八四三·三·二〕官本「汝」，各本誤「淮」。志疑云：「據景紀是三年事，六月乙亥，正與魯、菑川月日同，則此非也，以後皆當移前一格。」

汝南徙江都〔八四二·二四·二〕志疑云：「漢表二年徙此，亦誤後一年，當衍『三』字，又缺『國除爲郡』四字。」

六復置臨江國〔八四五·三·二〕凌本誤入上格。

七十一月乙丑太子廢〔八四五·一·二〕此亦後人所增。

膠東四〔八四五·二·二〕表末各本衍「復置膠東國」五字，毛本無。（案：初版中華本誤將下一年之「復置膠東國」五字加上括弧，再版改正。）

臨江十一月乙丑〔八四五·一三·一二〕漢書諸侯王表作「己酉」。案：十一月辛酉朔，二術同，乙丑初五日，無己酉，史景紀書多廢栗太子爲臨江王，在十二月晦日食前，而漢書云春正月，恐誤。

景帝太子〔八四六·一三·一〕各本「太子」上衍「子」字，依志疑刪。

中元年〔八四六·一·一二〕各本脫「年」字，蓋傳寫本作「中元元年」，校者覺衍一「元」字，遂并「年」字刪之，今依毛本。

膠西六來朝〔八四六·一〇·一二〕凌本脫。

膠東〔八四六·一一·一二〕各本衍「五」字，依史詮刪。

二清河都濟陽〔八四七·一九·一〕攷異云：「當作『清陽』。漢志清河郡清陽縣，注云『王都』，其證也。」

三三月丁巳〔八四七·一九·一二—八四八·一九·一〕毛本作「五月」，誤。案：景紀書於「三月彗星出西北」前，志疑云封必二月，三月壬申朔，無丁巳。

臨江四坐侵云云〔八四七·一三·一二—八四八·一三·一〕各本「侵」譌「寢」，今依五宗世家改。志疑云：「榮無四年，景紀二年三月召臨江王來，即死中尉府中，當衍『四』字，而移『坐侵』十四字於前格。」

索隱廟境外之壖〔八四九·一三·一〕疑當作「廟垣外之壖」，皆字形相近而譌。

五常山三月丁巳〔八四九·一〇·三—八五〇·一〇·一〕志疑云：「三月無丁巳，當作『四月』，故漢紀書『夏』。」

六城陽三十三薨〔八五〇·六·一二〕凌、毛本有「薨」字。

後元年〔八五一·一·三〕蔡本、舊刻、王本脫「年」字。凌、毛作「後元元年」，從俗本也。今依「中元年」例。

二齊十二來朝〔八五二·五·三〕凌本脫。

孝武建元元年〔八五三·一·一〕蔡、中統、游、王、柯並脫下「元」字，蓋又因文、景中後元而因咽廢食也。凌本有。

三濟川七明殺中傅〔八五三·三·三〕案：明乃濟川王名也，各本皆同，惟毛本誤入濟東格，蔡、中統、游、王、柯誤入山陽格。舊刻「傅」作「侍」，形近而譌。凌、毛作「坐射殺中傅」，蓋依世家改。

四爲郡〔八五四·三·三〕各本表首衍「八」字，依志疑刪。（案：金陵本未刪「八」字。中華本初版亦未刪，再版刪。）

五廣川繆王元年集解四十五年〔八五五·一七·一〕凌本與漢表合，各本譌脫作「此五年」。

謚曰繆〔八五五·一七·一—八五六·一七·一〕各本誤「懿」，依索隱改。

元光三齊二十二卒〔八五七·五·三〕當作「薨」。

元朔元年楚襄王注〔八五八·二·三〕志疑云世家作「經」。

四河閒剛王堪〔八六〇·一六·三〕志疑云五宗世家及漢表作「基」。

五常山二十二來朝〔八六〇·二〇·三〕凌脫。

元狩二置六安國云云〔八六一·一三·四—八六二·一三·一〕首四字各本作「爲六安郡」，誤入上年，今依凌本。志疑云：「六安即衡山故地，不應在淮南格，當於淮南書『國除爲九江郡』，於衡山書『初置六安國，都陳，七月丙子，初王慶元年，膠東康王子』。此表舊文舛漏與後人增改兼有之。」

六齊武帝子〔八六五·五·一〕各本「武帝」上衍「閔」字，今依毛本。

廣陵四月乙巳〔八六五·三·一〕毛作「未」，誤。

王胥〔八六五·三·二〕蔡本、中統、游、王、柯並譌「育」。

燕剌王旦〔八六五·四·二〕蔡本、中統、游、王、柯譌「胥」。

元鼎元年濟東二十九大河郡〔八六六·三·二—八六七·三·一〕各本「大」譌「太」，依志疑改。

三初置泗水都郯〔八六七·四·三〕志疑云郯，東海郡，「泗」疑當作「淩」。

復置清河國〔八六七·九·三〕各本並作「郡」。淩、毛不誤。

四清河二十代王義徙清河年〔八六八·九·三〕此與孝文十二年梁表淮陽王徙梁年一例，王、柯、淩本乃移表首「二十」兩字於「年」上，謬甚。毛本「年」譌「郡」，今依蔡本。

元封二菑川頃王遺索隱濟南王辟光之孫也〔八七二·九·二〕案：齊悼惠世家遺乃菑川懿王志之孫，辟光以反誅，不聞紹封，此注誤。

三城陽慧王〔八七二·六·三〕蔡本、中統、王、柯「慧」譌「彗」，毛作「惠」，游譌「思」。

太初元年泗水十薨〔八七三·四·三〕各本誤入下年，又衍「子」字，依志疑刪。

二哀王安世元年即戴王賀元年安世子〔八七三·四·四—八七四·四·二〕志疑云：「賀是安世弟，五宗世家及十三王傳甚明。思王以太初元年薨，二年安世嗣，一年薨，無後，以賀紹封，在太初三年，此幷書於二年，誤。」

索隱廣川惠王子也〔八七四·四·一—八七五·四·二〕志疑云：「以泗水而嫁於廣川，以從祖孫而指爲父子，尤舛。」案：此注蓋本「廣川繆王齊」下誤衍，而「戴王賀」下當別有注，今失去。單本亦如此。

三城陽七薨〔八七五·六·二〕志疑云「薨」字衍，慧王在位十一年。

四荒王賀元年〔八七五·六·三〕志疑云：「五字衍，乃惠王八年也。荒王名順，亦不名賀。」案：史表經後人補續，竄亂尤多。如應稱「今皇帝」而云「孝武」，應稱「今王」而輒書其謚，表止於太初而濫及天漢以後。又表本大幅，旁行邪上，改爲楮葉，傳寫易誤，不皆史公原文。梁氏於諸糾駁處最爲精詳，然相沿已久，不能一一改訂。記中略舉其槩，亦不能悉著。考史者有志疑全書在。它表放此。

長沙二二十八來朝〔八七五·二七·三〕凌本脫。

高祖功臣侯者年表第六（史記卷十八）

高祖功臣侯者年表〔八七·三〕凌脫「侯者」二字，各本並脫「者」字，今依單本索隱補，與自序合。

苗裔〔八七·五〕蔡本、王本並作「裔」，與字類引合，集韻亦載此字，蓋相承俗字也。

泰山若厲集解〔八七·七〕王、柯、凌「若」作「如」，並脫集解。

功臣受封者〔八七·一二〕索隱本無「者」字。

見侯五正義齊仁〔八八·七〕王、柯本「齊」作「卞」。

祕蒙〔八八·七〕王、柯本「祕」作「秋」。

馮偃〔八八·七〕王、柯本「馮」誤「韓」。

國名正義〔八九·一二〕王、柯本以「國名」二字居中，而正義環繞兩旁，今依凌本改列右端，以下各格放此。此正義凌脫。

咸是諸侯所封國名也〔八九·一二〕「咸」字原譌「成」，今正。

高祖十二〔八九·三二〕各本「十二」兩字注於「高祖」字右旁，惟毛本大書左行，今依其式，改一行直下，下諸格放此。

建元格太初元年盡後元二年十八〔八九·八一〕志疑云：「『太初』以下十一字後人妄續，當刪之。」案：梁說固是，

然此類甚多，亦不能槩刪，說見上表。

侯第索隱蟲逢〔八九·九一—八〇·九二〕單本「蟲逢」，凌本「蟲達」，皆誤。王、柯作「蟲達」，是也。見雜志。

平陽〔八八一・一・二〕各本亦「平陽」居中，而注分兩旁，或蔓延於下，殊易混亂，今依王本惠景閒侯者表，以封國列右端，而系注於下。諸表並放此。

侯功格以中涓集解〔八八一・二・二〕各本表文細書，而注殽雜其閒，或置於後，今改表文大書，仍系注於下。後並放此。

皆中官也〔八八一・二・二〕各本「也」誤「者」，依蔡本、舊刻本改。凌本脫此四字，而多「師古曰中涓親近之臣若謁者舍人之類涓潔也主居中涓潔也」二十五字，蓋依漢表妄增。

高祖格七〔八八一・三・二〕王、柯、凌本並以「七」字居中，而表文環注兩旁。今依毛本，以紀年列右端，表文列左，大書。餘並放此。

孝文格後四年〔八八一・六・二〕「後」下各本衍「元」字，乃後人妄增，依志疑刪。後放此。

孝景格索隱〔八八一・七・二〕凌本脫。

建元格〔八八一・八・二〕凌本中行有「廿四」二字，及「征和二年侯宗坐太子死國除」十二字，各本皆無，蓋又明人妄增，今依志疑刪。

侯第格二集解〔八八一・九・二〕各本誤在「平陽」下，今移正。下「索隱」放此。

清陽孝文格索隱〔八八三・六・二〕凌本並脫。

汝陰侯功格全孝惠魯元〔八八四・二・一〕凌本「全」譌「至」。

建元格侯頗坐尚公主〔八八四・八・一〕官本、凌本有「坐」字。

陽陵〔八八四·一·三〕攷異云漢志陽陵故弋陽，景帝更名，則高帝時無陽陵，楚漢春秋作「陰陵」，近之。

侯功格魏將〔八八四·二·三〕志疑云漢表作「騎將」，是。

孝惠格隨頃侯靖〔八八四·四·三〕志疑云「隨」字衍。

建元格偃坐與〔八八四·八·三〕舊刻、王本「坐」作「以」。

廣嚴〔八八五·一·三〕攷異云「嚴」字衍。

高祖格召歐〔八八五·三·二〕凌本「召」，各本譌「呂」。「歐」字索隱本與漢表合，各本作「毆」。志疑云：「『毆』即『敺』字，又通作『歐』。師古、索隱音烏后、烏侯二反，非也。」

廣平侯功格擊項羽鍾離眛〔八八六·二·一〕志疑云漢表「項籍」，下有「將」字，是。

博陽侯功格殺追卒〔八八六·二·三〕各本「追卒」倒，依史詮乙。志疑云漢表作「殺追士卒」。

高祖格索隱名濆〔八八六·三·三〕單本「濆」，各本作「隫」。案：漢書作「濞」。

孝景格復封始〔八八六·七·三〕王、柯脫「復」字。

曲逆侯功格初從修武〔八八七·二·三〕舊刻「從」作「起」。

五千戶〔八八七·三·三〕舊刻「五」作「三」。

孝文格二二十九〔八八七·六·三〕案上「二」者，陳平之末二年，即孝文之元、二兩年也。下「二」者，恭侯買在位之年，即孝文之三、四兩年也。「十九」者，簡侯悝即位後之年，自孝文五年盡後七年也。各本並少一「二」字，毛本以「二」「十相連，尤謬。此類卷中不一而足，後諸表皆然，今並分析補正，不使誤分誤連。餘放此，不復出。

堂邑侯功格定豫章浙江都浙〔八六七・二・三—八六八・二・一〕蔡本、舊刻、索隱本並作「浙」，王、毛本並作「折」，凌本上作「浙」，下作「漸」。

復相楚元王十一年〔八六八・二・一〕凌本「一」譌「二」。（按：初版中華本亦譌「二」。）

索隱〔八六八・二・二〕依單本增。

建元格未除服姦〔八六八・八・二〕舊刻作「與」，蓋屬下句，然漢表亦作「姦」。

周呂孝惠格〔八六八・四・三〕各本有「有罪」二字。志疑云：「呂台以高后元年封王，不聞罪免。」案：此因下呂則表而誤衍，今刪。然此表高后格當有脫文，說具志疑。

建成高后格元年五月丙寅〔八六九・五・二—八七〇・五・一〕志疑云：「漢表作『九月』。五月癸巳朔，九月辛卯朔，皆無丙寅。」

八年祿爲趙王〔八六九・五・二—八七〇・五・一〕志疑云在七年。

留侯功格申徒〔八九一・二・一〕蔡本、中統、舊刻並作「司徒」。

高祖格丙午〔八九一・三・一〕中統、游作「丙戌」。

侯第格六十二〔八九一・九・一〕舊刻「一」。

射陽侯功格初起〔八九一・二・三〕二字毛倒。

酇侯功格爲法令〔八九二・二・一〕「爲」字依史詮增，與漢表合。

高后格一〔八九二·五·一〕凌脱。

同祿弟〔八九二·五·一〕案：漢書本傳以同爲蕭何夫人，表云祿母，史記世家不載，表則以爲祿弟，蓋傳寫誤。史詮、攷異説同。

孝文格煬侯遺〔八九二·六·一〕王譌「逍」，柯譌「追」。

後五年〔八九二·六·一〕「後」字依志疑增。案：漢表亦失。

建元格何孫〔八九二·八·一〕史詮云「曾孫」，缺「曾」字。

侯第格一〔八九二·九·一〕蔡本、王本脱。

曲周高祖格六年云云〔八九三·三·二〕十二字舊刻誤入下格。

孝惠格七〔八九三·四·二〕中統、游、毛誤「八」。

高后格八〔八九三·五·二〕中統、游脱「八」字。

孝景格中三年〔八九三·七·二〕舊刻、毛本「三」譌「二」。

建元格康侯遂〔八九三·八·二〕志疑云名遂成。

侯宗〔八九三·八·二〕志疑云名世宗。

終根元年〔八九三·八·二〕毛本「元」誤「五」。

後元二年〔八九三·八·二〕脱「元」字，今補。

絳孝文格三年免〔八九四·六·二〕志疑云：「『三』當作『二』。」案：「免」字疑當在「二年」上。

勝之〔八九四・六・二〕蔡、游、王、柯、毛無「之」字，中統作「子勝」。

後二年〔八九四・六・二〕游本「二」作「元」。

孝景格其三年〔八九四・七・二〕凌本有「年」字。

七爲丞相〔八九四・七・二〕志疑云「七」下缺「年」字。

舞陽高祖格其七年〔八九五・三・一〕中統、游、毛無「年」字。

高后格坐呂氏誅族〔八九五・五・一〕志疑云：「『族』字衍。」案：「族」字疑當在「誅」上，此謂呂須也。本傳云「大臣誅諸呂呂須婘屬，因誅伉」是也。

孝景格中五年〔八九五・七・一〕志疑云：「本傳及漢表並作『中六年』。」案：它廣以孝景七年嗣位，至中五年凡六年，與表端六字合，則作「中六年」是，「五」字誤。

潁陰侯功格定齊〔八九五・二・二〕凌本「齊」，各本誤「濟」。

殺項籍〔八九五・二・二—八九六・二・一〕蔡本、毛本「籍」上衍「羽」字。

建元格賢爲臨汝侯侯賢元年〔八九六・八・一〕志疑云：「更封國名當大書『臨汝』，而衍此五字。」案：蔡本無「賢爲」二字，毛本「侯」字不重。

行賕〔八九六・八・一〕蔡、中統、游、王、柯作「財」。

汾陰孝惠格建平四〔八九六・四・二〕「四」下原有「有罪絕」三字，蓋因下侯意而衍，依志疑刪。

孝景格封昌孫左車〔八九六·七·二〕志疑云當書「元年」。

建元格建元云云〔八九六·八·二〕八字凌本誤入上格。王、柯作「後元」。

梁鄒孝惠格五年侯最元年〔八九七·四·二〕毛本「五」誤「元」，「侯」上有「康」字。

建元格山柎〔八九七·八·二〕凌本「柎」，各本作「祔」。

索隱〔八九七·八·二〕凌誤「師古」。

音夫〔八九八·八·二〕單本「夫」，各本作「趺」，凌作「膚」。

成侯功格二千〔八九八·二·二〕蔡、中統、游本「二」作「一」。

八百〔八九八·二·二〕毛本「八」作「五」。

孝景格索隱〔八九八·七·二〕單本無。

建元格霸軍〔八九八·八·二〕志疑云漢表作「罷軍」，是。

元狩三年〔八九八·八·二〕凌、毛「三」譌「二」。

蓼侯功格前元年〔八九九·二·二〕攷異云前元、二、三年者，稱沛公之年也，入關王漢以後，稱「漢元年」。

以都尉擊項羽屬韓信〔八九九·二·二〕「屬韓信」三字疑當在「都尉」下，費表可證。

高祖格孔藂〔八九九·三·二〕凌本「藂」，各本作「聚」。

孝文格九年侯臧元年〔八九九·六·二〕中統、游本脫此六字。

建元格索隱臣經學乞爲太常典禮臣家業與安國綱紀古訓〔九〇〇·八·一〕案：「家業」二字疑當在「經學」上，下「臣」字疑當在「安國」上。

費侯功格從起碭〔九〇一·三·三〕蔡本、中統、舊刻、吳校金板有「從」字，它本脱。

湖陽〔九〇一·三·三〕攷異云漢表作「湖陵」。

孝景格後三年〔九〇一·七·三〕凌本作「五年」，謬。案：如漢表則最以後元年薨，而巢止二年，蓋與史異。

侯第格〔九〇一·九·三〕漢表陳賀第三十一，各本皆缺。

陽夏侯功格索隱豨音虚紀反〔九〇二·三·三〕王、柯、凌作「虚肥」。

高祖格自立爲燕〔九〇三·三·一〕志疑云「『燕』當作『王』」。案：韓信盧綰傳作「自立爲代王」。

陽都侯功格以趙將從起鄴〔九〇四·三·三〕志疑云漢表作「以越將從起薛」，疑「鄴」乃「薛」誤。

孝文格侯安成〔九〇四·六·三〕中統、游本作「哀侯成」。

新陽高祖格呂清〔九〇五·三·三〕索隱本作「青」，與漢表合。志疑云：「淸青古通。」案：中統、游本、吳校金板作「靖」。

孝惠格頃侯世〔九〇五·四·三〕志疑云漢表作「臣」，卽項羽紀「呂臣」也，「世」字誤。

侯第格八十一〔九〇五·九·三〕志疑云漢表「八十七」。

東武高祖格正月戊午〔九〇五·三·三〕志疑云：「正月丙戌朔，無戊午，疑與汁方同以三月戊子封。」案：此侯之封次呂清後，淸以正月壬子封，已是二十七日，在戊子後二十四日矣。梁謂三月戊子，是也。

侯第格四十一〔九〇五·九·三〕志疑云當「二十一」，若「四十一」，則與高苑同位矣。

侯功格二千戶〔九〇六·二·一〕志疑云漢志「三千戶」。

汁方侯功格以趙將〔九〇六·二·三〕志疑云疑「魏將」之誤。

從定諸侯侯〔九〇六·二·三〕中統、游、毛本重「侯」字。

孝惠格荒侯巨〔九〇六·四·三〕志疑云漢表「鉅鹿」。

建元格二十八〔九〇六·八·三〕王、柯、凌誤「七」。

棘蒲侯功格卒將〔九〇七·二·一〕雜志云當依漢表作「將卒」。

擊齊歷下軍田既〔九〇七·二·一〕志疑云：「漢表作『臨淄』。攷田儋傳，軍歷下者田解也。田既軍膠東，後爲曹參所破。」

都昌侯功格騎隊卒〔九〇七·二·三〕志疑云：「漢表作『帥』。」案：「卒」當爲「率」，與「帥」古通。

武彊侯功格丞相甯〔九〇八·二·三〕志疑云時無「丞相甯」，疑誤。

擊黥布侯〔九〇八·二·三〕志疑云：「『侯』字衍。」案：漢表亦有。

高祖格莊不識〔九〇八·三·三〕志疑云漢表「職」，古通。

建元格逮御史大夫湯〔九〇八·八·三〕志疑云漢表「逮」作「建」。

貰高祖格齊侯呂〔九〇九·三·一〕據索隱本則史文本作「呂博國」。水經漳水注作「呂博」，失「國」字。今本史表僅存「呂」字，傳寫缺耳。漢表作「合傅胡害」，蓋字形相近而譌。說詳志疑。

海陽侯功格千八百戶 〔九一〇·三·一〕志疑云漢表「八」作「七」。

孝惠格招攘 〔九一〇·四·一〕索隱本「攘」，今本並作「襄」，蓋依漢表改。

南安侯功格索隱漢表作連將也 〔九一〇·二·二〕志疑云漢表作「重將」。

孝文格共侯戎 〔九一〇 六·二〕中統本作「安侯成」。

侯第格六十三 〔九一〇·九·二〕舊刻作「五」，凌作「二」，並誤。

肥如孝文格莊侯成 〔九一一·六·一〕志疑云漢表「戎」。

曲城 〔九一一·一·二〕凌本「成」，下同。

高祖格蠱逢索隱曲城圉侯蟲達 〔九一一·三·二〕雜志云：「『蠱逢』當依漢表作『蟲達』。古有蟲姓，無蠱姓。廣韻、漢功臣表有『曲成侯蟲達』。索隱本作『蟲達』，注曰『蟲音如字』，今本幷注改爲『蠱』，且删去『蟲音如字』四字。汲古閣刻單本初作『蟲』，後復依今本改『蠱』。」案：王說甚確，今注中「蟲」字並依改正。志疑說同。

孝文格後三年 〔九一一·六·二〕毛本「三」譌「五」。

孝景格十三 〔九一一·七·二〕案：孝景止十六年，去垣五年，餘十一年，此「十三」字有誤。據漢表，侯捷於孝文十四年復封，十八年復免，孝景中五年復封。垣侯捷十八年當孝文後二年，下距孝景帝四，凡十六年，無復封事，與史不同。

中五年 〔九一一·七·三〕王本、秦本脫「中」字。

河陽侯功格起碭從 〔九一三·二·一〕志疑云「從」字當在「起」上。

淮陰侯功格別定魏齊爲王〔九一三・二・二〕志疑云漢表定魏、趙爲齊王，此誤。

芒侯功格武定〔九一四・二・二〕志疑云漢表「定武」。

孝景格孝景三年〔九一四・七・二〕「孝景」二字疑衍。「三」凌譌「二」。

侯申〔九一四・七・二〕「侯」上衍「張」字，依志疑删。

建元格十七〔九一四・八・二〕凌脱「七」字，王、柯誤「十一」。

故市高后格八〔九一五・五・二〕中統、游、王、毛脱。

柳丘侯功格千戶〔九一五・二・三〕志疑云漢表「八千戶」。

高祖格六月丁亥〔九一五・三・三〕志疑云：「此下四侯，史、漢表皆作『丁亥』，而六月無丁亥，疑是『乙亥』，或封在七月。」

魏其高祖格周定〔九一六・三・二〕志疑云漢表「止」。

高后格侯閒〔九一六・五・二〕志疑云漢表「簡」。

孝景格二〔九一六・七・二〕舊刻譌「一」。

祁侯功格漢王顧謂賀祁子留彭城軍執圭東擊羽〔九一六・二・三——九一七・二・一〕志疑云：「『祁』字衍。『執圭』上脱『以』字。」案：「軍」疑「用」字之誤。

平高祖格六年〔九一七・三・二〕中統、游本脱。

沛嘉〔九一七・三・二〕志疑云漢表「工師喜」。

魯侯功格母代侯〔九一八·二·一〕「母」字各本作「無」。志疑云：「因『母』譌『毋』，因『毋』譌『無』耳。」今依改。

集解徐廣曰漢書云魯侯涓涓死無子封母疵〔九一八·二·一〕案：此因史表缺名，故引漢書補之，則相承久矣。索隱出「魯侯奚涓」四字，蓋亦依漢表。

索隱封中母侯疵也〔九一八·二·二〕案：表文作「六年中」，此以「中」字屬下，蓋誤衍。

故城孝惠格二〔九一八·四·三〕蔡本、舊刻、王本譌「一」。

侯第格二十六〔九一八·九·三〕各本皆缺，惟淩本有，疑依漢表增。

任〔九一九·一·二〕「任」下各本衍「侯」字，依史詮、攷異刪。

高祖格張越索隱任侯張成〔九一九·三·一〕雜志云「成」者「戉」之誤。

棘丘高后格四〔九一九·五·二〕案：如漢表，襄以高后元年免，則此四字衍。如史表，四年奪侯，則「四」當作「三」。志疑說同。

爲士伍〔九一九·五·三〕舊刻「士」，各本作「仕」，古通。

阿陵侯功格從單父〔九一九·二·三〕志疑云：「『從』下缺『起』字。」案：漢表有。（案：中華本初版誤將所缺「起」字增入「單父」下，再版改正。）

孝景格一八〔九一九·七·三〕兩字舊刻誤并作「六」。

建元格元鼎五年〔九一九·八·三〕各本誤「四年」，依志疑改，與漢表合。

昌武侯功格九百八十戶〔九〇·二·二〕志疑云漢表「九百戶」。

建元格元朔三年〔九〇·八·二〕中統、游本與漢表合，各本誤「元年」。

高苑侯功格千六百戶〔九一·二·二〕志疑云漢表「千六百五戶」。

高祖格丙倩〔九一·三·二〕志疑云漢表「猜」。

宣曲侯功格起留〔九一·二·三〕柯譌「甾」。

孝景格有罪除〔九一·七·三—九二·七·一〕志疑云當作「絕」。

發婁〔九一·七·三〕志疑云當書「一」字。

侯第格四十三〔九一·九·三〕舊刻「三」譌「一」。

侯功格爲郎騎〔九二·二·一〕志疑云漢表「騎」下有「將」字，此缺。

絳陽索隱漢表作終陵也〔九二·一·三〕志疑引趙氏一清漢表舉正云：「『終』『絳』皆誤，乃濟南之於陵也。華無害曾孫告爲於陵大夫。」案：漢書雜志說同。

孝文格勃齊〔九二·六·二〕志疑云漢表無「齊」字。

孝景格前四年〔九二·七·三〕「前」字衍。

東茅〔九三·一·二〕索隱本譌「第」。

侯功格以舍人從碭〔九三·二·一〕志疑云「從」下缺「起」字。案：漢表有。

二隊（九三三·二·一）毛本「二」譌「三」。

捕韓信（九三三·二·一）「捕」譌「補」，依志疑改。

高祖格八月丙辰（九三三·三·一）毛誤「申」。

斥丘侯功格剋敵（九三三·二·二）王本「剋」譌「到」。

擊破籍武城（九三三·二·二）王本「破」譌「被」。志疑云：「漢表作『成武』。『籍』下有『侯』字，此缺誤。」

集解一云城武（九三三·二·二—九三四·二·一）毛本誤倒。

孝景格十六（九三三·七·二）蔡本、中統、游、王、柯、毛並脫「十六」二字，以孝文格文塡此格，而孝文格反空，又譌「十三」爲「十二」，謬甚。惟淩本不誤。

建元格二十五（九三三·八·二）柯、淩「二」譌「一」，毛誤重「十」字。

斥丘侯功格索隱破籍武城初爲武城侯（九三四·二·一）「武城」字疑皆倒。

臺侯功格以將軍擊燕（九三四·二·二）志疑云漢表下有「代」字。

高祖格七（九三四·三·二）各本譌「八」，依志疑改。

孝文格侯才（九三四·六·二）志疑云：「一本作『年』，漢表作『五』。」案：「年」亦「午」字之譌。

安國高祖格定侯安國（九三四·三·三）案：陳丞相世家集解徐廣曰：「王陵以客將從起豐，以廄將別守豐，上東，因從戰不利，奉孝惠、魯元出睢水中，封爲雍侯，定食安國。」雖語有詳略，其爲引此表無疑。定侯定食意義亦同，蓋始封雍侯，後改安國也。各本皆有此四字，志疑以爲衍，非也。

侯功格淮水〔九二五·二·一〕「淮」字誤，陳丞相世家集解作「睢」。

于雍侯〔九二五·二·一〕「于」字毛作「干」，志疑疑「平」之譌，皆非也。據陳丞相世家集解疑當作「封」。

樂成侯功格從碭中〔九二五·二·二〕志疑云：「漢表『從起碭』，此缺『起』字，衍『中』字。」案：「中」字疑當屬下。

孝文格一〔九二五·六·二〕毛譌「二」。

武侯客〔九二五·六·二〕志疑云漢表作「武侯吾客」。

建元格侯義〔九二五·八·二〕志疑云漢書郊祀志名登。

辟陽侯功格三歲〔九二六·二·二〕志疑云：「『三』當作『二』。」案：漢表「二」。

十月〔九二六·二·二〕志疑云「四月」之誤。

一歲〔九二六·二·二〕志疑云「三歲」之誤。

高后格八〔九二六·五·二〕中統、游、王、柯脫。

安平侯功格有功秋舉蕭何功〔九二六·二·三〕志疑引孫侍御云「秋」一本作「秩」，屬上讀。

孝惠格孝惠三年〔九二六·四·三〕「孝惠」二字疑衍。

蒯成〔九二七·一·一〕志疑云：「『蒯』乃『⿰崩刂』之誤，『⿰崩刂』即『⿰崩阝』字，漢表及遷傳作『⿰崩刂』，本傳作『⿰崩阝』，服虔音『菅蒯』之『蒯』，崔浩音苦壞反，知此字譌已久。說文繫傳引史作『⿰崩阝城』，豈獨見善本乎？」

侯功格至霸上侯〔九二七・二・一〕志疑云「侯」字衍，漢表無。

以繰爲信〔九二七・二・一〕志疑云：「漢表同。古人謂使者爲信，然繰傳徐廣引表云『以繰爲信武侯』，則今本脫二字。」

孝文格有罪絕國除〔九二七・六・一〕「國除」字疑衍。中統、游本作「國除絕」，蔡本、毛本無「絕」字。

北平侯功格徙趙相侯〔九二八・二・一〕「徙」譌「從」，依志疑改，與漢表合。

千三百戶〔九二八・二・一〕漢表「千二百戶」。

孝文格五歲罷〔九二八・六・一〕志疑云「五」上脫「十」字。

孝景格侯預〔九二八・七・一〕本傳作「類」，徐廣云一作「顚」。索隱引漢書作「毅」，而今本亦作「類」。雜志云當作「顡」。

侯第格六十五〔九二八・九・一〕舊刻「一」，誤。

厭次高祖格集解漢書作爰類〔九二九・三・一〕蔡本「爰」作「袁」，王同。

平皋高祖格十月〔九二九・三・二〕原誤「六月」。案：六月不當書在十月前，漢表作「十月」，是。依志疑改。

復陽侯功格項籍〔九二九・二・三〕游本「羽」。

孝文格十三〔九二九・六・三〕凌譌「二」。

陽河〔九三〇・一・二〕志疑云「『河』乃『阿』誤」。案：漢表亦作「河」。

侯功格以郎中騎〔九三〇・二・二〕凌誤「起」。

高祖格齊哀侯〔九三〇・三・二〕志疑云：「『哀』字衍。索隱引作『卞訢』，水經注九作『卞訢』，五作『萬訢』，漢表作『其石』。

王孝廉曰『卞』乃『丌』誤，『丌』即古『其』字，『丌』譌爲『万』，故又作萬。」案：「丌」古亦作「亓」，「亓」與「卞」尤近，「石」亦與「訢」右旁「斤」近，或爛文致誤。表序正義引作「齊仁」，王、柯作「卞仁」，皆字形相近。

孝景格中絶〔九三〇·七·二〕志疑云二字衍。案：元鼎四年改封崥山，或嘗中絶，但當在下格耳。

朝陽侯功格後攻韓王信〔九三一·二·二〕志疑云漢表「後」作「復」。

高祖格三月丙寅〔九三一·三·二〕志疑云漢表作「壬寅」，是。三月無丙寅。

孝文格十三〔九三一·六·二〕舊刻譌「二」。

棘陽侯功格從起胡陵〔九三一·二·一〕毛本有「起」字，與漢表合。

以擊諸侯〔九三一·二·一〕志疑云：「漢表作『項籍』，是。」案：疑「諸」即「籍」字誤，又衍「侯」字。

高祖格七年〔九三一·三·一〕毛誤「六年」。

七月丙辰〔九三一·三·一〕志疑云七月無丙辰。案：漢表作「丙申」，是。

建元格懷侯〔九三一·八·一〕中統本脫「懷」字。

涅陽高祖格呂勝〔九三一·三·二〕志疑云漢表「騰」。

平棘高祖格集解漢表〔九三一·三·一〕各本作「書」，依索隱引改。

高后格辟彊〔九三一·五·一〕毛本「疆」，下同。

孝文格鬼薪〔九三一·六·一〕志疑云上缺「爲」字。

深澤孝景格三年〔九三三·七·三〕毛譌「二年」。

侯第格九十八〔九三三·九·三〕舊刻脱「八」。

高后格一年〔九三四·五·二〕毛譌「二年」。

絕〔九三四·五·二〕凌本「絕」，各本作「薨」。

孝景格侯循〔九三四·七·二〕志疑云漢表「脩」。

罪絕〔九三四·七·二〕二字王、柯脱。

夷〔九三四·七·二〕志疑云漢表「臾」。

柏至侯功格集解師古曰〔九三四·二·三〕案：此蓋後人引漢書注，非集解文。

高祖格七月戊辰〔九三四·三·三〕七月無戊辰。志疑云漢表「十月」，此譌。

高后格三年〔九三四·五·三〕凌譌「二年」。

建元格如安〔九三五·八·二〕舊刻「安如」，與漢表合。

中水侯功格後共斬項羽〔九三五·二·三〕史詮云「後」當作「復」。案：漢表「復」。

孝文格夷侯假〔九三五·六·三〕志疑云漢表「瑕」。

青肩〔九三五·六·三〕志疑云漢表「眉」。

建元格二十三〔九三五·八·三〕志疑云當作「二」。案：漢表「二十二」。

元光元年〔九三五·八·二〕毛誤「五年」。

杜衍孝文格侯翕〔九三六·六·二〕志疑云漢表「舍」。

建元格十二〔九三六·八·二〕志疑云漢表「十三」。

赤泉〔九三七·一·一〕史詮云：「柏至、中水、杜衍、赤泉四侯封年月本次陽阿之後，漢表同，今本亂其次。」案：索隱本次序亦與今本同，則其誤已久。

高祖格楊喜〔九三七·三·一〕索隱本作「嘉」，蔡、王、柯、毛同，疑誤。

高后格〔九三七·五·一〕首衍「一」字，依志疑刪。

孝文格定侯殷〔九三七·六·一〕志疑云漢、唐兩表並作「敷」。

栒〔九三七·一·二〕中統本「栒」，與索隱合。蔡、王、柯、凌作「恂」，毛作「拘」。

〔增〕侯功格從曹紿軍〔九三七·二·二〕史詮云「從」下脫「破」字。考證同。案：漢表有。（此條據批校本補。）

定盧奴〔九三七·二·二〕志疑云漢表「縮」。

高祖格頃侯〔九三七·三·二〕舊刻、凌本「頃」，與漢表合。索隱本及它本作「項」，並譌。

孝文格侯河〔九三七·六·二〕志疑云漢、唐表作「何」。

武原〔九三八·一·二〕史詮云：「武原封年月本次曆後，漢表同，今本失其次。」案：索隱與今本同。

高祖格索隱漢表胠作脥〔九三八·三·二〕案：今漢表亦作「胠」。字書無「脥」字，古書从「去」从「谷」之字每相亂，而

「谷」又或作「烝」，蓋所見誤本作「脟」，再譌爲「胠」耳。然不當音脅。

孝景格十三〔九三八·七·二〕志疑云：「不害以後二年免，在位十一年，此『三』字誤。漢表謂孝景三年嗣，在位十三年，較多一年。」

侯第格九十三〔九三八·九·二〕蔡、中統、毛本「三」，它本譌「二」。

磨〔九三八·一·三〕志疑云：「漢表作『歷』，史當作『磿』，古通。顏氏家訓譏羊肅讀『磿』爲『磨』，則傳譌久矣。」

高祖格七月癸酉〔九三八·三·三〕蔡本、毛本「酉」，與漢表合。它本誤「丑」。

槀〔九三九·一·二〕志疑云：「此侯封於山陽郡之橐，水經注廿五卷可證。史、漢表並譌作『槀』，師古音公老反，妄矣。」案：索隱本亦譌「槀」。

孝文格七年〔九三九·六·二〕凌誤「三年」。

建元格元狩二〔九三九·八·二〕游譌「三」。

宋子侯功格五百四十戶〔九四〇·二·二〕志疑云漢表「五百三十六戶」。

高祖格十二月〔九四〇·三·二〕志疑云漢表「二月」。

許瘛〔九四〇·三·二〕凌作「瘈」。

集解〔九四〇·三·二〕毛脫。

猗氏侯功格二千四百戶〔九四一·二·二〕志疑云漢表「千一百戶」。

高祖格三月　〔九四一·三·三〕毛譌「二月」。

孝惠格靖侯交　〔九四一·四·三〕志疑云漢表「支」。

孝景格頃侯差　〔九四一·七·三〕志疑云：「漢表『羌』。」案：水經濁漳水注引作「差」。

清侯功格都尉　〔九四一·二·三〕凌本「都」上衍「漢」字。

代侯　〔九四二·三·二〕史詮云：「定代侯，缺『定』字，下三侯同。」案：漢表亦無。

高祖格空中　〔九四二·三·二〕志疑云：「漢表作『窒中同』，窒室古通。」案：水經漯水注引同，今本則脫誤已久。索隱本有「同」字。

建元格恭侯石　〔九四二·八·二〕舊刻、石、蔡、王、柯、凌、毛作「右」，漢表「古」。

彊　〔九四二·一·三〕毛譌「疆」。

高祖格三月丙戌　〔九四二·三·三〕原誤「辰」。志疑云：「此侯前皆三月丙戌封，安得有丙辰。」案：漢表「丙戌」，今依改。

簡侯留勝　〔九四二·三·二〕志疑云：「漢表『圂侯留肹』。」案：字書無「肹」字。

彭孝景格侯武　〔九四三·七·三〕凌本有「侯」字。

吳房侯功格從下邽　〔九四三·二·三〕史詮云：「『從』下缺『起』字。」案：漢表有。（案：中華本初版「起」字誤增在「下邽」下，再版改正。）

陽夏　〔九四三·二·三〕各本誤倒，依漢表乙。

高祖格三月辛巳〔九四三·三·三〕蔡本、毛本「三月」，王、柯、凌譌「二月」。案：此侯封次在丙戌，後漢表作「辛卯」，是。

孝文格十三年〔九四三·六·三〕凌本「三」，各本譌「二」。

甯高祖格四月辛卯〔九四三·三·四—九四四·三·一〕漢表同。四月無辛卯。志疑云「辛酉」之譌。

魏選〔九四四·三·一〕志疑云：「將相表、漢表、水經注並作『遬』。」案：索隱本亦作「選」。

昌高祖格圉侯〔九四四·三·三〕索隱本「圉」，漢表同。各本並譌「圄」。

孝景格二〔九四四·七·三〕中統、游本下衍「一」字。

三年〔九四四·七·三〕各本「三」譌「二」，依漢表改。

共侯功格臨淄〔九四五·二·一〕凌本「淄」，各本作「菑」。

孝文格懷侯商〔九四五·六·一〕志疑云漢表「高」。下同。

閼氏高祖格馮解敢〔九四五·三·二—九四六·三·一〕案：漢表作「散」。水經清漳水注同。

孝惠格薨無後絕〔九四五·四·三〕蔡本、毛本「無」誤「絕」。

孝文格二年〔九四五·六·二〕中統、游本脫。

恭侯勝之〔九四五·六·三〕蔡本、中統、游、王、柯、恭作「共」。

侯第格百〔九四五·九·三〕凌本有「百」字，它並脫。

安丘侯功格三千戶〔九四六·二·三〕志疑云漢表「三」作「二」。

孝文格恭侯奴（九四六·六·二）凌、毛有「侯」字，它本脱。

孝景格二一（九四六·七·二）各本誤并作「三」，今正。

三年（九四六·七·二）官本與漢表合，各本與下四年互誤。

侯第六十七（九四六·九·二）凌本有，它皆脱。

合陽高祖格九月丙子（九四六·三·三）凌、毛「子」作「午」。志疑云：「應作『七年十二月丙子』，次陽阿後。」案：漢書王子侯表作「八年九月丙午」，則與下二侯同日。

侯功格八年（九四七·二·二）志疑云「八」當作「七」。

孝惠格代頃侯（九四七·四·二）史詮云「王」作「侯」，誤。

襄平侯功格功定平侯（九四七·二·二）志疑云漢表「功比平定侯」，此脱誤。

高祖格九月丙午（九四七·三·二）志疑云：「九月無丙午，後九月則有之。」案：後表龍侯後九月己未，漢表亦脱「後」字，則此表亦當作「後九月」也。後九月顓頊術庚子朔，殷術辛丑。

建元格元封元年（九四七·八·二）各本譌「二年」，依志疑改，與漢表合。

侯第格（九四七·九·二）各本並缺。漢表作「六十六」，則與蔡寅同矣。志疑云當云「五十六」。

龍高祖格八年（九四七·三·三）凌誤「月」。

繁索隱志闕（九四八·一·二）考證云案地理志繁屬蜀郡。

侯功格從擊諸侯侯比吳房〔九四八·二·一〕下「侯」字蔡、游、王、柯作「族」，形近而譌。凌本不誤。中統、毛本、吳校金板作「功」，蓋以意改。毛本「房」譌「戾」。

高祖格索隱張瞻〔九四八·三·一〕案：今漢表作「張瞻師」。

孝惠格康侯昫獨〔九四八·四·一〕舊刻「昫」作「朐」。志疑云「朐」乃「惸」誤。漢表作「惸」，脫「獨」字。

陸梁〔九四八·一·二〕中統本作「量」，與索隱合。漢表亦作「量」。

高京集解一作景〔九四九·一·二〕志疑云周昌傳及漢書表傳皆作「景」。

侯功格以內史從〔九四九·二·二〕各本「從」上有「入」字，漢表無。志疑云衍，今删。

高祖格四月丙寅〔九四九·三·二〕志疑云漢表作「戊寅」，是。四月丁卯朔。

離侯功格〔九四九·二·三〕各本與下高祖格互誤，依史詮、志疑正。

高祖格九年〔九四九·三·三〕各本誤「元年」，依前後表次及漢書改。

義陵集解一作義陽〔九五〇·一·二〕「義」字依索隱本引補。

高祖格九月丙子〔九五〇·三·二〕志疑云：「九月乙未朔，無丙子。」案：前後皆四月，不當以九月厠其閒，蓋亦「四」之誤。惟丙子在戊寅前，則當次陸梁，今在離後，或亦非丙子也。漢表同。

吳程〔九五〇·三·二〕攷異云漢表「郢」，古同。

高后格侯種〔九五〇 五·二〕志疑云漢表重。

皆失謚〔九五〇·五·三〕志疑云諸表失謚多矣，豈獨義陵，此後人注，非史本文。

宣平高祖格四月〔九五〇·三·三〕志疑云高紀「正月」。

高后格信平〔九五〇·五·三〕志疑云：「徧檢史漢無改封張敖信平事，信平亦非地名，二字宜衍。」案：惠景表高后八年侯侈以魯元子封信都，孝文元年廢侈而降封敖爲南宫侯，南宫，信都屬縣，故通志略引風俗通云張敖尚魯元公主，封於信都也。疑「信平」即合「信都」「宣平」二字而誤，集解引徐廣曰改封宣平，當注孝文格，南宫侯下，誤入此格，後人遂據書於表首。

建元格睢陽〔九五〇·八·三〕志疑云漢書表傳作「睢陵」，此誤。

十八〔九五〇·八·三〕案：自元光三年至元鼎元年，首尾止十七年，此作「八」，誤。漢表同。

侯廣〔九五一·八·二〕志疑云漢表作「廣孫」，公卿表作「廣國」。

乏祠國除〔九五一·八·一—九五二·八·二〕此下各本注「漢表師古曰祠事有闕乏也」，蓋亦後人妄增，官本無。

開封孝景格景帝時爲丞相〔九五二·七·三—九五三·七·一〕各本誤入惠帝格，今移正。然不類史文，疑後人所注。

高祖格丙辰〔九五三·三·二〕志疑云漢表開封在愼陽後，蓋愼陽以甲寅，先二日也。

沛高祖格十二月〔九五三·三·三〕原脱「十」字，依志疑增，與漢書王子侯表合。

十二年〔九五三·三·三〕蔡本、舊刻作「十一年」，誤。

愼陽高祖格十一年〔九五三·三·三〕淩本「十一」，與漢表合。蔡、王、柯、毛作「十三」，中統、游作「十二」，並誤。

孝景格願之〔九五四·七·一〕志疑云漢表無「之」字。

禾成〔九五四·一·二〕攷異云：「水經注濁漳水篇『斯洨水又東南逕和城北，漢高帝封郎中公孫耳爲侯國』。」志疑云：「表於『和』字脫其半，『城』『成』史漢通寫。」

侯功格漢二年〔九五四·二·二〕志疑云當依漢表作「五年」。

高祖格十一年〔九五四·三·二〕蔡、王、柯、凌「一」譌「二」。

公孫耳〔九五四·三·二〕毛本作「高邑」，與下祝阿互誤。

堂陽孝景格十二〔九五五·七·一〕各本譌「三」，依志疑改，與漢表合。

祝阿侯功格齧桑〔九五五·二·二〕各本譌「齧乘」，漢表作「齒桑」，皆誤其一，依志疑改正。

上隊〔九五五·二·二〕凌本「上」，漢表同。各本作「十」。史詮云「二隊」之誤。

八百戶〔九五五·二·二〕志疑云漢表「千八百戶」。

高祖格正月己未〔九五五·三·二〕漢表「己卯」，則江邑之「辛未」不當反在其後。

孝文格侯成〔九五五·六·二〕蔡本、中統譌「式」。

長脩侯功格千九百戶〔九五六·二·一〕毛本「九」誤「五」。

高祖格正月丙辰〔九五六·三·一〕志疑云：「正月丁巳朔，當依漢表作『丙戌』。」案：祝阿以己未，江邑以辛未，此十三日中止有丙寅、戊辰，若依漢表作「丙戌」，則已是正月晦，辛未不當反在其後。

孝文格侯喜〔九五六·六·一〕志疑云漢表「意」。雜志云當爲「憙」。

建元格四年〔九五六·八·一〕中統「四」誤「五」。案：漢表相夫紹封三十七年，免侯在元封三年，與史較差一年。

無可〔九五六·八·二〕志疑云漢表「中可」。

江邑侯功格用奇計徙御史大夫周昌爲趙相而伐陳豨〔九五七·二·二〕各本「徙」譌「從」，依漢表改。案：彼文云「徙御史大夫周昌爲趙相，代昌爲御史大夫，從擊陳豨」。疑此文「伐」即「代」字之譌，「代」下缺「之從擊」三字。

高祖格正月辛未〔九五七·三·二〕毛作「己未」，疑誤。漢表江邑、營陵並作「十一月」，與前後月次不合，蓋「十一年」之誤。

營陵侯功格以三年〔九五七·二·三〕志疑云「三年」上脱「漢」字。

劉氏世爲衞尉〔九五七·二·三〕志疑云孝惠、高后時爲衞尉，安得言「世」，必有誤。

萬二千戶〔九五七·二·三〕志疑云漢表「二」作「一」。

高后格六年侯澤爲琅邪王國除〔九五七·五·三〕蔡本、毛本誤入孝惠格。

侯第格八十八〔九五七·九·三〕中統、游本脱。

土軍侯功格千二百戶〔九五八·二·二〕志疑云漢表「二」作「一」。

武侯〔九五八·三·二〕志疑云漢表謚「式」。

孝景格三年〔九五八·七·二〕王、柯、毛「三」譌「二」。

廣阿〔九五八·一·三〕游、柯、凌譌「河」。

孝文格二一 〔九五八·六·二〕各本誤并作「三」，依志疑正。

二十 〔九五八·六·二〕王譌「三十」。

建元格侯越 〔九五八·八·二〕志疑云漢書侯表、百官表并作「越人」。

須昌侯功格雍軍塞陳謁上 〔九五九·二·二〕志疑云：「漢表作『雍軍塞渭上』，『謁』乃『渭』誤。沈進士謂此即元年雍王迎擊漢軍陳倉事，似『陳』下有『倉』字。」

高祖格二月己酉 〔九五九·三·二〕志疑云漢表「己丑」。

貞侯 〔九五九·三·二〕王本「貞」誤「功」。

孝文格後四年侯不害元年 〔九五九·六·二〕王本脫。

侯第格百七 〔九五九·九·二〕王本「百」上衍「一」字，蔡本、柯本「一」字誤衍入上格。

臨轅侯功格初起 〔九五九·二·三〕毛本「初」誤「以」。

以中尉 〔九五九·二·三〕志疑云下有缺文。 案：漢表同。

孝景格侯忠 〔九五九·七·三〕志疑云漢表「中」，古通。

汲 〔九六〇·一·二〕各本下衍「侯」字，毛本無。

索隱漢表作伋伋與汲並縣名屬河內 〔九六〇·一·二〕考證云：「地理志河內有汲無伋，今漢表亦作『汲』，不作『伋』。考河內郡有波縣，水經濟水注云波縣故城漢高帝六年封公上不害爲侯國。據此，則漢表、索隱俱當作『波』，傳寫誤。」

攷異說同。

高祖格二月己巳〔九六〇・三・二〕漢表作「乙酉」，與臨轅同。案：二月丁亥朔，無乙酉。「己巳」疑皆當作「己酉」，與須昌同日，干支各誤一字耳。

高后格八〔九五九・五・三〕此格各本皆脫，於是孝文以下遞侵上一格，而第八格反空。今依志疑移正，而補「八」字。

寧陵侯功格從陳留〔九六一・一・一〕漢表「陳」作「起」。史詮云「陳」誤。

爲上解隨馬都尉擊陳豨〔九六一・二・一〕漢表無「上解隨馬」四字。志疑云：「爲上解追騎也。『都尉』上缺『以』字，『隨』與『追』同。」案：「馬」疑「爲」字之譌。

孝文格戴侯射〔九六一・六・一〕志疑云漢表「謝」，古通。

汾陽侯功格前二年從起陽夏〔九六一・二・二〕漢表作「前三年從起櫟陽」。志疑云：「『二』誤，『陽夏』誤，漢二年十一月，漢王都櫟陽也。」

高祖格二月〔九六一・三・二〕志疑云漢表「三月」，誤。

戴侯功格以中令〔九六二・二・二〕志疑云中廄令，缺「廄」字。

千二百戶〔九六二・二・三〕志疑云漢表「二」作「一」。

高祖格索隱秋彭祖〔九六二・三・二〕單本「秋」，各本並作「祕」。

高后格共侯悼〔九六二・五・二〕志疑云漢表「憚」。

建元格侯安期〔九六二·八·三〕志疑云漢表「安侯軫」。

二十五〔九六二·八·三〕凌本「二十五」，它本並作「二十八」。案：自元鼎五年至征和四年，實二十四年。

衍高祖格七月乙巳〔九六三·三·三〕凌本「己丑」，蓋依漢表。志疑云：「七月甲寅朔，無己丑，疑是『乙丑』或『六月』及『八月』。」案：己乙形似而譌，若八月乙巳，則不當在平州甲辰前。

翟盱〔九六三·三·三〕蔡本「盱」，與索隱合。它本並作「旴」。

平州高祖格昭涉〔九六四·三·二〕志疑云廣韻注、通志略皆作「昭沙」。

孝文格戴侯福〔九六四·六·二〕志疑云漢表「種」。掉尾玄孫名福，不應同名。

馬童〔九六四·六·二〕首脫「呂」字。

中牟侯功格二千三百戶〔九六四·二·三〕志疑云漢表「三」作「二」。

一馬〔九六四·二·二—九六五·二·二〕游無「一」字。

孝文格十三年〔九六四·六·三〕各本「三」譌「二」，依志疑改，與漢表合。

高祖格單父聖索隱單父左車〔九六五·三·二〕案：今本漢表作「單右車」，疑脫誤。

邵侯功格臨江將〔九六五·二·三〕志疑云「臨」上缺「爲」字，漢表有。

高祖格十二年〔九六五·三·三〕凌本「二」，與漢表合。各本譌「一」。

侯第格百十三〔九六五·九·三〕王、柯、凌「三」譌「一」。

博陽索隱屬彭城（九六六·一·二）攷異云：「彭城即楚國。漢志楚國有傅陽縣，卽古偪陽國，此『博陽』必『傅陽』之譌。小司馬注史時尚未誤。」案：單本亦作「博陽」，蓋後人依今本改。

高祖格十一月辛丑（九六六·三·二）志疑云：「漢表『十月』，是。」案：下陽義、下相皆十月，則此十一月誤明矣。十月癸未朔，十九日辛丑，先陽義一日。

孝文格侯遬（九六六·六·二）王本與漢表合。各本作「遬」。

孝景格十一（九六六·七·二）各本譌「二」，依史詮改。案：漢表遬以孝景元年，有辠奪爵，與史異。

陽義侯功格徙爲漢大夫（九六六·二·三）王、柯「徙」譌「徒」。志疑云漢表「中大夫」，脫「中」字。

從至陳（九六六·二·三）蔡、淩、毛本同。它本「從」誤「坐」。

還爲中尉（九六六·二·三）游本「還」作「遷」。

下相侯功格距布（九六七·二·二）淩本「距」作「擊」。

高祖格十月乙酉（九六七·三·二）志疑云：「漢表『己酉』，是。」案：若乙酉，則當列中牟前矣。

孝文格侯愼（九六七·六·二）志疑云漢表「順」，古通。

高陵高祖格十一月丁亥（九六七·三·三——九六八·三·二）志疑云漢表作「十二月」，是。十二月壬午朔。

孝景格三年（九六七·七·三）「三」譌「二」，依志疑改，與漢表合。

高后格并弓（九六八·五·二）志疑云漢表「弄弓」。

轂陵〔九六八·一·三〕志疑云：「漢表轂陽在戚後，史在前，失封序。『陵』亦誤。」

高祖格馮谿索隱表作馮谿〔九六八·三·三—九六九·三·一〕案：此謂漢表也。然則史表不作「谿」，今本皆依漢表改。索隱本出正文亦作「谿」矣。惟王本作「谿」，疑「谿」之譌。

孝景格二二一〔九六八·七·三〕各本作「一三」，凌本不誤。

三年〔九六八·七·三〕毛本譌「五年」。

隱侯卬〔九六八·七·三—九六九·七·一〕舊刻「邛」。志疑云漢表「卯」。

獻侯解〔九六八·七·三—九六九·七·一〕志疑云漢表「懿侯解中」。

戚侯功格屬丞韓信〔九六九·二·三〕史詮云衍「丞」字。志疑云「丞」下缺「相」。

合千戶〔九六九·二·三〕史詮云衍「合」字。漢表千五百戶。

高祖格圉侯季必〔九六九·三·三〕凌本「圉」譌「圜」。毛本「季」作「李」。

索隱作李誤也〔九六九·三·三〕各本「李」作「季」，正與單本相反。

孝文格三〔九六九·六·三〕漢表孝文元年賁侯長嗣，三年薨。志疑云失「元年賁侯長元年」七字。

齊侯班〔九六九·六·三〕志疑云漢表「躁侯瑕」。

壯侯功格漢王三年〔九七〇·二·一〕中統、游、柯無「王」字。志疑云漢表「二年」。

高祖格許倩〔九七〇·三·一〕志疑云漢表「猜」。

索隱猜音偲〔九七〇・三・一〕單本作「音德」，譌也。案：齊風「美且偲」，陸音七才反，與猜同音，今依改。各本此條缺。

建元格殤侯〔九七〇・八・一〕志疑云漢表「煬侯」。

元光五年侯廣宗元年元鼎元年侯廣宗坐酎金國除〔九七〇・八・一〕志疑云：「漢表元光五年節侯周嗣，三年薨，元朔二年侯廣宗嗣，十五年元鼎五年坐酎金免。此失節侯一代，又誤書廣宗年。」考證說同。

侯第格百十二〔九七〇・九・一〕毛譌「一」。

成陽高祖格正月乙酉〔九七〇・三・二—九七一・三・一〕毛作「己酉」。案：顓頊術辛亥朔，殷術壬子朔，無乙酉、己酉，疑當與朏同乙丑日，或二月之誤。（案：張氏批校本謂「王本十月，官本同」。又案：是年十月丁丑朔，有乙酉，然十月不當列三月前。）

侯功格屬魏豹豹反〔九七一・二・二〕柯本「豹」字不重。王本「豹豹反」誤作「称尸」二字。

以太原尉〔九七一・二・一〕凌、毛有「以」字。

建元格鬼薪〔九七一・八・一〕志疑云漢表「要斬」。

桃侯功格淮陰〔九七一・二・三〕志疑云漢表「南」，是。

高祖格二月丁巳〔九七一・三・三〕志疑云：「漢表『三月』。」案：二月無丁巳。

孝文格十四〔九七一・六・三〕蔡本、毛本並脫此二字。

哀侯〔九七一・六・三〕志疑云漢表「懿侯」。

建元格厲侯申〔九七二·八·二〕漢表「由」。

高梁建元格侯勃〔九七二·八·二〕案：酈食其傳正義引表作「敵」，蓋張所見本作「敦」，史漢「勃」「敦」通用，因譌爲「敵」。

元狩元年坐詐詔衡山王取金〔九七二·八·二〕案：漢表勃在位無年數，而詐取衡山王金者乃勃嗣平，表失侯平一代，又以平事幷入勃。志疑云：「本傳正義引表云『敵嗣卒，子平嗣，』則唐初史本尚未誤。」

紀信〔九七二·一·三〕攷異云疑本封紀侯而衍「信」字。案：疑「信」乃「侯」字譌衍。

高祖格壬辰〔九七二·三·三〕游、王、柯「壬」誤「丙」。

孝文格六月〔九七二·六·三〕志疑云衍。

侯陽〔九七三·六·二〕志疑云漢表「煬」。

甘泉索隱漢表作景〔九七三·一·二〕志疑云：「勃海景城縣，『甘泉』即『景』之譌分二字耳。」

侯功格車司馬〔九七三·二·二〕游本「車」作「軍」。

以都尉從軍侯〔九七三·二·二〕考證云漢表下有「五百戶」三字，此脫。

高祖格王竟〔九七三·三·二〕凌誤「敬」。志疑云：「漢表『競』。」案：依索隱本則史與漢表同。

孝惠格莫搖〔九七三·四·二〕志疑云漢表「眞粘」。

孝文格侯嫖索隱漢書作嬩許孕反〔九七三·六·二〕案：此小司馬承師古之謬。志疑引錢晦之云「嫖古文作嬩，譌爲嬩」。

煮棗索隱〔九七三·一·三〕單本無，疑「索隱」二字乃「集解」之誤。

侯功格從起豐別以郎將入漢〔九七三·二·三〕志疑云漢表「豐」作「薛」，「郎」作「越」。

高后格八〔九七三·五·三〕凌本衍「八」字。志疑云：「漢表朱以孝惠七年薨，嗣子有罪不得代，文帝二年始以它子紹封，則當衍『八』字。」案：中統、游、王、柯井上二格爲一，無「七八」兩字，毛本亦去高后格，與凌本互有得失。

孝文格一〔九七三·六·三〕表首凌衍「一」字，毛作「二」，它本無，依志疑删。（案：金陵本未删「一」字。）

二十二〔九七三·六·三〕毛誤「十三」。

張侯功格七百戶〔九七四·二·三〕志疑云「七百」上缺「侯」字。

高祖格毛澤〔九七四·二·三〕志疑云漢表「釋之」，澤釋古通。

孝文格夷侯慶〔九七四·六·三〕志疑云漢表「鹿」。

鄢陵〔九七五·一·一〕志疑云：「漢志表作『傿陵』，同。」案：索隱本次序與各本同，毛本鄢陵、菌次煮棗前，漢表傿陵次煮棗後，藏鹵前。

侯功格七百戶〔九七五·二·一〕志疑云漢表「二千七百戶」。

高祖格十二年中〔九七五·三·一〕漢表作「十二月」，誤。

孝文格六〔九七五·六·一〕志疑云當作「七」。

菌〔九七五·一·三〕漢表作「藏鹵」。案：漢書「藏」字例作「臧」，今作「藏」，疑「莊」字之譌，蓋即其謚誤倒耳。此表「菌」亦「鹵」

字之譌。攷異云代郡有鹵城縣。

侯功格中涓〔九七五·二·二〕志疑云漢表「中尉」。

高祖格十二年〔九七五·三·二〕漢表作「十二月」，誤。

六月〔九七五·三·二〕二字疑衍，當如鄡陵作「十二年中」。

侯第格四十八〔九七五·九·二〕志疑云：「當『六十八』。若『四十八』則與東茅同位矣。」

惠景閒侯者年表第七（史記卷十九）

八國集解〔九七七・二〕各本錯在序末，今移正。

肺腑索隱柹府二音柹木札也附木皮也〔九七八・三〕據訓義，似本文作「柹附」，而音爲肺府，經後人改竄爲「肺腑」，而反以柹音肺，遂又改「府」爲「附」矣。

便孝惠格元年九月〔九七八・三・二〕志疑云漢表「癸卯」，此失。

頃侯〔九七八・三・二〕「侯」誤「王」，依志疑改。

建元格二十八〔九七八・七・二〕各本誤「九」，今正。然史漢皆不得千秋元年，疑此三字亦後人所增。

軑孝惠格利倉〔九七八・三・三〕毛本「利」譌「秩」。

索隱漢書作軑侯朱倉〔九七八・三・三—九七九・三・一〕案：今漢表作「軑侯黎朱倉」，師古音大，又音第，蓋小司馬所據本有脫誤。

高后格三年〔九七八・四・三〕淩本「三」譌「二」。

建元格三十〔九七八・七・三〕案：漢表彭祖嗣二十四年薨，則秩以建元元年嗣，此脫「秩元年」，而「三十」字不誤。志疑謂當作「十」字「二十」字，蓋所據漢表本「二十四」譌作「三十四」也。

元封元年〔九七八・七・三〕此以下二十七字，中統、游、王、柯皆誤入上格。

侯秩〔九七八・七・三〕志疑云漢表「扶」。

平都孝惠格三〔九七九・三・二〕各本譌「二」，依志疑改。

扶柳高后格〔九八〇・四・一〕中統、游、王、柯、凌本表文錯入上格。

四月庚寅〔九八〇・四・一〕案：此與下表「辛卯」當在「乙酉」後。志疑云：「呂后紀太后欲侯諸呂，迺先封高祖之功臣。此表書二呂于前，四功臣于後，明是今本亂其次。」

呂平〔九八〇・四・一〕各本「呂」譌「昌」，依志疑改。

郊〔九八〇・一・二〕宋本注「一作洨」三字。

高后格八年〔九八〇・四・二〕各本上衍「高后」二字，依志疑删。後放此。

南宮侯功格越人〔九八一・二・二〕志疑云水經注十引作「張越人」。

高后格〔九八一・四・二〕柯本此表文脫，王本亦脫，而以下梧表齊侯、敬侯文當之，謬甚。

梧高后格二〔九八一・四・三〕凌譌「一」。

敬侯〔九八一・四・三〕凌脫「敬」字。

建元格戎奴〔九八一・七・三—九八二・七・一〕宋本「戎」作「式」，下同。

平定侯功格一云項涓〔九八二・二・二〕四字似非史文，各本皆有，姑仍之。

博成侯功格攻雍丘〔九八三・二・一〕志疑云「雍兵」譌刻。案：漢表「丘」作「共」，屬下。

高后格四月乙酉〔九八三·四·一〕志疑云漢表「己丑」。

沛高后格乙酉〔九八三·四·二〕志疑云不應與封功臣同日，疑「辛卯」之誤。

沅陵高后格元年十一月壬申〔九八五·四·二〕案：十一月無壬申，且不當在四月後，宋本、毛本作「十二月」。志疑云當依漢表作「七月丙申」。

孝景格後三年〔九八五·六·二〕舊刻「三」，與表首「四」字數合。各本譌「二」。

上邳孝文格一〔九八五·五·三〕毛本有「二」字，各本脫。

二年〔九八五·五·三〕各本「二」譌「元」，依志疑改。

昌平〔九八六·一·二〕志疑云呂后紀及漢書異姓王表並作「平昌」。

中邑高后格眞侯朱通〔九八七·四·一〕「眞」字宋諱改，索隱本作「貞」。漢表作「貞侯朱進」。中統本作「宣侯」，誤。

樂平〔九八七·一·二〕游誤「成」。

侯功格隊卒〔九八七·二·二〕中統、游「隊」作「降」。

皇訢〔九八七·二·二〕中統「皇」誤「王」。

高后格無擇〔九八七·四·二〕凌、毛「澤」。

建元格請求〔九八七·七·二〕柯本「賕」。

山都孝文格三十〔九八七·五·三〕志疑云：「『三』字『二十』字誤倒。吳仁傑曰恬開以後四年卒，『二十』者，恬開在文帝朝爲侯之歲，『三』者，中黃在文帝朝嗣侯歲數也。」

四年惠侯中黃元年〔九八七·五·三〕志疑云：「『四年』當作『後五年』。漢表謚『惠』。」

松茲侯功格郎吏〔九八八·二·二〕志疑云誤。漢表作「郎中」。

高后格徐厲〔九八八·四·二〕中統、游本「徐」作「俆」。

成陶侯功格度呂氏〔九八八·二·三〕志疑云漢表作「后」，是。

滕高后格〔九九〇·四·一〕中統本空。

醴陵侯功格漢王二年〔九九〇·二·二〕舊刻、王、柯「三年」。

河內〔九九〇·二·二〕淩、毛「南」。

長沙相侯〔九九〇·二·二〕志疑云「長沙」上當有「用」字，漢表有。

呂成侯功格呂后〔九九一·二·一〕中統、游本「氏」。

錘〔九九一·一·三〕志疑云漢表「腄」。

信都高后格張侈〔九九二·四·二〕索隱本有「張」字。

樂昌侯功格太后〔九九二·二·三〕游、王、柯「太」下衍「子」字。

高后格張受〔九九二·四·三〕索隱本有「張」字。

建陵高后格九月〔九九三·四·二〕「九月」上各本並衍「高后八年」四字，淩、毛無。

東平高后格呂莊（九九三・四・三）淩本「壯」。志疑云當作「庀」。

右高后時三十一（九九四・三欄）各本此行下衍「孝文二十三孝景十六」九字，依志疑刪。

陽信孝文格元年二月辛丑（九九四・五・三）淩本作「三月」。（案：各本均作「二月」，故張氏云然。然金陵本亦作「三月」，或張氏校勘時依淩本改「二」爲「三」，而寫札記時誤憶原文仍作「二月」也。）志疑云有本作「十一月」，是。案：漢表作「十一月」。

軑侯功格高祖十年（九九四・二・四）志疑云：「宜作『十一年』。漢表『七年』，尤非。」

孝文格四月乙巳（九九四・五・四）志疑云：「漢表作『正月』，是。有本亦作『正月』。」

壯武侯功格從之滎陽（九九五・二・三）志疑云：「漢表無『之』字，天台齊氏召南曰當是『守』字。」

孝文格二十三（九九五・五・二）王、柯誤分「二」字在上，「十三」在下。

孝景格十一（九九五・六・二）志疑云「一」字衍。

清都（九九五・一・三）毛作「清郭」，與索隱本合。

集解一作鄗（九九五・一・三—九九六・一・一）案：索隱以齊封田嬰爲靖郭君爲釋，清靖古通。駟鈞，齊王舅，封以齊地，靖郭蓋鄉名也。漢志鄗屬鉅鹿郡，乃趙地。漢表作「鄡」，則屬太原，去齊益遠。都、鄗、鄡蓋皆字形相近而誤。志疑說略同。

周陽（九九六・一・二）攷異云：「兼以淮南舅父得侯，當在淮南境。且兼失侯未幾，即以淮南王子賜爲周陽侯，則宜在淮楚閒。」志疑云：「倉公傳齊中御府長信使楚，至莒縣陽周水，疑即其地。此與淮南王傳及漢表皆誤作『周陽』，當依此表下文王子賜封陽周爲是，諸侯王表及漢書表傳作『陽周』可證。」

樊侯功格高祖初起從阿〔九九七·二·二〕志疑云「從」字當在「高」上。

二百戶〔九九七·二·三〕柯本「二」作「三」。

孝景格恭侯平〔九九七·六·二〕凌譌「干」。

管索隱屬滎陽〔九九七·一·三〕志疑云：「齊王子何以在河南？水經濟水又東北過菅縣南，注引此爲據，是當作『菅』，蓋唐時已誤。」

孝文格侯戎奴〔九九七·五·三〕凌本「侯」上衍「恭」字。

瓜丘〔九九八·一·二〕毛本「瓜」作「斥」。志疑云：「漢表『氏丘』，無攷。索隱本作『斥丘』，齊王子不應國于魏，且斥丘侯唐厲見存。」攷異說同。

孝景格三年〔九九八·六·二〕凌本「三」譌「二」。

營索隱表在濟南〔九九八·一·三〕案：漢表無此文。志疑云：「此侯封營謚平，小司馬誤讀爲『營平』，故云『在濟南』。營即營丘，在齊郡臨淄縣。水經注廿六繩水出營城，漢封劉信都爲侯國。」

楊虛孝文格十六年侯將廬爲齊王有罪國除〔九九八·五·四—九九九·五·一〕案：索隱本楊虛共侯劉將廬下有楊虛共侯劉平，注云「漢志闕，齊悼惠王子也」。攷漢書王子侯表楊丘共侯安、楊虛侯將閭皆齊悼惠王子，皆孝文四年五月甲寅封，安封十二年薨，子偃嗣，十一年孝景四年，坐出國界，耐爲司寇，將閭封十二年爲齊王，索隱本並誤爲楊虛共侯，今本遂以劉平之謚及其子偃之失國幷屬將盧，而失楊丘一國及劉平二代，實傳寫脫誤。盧氏羣書拾補、錢氏拾遺、梁氏志疑說並同。各本皆然，不敢據補。漢表「平」作「安」，「盧」作「閭」，義皆通。

平昌孝文格侯卬〔一〇〇〇·五·三〕中統、游無「侯」字。王、柯無「侯卬」二字。

波陵〔一〇〇二·一·二〕志疑云：「漢表『泝陵』。疑『波』字誤。泝，水名，蓋即泝鄉。」

侯功格以陽陵君侯〔一〇〇二·二·二〕志疑云：「一本作『陵陽君』，疑是也。在丹陽。若馮翊之陽陵，景帝始更名，似非。」

孝文格三月甲寅〔一〇〇二·五·二〕中統「三」譌「二」。志疑云漢表「丙寅」。

魏駟〔一〇〇二·五·二〕中統、游無「魏」字。

南郎孝文格一〔一〇〇二·五·三〕中統、游、王、柯無「一」字。志疑云：「此侯不得其奪侯年，『一』字當衍。」

安陽索隱安陵縣名屬馮翊〔一〇〇三·一·三〕志疑云：「漢志有四『安陽』，此在汝南，水經注卷三十可證。安陵屬扶風，惠帝所葬，豈有建爲侯國之理。」

陽周孝文格丙午〔一〇〇四·五·二〕中統、舊刻、游、王、柯並誤「丙寅」。下東城表同。

缾〔一〇〇五·一·二〕宋本「缾」，索隱本、漢書表志並同。王、柯、凌、毛作「鉼」，集韻「鉼」下注「漢侯國」，蓋傳寫異文。

孝文格侯孫單〔一〇〇五·五·二〕宋本、索隱本、匈奴傳徐廣引並作「單」，漢表同。王、凌、毛本作「鄲」。柯本此作「單」，下格作「鄲」。

弓高孝文格頹當〔一〇〇五·五·三〕漢表「隤當」。

襄成〔一〇〇六·一·二〕索隱本「襄城」，中統、游本、漢表同。

侯功格千四百三十二戶〔一〇〇六·二·一〕「二」凌譌「一」。志疑云漢表「二千戶」。

故安侯功格一千〔一〇〇六·二·二〕宋本、中統、舊刻、毛本「一」作「二」。

孝景格恭侯蔑〔一〇〇六·六·二〕毛本、吳校元板有「蔑」字。

章武侯功格萬一千八百六十九戶〔一〇〇六·二·三〕志疑云漢表「萬一千戶」。

孝景格恭侯完〔一〇〇六·六·三〕志疑云：「漢表、唐世系表『完』作『定』。」

建元格侯常坐元年〔一〇〇七·七·一〕志疑云：「漢表作『常生』。唐表云『竇少君二子，定、誼。誼生賞』。是以常生爲賞，定之弟子也。」案：「坐」字疑因下「坐謀殺人」而誤衍。

右孝文時二十九〔一〇〇七·三欄〕志疑云：「表中止二十八，脫楊丘一侯也。」案：毛本徑改爲「二十八」，誤。此行下原衍「孝景十六」四字，依志疑删。

休孝景格更封富〔一〇〇九·六·一〕宋本「封」上有「定」字，無「富」字。王本「封富」誤倒。

沈猶〔一〇〇九·一·二〕志疑云漢表「猷」，同。

索隱漢表在高苑〔一〇〇九·一·二〕志疑云：「今本漢表缺。楚元王傳晉灼曰王子侯表屬千乘高苑。」

孝景格劉穢〔一〇〇九·六·二〕志疑云漢表「薉」，同。

紅孝景格三年〔一〇一〇·六·二〕淩作「元年」，蓋涉前後諸表而誤。

四月乙巳〔一〇一〇·六·三〕志疑云：「富更封與劉禮爲楚王同時，在六月乙亥。」案：此亦涉前後諸表而誤也。三年四月壬子朔，無乙巳。

莊侯〔一〇一〇·六·三〕志疑云富謚漢表「懿」。

悼侯澄〔一〇一〇·六·三〕志疑云漢表「懷侯登」。

敬侯發集解發一作嘉〔一〇一〇·六·三〕志疑云漢表「嘉」。

莊侯富索隱休侯富免後封紅侯此則並列誤也〔一〇一一·六·一〕案：紅侯不當別出，即別出亦不當廁元年諸表閒，疑後人妄析。

魏其侯功格三百〔一〇一三·二·三〕王、柯「三」作「二」。

孝景格六月乙巳〔一〇一三·六·三〕志疑云：「辛亥朔，無乙巳。」案：疑當作「己巳」，乙己形近，又涉前表而譌。

建元格爲丞相二歲免〔一〇一三·七·三〕中統、舊刻「二」作「一」。案：本傳嬰以建元元年相，二年免，將相表同，似作「一」是。

嬌制害〔一〇一三·七·三〕王本「害」，宋本、毛本作「罪」，它本作「書」。志疑云漢傳作「嬌先帝詔害」。

棘樂建元格一十一〔一〇一三·七·一〕宋本、中統、游、王、柯皆誤并作「二十」。

俞孝景格中五年侯布薨建元格元狩六年侯賁坐爲太常云云〔一〇一三·六·二—·七·三〕今本失侯賁嗣位年，漢表中六年侯賁嗣，二十二年元狩六年免。案：自景中六年盡武元狩五年，則二十六，非二十二矣。據一本，賁以元朔二年嗣，則至元狩六年國除，與表首「十」字合。蓋孝景表「布薨」下脫「絕」字，自孝景中六年後至元朔元年嘗中絕耳。志疑云：「惟其中絕，故田蚡得邑于鄃，見河渠書。蚡卒元朔二年，仍續封賁也。」

廟犧牲〔一〇一三・七・二〕「廟」漢表作「雍」。志疑云「廟」字誤。

集解一云元朔二年侯賁元年〔一〇一三・七・二〕宋本、舊刻、王本、柯本此十二字並在表末，疑後人因表首「十」字而逆推得之，非集解文。凌本據此，遂去「一云」兩字，增入元狩六年之上，大書「十二」兩字於中。毛本又改作「元朔三年」，而大書「十一」兩字。年數皆不合，蓋以意爲之。且既中絕，不當紀年也。

建陵孝景格敬侯〔一〇一四・六・二〕志疑云漢表謚「哀」。

建平孝景格哀侯程嘉〔一〇一四・六・三〕志疑云漢表「敬侯」。案：中統「程」作「陳」，誤。

平曲索隱案漢表在高城〔一〇一五・一・二〕志疑云漢志表皆云「東海」，無「高城」文。但東海有二平曲，水經注又謂封于西平。趙氏漢表舉正曰：兩平曲，一莽曰平端，一莽曰端平。全祖望疑下「平曲」當作「曲平」，故莽改「端平」，後書萬修傳曾孫豐爲曲平亭侯，是其證。水經注豈因「曲平」而誤爲「西平」乎？

侯功格二百〔一〇一五・二・二〕中統、游「三百」。

江陽〔一〇一五・一・三〕志疑云當依景紀作「江陵」。

侯功格四十一〔一〇一五・二・三〕中統「一」作「四」，王、柯、凌作「七」。

孝景格中三年〔一〇一五・六・三〕凌本「三」，與表首「七」字合。各本作「二」，蓋誤依漢表。

建元格二〔一〇一五・七・三〕當作「一」。

十六〔一〇一五・七・三〕宋本、舊刻、毛本同，與漢表合。中統、游、王、柯連上作「二十六」，凌本「六」作「五」，並誤。（案：金陵本亦作「十五」，蓋張氏校勘時未及改正。中華本初版亦依金陵本作「十五」，再版改。）

建元三年侯明元年〔一〇一五・七・三—一〇一六・七・二〕案：漢表孝景中二年，懿侯盧嗣，八年薨。孝武建元二年，侯朋嗣，十六年薨。是盧薨於建元元年，上距孝景中二年則九年矣。史表盧以孝景中三年嗣，明以建元三年嗣，則亦九年矣。皆與盧嗣八年之數不合。蓋漢表之「中二年」，當從史作「三年」，史表之「建元三年」，當從漢作「二年」。自孝景中三年盡建元元年，盧在位之八年也。自建元二年盡元朔五年，明在位之十六年也。數目字積畫易淆，大率如此。明朋亦形近而亂。

遽侯功格戶千九百七十〔一〇一六・二・二〕中統「七」作「六」。志疑云漢表「千一百七十戶」。

孝景格四月乙巳〔一〇一六・六・二〕「乙」原譌「己」。案：此蓋與新市、商陵、山陽同日封也。四月戊寅朔，無己巳，今依後表改。志疑說同。

後二年〔一〇一六・六・二〕中統、毛本「二」譌「三」。

新市侯功格王慎〔一〇一七・二・一〕漢表「悍」，楚元世家同。

孝景格侯王康〔一〇一七・六・一〕志疑云：「漢表名棄之，史以謚作名。」案：此疑傳寫失其名，後人誤以謚屬「王」下耳。

殤侯〔一〇一七・六・一〕志疑云漢表作「煬侯」。

商陵索隱在臨淮〔一〇一七·一·三〕志疑云：「漢表無『臨淮』文，將相表及張丞相傳作『高陵』，是。百官表作『南陵』，亦譌。」

建元格二十九〔一〇一七·七·三〕志疑云當作「八」。

元鼎五年〔一〇一七·七·三〕如上梁說，則「五」當作「四」。

山陽侯功格戶千一百一十四〔一〇一八·二·一〕凌脫「四」字。

建元格集解程一作澤〔一〇一八·七·一〕志疑云漢表「擇」。

安陵建元格五〔一〇一八·七·三〕志疑云「當作『六』」。案：漢表軍封十三年薨，梁說是。

建元六年〔一〇一八·七·三〕如上梁說，則當作「元光元年」。

垣孝景格十二月丁丑〔一〇一九·六·一〕志疑云：「此下六侯封皆十二月丁丑，而是月癸卯朔，無丁丑，必『正月』之譌，故景紀言在春。」

六年〔一〇一九·六·一〕志疑云「六」上失「中」字。

遒〔一〇一九·一·三〕漢表作「遒」，水經巨馬水注同。

侯功格戶五千五百六十九〔一〇一九·二·三〕志疑云「五千」誤，漢表「千五百七十戶」。

孝景格隆彊〔一〇一九·六·三〕志疑云：「水經注十二與此同，漢表作『陸彊』，誤。」漢書雜志說同。

太初格後元年云云二十四字〔一〇一九·八·三〕此後人所續也。各本誤入建元格，今依容成表移降。「後元年」當作

「後元元年」，下放此，不復出。

甲辰〔一〇九·八·三〕凌誤「申」。（案：金陵本亦作「甲申」，中華本初版依之，再版改正。）

容成孝景格侯唯徐盧〔一〇三〇·六·一〕漢表作「攜侯徐盧」。漢書雜志云：「唯徐其姓，盧其名，『攜』乃『唯』之誤。後人誤『攜』爲謚，『徐盧』爲姓名，遂改爲『攜侯徐盧』。」案：宋本「唯」作「唯」，明是「唯」字爛文。凌本竟改作「攜」，相去益遠矣。

建元格建元元年〔一〇三〇·七·一〕中統、舊刻、游、王、柯作「二年」，蓋依漢表改，然與表首「十四」不合。

康侯綽〔一〇三〇·七·一〕志疑云漢表「纏」。

二十二〔一〇三〇·七·一〕王、柯脫「十二」兩字。

太初格十八〔一〇三〇·八·一〕當作「十七」。

後二年〔一〇三〇·八·一〕王本「二」譌「三」。

三月〔一〇三〇·八·一〕王、柯作「五月」。

易侯功格〔一〇三〇·二·三〕志疑云漢表「千一百十戶」，此缺。

孝景格僕黥〔一〇三〇·六·三〕志疑云漢表「黶」。

范陽侯功格戶千一百九十七〔一〇三〇·二·三〕宋本、舊刻、王、柯無「一」字。志疑云漢表「六千二百戶」，必誤。

孝景格端侯代〔一〇三〇·六·三〕索隱本「端」作「靖」，與漢表合。

建元格二〔一〇二〇·七·三〕志疑云當作「三」。

亞谷侯功格盧綰子〔一〇二一·二·三〕志疑云綰孫，本傳可證。

千五百戶〔一〇二一·二·三〕志疑云漢表「千戶」。

孝景格它父〔一〇二一·六·三〕志疑云：「本傳及漢表作『它之』，此作『父』，與漢傳作『人』，俱誤。景紀正義引此表作『之』。」

建元格十一〔一〇二一·七·三〕志疑云：「漢表康侯以建元五年嗣，在位七年，與史異。」

康侯偏〔一〇二一·七·三〕志疑云漢表「漏」，一本「遲」。

二十五〔一〇二一·七·三〕凌本「五」，各本誤「四」。

太初格十五〔一〇二一·八·三〕當作「十四」。

征和二年〔一〇二一·八·三〕王、柯、凌「二」譌「三」。（案：金陵本往往挖改，故同是局本，有作「征和二年」，有作「征和三年」。中華本標點時所據之局本作「三年」。札記云云，當以作「二年」爲是，再版改正。）

侯賀〔一〇二一·八·三〕中統、游本無「侯」字。

隆慮侯功格戶四千一百二十六〔一〇二二·二·二〕志疑云漢表「萬五千戶」，必誤。

孝景格中五年五月丁丑侯蟜元年集解徐廣曰案本紀乃前五年非中五年〔一〇二二·六·二〕志疑引盧學士云：「隆慮侯通中元年有罪國除，不得于未失侯前封蟜。表云元鼎元年蟜自殺，漢表云二十九年，自中五年至元鼎元年，數方合。」梁云：「紀封年雖誤，月日不誤。丁丑在丁卯後，必與乘氏、桓邑同以丁卯封。不然，何以敍隆慮于前？表作『丁丑』，非。」又云：「侯姓陳，此失。」（案：「中五年」各本均譌「中元年」，金陵本同，蓋未及剜改故也。中華本初版亦未及改正。）

蓋建元格元狩三年侯偃元年〔一〇三三·七·一〕案：漢表王信封二十五年薨，自中五年盡元狩二年，其數正合；乃中閒又書「元光三年頃侯充嗣」，則信止十三年矣。下格書「侯受嗣，元鼎五年坐酎金免」，似即以受當偃，既不著充在位年數，又失受嗣封年，而與信二十五年之數自相違異。志疑反據以詆史表，蓋未察也。

塞侯功格前將軍兵〔一〇三三·二·三〕志疑云「軍」字衍。案：漢表無。

建元格侯堅〔一〇三三·七·三〕志疑云傳作「望」，形近誤。

武安建元格侯梧〔一〇三四·七·二〕志疑云列傳及漢書表傳作「恬」。

坐衣襜褕〔一〇三四·七·二〕凌、毛「衣」誤「以」。

周陽索隱屬上郡〔一〇三四·一·三—一〇三五·一·二〕攷異云：「水經涑水又西過周陽邑南，酈元以爲田勝封國。上郡有陽周，無周陽。」

侯功格二十六〔一〇三四·二·三—一〇三五·二·二〕中統作「一十六」，游本「二十一」，王、柯「五十一」。

建元格章侯〔一〇三五·七·一〕志疑云漢表「軹侯」。

右孝景時三十一〔一〇三五·二欄〕志疑云：「表止三十人，而言『三十一』者，誤以紅休並列也。」案：此「一」字疑亦後人所增。

建元以來侯者年表第八（史記卷二十）

將卒〔一〇二七·八〕雜志云「卒」當爲「率」，率卽帥字。

太初格太初已後〔一〇二七·八·一〕志疑云「已後」二字後人增。

翕元光格三〔一〇二七·三·二〕凌譌「五」。

元朔格五〔一〇二七·四·二〕毛脱。

持裝索隱漢表作轅〔一〇二八·一·二〕據此，似漢表「持」字與史同，今本作「特轅」。

元鼎格〔一〇二八·六·二〕志疑云「當書『一』字」。案：無罪而薨者當存其年，以罪死者去之，然不盡如例，蓋亦後人竄亂。後放此，不復出。

侯樂死〔一〇二八·六·二〕志疑云當作「薨」。案：此類讀者自明，後不復出。

親陽索隱在舞陽也〔一〇二八·一·三—一〇二九·一·一〕志疑云：「『陽』當作『陰』。」漢書雜志云：「『親』與『瀙』同，說文、地理志、水經並言瀙水出南陽舞陰。」

元朔格三〔一〇二八·四·三〕各本誤入元光格，惟凌本不誤，而譌爲「五」，今正。後若陽表放此。

二年十月癸巳侯月氏元年〔一〇二八·四·三—一〇二九·四·一〕此十一字各本亦誤入元光格，惟凌本不誤。若陽表放此。

長平侯功格元朔二年〔一〇二九·二·三〕宋本、凌本「二」，它本譌「三」。

元朔格三月〔一〇二九·四·三〕凌譌「二月」。

元狩格六〔一〇二九·五·三〕毛脫。

太初元年〔一〇二九·八·三〕志疑云：「『太初』二字衍。」後放此，不復出。

平陵侯功格青擊匈奴〔一〇三〇·二·二〕「青」字毛本誤在「匈奴」下。

元朔格五〔一〇三〇·四·二〕志疑云當作「四」。

三月丙辰〔一〇三〇·四·二〕各本「三」譌「二」。案：二月無丙辰，依漢表改。

元狩格六〔一〇三〇·五·二〕志疑云衍。

元鼎格六〔一〇三〇·六·二〕志疑云衍。

六年侯建云云至國除〔一〇三〇·六·二〕志疑云：「建敗在元朔六年，此廿四字當移入元朔格。」案：梁說與漢表合，而各本並同，姑仍其舊。

岸頭侯功格將軍青〔一〇三〇·二·三〕「青」字凌脫。

元朔六年〔一〇三〇·二·三〕志疑云「六」乃「五」誤。

元朔格六月壬辰〔一〇三〇·四·三〕志疑云：「漢表五月己巳。」案：中統、游、王、柯本元朔、元狩二格皆遞上一格，誤。

平津元朔格四〔一〇三〇·四·四〕志疑云當作「二」。

三年〔一〇三〇·四·四〕當依將相表、漢百官表作「五年」，詳通鑑攷異。

元狩格侯慶〔一〇三〇·五·四〕志疑云宏傳及漢表傳作「度」。案：索隱本作「度」。

涉安元朔格一〔一〇三一·四·一〕宋本「一」，各本譌「三」。

五月〔一〇三一·四·一〕各本譌「年」，依志疑改，與漢表合。

昌武索隱表在武陽〔一〇三一·一·三〕志疑云：「此侯封於東郡之東武陽，王莽更名武昌。漢表依更名書之，故注云『武陽』，傳寫誤爲『昌武』，後人不知，據改史表。」

元朔格七月庚申〔一〇三一·四·三〕志疑云七月無庚申，必十月之誤。後襄城同。

元封格二年侯充元年〔一〇三一·七·三〕志疑云：「漢表安稽薨於元鼎六年，充國以太初元年嗣，四年薨。」

襄城索隱漢表作襄武〔一〇三一·一·一〕今本漢表亦作「襄城」，蓋誤依史改。志疑云：「襄武必隴西襄武縣，漢表謂在襄垣，乃『相垣』之誤，王莽改襄武爲相垣。」

元朔格侯無龍集解一云乘龍〔一〇三一·四·一〕索隱引漢表與此合，今本作「桀龍」。志疑云「無」「桀」並誤，蓋古「乘」字作「椉」，又作「兖」也。

太初格一〔一〇三一·八·一〕志疑云當作「二」。

二年〔一〇三一·八·一〕凌譌「三年」。

三年〔一〇三一·八·一〕「三」譌「四」，依漢表改。

南奅索隱〔一〇三一·一·二—一〇三一·一·一〕依單本增。案：王、柯本以南奅、合騎、樂安、龍頟、隨成、從平、六侯次若陽後，長平前，誤。

元朔格四月丁未〔一〇三一·四·二〕志疑云漢表「丁卯」，誤。

元鼎格十歲〔一〇三一·六·二〕志疑云「十」乃「七」誤。

太初格十三〔一〇三一·八·二〕志疑云「十」字衍。

丁卯〔一〇三一·八·二〕中統、游本誤「辛卯」。

征和二年賀子敬聲有罪國除〔一〇三一·八·二—一〇三一·八·二〕凌本「二」譌「三」。志疑云：「太和以下，後人妄續。」案：後凡類此者不再出。

南奅侯〔一〇三三·一·二〕「奅」譌「大」，今正。

作窌〔一〇三三·一·二〕原譌「峁」，依衞將軍傳改。

合騎侯功格益封〔一〇三四·二·二〕宋、中統、舊刻、游、毛本「益」作「增」。

樂安〔一〇三四·一·二〕志疑云漢表「安樂」，誤。

元朔格五年〔一〇三四·四·二〕凌脫「五」字。

四月丁未〔一〇三四·四·二〕漢表「乙巳」，此誤。志疑云：「樂安以四月乙巳封，南奅、合騎、龍頟、宜春、陰安、發干以丁未封，隨成、從平、涉軹以乙卯封。此表以南奅、合騎列樂安前，以隨成、從平、涉軹列宜春前，蓋傳寫失次。」案：據衞將軍驃騎傳，則封宜春、陰安、發干在先，迨靑固謝，乃封合騎以下七侯，漢表次序亦未合。

龍頟元封格丁卯〔一〇三四·七·三〕志疑云漢表「己卯」。

太初格十三〔一〇三四·八·三〕志疑云當作「四」。

征和二年〔一〇三四·八·三〕中統、淩本作「三年」，則與漢表及上梁說合。毛本「元年」，誤。

子長〔一〇三四·八·三〕漢表「興」。

隨成侯功格攻農吾〔一〇三五·二·二〕淩本「攻」譌「功」。志疑云漢表「辰吾」，「農」字誤。

功侯〔一〇三五·二·二〕二字王、柯誤倒。

元狩格三〔一〇三五·五·二〕志疑云當作「二」。

三年〔一〇三五·五·三〕志疑云漢表「二年」，誤。

坐謾〔一〇三五·五·三〕史詮云：「漢表無『坐』字。」案：上文已有「坐爲」云云，則此「坐」字衍。後從平表亦無。

從平元狩格上郡〔一〇三六·五·一〕志疑云漢表「上黨」，誤。

涉軹元朔格丁未〔一〇三六·四·三〕志疑云：「當作『乙卯』。」案：漢表「乙卯」。

元狩格元年〔一〇三六·五·二〕志疑云漢表元朔六年免。

宜春侯功格破右賢王功〔一〇三七·二·一〕淩譌「攻」。

陰安元朔格四月〔一〇三七·四·三〕宋本、中統、游、王、柯誤「五月」。

博望元朔格三月甲辰〔一〇三七·四·四——一〇三八·四·一〕志疑云癸丑朔，無甲辰。

侯功格絕域〔一〇三六・二・一〕凌本「域」，各本誤「國」。

元狩格畏懦〔一〇三六・五・一〕王誤「魯儒」。

冠軍元朔格四月壬申〔一〇三六・四・三〕志疑云壬午朔，無壬申。

衆利索隱表在陽城姑莫〔一〇三六・一・三—一〇三九・一・一〕志疑云：「漢表無『陽城』字，疑『城陽』之譌。晉志姑幕屬城陽郡。」

元朔格五月壬辰〔一〇三六・四・三〕五月壬子朔，無壬辰，以殷術推之，是年當閏年，前建亥，則三月癸未朔，有甲辰，四月壬子朔，有壬申，五月壬午朔，有壬辰，皆與表合。疑當時依術置閏，漸改秦制，觀後虆兒諸表書閏月可證也。

潦元狩格煖訾〔一〇三九・五・三〕志疑云漢表「煖」作「援」。

宜冠侯功格再出〔一〇三九・二・三〕二字各本倒，毛本不誤。

元狩格正月乙亥〔一〇四〇・五・一〕志疑云：「漢表『五月庚戌』，誤。」案：漢表從票五月丙戌，宜冠五月庚戌，並列煇渠二月乙丑前，蓋本作「正月」，正與五形近而譌。殷術正月壬申朔，無庚戌，而在丙戌後，疑「戊戌」之譌。史表「乙亥」，則當在從票前矣。疑本作「己亥」，後戊戌一日。

煇渠〔一〇四〇・一・三〕志疑云廣韻「渾渠侯僕多」是，「煇渠」譌。

侯功格故匈奴〔一〇四〇・二・三〕凌本有「故」字。

元鼎格侯電〔一〇四〇・六・三〕志疑云漢表、通志並名「雷電」，漢匈奴傳晉灼引表又無「電」字。

從驃〔一〇四·一·三〕漢表「票」。

元狩格五月丁丑〔一〇四·五·三〕此「五月」亦「正月」之譌。漢表在宜冠前，作「丙戌」，此在煇渠後，蓋因誤本作「五月」而移其次。丁丑在丙戌前十日，未知孰誤。

侯功格匈奴〔一〇四·三·二〕浚、毛有此二字。毛本「奴」譌「如」。

匈河〔一〇四·三·二〕王本「河」譌「何」，「匈」下衍「奴」字。柯本譌作「匈奴何」。

元封三年〔一〇四·三·二〕中統、游本「三」作「二」，與衞霍傳集解合。案：據表破奴以元鼎五年失侯，衞霍傳言失侯後二歲擊虜樓蘭王，復封，則作「二年」是。而表首「四」字當作「五」。

太初格浚稽〔一〇四·六·二〕毛本脫。

下麾〔一〇四·一·三〕衞霍傳、漢表並作「摩」。

元狩格二年六月乙亥〔一〇四·五·二〕六月無乙亥。志疑云其降在秋，安得六月已封。

呼毒尼〔一〇四·五·二〕漢表「呼」作「評」。

漯陰〔一〇四·一·三〕漢表「漯」作「濕」。

元狩格二年七月壬午〔一〇四·五·三〕志疑云：「渾邪與後順梁、河綦、常樂同封，『二年』乃『三年』之誤。然降漢在二年秋，即遲至三年，何待七月。渾邪是王，且獨先乘傳詣長安，何反後於下麾。蓋渾邪封於三年十月乙亥，下麾等封於十月壬午，漯陰當列下麾前。」案：衞霍傳亦漯陰在前，梁說近是。

煇渠〔一〇四一·一·四〕宋本、中統、柯、淩、毛並作「順梁」。毛本旁注「一作煇渠」。官本、游、王作「煇渠」。

元狩格悼侯〔一〇四二·五·一〕志疑云：「當依漢表作『愼侯』。」案：據索隱則漢表亦作「悼」。

河綦元狩格烏犂〔一〇四三·五·二〕志疑云：「傳作『禽梨』。漢表作『烏黎』，傳作『禽黎』。」

常樂元狩格稠雕〔一〇四三·五·三〕漢表同。志疑云：「傳作『銅離』，漢傳作『調雖』，徐廣作『稠離』，師古及野客叢書引漢表作『稠雎』。」案：據索隱則漢傳作「雕離」，與今本異。

太初格二〔一〇四三·八·三〕淩脫。

符離〔一〇四三·一·四〕攷異云漢表「邳離」，在朱虛。

侯功格將重會期索隱將字上屬〔一〇四四·二·一〕志疑云：「將重會期者，將輜重至軍，及期而會，傳所謂『路博德屬驃騎將軍，會與城，不失期』也，索隱謬。」

壯〔一〇四四·一·二〕志疑云：「漢作『杜』，『壯』字譌。壯侯許倩時未失國。漢表云『在重平』，則勃海重平縣鄉名。索隱言表在『東平』，誤。」

侯功格匈奴因淳王〔一〇四四·二·二〕史詮云「匈奴」字衍。

衆利侯功格右王〔一〇四四·二·三〕志疑云漢表「左王」。

手自劍合〔一〇四四·二·三〕宋本「手」作「身」。

元狩格伊卽軒〔一〇四四·五·三〕志疑云：「史漢傳作『靬』。」案：師古、小司馬並音居言反，則「軒」乃「靬」之誤。

湘成元狩格丁卯〔一○四五·五·三〕志疑云：「湘成與散、臧馬同封，漢表皆丙子，此俱丁卯，因表錯以湘成列義陽前而誤。」

元鼎格酎金〔一○四五·六·三〕王、柯脫「金」字。

散元狩格索隱匈奴水名也〔一○四六·五·一〕單本「水」譌「小」。

臧馬元狩格延年〔一○四六·五·三〕志疑云漢表「雕延年」。

瞭〔一○四七·一·三〕凌、毛譌「暸」。志疑云漢表「膫」。

龍亢〔一○四八·一·一〕漢表無「亢」字。

索隱有亢者誤也〔一○四八·一·一〕志疑云沛郡龍亢縣明載地理志，漢表誤脫。

侯功格摎世樂〔一○四八·三·一〕攷異云：「南越傳無『世』字。」案：漢表亦無。

元封格六年有罪誅國除〔一○四八·七·一〕志疑云漢表謂元鼎六年坐酎金免。

成安索隱表在郟〔一○四八·一·三〕「郟」譌「郊」，依漢表改。

元鼎格二〔一○四八·六·三〕毛譌「三」。

三月壬子〔一○四八·六·三〕志疑云與龍亢同，壬午三月無壬子。

昆元鼎格昆侯〔一○四九·六·一〕志疑云「昆」字衍。

渠復累〔一○四九·六·一〕漢表「絫」。

騏元鼎格五月壬子〔一○四九·六·二〕志疑云五月無壬子，當在六月。

梁期侯功格復累絺縵等〔一○四九·二·三〕漢表作「將軍衆絺縵等」。

元鼎格七月辛巳〔一○四九·六·三〕志疑云：「漢表『五月』，非。」案：五月戊寅朔，昆以五月戊戌封，辛巳在戊戌前十日，此在其後，非五月明矣。

牧丘太初格三年〔一○四九·八·四〕毛本「三」譌「二」。

元鼎格恪侯〔一○五○·六·一〕志疑云案傳及漢書，「恪」乃「恬」誤。

瞭〔一○五○·一·三〕舊刻「瞭」，漢表同。

將梁侯功格椎鋒〔一○五○·二·三〕宋本「椎」字，與漢表合。王、柯、凌作「推」，舊刻、毛本作「摧」，蓋椎譌爲推，因改摧耳。

元封格四年〔一○五○·七·三〕毛脫「年」字。志疑云朝鮮傳及漢書紀傳僕免侯在元封二年。

安道元鼎格揭陽令定〔一○五○·六·四〕志疑云「定」上缺「史」字。

隨桃太初格四〔一○五○·八·四〕毛脫。

湘成侯功格番禺〔一○五一·二·二〕中統、游、王、柯譌「隅」。

元鼎格居翁〔一○五一·六·二〕宋本、中統、舊刻、游本作「公」。

北石〔一○五一·一·四〕志疑云：「漢傳『卯石』，又兩粵傳一本作『印石』。宋祁曰當作『卯』。」

元封格元年〔一○五一·七·四〕毛本「元」譌「九」。

下酈侯功格西于〔一〇五二·二·一〕漢書表傳同。志疑云「西于」之譌，卽交阯。

元封格左將〔一〇五二·七·一〕凌本與漢表合。它本並有「軍」字。

黃同元年〔一〇五二·七·一〕凌本「元」字重衍。

索隱漢表云將黃同〔一〇五二·七·一〕今漢表作「左將」。

繚嫈侯功格以故校尉〔一〇五二·二·三〕志疑云劉福乃城陽共王子，初封海常，坐酎金免，當云「以故侯爲校尉」。

元封格五月乙卯〔一〇五二·七·三〕志疑云：「五月無乙卯，當作『己卯』。」案：漢表作「正月」，誤。

蘌兒元封格閏月癸卯〔一〇五三·七·一〕殷術是年五月丁卯朔，二十九日乙未夏至，下月丙申朔，十六日辛未小暑，無中氣，是閏建午，徐廣謂「閏四月」，非也。癸卯是初八日，據此可證當時已依術置閏，與衆利表書「五月」合。或疑不閏建午，則後九月亦有癸卯，安知非高后八年紀書閏月之例。案：涉都表書「元年中」在諸閏月丁卯後，則此非後九月可知。

臨蔡元封格孫都〔一〇五三·七·三〕志疑云史漢傳皆作「都稽」，漢表有「侯襄嗣，太初元年坐擊番禺奪人虜掠死」，則都薨於元封時，疑此有脫文。

東成〔一〇五三·一·四〕凌本「城」，漢表同。

元封格居服〔一〇五四·七·一〕凌譌「股」。

騠茲侯功格若苴〔一〇五五·二·四〕志疑云漢表「右苴」。

浩元封格𥳑制害〔一〇五六·七·一〕凌譌「書」。

瓡讘〔一〇五六·一·三〕毛本「瓡」作「瓠」。

元封格〔一〇五六·七·三〕凌本有「一」字，各本脱。

扜者〔一〇五六·七·三〕「扜」宋本譌「扞」，毛譌「杅」。

幾元封格張路〔一〇五七·七·三〕宋本作「長路」，舊刻「張恪」。志疑云史漢傳皆作「幾侯長」。

涅陽元封格康侯〔一〇五七·七·三〕宋本、中統、游、毛「康」譌「庚」。

子最〔一〇五七·七·三〕志疑云「子」字衍。

右太史公本表〔一〇五八·一〕志疑云：「六字褚生所改。孫侍御云史表本文必如惠表例，云右元光至太初若干人。」

當塗〔一〇五八·三·三〕此下横綫各本並脱，今依宋本。

蒲𨟙尉史〔一〇五八·三·三〕宋、中統本「𨟙」譌「園」。

潦陽〔一〇五八·一·四〕漢表「潦」作「轑」。凌本「陽」誤「陳」。

園廄嗇夫〔一〇五八·三·四〕漢表作「𨟙嗇」。

富民征和〔一〇五八·三·五〕宋本「延和」。

凡百餘歲〔一〇五九·七〕各本「百」上衍「八」字，今依舊刻。

博陸集解博陸城〔一〇五九·三·一〕毛本「陸」譌「陵」。

安陽馬何羅弟〔一〇六〇・二・二〕游譌「等」。

宜春〔一〇六一・一・六〕凌本譌「宣」。

元鳳三年〔一〇六二・二・一〕中統本「二年」。案：漢表在四年。

安平子賁代立十三年病死〔一〇六二・二・二〕九字凌脫。

陽平爲杜城門候〔一〇六二・二・四〕凌譌「侯」。

扶陽爲博士〔一〇六二・二・五〕中統、游本脫「爲」字。柯本「博」誤「將」。

魯大儒〔一〇六二・二・五〕中統、游本重衍「魯」字。

營平爲護軍都尉侍中〔一〇六三・二・二〕毛脫「侍」字。

平丘光祿〔一〇六四・二・二〕中統、王、柯「光」誤「功」。

諸侯王〔一〇六四・二・二〕毛譌「玉」。

樂成三千五百戶〔一〇六四・二・三〕宋本「三」作「二」。

冠軍後坐謀反〔一〇六四・二・四〕毛本「坐」譌「生」。

都成封侯〔一〇六六・二・四〕毛脫「封」字。

平通華陰〔一〇六六・二・五〕宋本、毛本作「陽」。

高昌短兵〔一〇六七・二・二〕中統、吳校元板作「將兵」，疑誤。

期門〔一〇六七·二·三〕毛本「期」誤「黄」。

建成會敖〔一〇六八·二·四〕宋本、王、柯，淩並譌「故」。

建元已來王子侯者年表第九（史記卷二十一）

茲元光格〔一〇七一・三・一〕此國元光、元朔二格，中統、游、王、柯皆遞下一格，誤。

劉明〔一〇七一・三・二〕索隱本出各侯名皆無「劉」字，蓋後人所增。

元朔格坐謀反殺人弃市〔一〇七一・四・二〕志疑云：「漢表『坐殺人自殺』。孫侍御疑衍『反』字。」

安成索隱表在豫章〔一〇七二・一・一〕漢書雜志云：「地理志安成屬長沙，豫章本在宜春侯下，因此條脫『長沙』二字，而豫章遂移入此條下，索隱引此已誤。」

句陵集解一作容陵〔一〇七二・一・四—一〇七三・一・一〕毛本脫此四字。志疑云容陵，漢表長沙縣。

浮丘元光格劉不審〔一〇七三・三・三〕漢表「害」。

元狩格二〔一〇七三・五・三〕游本脫。

侯霸〔一〇七三・五・三〕「侯」上衍「今」字，依志疑删。

廣戚元朔格十一月丁酉〔一〇七三・四・四〕史詮云「十月」。案：十一月無丁酉。

盱台元朔格劉象之索隱表作蒙之〔一〇七四・四・三〕志疑云水經注三十作「蒙之」。

湖孰元朔格正月〔一〇七四・四・四〕中統本作「十二月」。

丁亥〔一〇七四・四・四〕志疑云：「漢表『丁卯』，是。」案：正月無丁亥。

秩陽索隱表作秩陵〔一〇七五・一・一〕志疑云「秩陽」，誤。

睢陵〔一〇七五・一・三〕攷異云漢書十三王傳作「淮陽」。

龍丘王子號格江都易王子〔一〇七五・二・三〕志疑云漢表在張梁後，云菑川懿王子，此誤。

元朔格二年〔一〇七五・四・三〕中統本「二」誤「元」。

張梁元朔格哀侯〔一〇七五・四・四〕游脫「侯」字。

劇元鼎格孝侯〔一〇七六・六・一〕志疑云：「當爲『今侯』，後人妄改。」案：後凡類此者，不再出。

壤〔一〇七六・一・三〕志疑云漢表「懷昌」。

元鼎格元年今侯延元年〔一〇七六・六・二〕宋本、毛本作「延元六年」，誤。志疑云漢志高遂在位二年，延以元朔四年嗣。

平望王子號格懿王〔一〇七六・二・三〕毛誤「易王」。

元狩格三年〔一〇七六・五・三〕凌譌「二年」。

葛魁元狩格今侯〔一〇七七・五・一〕志疑云「今」字衍。

平酌元鼎格思侯〔一〇七七・六・三〕凌本「思」，與漢表合。各本作「忠」。

劇魁元封格三三〔一〇七七・七・四〕王、柯脫下「三」字。

元朔格劉墨〔一〇七八・四・一〕志疑云漢表「黑」。

元封格侯昭〔一〇七八・七・一〕宋本「招」，與漢表合。

平度元朔格劉衍〔一〇七八·四·三〕漢表「衍」。

宜成元朔格劉偃〔一〇六八·四·四〕宋本、凌、毛本「偃」，它本作「衍」。

臨朐索隱表在東海〔一〇七九·一·一〕漢書雜志云地理志東海無臨朐，當爲東萊。

雷〔一〇七九·一·二〕漢書雜志云：「『雷』當爲『盧』。地理志城陽國有盧縣。水經沂水注盧川水逕城陽之盧縣，漢武帝封城陽共王弟劉豨爲侯國。」

元朔格劉稀〔一〇七九·四·二〕志疑云漢表「豨」。

東莞元朔格二年〔一〇七九·四·三〕「二」譌「三」，依志疑改。

辟〔一〇七九·一·四〕漢表「辟土」。漢書雜志云：「壁辟古通，寫者誤分爲二字。水經沭水注葛陂水西南流逕辟城南，世謂之辟陽城，漢武帝元朔二年封城陽共王子劉壯爲侯國。」

索隱表在東海〔一〇七九·一·四——一〇八〇·一·一〕單本誤「陽」。

尉文王子號格趙敬肅王子〔一〇八〇·二·二〕志疑云：「趙王彭祖薨於太始四年，不應稱謚，當云趙王彭祖子，『敬肅』字後人妄增。」

元鼎格五年〔一〇八〇·六·二〕宋本誤「元年」，下又衍「五月敬」三字。毛本「五」亦誤「元」。

封斯元朔格共侯劉胡陽〔一〇八〇·四·三〕志疑云漢表「戴侯胡傷」。

太初格二二〔一〇八〇·八·三〕上「二」字王、柯譌「一」，中統、游誤「六」，皆無下「二」字。凌本下「二」譌「三」，依志疑改。

三年〔一〇八〇·八·三〕原誤「四年」，依志疑改。

楡丘元朔格劉壽福〔一〇八〇·四·四〕志疑云漢志「受福」。

襄嚵元鼎格五年〔一〇八一·六·一〕凌譌「三年」。

邯會元朔格甲午〔一〇八一·四·二〕各本譌「子」，依前後表改。

朝元鼎格三年〔一〇八一·六·三〕「三」譌「二」，依志疑改。

陰城元封格侯蒼有罪國除〔一〇八二·七·一〕志疑云漢表「蒼薨，嗣子有罪不得立」，此有脫文。

廣望〔一〇八二·一·三〕游、王、柯、凌二字誤倒。

元朔格劉安中〔一〇八二·四·二〕索隱本無「中」字。志疑云漢表及水經注十一，侯名忠，無「安」字。

新館〔一〇八二·一·四〕志疑云漢表作「薪」。下新處同。

陘城〔一〇八三·一·三〕志疑云：「漢表『陸城』。三國志貞封涿縣陸城亭侯。水經注滱水逕博陸縣故城南，即古陸城，漢武帝封劉貞爲侯國。」

房光〔一〇八四·一·三〕志疑云漢表「旁光」。

元鼎格侯殷〔一〇八四·六·二〕中統本無「侯」字。

距陽元朔格劉匄〔一〇八四·四·三〕譌「白」。志疑云漢表「匄」，今依改。

元狩格侯渡〔一〇八四·五·三〕舊刻、毛本作「度」，下格同。志疑云漢表作「淒」，恐非。

元鼎格五年侯渡有罪國除〔一〇八四·六·三〕志疑云漢表匄在位十四年，子以元鼎五年嗣。

蔞安〔一〇八四·一·四〕「安」字疑卽「蔞」之誤衍。志疑云漢表無「安」字，是。

阿武元朔格涽侯〔一〇八五·四·二〕志疑云漢表諡戴。

州鄉元封格今侯惠〔一〇八五·七·四〕志疑云：「史失思侯一代。」案：漢表節侯禁封十一年薨，元鼎二年思侯齊嗣，盡元封五年，凡十年。

成平索隱表在南皮〔一〇八五·一·五〕志疑云今本脫。

蓋胥〔一〇八六·一·二〕考證云地理志無「胥」字。

陪安〔一〇八六·一·三〕志疑云漢表「陰安」。

元鼎格秦客〔一〇八六·六·三〕志疑云漢表「泰容」。

榮簡索隱漢表作營關〔一〇八七·一·二〕單本「營」，各本作「榮」，漢表或作「縈」。

周堅〔一〇八七·一·三〕志疑云漢表「望」。

安陽元朔格劉桀〔一〇八七·四·三〕志疑云一本「棄」。漢表「桀」。

五㯫〔一〇八七·一·四〕索隱本、王、柯同。凌、毛作「五據」，漢表同。

元朔格劉臒丘〔一〇八七·四·四〕宋本「臒」作「雘」，與索隱合。古從「丹」之字或作「月」，本一字也。毛作「艧」，誤從「舟」。漢表作「臞」，音劬，又音懼。

索隱舊作𧢲音劬〔一〇八七·四·四—一〇八八·四·一〕「𧢲」蓋「臞」之譌字。

烏霍反〔一〇八八·四·一〕據此音則當作「𦡱」。

富元朔格劉襲〔一〇八八·四·二〕志疑云漢表「龍」。

陪元朔格劉明〔一〇八八·四·三〕志疑云漢表「則」。

義集解一作散〔一〇八八·一·四〕「散」乃「𢼸」字之譌。中統、游、王作「前」，蓋依漢表改，詳讀書雜志。

元朔格劉信〔一〇八八·四·四〕游本誤「遂」。

元鼎格侯信〔一〇八八·六·四〕王、柯誤倒。

平元朔格三年〔一〇八九·四·三〕毛本「三」譌「二」。

元鼎格〔一〇八九·六·三〕毛本衍「六」字，下元封格同，又太初格衍「四」字，皆因後羽表而誤。

胡母元朔格十月〔一〇八九·四·四〕漢表「三月」，誤，詳漢書雜志。

邵索隱表在山陽〔一〇九〇·一·三〕志疑云漢表無「山陽」文。

元朔格劉慎〔一〇九〇·四·三〕志疑云漢表「順」。

利昌〔一〇九〇·一·四〕漢表同。王、柯倒，與索隱本合。

索隱志屬齊郡〔一〇九〇·一·四〕案：漢書地理志無「昌」字，續漢郡國志無「利」字，此豈合爲一邪？

藺元朔格〔一〇九〇·四·五〕凌本此格有「四」字，下元朔、元鼎、元封三格有「六」字，太初格有「四」字，自此至千章六侯並同。案：各本皆無，漢表亦不詳其年世，蓋明人妄加。

劉憙〔一〇九一·四·一〕志疑云漢表作「罷軍」。

臨河索隱志屬朔方〔一〇九一·一·二〕志疑云代王子皆封西河，疑是西河臨水。

隰成〔一〇九一·一·三〕志疑云漢表誤「隰」爲「濕」。

元朔格壬戌〔一〇九一·四·三〕各本誤「壬子」。案：漢表與前後八侯同日封，凌本不誤。

臯狼〔一〇九一·一·五〕漢表「琅」。

索隱表在臨淮〔一〇九一·一·五〕志疑云在西河，漢表誤。

元朔格三年〔一〇九一·四·五〕宋本譌「二年」。

千章〔一〇九一·一·六〕志疑云：「千章，西河縣，各本皆譌『干』。漢表在平原，誤。」

元朔格劉遇〔一〇九二·四·一〕吳校金板譌「遷」。

博陽元鼎格終吉〔一〇九二·六·二〕志疑云漢表「古」。

寧陽索隱表在濟南〔一〇九二·一·三〕志疑云今本漢表無。

元朔格劉恢〔一〇九二·四·三〕志疑云漢表及水經注廿五並名恬。

瑕丘〔一〇九二·一·四〕志疑云：「水經注睢水東逕太丘縣故城北，地理志曰故敬丘也，漢武帝封魯恭王子劉政爲侯國，則史漢表作『瑕丘』，誤。」

元朔格劉貞〔一〇九三·四·一〕志疑云漢表、水經注並名政。

郁狼〔一〇九三·一·三〕志疑云漢表「根」。

元朔格劉騎〔一〇九三·四·三〕志疑云漢表「驕」。

陘城索隱漢表作陸地〔一〇九四·一·一〕志疑云：「漢表陸地在辛處，疑陘城即中山之苦陘，與新處接近，『陸地』譌。」

元朔格三月癸酉〔一〇九四·四·一〕志疑云：「漢表『乙卯』。三月無癸酉。」案：疑當作「四月癸酉」。漢表於邯平亦誤爲「三月乙卯」，蓋未足據。

邯平元朔格四月庚辰〔一〇九四·四·二〕志疑云邯平已下四侯同月封，漢表作「三月乙卯」，誤。

武始元朔格四月庚辰〔一〇九四·四·三〕志疑云漢表「甲辰」，誤，四月無甲辰。下同。

象氏元朔格節侯〔一〇九五·四·一〕游本「節」作「安」。

元封格安德〔一〇九五·七·一〕漢表「安意」。雜志云當作「悳」。

洛陵元朔格劉章〔一〇九五·四·三〕漢表「童」。

荼陵元鼎格哀侯陽〔一〇九六·六·二〕志疑云漢表「湯」。

建成索隱表在豫章〔一〇九六·一·三〕志疑云今漢表無。

元狩格六年侯拾坐不朝不敬國除〔一〇九六·五·三〕志疑云漢表元鼎二年免。

安衆元封格五〔一〇九六·七·四〕王、柯誤「二」。

山柎〔一〇九六·七·四〕志疑云漢表「柎」。

葉元朔格康侯劉嘉〔一〇九七·四·一〕志疑云漢表「平侯喜」。

元狩格六〔一〇九七·五·一〕凌本有「六」字，各本脱。

有利元朔格〔一〇九七·四·三〕中統、游本元朔、元狩二格皆遞上一格，誤。東平表同。

東平元狩格三年〔一〇九七·五·四〕「三」譌「二」，依志疑改。

運平元朔格劉訢〔一〇九八·四·一〕志疑云漢表「記」。

鈞丘元狩格執德〔一〇九八·五·四〕志疑云漢表「報德」。

廣陵元朔格常侯劉表〔一〇九九·四·三〕志疑云漢表「虒侯衺」。

臨樂元朔格敦侯〔一〇九九·四·四〕宋本「敦」作「敫」，舊刻「敬」，漢表亦作「敦」，師古曰敦字或音弋灼反，又作「敫」，古「穆」字。雜志云：「敦無弋灼反，敫亦非古『穆』字，當作『斆』。敦、敫皆周書謚法所無。斆，古『穆』字。」

東野太初格〔一一〇〇·八·一〕志疑云：「漢表戴侯章薨，侯中時嗣，太初四年薨。此脱。」

高平元朔格劉嘉〔一一〇〇·四·二〕志疑云漢表「喜」。

千鍾〔一一〇〇·一·四〕志疑云水經注以爲勃海之千童。

元朔格劉搖集解一云劉陰〔一一〇〇·四·四〕舊刻「搖」譌「拙」。志疑云：「水經注引史表是『陰』。」案：侯名疑本作「陶」，古書陶陰字往往相亂，陶搖形聲俱近，漢表作「擔」，又「搖」之譌，「拙」乃「搖」之爛文。

披陽〔二〇一·一·三〕志疑云漢表志及水經注八並作「被陽」。

元鼎格今侯隅〔二〇一·六·三〕志疑云漢表「偃」。

定元朔格敬侯劉越〔二〇一·四·三〕索隱本「敬」作「敫」。漢書雜志云「敫」之譌。志疑云水經注五作「劉成」。案：「越」疑本作「戉」，故譌爲「成」。

稻元朔格乙卯〔二〇二·四·二〕舊刻誤「丑」。

元鼎格都陽〔二〇二·六·二〕志疑云漢表「陽都」。

繁安元封格〔二〇二·七·三〕漢表元封四年，安侯守嗣。志疑云此失一代。

太初格一〔二〇二·八·三〕凌本「一」，各本譌「二」。

今侯壽〔二〇二·八·三〕志疑云漢表「壽漢」。

柳元朔格劉陽〔二〇二·四·四〕志疑云漢表「陽已」。

元封格今侯〔二〇二·七·四〕凌本有「今」字。

雲元鼎格歲發〔二〇三·六·二〕志疑云漢表「歲」作「茂」。

牟平元朔格共侯劉渫〔二〇三·四·二〕舊刻本與索隱本及漢表合，各本作「恭侯劉璪」。

柏陽元朔格二〔二〇三·四·四〕中統、游、王、柯譌「三」。

桑丘〔二〇四·一·二〕志疑云漢表「乘丘」，譌。漢書雜志說同。

元朔格十一月辛酉〔一一〇四·四·三〕志疑云：「漢表『三月癸酉』，是也。靖王九子，不應桑丘獨先。」案：此承前柏陽、鄗而誤。

樊輿元朔格劉條〔一一〇五·四·三〕志疑云漢表「脩」。

安郭元朔格劉博〔一一〇五·四·五〕志疑云侯名「傳富」，漢表、水經注可證。

夫夷元朔格三月癸酉〔一一〇六·四·三〕志疑云：「長沙王子宜皆在六月壬子，不應夫夷獨先。蓋因前中山王子並三月癸酉，故誤耳。」

舂陵元狩格〔一一〇六·五·四〕志疑云：「漢表元狩三年買薨，子熊渠嗣。此缺一代。」

都梁元鼎格〔一一〇六·六·五〕首行衍「一」字，依志疑刪。

元朔格劉遂〔一一〇七·四·二〕志疑云水經注名「定」。

元鼎格今侯係〔一一〇七·六·二〕志疑云漢表「傒」。

洮陽元朔格劉狗彘索隱漢表名將燕〔一一〇七·四·三〕志疑云：「漢表名『狩燕』。」案：此猶三代世表續記「白彘」譌爲「自燕」耳。「狩」與「狗」亦形近而譌，「將」又「狩」之譌。

元狩格五〔一一〇七·五·三〕志疑云當作「六」。

泉陵〔一一〇七·一·三〕志疑云漢表譌「泉」爲「衆」。

元朔格五年〔一一〇七·四·三〕王、柯「五」譌「三」。

劉賢〔一一〇七·四·三〕宋本、中統、游、王、柯無「劉」字，蓋妄加之偶遺者。

終弋元朔格一〔一一〇七·四·四〕凌本「一」，各本譌「二」。

四月丁丑〔一一〇七·四·四〕案：依術置閏，故四月有丁丑，又其一證。說見前表。

麥元狩格四月戊寅〔一一〇八·五·一〕志疑云：「元狩元年四月無戊寅，元鼎則有之。」又云：「麥侯已下二十五人漢表並以元鼎元年封，而覈其年數又不盡合，如雩殷侯劉澤在位六十二年，其子舞以神爵元年嗣，則是元狩元年封矣，疑莫能定。」案：漢表惟絣侯成差六年，適與元狩元年合。雩殷侯澤差七年，俞閭侯毋害差五年，猶相近。若盧水侯禹差至九年，仍不值元狩元年，年數不符，或由積畫易誤。而此二十五侯皆以元鼎元年封，漢表實不誤。史表以元鼎之年入元狩，蓋傳寫誤上一格耳。然各本皆同，而梁氏又有「疑莫能定」之說，姑識之以俟攷。

鉅合元狩格劉發〔一一〇八·五·三〕志疑云水經注「發」下有「于」字。

蕢索隱費侯音祕又扶謂反〔一一〇八·一·四〕漢書雜志云：「『蕢』當爲『蕡』，與『費』通。」案：據索隱則所見史表本作「費」，而後人依誤本漢表改爲「蕢」也。

表在琅邪〔一一〇八·一·四〕志疑云今本無。

雩殷〔一一〇九·一·一〕志疑云：「漢表『虖叚』，志作『雩叚』，此『殷』字譌。」案：索隱本出正文「雩」，下脫一字，而音爲呼加，則史本作「叚」。然宋本「殷」字避諱缺末筆，則承譌久矣。

石洛〔一一〇九·一·二〕志疑云漢表「原洛」。

扶⿰氵帚索隱漢表作挾術在琅邪⿰氵帚音浸〔二一〇九·一·三〕案：「濅」字無省作「⿰氵帚」者，疑「⿰氵帚」當爲「沭」，篆書⿰氵帚形似⿰氵帚，因以致譌。漢志琅邪郡東莞云術水至下邳入泗，「術」卽「沭」字，漢表作「術」，是也。「扶」與「挾」亦形相近，未知孰誤。

元狩格劉昆吾〔二一〇九·五·三〕志疑云漢表譌「景」。

挾〔二一〇九·一·四〕志疑云漢表「挾」，誤。

索隱或以爲琅邪被縣〔二一〇九·一·四——二一一〇·一·二〕案：漢志琅邪有祓縣，無「被縣」，字形相近而譌。據此，疑史表本作「拔」。

太初格四〔二一〇九·八·四〕宋本、王、柯、毛並脫。

元狩格侯劉霸索隱漢表名雲城陽頃王子十九人漢表二十人有挾僖侯霸疑此表脫〔二一一〇·五·一〕「城陽」以下二十二字單本在「麥侯昌」下，今依各本。其脫誤處，仍據單本改。案：此卽漢表「挾釐侯霸」也。漢表「文成」後有「校靖侯雲」，史表無之。一地不當兩封，疑各有脫誤耳。小司馬以此當「雲」，而別求「挾僖侯霸」，更不可解。

父城〔二一一〇·一·三〕志疑云漢表「文成」，是。

庸元狩格劉譚〔二一一一·五·一〕索隱本作「談」。

索隱漢表名餘〔二一一一·五·二〕中統、游本、吳校金板作「余」，與今漢表合。

彭元鼎格五年〔二一一一·六·四〕中統、游本「五」譌「三」。

元狩格劉偃索隱彭侯彊〔二一二三·五·一〕漢表作「強」，則索隱本當作「彊」，今本蓋誤。

瓡集解一作報〔二一二三·一·二〕「瓡」與「報」皆「執」之譌，詳漢書雜志。

虛水索隱虛音墟〔二一二三·一·二〕單本作「墟」，音朐，誤。

東淮〔二一二三·一·三〕「淮」乃「濰」之省，詳志疑。

栒〔二一二三·一·四〕志疑云：「漢表作『拘』，在千乘，與此作『栒』，皆譌。」索隱本作「袧」，引漢表在東海，必東海朐縣。漢書雜志云「栒」譌「拘」，栒者「朐」之借字。

索隱袧音荀表在東海〔二一二三·一·四〕案：字書無「袧」字，且字從「句」則不得音荀，疑當作「栒音荀」。漢表作「栒」。下文「與袧別也」之「袧」，亦當作「栒」。

元狩格劉買〔二一二三·五·四〕毛作「賈」。案：索隱本作「賢」，與漢表同。

涓〔二一二四·一·二〕宋本作「淯」，蓋依誤本，漢書改，然小司馬所據本已誤矣。志疑云：「水經注廿六涓水出馬耳山，北注於濰水，蓋鄉亭以水得名者。」攷異、漢書雜志說同。

陸元狩格四月戊寅〔二一二四·五·二〕志疑云：「漢表『七月辛卯』，此因上城陽支子並封於四月戊寅，故誤。」

廣饒元狩格十月辛卯〔二一二四·五·三〕志疑云：「菑川靖王子全封於七月辛卯，此俱譌『十月』。」案：元鼎元年十月有辛卯，七月無辛卯，然十月不當次四月後，疑當作「七月辛酉」，古「戼」「丣」字形相近而譌。

缾〔二一二四·一·四〕毛本「鉼」。

索隱鉼〔二一五·一·二〕中統、柯本作「鉼」。

俞閭元狩格劉不害索隱侯無害〔二一五·五·二〕志疑云漢表「毋害」。

甘井元狩格十月乙酉〔二一五·五·三〕此「十月」亦「七月」之譌，七月無乙酉。志疑以爲「己酉」，然不當次「辛酉」後，疑與菑川諸子同日。

劉元〔二一五·五·三〕志疑云漢表「光」。

襄陵〔二一五·一·四〕志疑云：「漢表『襄堤』，疑皆誤，當是信都國之高堤，信都即廣川也。」

臯虞元鼎格三〔二一六·六·二〕志疑云建在位漢表九年。

元年五月丙午〔二一六·六·二〕志疑云：「此下三侯漢表作『元封元年』，而五月無丙午。」案：此亦因前城陽、菑川、廣川諸子誤上一格，遂亦誤上一格，入元鼎格，漢表作「元封」，是也。若元鼎元年，則不當以「五月」次「七月」後。元封元年閏建午丙申朔，疑當作「閏月」。

今侯處〔二一六·六·二〕志疑云漢表「定」。

魏其元鼎格暢侯〔二一六·六·三〕志疑云漢表「煬侯」。

祝茲元鼎格劉延元〔二一六·六·四——二一七·六·一〕志疑云漢表「延年」。

漢興以來將相名臣年表第十（史記卷二十二）

大事記索隱謂誅伐〔一一九·二·一〕單本譌「代」。

將位〔一一九·四·一〕凌誤「相」。

高帝二大事格立太子〔一一九·二·三〕三字各本誤入第一格，史詮据元本屬大事記列。案：後孝文、孝景立太子廢太子，並在此格，今依元本。

三相位格三〔一一九·三·四〕毛譌「二」。

四御史大夫格汾陰〔一二〇·五·一〕索隱本「陰」，各本誤「陽」。

五大事格定陶索隱沈水〔一二〇·二·二〕單本「沈」，各本譌「沉」。案：當作「氾」。

入都關中〔一二〇·二·二〕志疑云當書大事記格，各本誤。（案：各本「入都關中」四字及索隱皆在上格，故云然。）

六大事格更命〔一二〇·二·三〕毛本「名」。

相位格張蒼〔一二〇·三·三〕索隱本「倉」，下同。

七相位格七〔一二一·三·一〕凌脫。

八大事格誅之〔一二一·二·三〕中統、游本無「之」字。

九大事格玉卮〔一二一·二·三〕凌本「杯」。

十一將位格攻代〔一二三·四·二〕中統、舊刻「代」，各本譌「伐」。

十二大事格還過沛〔一二三·二·三〕凌脫「過」字。

置長陵〔一二三·二·三〕史詮云「葬」作「置」，誤。

孝惠元大事格西北方〔一二三·二·四〕中統、游本「北方」誤倒。

三大事格蜀湔氐〔一二三·二·六〕宋本、毛本「蜀」，各本譌「濁」。

五大事格八月乙丑參卒〔一二三·二·二〕志疑云漢書紀表作「己丑」，誤。

六大事格七月〔一二三·二·三〕志疑云漢書惠紀「冬十月」，「七」字誤。

八月赦齊〔一二三·二·三〕志疑云四字疑衍。

相位格十月乙巳安國侯王陵爲右丞相十月己巳〔一二三·三·三〕志疑云十月無乙巳，當移「十月己巳」在「安國」前，而衍「十月乙巳」四字。公卿表作「己丑」亦非，是月無己丑。

七大事格張辟彊〔一二三·二·四〕凌本「疆」。

呂台〔一二三·二·四〕凌譌「部」。

己卯葬安陵〔一二三·二·四〕「己卯」誤，紀書「九月辛丑」，是。九月丁酉朔，初五日辛丑，漢書同。

高后元年相位格三〔一二三·三·五〕志疑云下方當有「一」字。

二大事格十二月〔一二四·二·三〕志疑云呂后紀及諸侯王表並是「十一月」。

御史大夫格平陽侯曹窋爲御史大夫集解一本在六年〔一一二四·五·二〕此集解文各本誤連正文，又以正文「爲御史大夫」五字錯入「一本」下，今正。志疑云：「二年、六年皆誤。公卿表謂高后四年爲御史大夫，五年免，與任敖傳合。」

八大事格後九月食其免相〔一一二五·二·二〕七字毛脫。

相位格九月丙戌〔一一二五·三·二〕紀作「壬戌」，是，說見本紀。

孝文元年相位格十一月辛巳平徙爲左丞相〔一一二五·三·三〕淩作「辛卯」。案：紀書於十月辛亥，漢百官表同。十月庚戌朔，二日辛亥，即孝文即位之日，審食其以年前後九月免左丞相，至是即遷平塡其位也，疑此文月日俱誤。

勃爲右丞相〔一一二五·三·三〕志疑云勃以八月辛未免，此失。

二大事格太原王勝〔一一二五·二·四〕當從紀作「揖」。

將位格一〔一一二五·四·四〕淩脫，柯譌「二」。

三大事格十一月壬子〔一一二六·三·一〕志疑云公卿表作「十二月」，誤，此與史漢紀合。

勃免相〔一一二六·三·一〕毛本「勃」作「敦」。

四大事格十二月乙巳〔一一二六·二·二〕志疑云十二月無乙巳，當作「己巳」。

御史大夫格申屠嘉〔一一二六·五·二〕志疑云百官表孝文四年書「御史大夫圍」，七年書「御史大夫馮敬」，十六年嘉始爲御史大夫，此誤。

九御史大夫格御史大夫敬〔一一二七·五·三〕志疑云在七年，此誤。

十三大事格戍卒令〔一一二七·二·七〕「戍令」二字毛誤倒。

十六大事格上始見渭陽五帝〔一一二八·二·三〕「始」字蔡本、中統、舊刻、毛本、吳校金板並作「郊」。案：疑當如前格倒作「始郊」。史詮說同。

後二大事格八月戊辰〔一一二八·二·五〕蔡、汪、柯作「戌」，蓋誤，依漢表改。八月無戊戌。

六大事格三萬〔一一二九·二·三〕中統、游本「三」，與史漢紀合，各本譌「二」。

七大事格其年〔一一二九·二·四〕志疑云「其月」之誤。案：二字疑衍。

孝景元年大事格立孝文皇帝廟〔一一三〇·二·二〕毛脫「孝」字。

二大事格閎〔一一三〇·二·三〕志疑云名「閼」，此誤。

淮陽〔一一三〇·二·三〕蔡、汪、凌誤「淮南」，柯誤「閎南」。

三將位格酈寄爲大將軍〔一一三〇·四·四—一一三一·四·一〕志疑云寄、布但爲將軍，誤增「大」字，又誤置寄在竇嬰上。

七相位格六月〔一一三一·三·五〕紀在二月。

後元年大事格七月乙巳日蝕〔一一三一·二·五〕案：漢書景紀書「七月乙巳晦，日有食之」，則八月丙午朔，與術合，而百官表云「七月丙午丞相舍死」，疑漢表誤。

相位格八月壬辰〔一一三一·三·五〕志疑云八月無壬辰。

二將位格六月丁丑〔一一三三·四·一〕案：六月無丁丑。

三大事格孝景崩〔一一三三·二·二〕「孝景」下當有「皇帝」二字。

孝武建元三大事格其衆〔一一三四·二·一〕凌本「衆」，各本譌「家」。

四御史大夫格青翟〔一一三四·五·二〕志疑云田蚡傳在建元二年，是。

五大事格行三分錢〔一一三四·二·三〕志疑云：「平準書半兩錢法重四銖，此言『三分』，非。」案：半兩者十二銖，四銖則三分之一，故曰「三分錢」，不誤。

集解漢書云半兩四分曰兩〔一一三四·二·三〕此有脫誤。

六大事格正月閩越王反孝景太后崩〔一一三四·二·四〕志疑云：「漢書武紀太后以五月丁亥崩，閩越反在八月，此誤。」案：疑「正」與「五」形近而譌，「閩越反」在「太后崩」下，傳寫誤倒。

元光二將位格篡單于〔一一三五·四·一〕中統、游、柯「篡」作「誘」。

三大事格決河〔一一三五·二·二〕志疑云「河決」誤倒。

四大事格蚡卒〔一一三五·二·三〕志疑云在三年。

御史大夫格歐〔一一三五·五·三〕毛本「毆」。

五大事格十月族灌夫家弃魏其侯市〔一一三五·二·四〕案：灌、竇之死在田蚡前，皆三年事，傳寫錯誤。詳志疑。

六將位格皆擊匈奴〔一一三六·四·一〕中統脫二字。

元朔元年將位格韓安國爲將屯將軍軍代明年屯漁陽（二一三六·四·三）下「軍」字柯譌「車」。志疑云：「匈奴傳及漢紀安國屯漁陽在元光六年，軍代者乃李息，是元年事，此誤。」

二將位格高闕（二一三六·四·三）官本「闕」，各本譌「關」。

三大事格敗代太守友（二一三六·二·四）志疑云「敗」乃「殺」字誤。

四大事格入定襄（二一三六·二·五）舊刻「定」，各本誤「寇」。

五大事格敗代都尉朱英（二一三六·二·六）志疑云「敗」當作「殺」。

御史大夫格（二一三六·五·六）志疑云：「百官表五年四月丁未，河東太守九江番係爲御史大夫。」

將位格太僕賀爲車騎將軍（二一三七·四·一）志疑云傳及漢書無「車」字。

六將位格左將軍（二一三七·四·三）中統本「左」作「右」。

郎中令（二一三七·四·三）毛脫「郎」字。

趙信爲前將軍（二一三七·四·三）舊刻有「前」字，各本脫。

蘇建爲右將軍（二一三七·四·三）舊刻「右」譌「左」，依傳改。各本脫。

皆屬青（二一三七·四·三）凌本三字在此，蔡本、中統、游、王、柯、毛在上文「身脫」下，皆於文義不協，蓋錯簡。

元狩二（二一三八·一·三）凌脫「二」字。

四將位格大將軍青出定襄（二一三八·四·四）志疑云：「匈奴驃騎二傳及漢書皆言霍去病出代，此脫。」

主爵〔一一三六·四·四〕「主」字中統譌「三」，游譌「王」。

五大事格園堧〔一一三九·二·一〕王本「園」誤「圈」。

元鼎五大事格八月周坐酎金自殺〔一一四〇·二·一〕八字中統本脫。志疑云漢紀及公卿表在九月。

相位格九月辛巳御史大夫石慶爲丞相〔一一四〇·三·一〕志疑云：「公卿表趙周以九月辛巳下獄死，石慶以九月丙辰爲丞相，此誤。」

六大事格十二月東越反〔一一四〇·二·二〕志疑云史漢傳在秋，此誤。

御史大夫格御史大夫式索隱卜式也〔一一四〇·五·二〕此正文及索隱各本皆脫，僅存於單本，今依雜志補。

太初二大事格正月戊申慶卒〔一一四一·二·四〕正月無戊申，漢百官表作「戊寅」，是。詳志疑。

相位格三月丁卯太僕公孫賀爲丞相〔一一四一·三·四〕百官表「閏月丁丑」，誤。志疑云是年無閏。

天漢元年〔一一四一·一·七〕志疑云：「已下皆後人所續，以漢書校之，大半乖迕，不復匡訂。」

四將位格〔一一四二·四·二〕此格文凌並誤入下格。

孝昭元鳳四相位格富春〔一一四六·三·二〕中統、柯、凌、毛「富」作「宜」。

御史大夫格楊敞〔一一四六·五·二〕毛本「楊」譌「揚」。

孝宣本始二〔一一四七·一·二〕此年表文毛錯在本始元年前。

三相位格還皆〔一一四七·三·三〕凌本誤作「遷延」。

四大事格十月〔二四七・二・四〕毛誤「二月」。

地節二將位格侍中〔二四八・四・二〕毛本「侍」譌「時」。

五鳳二相位格五月〔二五〇・三・一〕考證云「四」譌「五」。

三大事格吉卒〔二五〇・二・二〕王、柯、凌脫「吉」字。

甘露元年相位格丁未〔二五〇・三・四〕考證云「巳」譌「未」。

孝元初元二〔二五一・一・三〕毛本自此年至永光五，當爲二十一葉，自建昭元、孝成建始三，當爲二十二葉，板心互誤。

五將位格左將軍〔二五一・四・六〕中統、游本、吳校金板「左」作「右」。

孝成建始〔二五三・一・六〕毛本誤作「建元」。

三將位格爲光祿大夫右將軍〔二五三・四・八〕漢表「右」作「左」，蓋從右轉左也。此誤。

四將位格任千秋爲左將軍〔二五四・四・二〕官本左，與漢表合，蓋亦從右轉左也，各本譌右。（案：金陵本亦作「右」，中華本初版從之，再版改。）

十月己亥〔二五四・四・三〕毛本誤作「十一月」。

陽朔二將位格張忠卒〔二五五・四・二〕三字毛本脫。

御史大夫格王音〔二五五・五・三〕毛本「音」譌「章」，下年將位格同。

校刊史記集解索隱正義札記卷三　書

禮書第一（史記卷二十三）

正義朝廷〔一一五七·四〕「廷」誤「儀」，考證據史文改。

五經〔一一五七·四〕官本有「五」字，各本脫。

寵榮〔一一五七·一三〕中統本倒。

錯衡〔一一五八·一〕毛本「鏓衡」。

圭璧〔一一五八·三〕毛譌「辟」。

錯衡集解飾諸末〔一一五八·八〕各本譌「木」，吳校改，與周禮注合。

正義錯作鏓〔一一五八·九〕此正義本作「鏓」，而合刻者出之以著異文。

布裳正義按襞積素布而爲裳也〔一一五八·一五〕王脫「布」字，柯、凌脫「而」字。

或入河海正義禮壞〔一一五九·一三〕王本脫「壞」字。

依古以來正義典法〔一一六〇·六〕柯、凌本「典」作「禮」。

六國正義爲六國也〔一一六〇·一三〕官本「爲」，各本誤「謂」。

故不言七國也〔一一六〇·一三〕官本有「故」字。

故制禮義以養人之欲〔一一六一·七〕凌云一本「養人」上有「分之」二字。

疏房牀第几席〔一一六一·九〕荀子禮論作「疏房檖貌越席牀第几筵」，疑「疏房」下脫二字。

臭茝〔一一六二·一〕雜志云：「『臭』當爲『臭』，說文臭，古文以爲澤字。荀子作『睪』，同。」

前有錯衡〔一一六二·一〕中統、游本譌「行」。

韶濩〔一一六二·三〕舊刻「濩」，各本譌「護」。注同。

士出死要節〔一一六二·四〕雜志云「士」即「出」字之誤，荀子無。

越席正義蒲草〔一一六二·六〕官本「草」，各本譌「華」。

前有錯衡集解〔一一六二·九〕中統、舊刻、游、毛並有，合刻本刪。

和鸞集解立衡也〔一一六二·一一〕舊刻「立」作「在」。

正義皇偘〔一一六二·一二〕「偘」譌「品」，吳校改。

韶濩正義綏車〔一一六二·一三〕官本有「綏」字。

彌龍集解金薄〔一一六三·四〕中統、游本作「箔」。

龍首銜軛〔一一六三·四〕官本「銜」，與續漢志合。各本譌「衡」。

情勝〔一一六三·一五〕王本「性」。

必死正義好生之人〔一一六四·二〕官本有「之」字。

必危正義且見有〔一一六四·三〕官本「見有」，各本倒。

情勝正義且見利義之士〔一一六四·四〕王無「義」字，柯、凌無「利」字，官本並有。案：上注已云「且見利義之士」，疑此有誤。

養得其情性〔一一六四·四〕官本有「其性」二字。

兩失索隱易曰〔一一六四·六〕官本「易」，各本誤「詩」。（案：易兌彖辭「說以先民，民忘其勞；說以犯難，民忘其死」。詩豳風東山小序引作「說以使民，民忘其死」，蓋引易彖而小變其詞，此各本「易」誤「詩」之由來也。）

儒墨之分正義若儒等者〔一一六四·七〕官本「者」，各本誤「而」。

垂涉〔一一六四·一二〕雜志云：「當依荀子議兵篇作『垂沙』，韓詩外傳、淮南子並同。」

參是豈無堅革利兵哉〔一一六四·一三〕案：「參」當作「叄」，在上句「四」字上；「是豈」連文屬下，與下文兩「是豈」句法一例。荀子上句正作「楚分而爲三四」，此文寫「叄」作「參」，索隱釋以參驗，正義音七含反，蓋皆以「參是」連文，亦太不審矣。

險阻〔一一六四·一四〕中統、游本、吳校金板倒。

炮格〔一一六四·一四〕說見殷本紀。

刑不陖〔一二六五·一〕宋本、中統、游、毛、吳校金板並作「陖」。字類引同。說文陖，陗高也。它本作「峻」，義稍別。（案：金陵本未及剜改，仍作「峻」。）

彊固之本也正義故為彊而且堅固之本也〔一二六五·二〕官本有「之」字。

功名之總也正義總合也〔一二六五·五〕官本「總」字，各本誤「也」。

王公由之正義言由禮義也〔一二六五·六〕柯、凌有「言」字，王本脫。

莊蹻正義按括地志云〔一二六五·一四〕柯、凌有「按」字，王本無。

楚昭王徙都鄀莊蹻王滇〔一二六五·一五〕警云四字複文，疑誤衍。

汝潁正義汝水〔一二六六·一〕官本有「汝」字，各本脫。

河有灉〔一二六六·二〕柯、凌誤「山」。

汝有濆〔一二六六·二〕柯、凌「濆」，王作「墳」。

陽乾山〔一二六六·三〕「乾」下衍「江」字，依漢志、水經注刪。

東至下蔡〔一二六六·四〕「下」字柯、凌誤「更」。

江漢正義漢江〔一二六六·五〕此「江」字疑衍，或當作「水」。

鄧林集解渭河〔一二六六·六〕王本作「渭水」。案：今山海經作「河渭」。

鄢郢正義故城〔一二六六·一一〕王本作「古城」。

機變〔一一六六·一六〕毛作「幾變」。

刑措〔一一六七·三〕中統、舊刻、游、毛並作「錯」。

則民知辠矣正義則民知罪〔一一六七·八〕官本「知」，各本誤「之」。

偏亡〔一一六七·一〇〕索隱本「偏」作「徧」。

諸侯不敢懷索隱不思祀其父祖〔一一六八·五〕單本誤作「毋」。

郊疇乎天子索隱止或作疇〔一一六八·八〕「疇」當作「時」，止與時音近，疇則因時而誤也。說文時，天地五帝所基止，祭地也。是時亦有止義。

豆之先大羹〔一一六九·二〕「先」各本作「上」。雜志云：「索隱本正文及注、荀子禮論、大戴禮三本篇並作『先』，上文亦云『先大羹』。」案：此因上二句而誤，今依改。

三侑〔一一六九·三〕索隱本「侑」，與荀子合。各本作「宥」。

廢齊〔一一六九·三〕索隱本「廢」作「發」，注同，古通。

未小斂〔一一六九·四〕毛本「未」譌「末」。

麻絻〔一一六九·四〕中統、游、毛、吳校金板並作「冕」。

縣一鐘〔一一六九·五〕游本「鍾」。

尙拊膈索隱拊音撫隔〔一一七〇·一〇〕「隔」上疑脫「拊」字。

終乎稅〔一一七〇·四〕游、王譌「銳」。

情文集解古情字或假借作請〔一一七一·四〕王本「假」作「叚」。警云按注文則集解本正文作「請」。

正義乃是禮之至備也〔一一七一·四〕「乃」誤「言」，考證據荀子注改。（案：金陵本未及剜改，仍作「言」。中華本逕改正。）

入焉而望〔一一七三·三〕王本「嗛」。

恣睢〔一一七三·三〕宋本譌「眭」，毛同。

則不可欺以曲直衡誠縣〔一一七三·三〕王本脫此十字及下集解、正義。

入焉而弱正義雖有鄒子堅白同異之辯明察〔一一七三·一〇〕辯上當脫一字。

入於禮義之中〔一一七三·一〇〕王本「入」誤「之」。

自然懦弱敗壞之禮也〔一一七三·一〇〕「之禮」二字疑衍。

規矩誠錯索隱規車也〔一一七三·三〕單本「車」作「員」。案：規乃爲員之器，不可即訓員，疑「車」字不誤，今算法家作圜旋尺，亦謂規車，下文訓矩爲曲尺，其證也。

詐僞正義故陳繩曲直定懸衡輕重分錯規矩方員□〔一一七三·三〕考證云：「『方員』下闕一字。」案：今增空格。

審禮詐僞自消滅矣〔一一七三·三〕「審禮詐僞」四字考證增。

情欲省〔一一七三·一一〕荀子「欲」作「用」。

文貌情欲〔二七三·三〕宋本、毛本「欲」作「用」，與荀子合。據正義則所見本亦作「用」也。

步驟馳騁廣鶩不外是以君子之性守宮庭也〔二七三·一三〕雜志云：「『廣』當爲『厲』，本作『䮮』。說文䮮，次弟馳也。『是以』當爲『是矣』，上屬爲句。『性守』當爲『廛宇』，隸書廛字或作『壥』，形與『性』相近，廛與壇古字通。『君子』上當有『是』字。荀子禮論篇曰『步驟馳騁厲鶩不外是矣，是君子之壇宇宮庭也』。」

曲直得其次序〔二七三·一四〕雜志云：「『直』字後人所加。索隱曰『委曲得禮之序』，則本無『直』字。荀子正作『曲得其次序』。」

禮之盡也正義取荀卿禮論〔二七四·一三〕官本有「取」字，各本脫。

樂書第二（史記卷二十四）

樂書正義此於別錄〔一一七五·四〕各本作「按別錄目」。

有樂象〔一一七五·五〕各本「樂象」倒。

有賓牟賈〔一一七五·五〕各本脫「賈」字。

樂書〔一一七五·六〕各本倒。以上官本並與樂記疏合。

惟有十一篇〔一一七五·六〕各本「惟」譌「雖」，考證改。王本「一」譌「二」。

善守善終哉〔一一七五·八〕王、柯脫「哉」字。

而士奮〔一一七六·二〕王本「士」誤「自」。

封君世辟〔一一七六·一〇〕游、王「世」誤「是」。

作五章以刺時索隱按系家語所云〔一一七六·一五〕疑單本「系」下脫一「家」字，各本遂刪去「系」字「所」字。

上自朝廷〔一一七七·三〕凌有「上自」二字，各本無。

祖伊正義祖己〔一一七七·六〕官本「己」，與傳合。各本譌「乙」。

解澤不流正義言非此樂云云至名之也〔一一七七·七〕此注有脫誤，各本皆同。

肆舊〔一一七七·九〕「肆」譌「隸」，考證改。注同。

漢家〔二七八·一〕御覽十九引作「世」。

以昏時夜祠到明而終〔二七八·二〕御覽十九引作「以昏祠到明而終」，又三十引作「以昏時祠到明」，皆無「夜」字，疑衍。惟五百七十引作「夜到明」。

使僮男僮女〔二七八·二〕御覽十九引作「童子童女」。

冬歌玄冥〔二七八·三〕中統、游本誤「明」。

今安匹兮龍爲友〔二七八·九〕游、王本「爲」作「與」。

神馬集解暴利長〔二七八·一三〕王誤「常」。

跐萬里索隱亦逝〔二七九·三〕「亦」下疑脫「作」字。

噍以殺〔二七九·九〕索隱本「噍」作「焦」。案：下文正作「焦衰」。

政以壹其行〔二七九·一三〕王本「壹」作「一」。

比音而樂正義故所執有輕重異〔二八〇·九〕衞氏禮記集說引「輕重」下有「之」字。

音之所由生正義諸樂生起之所由也〔二八〇·一〇〕官本如此，各本作「諸樂生起所由之生也」，蓋有衍誤。

感於物正義言將欲明樂隨心見〔二八〇·一一〕「言」字疑衍。孔疏作「欲將明樂隨心見」。

噍以殺正義則其心哀戚哀戚在心〔二八〇·一三〕柯、凌兩「戚」字並作「慼」。

嘽以緩集解寬綽之貌〔二八〇·一五〕宋本「皃」，下同。

蠱以厲正義恚怒在心〔一二八一·二〕官本與孔疏合，各本譌「謂怒隨心」。

愼所以感正義聖人在上〔一二八一·六〕「聖人」上原衍「先王」二字，依集說引删。

制正禮以防之〔一二八一·六〕疏作「制正禮正樂以防之」，疑此脫「正樂」二字。

其極一也正義用禮教導其志〔一二八一·八〕「禮」上疏有「正」字，疑此脫。「導」字各本譌「尊」，今改。

用世樂〔一二八一·八〕「世」字疏作「正」，此誤。

用刑辟防其凶〔一二八一·九〕「凶」下疏有「姦」字，此脫。

徒感防之〔一二八一·九〕「感」字疑誤，疏無此句。

使同其一敬〔一二八一·九〕疏作「致」，此「敬」字疑譌。

其正和〔一二八一·一三〕柯本作「正」，下同。警云：「正文作『正』，故正義有『正政同也』四字。」案：錢說是也。他本作「政」，後人所改。

滤懘〔一二八一·一五〕宋本、毛本同，各本作「滤滯」。

生人心正義卽君人心也〔一二八二·三〕集說引作「君上心」，此「人」字疑誤。

與正通矣集解言八音和否隨政也〔一二八二·一〇〕「言」下各本衍「以」字，考證據禮記注删。

其臣壞正義壞故也〔一二八三·六〕疏「壞故」上重一「官」字，此脫。

其財匱正義由君賦重於〔一二八三·九〕「於」字衍，疏無。

鄭衞之音正義衞音〔二八三·一三〕各本「衞」下衍「國之」二字，官本無。

朱弦而疏越〔二八四·六〕毛脫此句并集解。

凡音者正義此樂本章第三段也〔二八四·九〕官本有「本」字，各本脫。

前第一段〔二八四·九〕凌有「投」字。

又自人心生而靜〔二八四·一〇〕警云「心」字衍。

非極音也正義非窮鐘鼓之音〔二八五·七〕「窮」集說引作「崇」，疏作「崇重」，疑此誤。

論語〔二八五·八〕官本有此二字。

非極味也正義大禮之盛〔二八五·九〕官本「大」，各本譌「夫」。

朱弦而疏越集解孔晝〔二八五·一三〕官本「晝」，與鄭注合。各本譌「盡」。

有遺音正義樂歌此先王之道〔二八五·一四〕各本「先」譌「文」，考證依集說引改。

大饗之禮正義此言禮盛不作至味之事〔二八五·一六〕「作」字集說引作「在」，疑此誤。

而俎腥魚正義凡俎〔二八六·一〕官本「凡」，各本譌「九」。

是俎〔二八六·一〕二字疑衍。

〔增〕有遺味者矣正義此者質素〔二八六·三〕各本「者」作「著」，亦誤。疏作「皆」，是，中華本據改。

於是有悖逆詐僞之心〔二八六·九〕柯本「僞」作「爲」，古通。

老幼孤寡〔二八六·一〇〕中統「幼」作「弱」。

人生而靜正義其情欲至靜稟于自然〔二八六·一四〕疏作「其靜稟於自然」，疑此衍「情欲」字。

性之頌集解今禮作欲〔二八六·一五〕案：「頌」「欲」草書相似而譌。

衰麻哭泣正義此以下〔二八七·七〕集說引作「衰麻以下」，又「衰麻」上有「言制禮樂以節於人」八字，此失。

所以正交接集解鄉飲酒〔二八七·一〇〕毛本「酒」作「禮」，誤。

禮者爲異正義是爲同也〔二八七·一五〕王脫「爲」字。

禮勝則離正義無樂〔二八八·三〕疏作「而無和樂」，疑此有脫文。

合情飾貌集解彬彬然〔二八八·四〕中統、游本作「林林然」。

好惡著正義政化行矣〔二八八·七〕「政化」上王衍「是」字。

刑禁暴正義王者爲用刑則禁制暴慢〔二八八·八〕「爲」字疑衍。「則」字疑當作「以」。

而又言舉賢者〔二八八·八〕官本「賢」，各本譌「祿」。

樂由中出正義故生此樂也〔二八八·一五〕王重「此」字，衍。

禮自外作正義爲人在外敬有未足故起此禮也〔二八八·一六〕「外」字「故」字依集說引補。

故靜正義樂和心在內〔二八九·一〕依下節正義，疑此當云「樂和人心，心在內」。

能術〔二九〇·一〕宋本、毛本「術」，下同，與字類引合。它本作「述」，蓋後人所改。

百物不失正義能生成萬物〔二九〇·六〕「生成」下各本衍「性」字，官本無。

祀天祭地正義禮與天地同節有尊卑上下報生成萬物之功〔二九〇·七〕官本與疏合，各本「生成」二字錯在「天地」下。

合敬同愛正義樂同和〔二九〇·一三〕疏作「行樂得所」，以上「行禮」句例之，當有「行」字。

異文合愛正義同以勸愛〔二九〇·一四〕疏作「無不歡愛」，疑此文誤。

名與功偕集解爲名在於其功也〔二九一·二〕記注無「於」字，疑衍。

知禮樂之情正義既能窮本知末知變〔二九一·一〇〕疏無「知末」二字，疑衍。官本無。

樂之容〔二九一·一六〕雜志云：「『容』當依樂記作『官』。鄭注官猶事也。正義亦誤作『容』，與訓不合。」

天地之序正義禮法天地之形〔二九二·三〕王本「法」譌「仲」。

必明於天地然後能興起禮樂也〔二九二·四〕王脫「明」字，柯、凌脫「起」字。

禮之質正義禮以心內中正〔二九二·一三〕疏作「內心」，此誤倒。

干戚之舞〔二九三·二〕中統、舊刻、游、毛本並作「儛」。

治定制禮正義名樂禮章〔二九三·七〕官本「樂禮」，各本皆誤倒，下並同。

三明天地應禮樂也〔二九三·八〕各本脫「地」字，考證據下文補。

〔增〕其功大者其樂備正義必由功治有小大〔二九三·九〕案：「有」上應重「功治」二字。

干戚之舞正義周武也〔一一九三·一三〕疑當作「武舞也」。

不相襲禮正義崔靈恩〔一一九四·二〕官本「恩」，各本譌「思」。

三王文質之不等〔一一九四·三〕「之」字疑衍。

故不得相襲爲禮〔一一九四·三〕「爲」下各本衍「同」字，官本無。

而禮制行正義是衆大而行〔一一九四·五〕有脫誤。

地氣上隮〔一一九四·一七—一一九五·一〕王譌「濟」，注同。

靁霆〔一一九五·一〕毛本「靁」作「雷」。

而百物化興焉〔一一九五·三〕「物」字衍，各本同。

性命不同正義所祖之物〔一一九五·七〕「所祖」疏作「行殖」，疑此誤。

天地之別正義〔一一九五·九〕此注有脫誤，集說引並同。

亦別辨宜〔一一九五·九〕集說引無「宜」字。

天氣下降正義此樂象氣〔一一九五·一三〕「此」字疑誤，疏作「在」。

故禮象形從天始也〔一一九五·一三〕「故」字疑當在「從」上。疏作「故先禮象形從天爲初」，疑亦有錯誤。

煖之以日月正義宣昭〔一一九六·一〕官本「宣」，各本誤「喧」。

天地之和正義則聖人作樂〔一一九六·三〕官本「則」，各本誤「有」。

而從天也〔二九六・三〕官本「也」，與集說引合，各本譌「地」。

極乎天〔二九六・四〕舊刻脫「乎」字。

禮云樂云〔二九六・六〕記無上「云」字。

此天地之情正義結隨禮樂得失〔二九六・一二〕「樂」字依集說引補。

著不息者索隱謂著明白〔二九七・三〕此亦襲孔疏也。「著」字當在「白」下，屬下「運生不息者」爲句。單本誤倒，各本以爲衍而删之。

君子以自強不息是〔二九七・四〕疑下脫「也」字。

正義言樂氣化〔二九七・五〕官本有「化」字，各本無。

天地之閒正義靜動而生〔二九七・六〕四字疑因下文而衍。

行綴短〔二九七・一三〕柯、凌脫「行」字。

大章〔二九七・一三〕各本「大」作「泰」，考證據正義改。

以歌南風正義名樂施〔二九七・一五〕凌本「名」，王、柯誤「明」。

前備〔二九七・一五——二九八・一〕疏作「既備」。

而孝子歌之言得父母生長〔二九八・三〕「歌之言」三字各本作「之歌也」，考證據禮記疏改。

行綴遠正義而隨功德優劣也舞位行列也〔二九八・七〕王本「德」作「得」。上「也」字疑當作「爲」。

行級短正義由君德盛〔一一九八·九〕王本「德」作「得」。

知其德正義卽知其君德薄厚也〔一一九八·一三〕官本如此。各本「其」下衍「人」字，「君」下衍「之」字，「薄厚」倒。

教者民之寒暑也〔一一九九·六〕集說引正義有「樂以氣和民心如天地寒暑以氣生化故謂樂爲民之寒暑也」二十四字，當在此文下，今本失。

事者民之風雨也〔一一九九·七〕集說引正義有「風雨之事謂之禮也禮以形教故曰事也天地之以風雨奮潤萬物猶以禮安治萬民故謂禮爲萬民之風雨也」四十三字，當在此文下，今本失。

寒暑不時正義若寒暑不時〔一一九九·一一〕各本「時」誤「得」，依集說引改。

善則行象德正義必以法治〔一二〇〇·三〕集說引「治」作「制」。

賓主百拜集解以喻多也〔一二〇〇·九〕毛本「喻」誤「到」。

所以合歡正義以特合歡適也〔一二〇〇·一〇〕柯、凌「特」，王本作「時」。

所以閉淫正義大止邪淫過失也〔一二〇〇·一四〕「大」字疑誤，依上節正義當作「本」。

禮也者報集解而禮有往來〔一二〇一·四〕各本「有」字，與記注合，毛誤「者」。

報情反始集解若舜之民樂其紹堯也〔一二〇一·一〇〕「也」字疑衍。下文「韶武」是總上兩項。

禮樂順天地之誠〔一二〇二·六〕記作「偩天地之情」。順與偩形相近，鄭注訓偩爲依象，與順義亦不遠。情誠古通用，見王氏雜志。據正義則張本作「見天地之情」。

禮別異集解同和合也〔二〇二·一三〕官本與記注合，各本脱「同」字。

禮之經正義是禮之常行也〔二〇二·一五〕柯、淩「禮」，汪本誤「理」。

禮樂順天地之誠正義是見天之情也〔二〇三·一〕「之」字考證據下文增。

則天地將爲昭焉〔二〇三·五〕宋本、毛本「昭」誤「紹」。

區萌達正義曲出曰區〔二〇三·一三〕四字考證增。

孕鬻正義獸懷孕而生育之也〔二〇四·四〕汪本「之」下衍「者」字。

不殰集解內敗曰殰〔二〇四·五〕淩本「內」，與記注合。各本及玉篇引鄭注並譌「肉」。

正義今和氣不殰殈也〔二〇四·六〕汪本「今」譌「令」。

故童者舞之〔二〇四·八〕據正義則史文「舞」作「儛」。

樂師辯乎聲詩〔二〇四·九〕宋本、中統、游、毛「辯」作「辨」，下同。

弦歌干揚集解揚鉞也〔二〇四·一三〕官本「鉞」，各本譌「越」。今禮記注疏本脱此注，詩篤公劉注有此三字。

正義黃鍾大呂之屬〔二〇四·一四〕句上下當有脱文。

謂舉楯以舞也〔二〇四·一四〕以下汪衍「爲」字。

故後主人正義習商家神禮〔二〇五·一一〕官本「禮」，各本並作「祀」。

德成而上正義謂堂上也〔二〇五·一三〕「上」字考證增。

其風移俗易〔一二〇六·三〕王氏禮記述聞云：「漢書禮樂志作『其移風易俗易』，下『易』字師古音弋豉反，後人誤以爲重複、改『移風』爲『風移』，而删上『易』字。」

聖人之所樂正義閉淫〔一二〇六·四〕王本「閉」作「閑」。

是故志微焦衰之音作〔一二〇六·七〕王、柯脫「志」字。

血氣心知正義樂言〔一二〇六·一一〕官本「樂言」。各本倒，後並同。

而民思憂正義而憂也〔一二〇七·五〕「而」字王誤「無」。

奮末廣賁集解廣大也〔一二〇七·九〕「大」下各本衍「之」字，考證删。

而民肅敬正義民應之所以肅敬也〔一二〇七·一三〕「所以」上王、柯衍「故」字，下文「慈愛」正義同。凌本無。

而民淫亂正義由隨樂而起也〔一二〇八·三〕官本「樂」，各本誤「王」。「也」字王誤「來」。

五常之行正義胡孟反〔一二〇八·一三〕官本「胡」，各本譌「故」，下同。

陰而不密正義陽氣舒散〔一二〇八·一三〕官本與集說引合，各本脫「陽」字。

縝密〔一二〇八·一四〕官本與集說引合，各本倒。

立之學等集解各用其材之差學之也〔一二〇九·四〕毛脫上「之」字。

省其文采集解省猶審習之也〔一二〇九·六〕記注無「習之」二字，蓋涉上而衍。

以繩德厚集解法其德厚也〔一二〇九·七〕宋本與記注合。各本「厚」下衍「薄」字。

類小大集解大小〔一二〇九·八〕索隱引作「小大」，與正文合，疑此誤倒。

形見於樂正義輯睦〔一二〇九·一一〕官本「輯」，各本作「緝」。

流湎〔一二〇九·一四〕中統、舊刻、游、毛、吳校金板並作「沔」。

慢易正義言無莊敬慢易也〔一二一〇·七〕「也」字疑當在「莊敬」下，「慢易」屬下「無節奏」爲句。

狹則思欲正義攻之〔一二一〇·一〇〕官本「攻之」，各本倒。

逆氣應之正義名樂象也〔一二一〇·一六〕官本「樂象」，各本誤倒。

三明邪正〔一二一一·一〕四字考證依下文正義增。

不留聰明〔一二一一·一一〕凌本「留」字與記合，正義亦作「留」。各本並作「流」，聲之誤也。毛本「不流」下有「於」字，依下文句法當有。

比類以成其行正義以成已行也〔一二一二·六〕「已」集説引作「其」。

皆由順正正義並由〔一二一二·九〕集説引作「率由」。

邪僻〔一二一二·一〇〕官本「邪」，各本誤「情」。

周旋象風雨正義是也〔一二一三·二〕柯，凌有此二字。

小大相成正義大小〔一二一三·六〕當依正文作「小大」。

謂月晦〔一二一三·六〕各本「月」譌「日」，今正。

十二月律互爲宮羽〔一二三三·六〕官本與疏合，各本脫「月」字，「互」譌「牙」，下衍「相」字。

耳目聰明正義故視聽聰明〔一二三三·一二〕各本「聽聰」倒，考證改，與集說引合。

血氣和平正義口鼻心知〔一二三三·一三〕官本「知」，與集說引合。各本誤「之」。

從正〔一二三三·一三〕集說引作「順正」。

樂得其道正義雖其人〔一二三四·二〕集說引「雖」作「因」。

有異而名通〔一二三四·二〕集說引「有異」二字不重，疑衍。

惑而不樂正義若小人在上〔一二三四·五〕王本「在」譌「有」。

忘正道〔一二三四·五〕集說引「忘」下有「於」。

不得安樂〔一二三四·六〕集說引「得」作「能」。

成其教正義內本情和志〔一二三四·九〕王本「情」譌「清」。

性之端正義皆不可僞也〔一二三四·一六〕各本作「皆可爲也」，考證據上「姦聲感人」正義改。

復亂以飭歸〔一二三五·一三〕宋本、毛本「飭」，中統、游、柯、凌作「飭」，即「飭」字之隸變。王本譌「飾」，注同。（案：金陵本亦作「飾」，蓋未及剜改也。中華本正文作「飭」，注未改，以飭飾本通也。）

奮疾而不拔也〔一二三五·一四〕記無「也」字，疑衍。

三步正義足三步也〔一二三六·一二〕官本「足」，各本譌「只」。

復亂以飭歸集解明以整歸也〔一二二六·一六〕「歸」下各本衍「德」字，考證據記注删。

正義復亂者〔一二二六·一六〕王本「復」譌「後」。

不厭其道正義並無厭干戈君臣之道〔一二二七·七〕句有脫誤。疏云「不違厭其仁義之道理也」，疑「干戈」二字即「仁義」之譌爛。

故樂也者動於內者也禮也者動於外者也〔一二二八·一—二〕集說引正義云「動謂觸也用禮樂以感動之樂治心故云動內禮檢跡故云動外」二十五字，今本失。

知禮樂之道〔一二二八·四〕「知」記作「致」。雜志云：「正義曰『極致禮樂之道』，則本作致。」

舉而錯之〔一二二八·四〕中統、舊刻、游本「錯」作「措」。

斯須去身正義樂化〔一二二八·五〕官本「化」，各本譌「此」。

舉而錯之正義引舊證〔一二二九·四〕王本「舊」譌「奮」。

故禮主其謙八句〔一二二九·六—七〕集說引正義云「威儀繁廣易生厭倦故禮之失在乎損洋洋盈耳不欲休止故樂之失在乎盈失在於損當自勉強失在於盈當自抑止」。四十六字，今本失。

以反爲文集解樂充氣志〔一二二九·一四〕毛本「志」譌「至」。

則放集解放淫於聲〔一二二九·一五〕今本記注失「於」字。

是故樂在宗廟之中九句〔一二三〇·七—八〕集說引正義云「正樂流行故隨所在而各盡其善宗廟有君臣所主在和敬鄉

里有長幼所主在和順閨門有父子所主在和親前章使親疏貴賤長幼男女之理皆形見於樂是也」，六十九字，今本失。

執其干戚〔一二三〇·一〇〕集說引正義云「雅頌是發於聲音執其干戚是形於動静」十六字，蓋是删節其文，前七字已見上節，後九字今本失。

飾喜正義故云先王以樂飾喜也〔一二三一·一三〕「先」字依史文補。（案：金陵本「先」字仍失補。）

聽古樂正義端冕謂玄冕〔一二三二·一三〕官本有「端冕」二字。

凡冕服其制正幅袂二尺二寸故稱端也〔一二三二·三—四〕王，凌「袂」譌「袂」。案：此十六字襲孔疏文也。「袂二尺二寸」下有「祛尺二寸」四字，疑今本失。

合守拊鼓正義拊音敷武反〔一二三二·一三〕「敷」譌「數」，今正。

亦奏古笙樂也〔一二三二·一四〕句有誤。

所好者音正義此第三段〔一二三三·一〇〕王，柯「段」誤「別」。

鏗鎗〔一二三三·一〇〕王本「鏘」。

敢問如何〔一二三三·一三〕宋本、中統、游、毛，吳校金板作「何如」，與記合。

疾疢〔一二三三·一四〕王、凌譌「疚」。

克順克俾〔一二三四·一〕舊刻作「比」，下句同，蓋依詩改。

趣數煩志集解音促速〔一二二五·八〕宋本無「促」字。

武之備集解謂周舞也〔一二二六·一〇〕官本「舞」，與記注合。各本誤「武」。

恐不逮事集解事伐事也〔一二二七·五〕記注「伐」作「戎」，而疏中兩云「戰事」，無「戎」字，下文「及時事也」注云「時至武事當施也」。伐、戎、武字形皆相似，疑不能定，仍之。

發揚蹈厲之已蚤正義何忽如此何也〔一二二七·九〕兩「何」字當衍其一，官本無下「何」字。

及時事正義故早爲此也〔一二二七·一二〕「此」下王衍「者」字。

有司失其傳也〔一二二八·八〕宋本無「也」字。

正義武王非有貪〔一二二八·九〕官本「非」，各本譌「伐」。

免席而請正義前所答四事五不被叩問〔一二二九·二〕「五」字疑誤或當與「四」互易。

盛振威於中國也〔一二二九·八〕「振」字衍。官本無，與記合。

建櫜〔一二二九·一四〕中統、游本譌「橐」。

太公之志正義自奮其威勇以助也〔一二三〇·九〕王本「助」下衍「之」字。

北出正義持楯向北〔一二三〇·一五〕王、柯「持」譌「時」。

滅商正義前一向北〔一二三〇·一六〕王、柯「向」譌「句」。

南國是疆正義象周太平時〔一二三一·二〕「周」字王譌「吳」，下文「分陝」正義同。

盛振威於中國也正義與大將軍夾軍而奮鐸振動士卒也〔一二三三·七〕「大將」下衍「軍」字。樂記注云「與大將夾舞者，振鐸以爲節也」。疏釋經注及引皇氏皆無「軍」字。

未及下車索隱給禮文作及〔一二三三·一五〕據此，是小司馬所見史文作「給」，今本作「及」，蓋後人依記改。

正義步卒七十二〔一二三三·一五〕官本「二」，各本譌「三」。

於祝正義平原郡〔一二三三·一七〕各本譌「郎」，考證改。

虎皮集解包干戈〔一二三三·一三〕中統、舊刻、游本「包」作「苞」，與史文合。

騶虞集解所歌爲節也〔一二三三·一六〕記注「所」下有「以」字，各本脫。

施惠之臺〔一二三五·一〇〕汪云韓子十過篇作「施夷之臺」。

今者來〔一二三五·一一〕舊刻「者」作「日」。

不可遂〔一二三五·一三〕宋本，毛本「遂」，它本作「聽」。

何道出〔一二三五·一三〕御覽六十三引作「是何道出」。雜志云：「脫『是』字則文義不明，韓子十過篇作『此奚道出』，論衡紀妖篇作『此何道出』，皆其證。」

衛靈公之時正義楚故城〔一二三五·一五〕「楚」字疑衍，或下脫「丘」字。

施惠之臺正義慶祁〔一二三六·一二〕「慶」蓋「虒」字之誤。

通流精神〔一二三六·一三〕舊刻「通流」倒。

而和正禮〔一二三六·一三〕宋本「禮」字與下而和正智「智」字互易，疑誤。

律書第三（史記卷二十五）

壹稟於六律　〔二三九·三〕索隱本「壹」作「一」。

索隱終於南事　〔二三九·七〕各本誤「南呂」，考證據續漢志改。

兵械　〔二三九·一二〕「械」疑「機」字誤，或「戎」字譌「戒」，三寫成「械」。然據索隱、正義，則唐時已誤矣。吳校本旁注「戒」字。

望敵知吉凶索隱　〔二四〇·一〕單本此注與下「聞聲效勝負」句注互誤，中統、游本、吳校金板同。王、柯、凌並脫。惟官本在此，不誤。

聲強則其衆勁　〔二四〇·二〕官本重此「聲強」二字，單本脫。

聞聲效勝負索隱　〔二四〇·四〕原錯在「聲強」句下，今移正。

此卽其類也　〔二四〇·四〕單本無「此也」二字，中統、游本、吳校金板有。

正義　〔二四〇·四〕此注全同索隱。王、柯、凌無，索隱蓋以複而删之。

推孟春以至于季冬　〔二四〇·六〕疑當作「自季冬至于孟春」。商之十二月、正月卽周之一月、二月，武王伐紂之月也。下云「音尙宮」，蓋卽泠州鳩所云，詳見國語。

音尙宮正義失士心　〔二四〇·一二〕官本「士心」二字，各本幷作「志」。

含血〔二四〇·一三〕王氏惺齋史記正譌云當作「齒」。

以殄夏亂正義歷山〔二四一·五〕官本「山」，各本譌「上」。

末喜〔二四一·五〕官本「末」，各本譌「宋」。

晉用咎犯〔二四一·七〕游本「舅犯」。

兼列邦土〔二四一·八〕宋本、毛本「土」，各本作「士」。

君辱失守〔二四一·九〕宋本「君」，與索隱本合。各本作「窘」。

誅伐〔二四一·一〇〕王、柯誤「罰」。

宿軍無用之地正義北闕〔二四二·三〕「闕」疑「邊」字之誤，下云「邊陲」，其證也。

絓禍正義絓胡卦反〔二四二·五〕「胡」各本譌「朝」，今正。

粟至十餘錢〔二四二·一五〕志疑云「粟」下或「斗」或「斛」，必有缺文。

朝鮮正義樂浪〔二四三·一〕官本「浪」。各本譌「郎」。

朕能任衣冠正義〔二四三·三〕王本脫。

自年六七十翁〔二四三·六〕宋本無「翁」字。

書曰七正二十八舍〔二四三·九〕此文與上絕不相蒙，王、柯、淩並連上，毛空一格，皆非，今改提行。（案：此就金陵本言，中華本則分段提行，不發生此類問題。）

天所以成孰萬物也〔二四三・九〕「天所」二字疑因上文而衍。

書曰七正二十八舍索隱二十八宿之所舍也〔二四三・一二〕單本此文不可通，各本遂於句上增「二十八舍卽」五字，非是。疑「二十八宿」下脫「七正」二字。

言陽氣之危垝〔二四三・一五〕雜志云「危」字因上「危垝也」而誤衍。

故該也〔二四四・二〕宋本重「該」字。

至於營室正義曰離宮閣道〔二四四・五〕官本「閣」，各本譌「闕」。

主營胎集解一作舍〔二四四・六〕中統「含」，游本「舍」。

應鍾正義應乙證反〔二四四・八〕四字王脫。

亥者該也索隱該閡於亥〔二四四・九〕中統、游、王、柯、毛同。單本作「該，閡也，於亥反」，謬甚。

尙相如胥也〔二四四・一二〕正譌云：「當是『胥如』。」案：疑「如」字衍，胥須義通。

陽氣踵黃泉而出也〔二四四・一三〕毛本句首有「言」字。

十二月也〔二四四・一六〕「也」字吳校增，各本脫。

丑〔二四五・一〕各本此下有「丑者紐也」云云十九字，蓋依正義增入。

根棋集解一作橫也〔二四五・二〕攷異云「棋」讀如「荄」；「橫」蓋「核」之譌，核亦有該音。

螾然索隱音引又音以愼反〔二四五・三〕單本出「螾然」二字，注音引，又音愼。復出「寅」字，注以愼反。蓋傳寫誤分，又誤衍「愼」字「寅」字。各本以寅無去聲，改爲「以愼反」，愈謬。今删正。

律中姑洗正義白虎通云沽者故也〔二四六·八〕柯、凌「沽」，王作「姑」。案：御覽十六引白虎通正作「沽」。又引天文訓、國語、蔡邕月令、京氏律術並作「沽洗」。餘見盧學士所校白虎通。案：沽與姑並從古，皆有故義，後人習用「姑洗」字，改爲「姑」。

辰者索隱振羨於辰〔二四六·九〕「羨」字今本漢書譌作「美」，說見雜志。

主風吹萬物而西之軫〔二四六·一〇〕雜志云「『軫』上當有『至於』二字。上云『主辟生氣而東之，至於營室』。」正譌說同。案：上下文諸宿皆有「至於」二字，此偶脫。

律中中呂〔二四六·一二〕官本「中呂」。各本作「仲呂」，與正義不合。

西至于張張者言萬物皆張也〔二四六·一三〕正譌說十二字當在「西至于七星」上。

律中中呂正義〔二四六·一五〕王脫。

未者言萬物皆成有滋味也〔二四七·九〕志疑云獨不言於十母爲戊己，缺文也。

參言萬物可參也〔二四七·一〇〕「言」上毛本有「者」字。

三分去一五十四以爲徵〔二四九·七〕舊刻「三分」上空二格，它本提行，蓋皆以意爲之。今依下生鍾分例連屬，下放此。

黃鍾長八寸七分一宮〔二四九·九〕「七」字誤，索隱本作「十」，是。然云舊本多作「七分」，則承譌久矣。

大呂長七寸五分三分一〔二四九・九〕正譌云「三分二」，「一」字誤。

太蔟長七寸七分二角〔二四九・九〕攷異云：「『七分』當作『十分』，『角』當作『商』。」正譌說同。

夾鍾長六寸一分三分一〔二四九・一〇〕正譌云「六寸七分三分一」。

姑洗長六寸七分四羽〔二四九・一〇〕正譌云「十分四」。案：「羽」當作「角」。

仲呂長五寸九分三分二徵〔二四九・一〇〕正譌云「徵」字衍。

蕤賓長五寸六分三分一〔二四九・一一〕正譌云「一」當作「二」。

林鍾長五寸七分四角〔二四九・一一〕正譌云「十分四」。案：「角」當作「徵」。

夷則長五寸四分三分二商〔二四九・一二〕正譌云「四分」字「商」字皆衍。

南呂長四寸七分八徵〔二四九・一三〕正譌云「十分八」。案：「徵」當作「羽」。

無射長四寸四分三分二應鍾長四寸二分三分二羽〔二四九・一三〕正譌云：「『羽』字衍。」案：黃鍾爲宮，則林鍾徵，太蔟商，南呂羽，姑洗角，自古無異說。其各律寸分，正與上五音分數合。後文云「音始於宮，窮於角」，則知五音相生，次序亦以宮、徵、商、羽、角爲次。疑史文十二律原本圓圖，特據黃鍾一均五聲注於律分下，後改直行，轉寫錯亂，遂不可究詰。晉志詆史遷言五音相生，以宮生角，角生商，商生徵，徵生羽，羽生宮，求其理用，罔見通塗，則當時已瞀亂。而太蔟爲商，似尙未誤，今又誤爲角矣。又以「羽生宮」句推之，則其本應鍾下當有「宮」字，今作「羽」。蕤賓下當有「角」字，今脫。大呂下當有「商」字，據索隱似所見本尙存，而所出正文已脫。夷則下當有「徵」字，今作

「商」。夾鍾下當有「羽」字，無射下當有「宮」字，今皆脫。仲呂下當有「角」字，今作「徵」。蓋又非當時所見本矣。小司馬於大呂注「土生金」，於姑洗注「金生水」，於林鍾注「水生木」，所謂郢書燕說耳。

丑三分二索隱林鍾丑衝〔二五〇·一三〕各本譌「衡」，依正譌改。下節索隱「南呂爲卯衝」同。

寅九分八正義又參之於卯〔二五〇·一六〕自卯至亥諸「之」字王本皆脫。

卯二十七分十六索隱餘三分之一〔二五一·六〕「餘」譌「縣」，今正。

生黃鍾術曰〔二五一·八〕索隱出正文無「生」字，各本以「術曰」另提行，皆誤，今正。案：正譌謂「黃」字衍，似矣；乃并删「曰」字，則非。生鍾術曰者，正承上生鍾分而解之。

羽七角六宮五徵九〔二五一·九〕正譌云：「當云『角七，徵六，羽五』。若以律數誤文爲據，亦當云『羽七，角六，徵五』。『宮』字誤。『徵九』二字衍。」

置一而九三之以爲法〔二五一·九〕攷異云此下當云「十一三之以爲實」，傳寫失之。

生黃鍾術曰索隱黃鍾生太蔟〔二五一·一三〕「生」當作「至」。

〔增〕得長一寸索隱得下有長一寸者〔二五二·一〇〕中華本據黃善夫本，「一」下增「下有」二字。

神生於無形〔二五二·一三〕正譌以「神生於無」句，「形」字屬下，是。

成於有形〔二五二·一三〕此「形」字亦當依正譌屬下，作「形然後數」爲句。

形而成聲〔二五二·一三〕形然後數，形而成聲，謂形而後有數，有形而後成聲也。正義以「然後數形而成聲」爲句，非。

形理如類有可類〔一二五二·一三〕七字不可解，當有脱誤。

或未形而未類〔一二五二·一四〕正譌云二「未」字皆當作「異」。

聖人知天地識之别〔一二五二·一四〕正譌云「『識』字衍」。案：此下多脱誤，正譌雖強爲之解，未敢信也。

非有聖心〔一二五二·一六〕官本、明監本「有」字與上正義引合，它本誤「其」。

孰能存天地之神〔一二五二·一六〕凌本「存」與上正義引合，它本並作「在」。

物受之而不能知及其去來〔一二五二·一六—一二五三·一〕正譌云「及」字衍。

神生於無形正義無形爲太易氣〔一二五三·二〕「易」字各本譌「陽」，今正。列子云「太易者，未見氣也」。又見下文正義。（案：各本正義均繫「形」字下，下文正義同。中華本以「神生於無」爲句，故移正義於「無」字下。下文正義亦移於「形成於有」下。）

道者明矣正義孰能存天地之神〔一二五三·九〕官本「地」字與下正文合，各本誤「下」。

太史公曰〔一二五三·一四〕舊刻連上。

故旋璣玉衡以齊七政〔一二五三·一四〕正譌云「故」字譌，當從倘書作「在」。

建律運曆造日度〔一二五三·一五〕疑有脱文。（案：中華本「曰」字依殿本作「日」。金陵本初印本亦作「日」，張氏以硃筆改「日」爲「曰」，而於書眉批注云：「各本作『曰』，惟官本作『日』。疑『造』字衍，『曰』字不誤。」）

二十八宿正義〔一二五四·一〕王本脱。

一百二十八宿星也〔三五四·二〕句有誤，疑當云「一百六十一星也」。

十母正義〔三五四·三〕王本但有「十干」二字，柯、凌但有「甲乙」十字，官本皆有。

十二子正義〔三五四·四〕王本但有「十二支」三字，柯、凌但有「子丑」十二字，官本皆有。

曆書第四（史記卷二十六）

百草奮興〔一二五五·三〕大戴記作「權輿」。

秭鳺〔一二五五·三〕中統、毛本「鳺」，它本作「鴂」。

撫十二節〔一二五五·四〕據上索隱引，則「節」上有「月」字，與大戴記合，今本脫。

又不由人〔一二五五·六〕索隱本「又」作「亦」。雜志云：「大戴禮作『下』，即『亦』字之譌。」

作於孟春索隱今按此文至於十二月節皆出大戴禮〔一二五五·九〕注「於」字當作「撫」。案：此篇自首至「凡事易壞而難成矣」皆大戴記文，不止至「撫十二節」句，注有誤。

秭鳺集解秭音姊鳺音規〔一二五五·一〇〕案：據索隱，則所見本脫誤作「秭音規」，此乃後人依小司馬改。

子鳺鳥也一名鷤鳺〔一二五五·一〇〕索隱本出注文作「秭鳺鳥一名鷤鳺」。

太史公曰〔一二五六·八〕正譌說此四字當屬「王者易姓受命」句上。案：此文各本提行，今依志疑連上。（案：此就金陵本言。中華本各篇分段提行，與舊本異。）

蓋黃帝〔一二五六·八〕宋本、毛本「黃」，各本誤「皇」。

正閏餘正義八十一分日之四十三〔一二五六·一四〕官本「三」，各本譌「八」。

小月六日〔一二五六·一五〕各本譌作「小月大月」，依漢志師古注改。「小月」上當有「又除」二字。

攝提無紀曆數失序〔一二五七·一五—一六〕索隱本止出「攝提失方」四字，與漢志合。此疑皆後人竄改。

使復典之〔一二五七·一六〕中統、游本、吳校金板「典」作「興」。

歸邪〔一二五九·二〕宋本、中統、游、王、柯、毛並注「音餘」二字，複衍。凌本無。

疇人集解傳之疇官〔一二五九·五〕宋本、中統本「傳」，它本譌「傅」。

於終集解邪餘分也〔一二五九·一一〕官本「邪」，各本誤「餘」。

而散消息之分〔一二五九·一三〕「散」字「分」字疑有誤。

而亦因〔一二五九·一三〕三字疑涉下文「而亦頗推五勝」句而衍，删之則與上文氣直接。或疑有缺文，非也。

漢得土德〔一二六〇·五〕凌本「得」，宋本、游、王、柯、毛並譌「德」。

宜更元改正朔〔一二六〇·五〕舊刻「元改」倒誤。

張蒼亦學律曆〔一二六〇·六〕正譌云前有「明習曆」句，此複出，蓋後人注。

朕唯未能循明也〔一二六〇·一二〕正譌云「循」當從漢志作「脩」。

紬績日分〔一二六〇·一三〕中統、游、王、柯「績」作「續」。

名復正變〔一二六〇·一四〕正譌云：「『變』字衍。」案：宋本無「復正」二字，此句當有誤。

以至子日當冬至〔一二六〇·一四〕上「至」字疑亦當作「正」，「日」當作「月」，下云「十一月朔日冬至」是也。

建氣物分數集解分爲五行也〔一二六一·九〕毛本有「分」字，各本無。

紬績日分索隱若女工〔一二六一·三〕單本脱「工」字。

水德之勝集解土勝水〔一二六一·四〕游本作「勝水德」。

今日順夏至索隱按夏至謂夏至冬至〔一二六一·五〕案：日順夏至，語不可解。下「黄鍾爲宫」是冬至，律曆起冬至，古今不變，未有起夏至者，疑「至」乃「正」字之譌，即上文所謂「然後日辰之度與夏正同」也。小司馬見本已誤，故强爲之解。

其更以七年爲太初元年索隱故以七年〔一二六一·六〕單本脱「七」字。

四千六百一十七歲〔一二六一·七〕「四」下原衍「年」字，考證據漢志删。

年名焉逢攝提格索隱寅名攝提格〔一二六二·三〕單本「提」下衍「攝」。

月名畢聚集解〔一二六二·六〕語見自序，與正文無涉，漢書無此注，蓋傳寫誤衍。

索隱日月若連珠〔一二六二·七〕「日月」下正譌補「若合璧五星」五字。

雌在訾訾則娵訾之宿〔一二六二·八〕上二「訾」字疑皆當作「觜」。

曆術甲子篇〔一二六二·九〕志疑云此乃當時曆家之書，後人謬附增入「太初」等號年數，其所説仍古四分之法，非鄧平、落下閎更定之太初曆也。

日得甲子索隱朔旦〔一二六二·一五〕單本脱「朔」字。

正北〔一二六三·一〕此文屬上冬至，毛本提行低二格，非。（案：此就金陵本言。中華本亦照金陵本格式排。）

索隱卯年在酉〔二六三·三〕官本「卯」，各本誤「辰」。

章首〔二六三·三〕單本「章」譌「蔀」。

正義順行四時仲〔二六三·四〕「時」字衍。

所至爲正月一日〔二六三·四〕「正」上疑當有「天」字。

十二〔二六三·六〕王、柯、凌並屬上，毛本又於「正北」下空一格書之，亦非。今改提行，與後文一例。

焉逢攝提格太初元年〔二六三·一四〕此題上事也。雜志云：「當作『端蒙單閼』，下文當以次更正。」案：如王說題年在前，於文爲順，然相承已久，姑仍其舊。

十二〔二六四·一〕此兩字是題後年，各本屬上行，誤，今改提行。後放此，不復出。

小餘三百四十八索隱九百四十分日之四百九十九〔二六四·五〕「九百」二字正譌補，吳校同，與續漢志合。

故云小餘者月也〔二六四·六〕「云」上當有「下」字。

正義即歸上成五十五日矣〔二六四·七〕下「五」字今補。

大餘五十四者〔二六四·七〕「者」原誤「日」，吳校改。

猶餘五十四日〔二六四·七〕凌本「餘」，王、柯譌「除」。

故稱大餘五十四也〔二六四·八〕「也」字吳校補。

更餘分三百四十八〔二六四·八〕凌本「餘」，王、柯譌「除」。

是月朔甲子日法〔一二六四・九〕「法」原譌「朔」，吳校改。

每六十日除之〔一二六四・九〕「除」字吳校增。

此是太初元年〔一二六四・一〇〕「此」字吳校增。

置大餘五十四算〔一二六四・一〇〕此以下至「如上法也」百四十九字原錯在上文「日得甲子」下，今移正。

加二十九算〔一二六四・一一〕「九」原譌「二」，吳校改。

每年加三百四十八分〔一二六四・一三〕「四十」字吳校增。

滿九百四十分〔一二六四・一三〕「四十」下原衍「八」字，吳校刪。

奇留之〔一二六四・一三〕「奇」下疑脫「算」字。

大餘五正義冬至甲子日法也〔一二六四・一七〕「日」原譌「月」，吳校改。

小餘八正義猶餘五日〔一二六五・四〕「餘」原譌「除」，吳校改。

故稱大餘五日也〔一二六五・四〕「日」字當衍，吳校刪。

八也此大小餘〔一二六五・五〕此六字吳校增。

每六十日除之〔一二六五・五〕凌本「除」，王、柯譌「餘」。

置大餘五算〔一二六五・六〕此以下至「奇分也」六十九字原錯在「朔旦冬至」下，今移正。

每年加五算〔一二六五・六〕「每年」二字吳校增。「算」誤「日」，吳校改。

滿三十二分爲一日〔一二六五·七〕凌本「日」，王、柯譌「百」。

更置八算〔一二六五·七〕官本「算」，各本誤「分」。

大餘者日也〔一二六五·七〕王本「大」誤「小」，「者」誤「有」。

端蒙單閼二年〔一二六五·九〕索隱、正義於每年下注年數，是所見本本文無年數也。今有者，蓋又後人所增。盧氏抱經、錢氏溉亭說同。

小餘六百九十六〔一二六五·一三〕中統、舊刻、吳校金板「六」誤「三」。案：此後每歲天正氣朔大小餘各本有脫誤者，難以標舉，徑依術推改，不復出。

彊梧大荒落〔一二六六·四〕宋本、毛本「荒」作「芒」。索隱本作「大荒駱」。

祝犂協洽索隱汁洽〔一二六六·一五〕單本「汁」譌「計」，依雜志改。

商橫涒灘〔一二六七·四〕索隱本此文作「商橫赤奮若」，而太始四年作「端蒙汭漢」，蓋小司馬所見本互誤，致與天官書及爾雅釋天違異。張守節與小司馬同時，而所據本作「涒灘」，則知「赤奮若」之誤矣。或乃疑爲改曆之殊稱，是果於信誤本也。今各本皆作「涒灘」，惟毛本與索隱合。

昭陽作鄂〔一二六七·一一〕毛本「鄂」，與索隱合。各本作「噩」。

橫艾淹茂〔一二六八·一〕毛本「淹」作「閹」。

正義太始元年〔一二六八·二〕官本有「太始」二字。

尚章大淵獻 〔一二六八·六〕 索隱本此文「大淵獻」與下年「困敦」互易，蓋亦誤本也。宋本已下皆與今同，疑經後人改正。惟毛本與索隱合。其獨承舊本之誤與？抑又依索隱回改也？

焉逢困敦 〔一二六八·一一〕「困敦」毛作「大淵獻」，與單本索隱合，說見上。

端蒙赤奮若 〔一二六九·三〕「赤奮若」毛作「汭漢」，與索隱合，說見上。

游兆集解作游桃 〔一二六九·九〕「作」上疑脫「一」字。案：「游兆」已見太初三年，疑錯簡。

攝提格正義 〔一二六九·一〇〕此釋攝提格義，亦當在前，錯簡在此。後凡類此者不復出。

格起也 〔一二六九·一〇〕「格」字汪校增。

故云格正也 〔一二六九·一一〕此「格」字亦當重。

彊梧單閼二年 〔一二六九·一五〕「二」各本譌「三」，今正。

正義李巡云 〔一二七〇·一〕「李巡」下原衍「注」字，官本無。

祝犂大芒落集解 〔一二七〇·一一〕宋本、毛本作「大荒落」，無集解，疑後人旁增。後放此。

商橫敦牂正義爾雅云 〔一二七一·一〕「爾雅」上當脫「孫炎注」三字。

昭陽汁洽集解 〔一二七一·六〕宋本、毛本作「協洽」，無集解。

橫艾涒灘正義孫炎注爾雅云 〔一二七一·一一〕「注」下原衍「云」，吳校刪。

正西 〔一二七一·一三〕二字各本誤入上年。今案：曆起年前天正冬至，此乃甲子蔀第二章首，前蔀首焉逢攝提格「正北」二字亦是年前天正冬至也，此文宜屬倘章作噩，今提行以別之。後放此。

倘章作噩正義萬物皆落枝起之貌也〔一二七二·二〕天官書索隱作「皆物芒枝起之貌」，未知孰誤。

焉逢淹茂集解〔一二七二·七〕宋本、毛本「淹」作「閹」，無集解。

〔增〕**正義蔽冒也**〔一二七二·七〕爾雅義疏引占經李巡云「閹，蔽也。茂，冒也」。天官書下「閹茂歲」，索隱引同，今依增。

端蒙大淵獻〔一二七二·一一〕宋本、中統、游、王、柯、毛各本「大淵獻」三字並與下年「困敦」互易，蓋改之未盡者。凌本不誤。

正義〔一二七二·一三〕王、柯本亦與下年互易。凌本不誤。

彊梧赤奮若正義赤陽色〔一二七三·七〕「赤」字今補。

閏十三〔一二七三·八〕元鳳元年有閏也。中統、游本「三」譌「二」。

祝犂大荒落四年〔一二八七·七〕此甲子蔀終之年也。正譌於此下復增本年氣朔，贅矣。

小餘者月也〔一二八七·八〕攷異云：「『月』當作『時』。」案：疑當作「分」，前文索隱引已誤，下正義云「小餘又非是」，蓋亦疑之。

端旃蒙者〔一二八七·八〕雜志云爾雅「端蒙」，後人旁記「旃」字，遂誤入正文。

冬至加子時〔一二八七·九〕各本皆注文，正譌改大字，今從之。下放此。

正義〔一二八七·一二〕此文三十九字各本錯在征和元年「冬至大小餘」下，依正譌移此。

天官書第五（史記卷二十七）

索隱案天文有五官〔一二八九・三〕據此，則小司馬所見史本中東西南北並作「官」字，尚未誤也。

中宮索隱官之爲言宣也〔一二八九・一〇〕考異云：「此中宮、東宮、南宮、西宮、北宮五『宮』字皆當作『官』，下文云『此天之五官坐位也』，可證史文皆作『官』。索隱引元命包『官之言宣』，古人取音義相協，展轉互訓，俗本亦譌作『宮』，由不知古音。」案：錢說至確。司馬相如列傳大人賦正義引此文正作「中官天極星」，則張所見本與小司馬同。今索隱依改，而正文習非成是，各本相同，姑仍之。

旁三星三公正義占以徙爲不吉〔一二九〇・三—四〕各本「徙」譌「從」。考證據宋史天文志、文獻通考改。

或曰天一正義彊閶闔外〔一二九一・一〕「彊」字疑誤。

天棓索隱音皮〔一二九一・五〕棓無皮音，疑當作「皮項反」，脫兩字。

正義棓龐掌反〔一二九一・六〕「掌」字誤，後文作「蒲講反」，是也。

閣道正義營室七星〔一二九一・九〕考證云營室止二星，此「七」字誤。

旋璣〔一二九一・一三〕據索隱，則所見本作「機」，今單本亦作「璣」，蓋後人所改。

北斗七星索隱斗第一天樞〔一二九一・一六〕「天樞」與御覽五引運斗樞合。單本誤作「魁」。

以齊七政索隱第一曰正日第二曰主月法〔一二九二・六〕各本並作「第一曰主日法天，第二曰主月法地」，與單本異。案：晉志引石氏云「第一曰正星，二曰法星」，又「一主天，二主地」，疑此注有脫字。

三曰命火謂熒惑也〔二九二·六〕此以下五「謂」字皆不可通，疑「法」字之誤。下文集解引孟康曰「傳曰斗第七星法太白」，又曰「斗第一星法於日」，是其證也。

剽金〔二九二·七〕單本「剽」，各本作「罰」。

魁枕參首正義斗衡直當北之魁〔二九二·一三〕案：「魁枕參首」四字爲句，與上「杓衡」一例。正義此文似誤以「衡殷南斗魁」五字爲句。

一曰天機〔二九二·一四〕官本有「一曰」二字，與晉志合。

北曰左肩主左將西北曰右肩主右將東南曰左足〔二九二·一六〕此二十字各本並錯在「故軒轅氏占參」下，「左將」「右將」下並衍「軍」字。官本與晉志合。

主後將西南曰右足主偏將故軒轅氏占參〔二九二·一六〕此十七字各本並錯在上文「三將軍東」下，「後將」「偏將」下並衍「軍」字，「參」字誤作「之以」二字。官本與晉志合。

主天下兵振〔二九三·一〕官本與晉志合。各本「主」字錯在「天下」下。

芒角張王道缺〔二九三·一〕官本與晉志合。各本「芒角張」三字錯在「明與參等」上。

參芒角動搖〔二九三·一〕官本與晉志合。各本脫「參芒角」三字。

杓自華以西南集解法太白主〔二九三·四〕「主」下有脫字。

衡殷中州河濟之閒正義黃河濟水〔一二九三·八〕官本「濟」，各本譌「淸」。

魁海岱以東北也集解首陽也〔一二九三·九〕宋本無此「首」字。

正義代郡也〔一二九三·一〇〕考證云代郡與海岱絕遠，「代」字誤。

在斗魁中〔一二九三·一四〕雜志云「斗」字衍，索隱本無，漢志亦無。

魁下六星兩兩相比者名曰三能〔一二九三·一四〕雜志云：「『名』字後人所加，御覽天部引無，漢志同。」案：索隱本幷無「者」字。

明近正義小而不明〔一二九四·一一〕官本有「不」字，各本脫。

排賢用佞〔一二九四·一三〕各本「排用」互易，官本不誤。

賤人之牢正義故爲賤人牢也〔一二九五·八〕凌本「故」，王、柯誤作「也」。

牢口〔一二九五·八〕二字官本與晉志合，各本作「且」字。

視其小大〔一二九五·一一〕官本「視」，各本譌「見」。

東宮蒼龍〔一二九五·一四〕凌本提行，非。（案：此就金陵本言，金陵本不提行。中華本分段提行，與舊本均不同。）

房爲府〔一二九五·一五〕志疑云：「索隱及御覽五並作『天府』。」案：漢志亦有「天」字。

曰犫正義占不居其所〔一二九六·一四〕各本「占」下衍「一反」二字，官本無。

天市正義在房心東北〔一二九六·一七〕官本有「在」字，各本脫。

南門正義南門二星〔二九七·一五〕柯本「二」譌「三」。

氐爲天根正義路寢〔二九七·一六〕官本「路」，各本譌「露」。

主疫正義氐房心三宿爲火〔二九八·三〕官本「火」。各本譌「災」，疑誤合「大火」二字。

尾爲九子正義尾爲析木之津〔二九八·六〕「尾」字當衍。

第一星爲后〔二九八·六〕各本下衍「妃」字，官本無。

次三星妃〔二九八·六—七〕官本「妃」，各本誤作「並爲」二字。案：晉志作「夫人」。

次三星嬪〔二九八·七〕官本有「星」字，各本脫。

末二星妾〔二九八·七〕各本「妾」上有「爲」字，官本無。

則後宮敍〔二九八·七〕王本「敍」譌「欽」。

曰口舌索隱謂有敖客行謁請之也〔二九八·一三〕單本「之」字疑衍，各本並作「謂爲敖客行請謁也」。

蔚然〔二九九·三〕漢志作「哀烏」，與徐廣引一本合。晉志作「依烏」。漢書雜志云：「『烏』疑當作『焉』。哀焉猶依然，依然猶蔚然也。蔚依皆衆盛之貌。」

皆羣下從謀也〔二九九·四〕「羣下」下漢志有「不」字，疑即「下」字衍誤。

權衡正義太微之庭也〔二九九·一〇〕官本「微」，各本誤「尾」。

匡衞十二星正義南藩中二星閒爲端門〔二九九·一三〕案：晉志此文與開元占經引黃帝占合。此注有同有異，又有錯亂，不知所本，悉仍其舊。

門內六星正義在東井北河〔一三〇〇·五〕「河」字衍，晉志無。（案：東井有北河，其旁亦有五諸侯。）

主刺舉〔一三〇〇·五〕官本「刺」，與晉志合。各本譌「判」。

理陰陽〔一三〇〇·五〕官本、凌本有「陰」字，與晉志合。王、柯脫。

五帝坐正義中坐成形〔一三〇〇·一二〕晉志「刑」。

曰郎位正義郎位十五星〔一三〇〇·一三〕官本「十五星」，各本脫「十」字。（案：中華本初版脫「五」字，再版改正。）

光潤有常〔一三〇〇·一四〕各本「常」誤「之」，考證據星經改。

少微正義在太微西〔一三〇一·一〇〕「西」字考證據星經改，與晉志合。（案：此段正義注中華本初版標點有誤，應作「少微四星，在太微西，南北列：第一星，處士也；第二星，議士也；第三星，博士也；第四星，大夫也」。再版改正。）

軒轅正義黃龍之體〔一三〇一·一三〕王本「體」誤「神」。

激爲雷電〔一三〇一·一三〕御覽六引大象列星圖作「激爲雷震爲電」。

二十四變〔一三〇一·一四〕御覽引大象列星圖作「十四變」，然數皆不合。

次北一星夫人也〔一三〇一·一四〕官本有「一」字，與晉志合。

右一星大民太后宗也〔一三〇一·一五〕官本有此九字，與晉志合。

后族敗〔一三〇一·一六〕官本有「后族」二字。

曰鉞正義一星爲質〔一三〇二·六〕「一星」二字各本倒在下，官本不誤。

一大星〔一三〇二·六〕凌本「大」，王、柯譌「八」。

明與井齊〔一三〇二·八〕官本有「明」字，與晉志合。

南河正義南河南戒〔一三〇二·九〕官本有此四字。

北河北戒〔一三〇二·九〕案：晉志作「南河曰南戍，北河曰北戍」。此作「戒」，蓋後人所改，說見後。

闕梁正義在南河南〔一三〇二·一三〕官本有上「南」字，與晉志合。

主兵戰闕下也〔一三〇二·一三〕官本有「主」字。

輿鬼正義輿鬼四星〔一三〇二·一四〕官本有「鬼」字。

天目也〔一三〇二·一四〕官本「目」，與晉志合。各本譌「田」。

一名質〔一三〇二·一五〕王本「一」誤「主」。

質欲其沒不明〔一三〇二·一六〕「沒」字晉志作「忽忽」。疑本作「渦渦」。說文㴯，青黑色，玉篇作渦，形近譌爲沒也。官本作「曶曶」。

主木草〔一三〇三·八〕據索隱似本作「草木」，然漢志亦作「木草」。

爲員官〔一三〇三·八〕志疑云「宮」字譌「官」，漢以後志皆作「宮」。

主木草正義星七星〔一三〇三·一一〕官本「七」，各本譌「一」。

占以順明爲吉〔一三〇三·一三〕王、柯「吉」譌「凶」，官本不誤。凌作「明吉暗凶」，蓋以意改。

翼爲羽翮正義翼二十二星〔一三〇三·一七〕官本與晉志及下文合。各本脫下「二」字。

合軫七星〔一三〇三·一七〕凌本「合」，王、柯譌「令」。

四夷服〔一三〇四·一〕凌本「夷」，王、柯譌「火」。

入軫中〔一三〇四·三〕「軫」下衍「星」字，索隱本無，與漢志合。今刪。

水水〔一三〇四·一〇〕舊刻下「水」字譌「火」。王、柯、凌本皆以此「水」字下屬，誤。今依雜志正。

五帝車舍索隱舍秀舍實主秋垂〔一三〇四·一四〕有脫誤，各本同。

正義五兵車舍也〔一三〇四·一五〕官本「五」，各本譌「三」。

次東北曰天獄〔一三〇五·一〕官本「曰」，各本誤「星」。

三柱入出一月〔一三〇五·三〕「入」字疑衍。

期三年〔一三〇五·三〕官本「期三」，各本譌脫作「一」。

柱倒出尤甚〔一三〇五·三〕官本「倒」，各本譌「例」。王、柯本「出」譌「王」，「甚」譌「其」。凌不誤。

爲溝瀆正義人主爽德〔一三〇五·九〕各本「人」誤「臣」，「爽」誤「共」。官本不誤。

熒惑星守之〔一三〇五·一〇〕官本「守」，各本誤「主」。

則有水之憂〔一三〇五·一〇〕「水」疑當作「火」。

塡星〔一三〇五·一〇〕官本「塡」，各本譌「滇」。

婁爲聚衆正義以共祭祀〔一三〇五·一三〕柯、凌「祭」作「郊」，晉志亦作「郊」。

兵起也〔一三〇五·一三〕柯本「兵起」上有「國死」二字，「死」疑「危」字之譌。

廥積集解芻藁積爲廥也〔一三〇五·一五〕各本「芻」譌「蒭」，「藁」譌「蒿」，今正。

髦頭〔一三〇五·一六〕「髦」中統本作「旄」。

正義昴七星爲髦頭〔一三〇六·二〕凌本「七」，王、柯誤「一」。「髦」凌作「旄」。

大水且至〔一三〇六·二〕王本「水」誤「星」。

罕車正義主弋獵〔一三〇六·四〕官本「弋」，各本譌「戈」。

主四夷之尉也〔一三〇六·五〕官本有「主」字，與晉志合。

畢所以掩兔也〔一三〇六·六〕各本「以」譌「謂」，依大東傳改。

天街正義天街二星〔一三〇六·一〇〕柯、凌「二」，與晉志及占經引甘氏合。王譌「三」。

陰國集解陰西南象坤維〔一三〇六·一一〕「象」字考證據漢志注增。

三星直者是爲衡石〔一三〇六·一三〕「直者是」三字中統、游、柯誤作「直是也」，王誤「眞是也」。宋本、凌、毛不誤，與漢志合。

下有四星曰弧〔一三〇六·一五〕柯本「四」譌「日」。

狼比地〔一三〇六·一六〕志疑云「狼」字衍，漢志無。（案：狼比地者，去狼不遠也，「狼」字似非衍。）

三星直者是爲衡石集解東西直〔一三〇七·三〕「東」字考證據漢志注增。

葆旅集解禾野生曰旅〔一三〇七·六〕官本有「禾」字，與漢志注合。

今之飢民采旅也〔一三〇七·六〕「采旅」下衍「生」字，依漢志注删。

索隱以斬艾除凶也〔一三〇七·七〕與校元板有「艾」字，與漢志注合。案：此句當注下文「爲斬艾事」下，今單本亦系「葆旅」下，蓋承師古之誤。

正義胡規反〔一三〇七·七〕王本重衍一「胡」字。

野生之可食者〔一三〇七·八〕官本「者」，各本誤「也」。

天廁正義在屏東〔一三〇七·九〕官本有「東」字，與占經引石氏合。

天旗正義可以憂之〔一三〇七·一三〕「憂」字誤。

天苑正義天子養禽獸所〔一三〇七·一四〕凌本「所」，王、柯誤「盃」。

則多死也〔一三〇七·一四〕凌作「死亡」。

九游正義人民失業〔一三〇七·一六〕凌本「民」，王、柯誤「叉」。

以金火守之〔一三〇七·一六〕「以」字疑誤。

下有四星曰弧正義弧九星〔一三〇八·二〕王、柯「弧」譌「狐」。

附耳入畢中兵起（一三〇八·七）志疑云："漢志無此七字，疑當在前文『附耳』句下。"劉氏申甫天官書經星考說同。案：中官「天一、槍、棓、矛、盾動搖，角大，兵起」。東官「火犯守角，則有戰。房、心，王者惡之也」。皆書在末，此亦其例，乃文法之變，非錯簡也。

危爲蓋屋正義蓋屋自有星（一三〇八·一五）官本有「蓋屋」二字，各本脫。

水患（一三〇九·三）雜志云脫一「水」字，漢志作「水，水患」。

司空（一三〇九·四）志疑云漢志作「司寇」，恐有誤。

羽林天軍正義羽林四十五星（一三〇九·五）官本與晉隋二志及御覽六引大象列星圖合。各本「四」誤「三」。

散在壘壁南（一三〇九·五）御覽引大象列星圖無「散」字，疑衍。

亦天宿衞之兵革出（一三〇九·五）句有脫誤。御覽引大象列星圖云「若星稀而動搖，則兵革出」。

軍西爲壘正義占五星入皆兵起（一三〇九·七）官本如此。各本作「占之非故兵起」六字。案：晉志云五星有在天軍中者皆爲兵起。

北落正義土木則吉（一三〇九·九）官本「土木」，與下史文合。各本譌「土水」。

營室索隱營室十星（一三〇九·一六）「十」字誤，中統、游本作「土」。考異云北方七宿不及東壁，蓋傳寫失之。

王良策馬正義別爲策馬（一三一〇·六）「別」字疑誤，官本作「則」。

牽牛爲犧牲正義一曰聚火（一三一一·五）晉志作「聚久」。

次二星主關梁次三星主南越占明大〔一三二一·五〕官本與晉志合。各本脫此十五字。

婺女索隱爾雅云〔一三二二·一〕文見廣雅，此誤。

歲星贏縮〔一三二二·一〕北宋本、舊刻作「嬴」，下同。它本作「羸」，非。

可以罰人〔一三二二·三〕「罰」當作「伐」。

察日月之行正義太歲在四孟四季〔一三二二·五〕官本有「在」字，與漢志注合。各本脫。

以揆歲星順逆正義天官云〔一三二二·八〕御覽七引作「天官占」，此脫「占」字。

其所居國〔一三二二·九〕官本「其」，各本誤「夫」。

趨舍索隱音聚〔一三二二·一四〕疑當作「趣」。

名曰降入〔一三二三·一〕志疑云四字衍。

曰降入索隱二月〔一三二三·四〕原譌「三月」，依史文改。

以三月居與營室東壁晨出〔一三二三·一五〕柯本「三」譌「二」。何氏義門讀書記云「居」字疑衍。

見軫曰青章〔一三二三·一六〕志疑云「曰青章」三字衍。

以四月與奎婁胃昴晨出〔一三二四·二〕志疑云「胃昴」二字衍。

跰踵集解一曰路峠〔一三二四·五〕「踵」字蓋本作「踵」，故譌爲「峠」，說見漢書雜志。今本集解又譌「峠」爲「嶂」矣。

見房〔一三二四·八〕中統、游本「房」譌「旁」。

叶洽歲索隱故曰〔一三四·一四〕下當脫「協洽」二字，合刻並有。

曰大音〔一三四·一六〕占經引甘氏同。漢志作「天晉」。

涒灘歲索隱涒㵂〔一三五·二〕字書、韻書無「㵂」字，韓勑造孔廟禮器碑作「涒歎」，疑此因上「涒」字而誤增水旁。

爲長王〔一三五·三〕志疑云：「『爲』字衍，漢志作『長壬』。」案：占經引甘氏與史同。

曰大章有旱而昌〔一三五·四〕占經引甘氏此七字同。志疑云「有旱而昌」四字衍，漢志無。（案：王氏史記正譌云「曰大章」三字乃大淵獻節語錯衍於此。中華本據刪。）

閹茂歲索隱故曰〔一三五·九〕下當脫「閹茂」二字，合刻並有。

大章集解一曰天皇〔一三五·一四〕官本與索隱合。各本譌「大星」，占經引甘氏同。

曰天泉〔一三五·一五〕志疑云：「漢志作『天宗』。」案：占經引甘氏與史同。

其失次有應在昴〔一三六·一〕前後並作「見」，此獨作「在」，誤。占經引甘氏作「見」，正譌說同。

長四丈〔一三六·一〇〕北宋本與晉志及上正義合。各本誤「尺」。

類彗〔一三六·一一〕各本下衍「星」字，官本無。

生天棓正義本類星而末銳〔一三七·二〕官本「而」字，各本誤「者如」二字。案：如而古通，「者」字疑衍。晉志作「本類星末銳」。

長四丈索隱石氏名申夫〔一三七·三〕晉志同。

生天槍正義必有破國〔一三一七·八〕凌本與晉志合。王、柯「國」誤「爲」。

察剛氣〔一三一七·一四〕各本皆連上，惟凌本提行，下塡星、太白、辰星同。（案：此就金陵本言。中華本分段提行，與此異。）

以其舍命國熒惑〔一三一七·一五〕二字涉下而衍，史詮說同。

〔增〕其南爲丈夫〔一三一八·二〕依正譌說「夫」下補「喪」字。漢志「夫」下有「喪」字。

熒惑爲勃亂正義惑童兒歌謠嬉戲也〔一三一八·一一〕案：晉志云「熒惑降爲童兒歌謠嬉戲」，此疑有脫誤。

五星皆從而聚于一舍正義是爲大陽〔一三一八·一六〕漢志作「大湯」，晉灼曰「湯猶蕩滌也」。則「陽」字誤。

乃以死亡也〔一三一九·一〕柯、凌「死」作「滅」。

歲行十二度〔一三二〇·三〕正譌云當作「十三度」。

可重致天下〔一三二〇·四〕雜志於「可」下補「以」字，與歲星、熒惑、太白、辰星句法一例。云開元占經引石氏曰「可以重德致天下」。

正義以塡主土故也〔一三二〇·六〕「土」上各本衍「木」字，考證刪。

九芒〔一三二〇·七〕毛本作「光芒」。

晉曰黃鍾宮〔一三二〇·七〕毛本「晉」譌「者」。

木星與土合〔一三二〇·一一〕志疑云：「此下總論五星，當別爲一條。此句當作『凡五星木與土合』。」

金爲白衣會若水〔一三二〇·一一〕雜志云：「『若水』二字上屬。水，水災；若，及也。」

金在南曰牝牡 〔一三三〇·二〕 索隱本有「曰」字，北宋本、凌、毛並同。漢志「太白在南，歲在北，名曰牝牡」。晉志文同。據索隱引晉灼及正義引星經，則史文「金在南」句或上或下當有「木在北」三字，今本失之。中統、游、王、柯並脫「曰」字。

金在北歲偏無 〔一三三〇·二〕 案：漢志「太白在北，歲在南，年或有或無」。晉志亦同。則史文「金在北」句或上或下當有「木在南」三字，今本亦失。

主孽卿 〔一三三〇·三〕 官本「主」，各本作「生」。

大饑 〔一三三〇·三〕 志疑云：「正義引星經『火與木合饑』，則『大』乃『木』字之譌。」案：依上下文例當作「木爲饑」。

爲北軍 〔一三三〇·三〕 雜志云：「『爲北軍』上當有『水』字。漢志『熒惑與辰合爲北軍』，晉志『火與水合爲北軍』，皆其證。」

掩有四方 〔一三三一·二〕 凌本「掩」作「奄」。

火與水合爲焠正義星經云 〔一三三一·八〕 凌有「云」字，王、柯脫。

土合爲憂主孽卿 〔一三三一·九〕 官本、毛本「主」，與索隱本合，漢志、晉志並同。它本作「生」。凌引一本亦作「主」。

爲北軍正義爲北軍北也 〔一三三一·一三〕 據此文，則張所見本爲「北」下脫「軍」字。

有覆軍集解是謂驚立絕行 〔一三三一·一四〕 官本「立」，各本作「位」。

黑角則水意集解一作志 〔一三三一·一六〕 「意」「志」疑皆「患」字之譌。

司兵月行及天矢 〔一三三二·九〕 考異云：「七字衍，以木火土水例之可見。」正譌云：「此即後文所謂『出蚤爲月蝕，晚爲天矢也』，誤衍於此，又加譌舛。」案：據後文雜志說，則此「天矢」亦當作「天夭」。

太白正義入四十日〔一三三·二〕此「四」字考證據漢志增。

司兵月行及天矢正義星是古曆〔一三三·七〕依下節正義，此文「星是」誤倒。

星若〔一三三·七〕依晉志當作「若星」。

白藿〔一三三·七〕官本「藿」，與晉志合。各本誤「彗」。

皆以示變之也〔一三三·七〕「之」字非誤卽衍，官本無。（案：黃善夫本無「之」字。）

爲八歲〔一三三·一〇〕吳校元板、凌本、毛本並作「八」，與上文索隱合。它本誤「百」。

二百二十日〔一三三·一〇—一一〕凌云：「一本作『三十日』。」案：上文索隱正作「三十日」。

〔增〕其始出西〔一三三·一三〕依正譌補「方」字。

高遠日曰大相〔一三三·一四〕吳校元板與凌本同。中統、游、王本脫「曰」字，柯脫「日」字。

下起兵〔一三四·五〕志疑云天下起兵，脫「天」字。

疾其鄉凶〔一三四·七〕雜志云：「『疾』本作『易』，故蘇林訓爲疾過。」案：漢志作「易」，注引蘇林曰「疾過也，一說易向而出入也」，是本作「易」可知。

〔增〕出西逆行至東〔一三四·九〕據正譌刪「逆行」二字。

圜以靜〔一三四·一五〕毛本「圜」，與漢志合。各本譌「國」。

入三日〔一三五·二〕北宋本無「入」字，漢志同。

其下國有軍敗將北〔一三五·三〕中統本「軍」作「亡」。

出三日〔一三五·三〕漢志無「出」字，與上文一例。

金居其北曰嬴正義金謂太白也〔一三五·八〕凌本「金」，王、柯譌「會」。

未盡其日〔一三六·一〕志疑云漢、晉志作「期日」，是。

過參天〔一三六·二〕毛本「天」譌「矣」。

陽兵之彊〔一三六·三〕「之」字疑衍。

出西北〔一三六·五〕宋本「酉」作「卯」。

行勝色集解太白行得度者勝色也〔一三六·一二〕毛本「者勝」誤倒。

行得盡勝之正義色勝位行勝色行得盡勝之〔一三六·一四〕官本與漢、晉志及上史文合。各本脫上「色」字，上「行」字，「之」誤作「也」。

出而留桑榆閒集解正出舉目平正〔一三六·一五〕北宋本、舊刻、毛本並同。它本「舉目」二字誤作「氣言」。案：「平正」疑當作「平望」。

出桑榆上者〔一三六·一五〕毛本「上者」上衍「而」字。

過參天集解過其一〔一三七·二〕各本「過」下衍「之」字。官本無。

此在戌酉之閒〔一三三七·一〕柯本「此」作「比」。

晚爲天夭〔一三三七·四〕各本作「天矢」。雜志云：「宋本作『夭』，夭與祅同，亦作『妖』。漢志作『天祅』，占經引甘氏作『天妖』。」今依改。

罰出辰星正義一名爨星〔一三三七·一五〕「爨」各本譌「爨」，依占經引廣雅改。

夕出郊奎婁胃東云云至中國〔一三三八·三—五〕考異云：「四『郊』字皆『效』字之譌。淮南天文訓作『効』。」

及天夭〔一三三八·六〕各本作「矢」，雜志云：「天文志作『天夭』，『矢』亦『夭』之譌。」今依改。

〔增〕**外國用者利**〔一三三八·一〇〕「用」下依正譌補「兵」字。

是謂擊卒〔一三三八·一三〕中統、毛本「擊」譌「繫」。

太白不去〔一三三八·一四〕漢志無「太白」二字，疑衍。

正旗上出〔一三三八·一五〕漢志「旗」作「其」，下「視旗所志」同。志疑云：「其上出十五字與上文複，疑衍。」

兔過太白〔一三三九·一〕索隱「兔」作「兔」，又云或作「毚」，疑「兔」「兔」皆「毚」之譌，「毚」又「欃」之省。

槭劍〔一三三九·一〕凌本「槭」。各本並作「摵」，注同。

兔居太白前〔一三三九·一〕北宋本「兔」譌「危」。下文「兔七命」、「兔五色」同。

摩太白有數萬人戰〔一三三九·二〕各本皆同，惟毛本及漢志「有」作「右」。案：下文云「出太白右」，則此文非「右」字矣。占經引荆州占云「辰星從太白，光芒相及，若摩之，其下有數萬人戰」，正作「有」。

青角兵憂黑角水赤行窮兵之所終〔一三三九·三〕史詮云此文當在後「白角號泣之聲」下。

爲格索隱水生金〔一三三九·八〕「水金」當互易，或「生」下有「於」字。

故上有軍不戰〔一三三九·八〕「上」當爲「主」。

免過太白正義漢書云辰星過太白閒可椷劍〔一三三九·一一〕各本「閒」下衍「太白」二字，依漢志刪。

閒可椷劍索隱劍古作劒也〔一三三九·一四〕五字疑衍，合刻本無。

天欃〔一三三九·一五〕毛本「欃」，各本「攙」。

七星爲員官辰星廟蠻夷星也〔一三三〇·一四〕志疑云十二字當在前辰星條末「夏則不長」下。

兩軍相當日暈〔一三三一·一〕毛本「日」譌「曰」。

力鈞〔一三三一·二〕中統、游譌「鈎」，王譌「釣」。

重抱大破無抱爲和背不和〔一三三一·二〕漢志作「重抱大破亡」，疑此文「無」字本作「亡」。漢志「背」下亦有「爲」字，此脫。

指暈若曰殺將〔一三三一·三〕舊刻「指」作「背」，疑「指」字非。漢志作「破軍若曰殺將」，「若曰」二字疑皆誤。（案：正譌云：「『指暈』漢志作『破軍』，史本誤也。『若曰』二字衍。」中華本據改。）

居軍不勝〔一三三一·四〕淩本「軍」，它本皆譌「暈」。案：此與上「居軍勝」對文，漢志正作「軍」。

有者下大流血〔一三三一·五〕「有」字疑當作「見」，漢志亦誤。

而食益盡爲主位〔一三三一·九〕雜志云：「而讀曰『如』，益卽『盡』字之譌衍。如食盡，則咎在主位也。漢志引夏氏日月傳曰『日食盡，主位也；不盡，臣位也』。」

行南北河正義若月行北河以陰則水兵南河以陽則旱喪也〔一三三二·九〕各本「水」字錯在「旱」上，「兵」字錯在「喪」上。官本不誤。

〔增〕食大角〔一三三二·一一〕正譌云此「食」字亦當作「蝕」，中華本據改。

而五月者五凡百一十三月而復始〔一三三二·一五〕北宋本、舊刻、毛本「五凡」二字誤倒。

索隱謂食始起之日也〔一三三三·三〕「食」字單本譌「倉」，各本因譌爲「蒼」，今正。

則六月者七五月者一又六月者一五月者一凡一百三十五月〔一三三三·四〕案：依術當云「六月者七，五月者一，又六月者七，五月者一，又六月者六，五月者一」。此脫中閒二句。其「又六月者六」下「六」字又誤爲「一」。錢氏考異所推，亦前後失次，今正之。

國皇星正義國皇星〔一三三三·八〕官本有「國」字。各本脫。

去地可六丈〔一三三三·一四〕御覽八百七十五引作「可五六七丈」。晉志作「可六七丈」。漢志「可六丈」，下有「大而黃」三字。疑此有脫文。

五殘星正義見則五分毁敗之徵〔一三三四·一〕官本與晉志合。各本「見則」倒，「徵」譌「微」。

大賊星〔一三三四·二〕各本以「大」字屬上「六丈」下，依正義則當下屬。

正義出則禍合天下〔二三四·五〕官本與晉志合。各本「禍」作「福」。

司危星〔二三四·六〕漢志「危」作「詭」，古通用。

集解星大而有尾〔二三四·七〕北宋、王、柯本與漢志注合。凌、毛「尾」作「毛」，晉志同。

出正北北方之野〔二三四·九〕北宋本少一「北」字。

此四野星所出〔二三四·九〕漢志無「野」字，疑衍。

獄漢星集解下有二彗縱横〔二三四·一一〕漢志注「二」作「三」，晉志同。

地維咸光〔二三四·一三〕「咸」漢志作「臧」，晉志作「藏」，疑此誤。此下各本衍正義一條，即上四填星及此條全文，今删。

命曰歸邪集解上有蓋狀如氣〔二三五·二〕漢志注無「如」字。案：「蓋」與「氣」疑當互易。

本曰火集解星石也〔二三五·三〕官本「石」。各本譌「名」，脫「也」字。案：漢志作「其本曰人」，今史文脫「其」字。疑漢志「人」字即「火」字壞文，孟康承誤本强爲之説。（案：中華本正文依漢志補一「其」字。）

漢者亦金之散氣索隱案水生金〔二三五·五〕「水金」當互易，或「生」下脫「於」字。

音在地而下及地〔二三五·七〕志疑云：「『下』乃『不』之譌。」案：漢志亦作「下」，疑當作「音在天而下及地」，覩下文可見。

其所往者兵發其下〔二三五·七〕「往」字吳校元板作「住」，與漢志合。御覽十三引師曠占文略同，亦作「住」。

及望之如火光〔二三五·八〕各本「及」字下衍「炎火」二字，毛本無。單本索隱出「炎火星」三字，亦誤。漢志并無「及」

字，御覽七，又八百七十五引天官書皆無，疑亦衍文。

上兌者則有黃色千里破軍殺將〔一三三五・九〕正譌云：「『者』字誤。漢志作『見』。『見則』二字當著『黃色』下。」案：如所改，則與晉志合。

不種而穫〔一三三五・一三〕毛譌「獲」。

必有大害〔一三三五・一三〕漢志「害」作「客」，晉志同。御覽八百七十五引作「咎」。

蚩尤之旗集解其色黃上白下〔一三三五・一六〕北宋本與呂氏春秋、漢志注合。各本「白下」倒。

象伏鼈集解怒當音帑〔一三三六・三〕毛本「音」作「作」。

怒則色青〔一三三六・三〕毛本與漢志注合。各本脫「則」字。

如有毛羽然〔一三三六・四〕雜志云：「『羽』漢書、晉書並作『目』。御覽咎徵部二引史記正作『目』。」

常出於有道之國〔一三三六・九〕官本與漢志合。凌舉一本同，各本脫「常」字。志疑云：「類聚一引有。」案：御覽七引亦有。

千餘里〔一三三六・一三〕宋本與漢志合。毛脫「里」字，它本脫「千里」二字。（案：吳汝綸云：「『千餘』下當依毛本删『里』字。下文『去之十餘里』，凌以棟校一本作『十餘廿餘里』，漢志作『十餘廿里』。又下文『高丈餘二丈』，平準書『遠者三千，近者千餘里』，皆古人語法。大宛傳『大者數百，少者百餘人』，又云『使多者十餘，少者五六輩』，皆上句損一字，下句足成之，是其例也。」吳說甚是，中華本據删。）

凡望雲氣正義釋名云雲猶云衆盛也氣猶餼然也有聲即無形也〔一三三六·一五〕案：釋名云「雲猶『云』，云，衆盛也。氣，餼也，餼然有聲而無形也」。此正義有脫誤，文不成義。

有獸居上者勝正義雲或如雄雞〔一三三七·二〕各本「雲」下衍「雄」字，官本無。

卒氣摶〔一三三七·四〕北宋、舊刻、毛本「摶」，它本譌「搏」。

前方而後高者兌後兌而卑者卻〔一三三七·五〕北宋本與漢志同。凌本作「前方而高後兌而卑者卻」，則與晉志同。中統、游、王、柯、毛無「者兌後」三字。

十餘里〔一三三七·七〕凌舉一本「十餘」下有「二十餘」三字，志疑云與漢志合。

稍雲〔一三三七·一三〕志疑云漢志作「捎雲」，是。

其前低者〔一三三七·一三〕毛本「低」，它本譌「抵」。漢志「前」作「芒」。

軸雲摶兩端兌〔一三三七·一三〕案：杼柚二物也，各本以「軸」字上屬，誤，今正。「摶」字北宋本、舊刻同，它本譌「搏」。漢志「兩」作「而」。晉志作「杼軸雲類軸摶而端兌」。疑本作「杼雲類杼，軸雲類軸，摶而端兌」，史與二志並有脫誤。

其蟄者類鬭旗故〔一三三七·一四〕各本及字類引並同，晉志亦同。索隱本出「天蟄」二字，疑誤。漢志作「蜺雲者類鬭旗」，疑「鬭」字亦誤也，故下漢志有「鋭」字。

以五色合占〔一三三七·一四〕漢志、晉志皆無「合」字。志疑云即「占」之誤複。

摶密〔一三三七·一四〕北宋本、舊刻、毛本「摶」字與漢志合。它本譌「搏」。

乃有占〔一三三七·一五〕各本作「及」，凌引一本作「乃」。案：漢志作「迺」，則「乃」字是。

摶密正義易兆候〔一三三八·六〕御覽八引此文作「易飛候」。

人主象正義青衣無手〔一三三八·八〕官本與晉志及御覽十五引洛書合。各本「手」譌「乎」。

聚積〔一三三八·一一〕舊刻、毛本作「積聚」。

輪囷〔一三三九·四〕毛本「輪」，與漢志、晉志及御覽八引合。它本並作「綸」。

卿雲見〔一三三九·四〕雜志云：「『見』字衍。初學記天部、御覽天部人事部休徵部引皆無。」

衣冠而不濡〔一三三九·五〕「而」字疑衍，漢志無。

見則其域被甲而趨〔一三三九·五〕「域」漢志作「城」，疑譌。

天雷電蝦虹〔一三三九·八〕正譌云「天」字誤，漢志作「夫」。

水澹澤竭地長見象〔一三三九·一〇〕考異云：「漢志『水澹地長，澤竭見象』，蓋以『長』『象』爲韵，此傎倒兩字，傳寫之譌。」

城郭門閭閨臬枯槀〔一三三九·一一〕考異云：「『枯槀』當作『槀枯』，與『閭』韵。『閨臬』漢志作『潤息』，義長。」

其人逢俉〔一三三九·一二〕案：說文夆，牾也。錢氏獻之云：「史記『其人逢俉』，逢俉卽夆牾。」

化言〔一三三九·一三〕宋本作「訛言」，蓋依漢志。然索隱云「化當爲訛」，則所見本亦作「化」。

谿垘集解伏流也〔一三四〇·一〕「伏」原譌「垘」，依漢志注改。

一會飲食〔二三四〇·四〕「一」御覽引作「壹」，漢志同。

四時之卒始也〔二三四〇·五〕正譌云漢志無「卒」字，衍。

候之日〔二三四〇·五〕毛譌「曰」。

欲終日有雨〔二三四〇·一一〕志疑云漢志無「有雨」二字，此衍。

日當其時者〔二三四〇·一三〕志疑云誤複「日」字。

則風復起〔二三四〇·一四〕漢志無「則」字。雜志云則者若也，古同義。

種其所宜〔二三四〇·一四〕雜志引顧子明曰「其」字因上而衍，漢志無。

日直其月〔二三四一·一〇〕北宋、舊刻本無「日」字，與漢志合。

爲其環城千里內占〔二三四一·一一〕志疑云漢志「城」作「域」，是。

則其爲天下候〔二三四一·一二〕案：此「則」字亦與若同，雜志失引。志疑云：「漢志無『其』字，是。」

至七升而極集解正月〔二三四一·一四〕「正」字考證據漢志注增。

日直其月集解月一日雨〔二三四一·一五〕北宋、舊刻本「一」譌「二」。

正月水〔二三四一·一五〕北宋本「正」誤「四」。

則其爲天下候正義案月列宿日〔二三四二·一〕「月」下疑脫「離」字。

月所離列宿索隱月離于畢〔二三四二·三〕案：單本出此四字，疑本集解文，引詩證離字，故小司馬引韋昭以釋之，今本失。

風從東方〔一三四二·四〕齊民要術引下有「來」字。案：漢志「東方」「西方」下並有「來」字。

若旦黃雲〔一三四二·四〕漢志「旦」下有「有」字。

炭動〔一三四二·五〕「炭」字疑涉上而誤，當作「灰」，上脫「葭」字。漢志亦誤。御覽二十八引史作「灰動」。

鹿解角〔一三四二·五〕雜志云：「『鹿』當從漢志作『麋』。御覽時序部引作『麋』。」案：今漢志作「麋鹿解角」，蓋校者旁注史作「鹿」，因誤入正文。

泉水躍〔一三四二·五〕北宋、毛本「水」，各本作「出」，蓋涉上而誤。御覽二十八引作「水泉涌」，漢志同。

要決晷景〔一三四二·五〕中統、舊刻、游、王、柯「要決」倒誤。

正義言晷景歲星行不失次〔一三四二·一〇〕雜志云：「『晷景』上屬爲句，張說非。」案：漢志至「晷景」絕句，無歲星四句，御覽二十八引史文亦至「晷景」止，王說是也。

至天道命不傳〔一三四三·五〕雜志云：「此本論語爲說，『命』上當有『性』字。正義兩言『天道性命』，是其證。」

正義忽有志事〔一三四三·九〕疑當作「或有志士」，聲之誤也。

昆吾正義名樊〔一三四三·一六〕官本「樊」，各本譌「楚」。

爲國者必貴三五〔一三四四·八〕「貴」疑「貫」字之譌，後文「必通三五」，貫通義相因。

彗星三見〔一三四四·一一〕志疑云「彗」乃「孛」之誤。

近世（二三四·一四）二字疑衍，然唐時本已然，故正義以孝景三年事釋之。

星隕如雨正義謂僖公十六年（二三五·一三）舊刻「六」，各本譌「五」。

田氏篡齊正義齊康公（二三五·一七）官本有「康」字，各本皆脫。

斗秉（二三六·五）考異云卽「柄」字。

候在熒惑（二三六·六）舊刻脫此以下六句。

熒惑爲孛（二三七·七）前「熒惑」文下徐廣引此文，「孛」作「理」。志疑謂「『理』亦作『李』，因譌『孛』耳」。案：如梁說，與下理兵理政爲合，然今惟淩本作「孛」，各本皆作「勃」，蓋又因彼文「熒惑爲勃亂殘賊」而誤也。

客主人正義星經云（二三八·五）案：此下所引星經文具見前「辰星」本文，有索隱可證，不得謂後人以正義補史文，其爲張氏漫引或後人增竄，皆不可知。

于河戍（二三九·二）「戍」各本譌「戒」。中統、舊刻、游、王、柯並於「于河」絕句，下著索隱。中統、游、柯「戒」字在下節「兵征」上。舊刻、王本「兵征」上空一字。淩本於「河戒」絕句，下著索隱。其注中河戍、南戍、北戍並作「戍」，游、王本同，餘本皆作「戒」。卽單本正文與注，亦爲後人竄改矣。案：漢志正作「戍」，今依改。詳見雜志。

師四出正義元年樓船將軍楊僕擊朝鮮也（二三九·八）「元年」上當脫「元封」二字。然朝鮮傳及漢書並作「元封二年」，非元年也。

余觀史記（二四〇·三）舊刻無「記」字。

爲經緯〔一三五〇·六〕「經」字衍。然唐時本已然，故正義強爲之説。讀書記、正譌説同。

咸池正義西宮也〔一三五〇·一〇〕王、柯脱此三字。

列宿部星正義五官列宿部內之星也〔一三五〇·一三〕據此，則上文正義中、東、南、西、北五「宮」字本皆作「官」，後人所改。

其次脩穰〔一三五一·一〕北宋、中統、舊刻、游、毛本無「其」字。

而三光之占亟用〔一三五一·二〕中統、游本「亟」譌「極」。案：此句與上「夫常星之變希見」對文，當絶句，或以「亟用」屬下，誤。

大人之符〔一三五一·三〕正譌云「大」當作「天」。

日月暈適集解人事多亂〔一三五一·七〕北宋、舊刻本並有「多」字。

必通三五索隱〔一三五一·八〕此即前所云「必貴三五」也。小司馬前解不誤，此又以爲三辰五星，自相矛盾。

蒼帝行德〔一三五一·九〕案：此以下皆後人附益，舛謬不可通，正譌強爲更移，無所依據，今不著。

天夭爲之起〔一三五一·九〕中統、游、王、毛並作「天夭」，北宋、柯、凌本作「天矢」，疑皆誤。御覽八百七十二引作「天爲之起」，蓋脱一字。

常大赦〔一三五一·一一〕正譌云「常」爲「當」字之譌。

謂有太陽也〔一三五一·一二〕有脱誤。

天關正義天關一星〔一三二·九〕官本有「關」字，各本脫。

在五車南〔一三二·九〕官本「車」，各本譌「軍」。

封禪書第六（史記卷二十八）

正義此泰山上〔一三五五・三〕疑正義原本分注題首「封」字「禪」字下，故云「此泰山上」，「此泰山下」，今并爲一，則兩「此」字不可通矣。

金泥銀繩〔一三五五・四〕原脱「泥」字，考證據白虎通改。

石泥金繩〔一三五五・四〕「石」譌「古」，考證改。

荷天命以爲王〔一三五五・五〕御覽五百三十六引五經通義「荷」作「何」，屬上句，則此「荷」字譌衍。

璇璣〔一三五五・一〇〕中統、游、王、毛「璇」作「琁」。

四嶽〔一三五五・一一〕中統、游、王作「四岳」，下並同。

遂覲東后〔一三五六・一〕雜志云：「『覲』本作『見』，後人依尚書改。五帝紀正作『見』。漢書郊祀志即本史記，亦云『遂見東后』。」

衡山也正義四十里〔一三五六・六〕「四十」下王衍「一」字，各本無。

恆山也正義并州〔一三五六・八〕官本有「州」字，各本脱。

嵩高也正義亦名曰外方也〔一三五六・九〕「曰」字王本脱。

後十四世至帝孔甲〔一三五六・一一〕案：三代世表自禹訖孔甲共十四世也。漢郊祀志作「十三世」，則自啓以下。

其後三世湯伐桀〔一三五六·一二〕此謂帝皋、帝發、帝履癸也。郊祀志作「十三世」，衍「十」字。毛本「三」譌「二」。

自周克殷後十四世〔一三五八·三〕案：三代世表自武王訖幽王共十二世，郊祀志作「十三世」，或兼數共和，或積畫偶譌。此作「十四」，更非。

其後十六年秦文公東獵汧渭之閒〔一三五八·五〕郊祀志作「十四年」。案：秦紀襄公十二年卒，文公四年至汧渭之會，則「十六年」是。

則若雄雞〔一三五九·八〕志疑云漢志作「雄雉」。

獲若石云索隱蘇林云質如石似肺〔一三五九·一〇〕各本無此七字，而有「云語詞也」四字，與單本異，蓋後人嫌與集解複而改之。

阪城祠之正義太白山〔一三五九·一一〕各本「太白」下有「之」字。

陳倉縣南〔一三五九·一二〕各本「縣」下有「之」字。

今陳倉縣東〔一三五九·一三〕各本「縣」下亦有「之」字。以上三「之」字官本皆無。

作伏祠〔一三六〇·五〕志疑云：「『祠』下脫『社』字，年表『初作伏祠社』。」

其後六年〔一三六〇·一四〕志疑云「四」譌「六」。

禪梁父者正義梁父山〔一三六二·一〕官本「父」，各本誤「地」。

七十二家正義韓詩外傳〔一三六二·二〕官本「詩」，各本誤「書」。

孔子升泰山〔一三六二·三〕官本「升」，各本誤「封」。

武王克殷二年〔一三六四·三〕中統、游本、吳校金板作「三年」。

霸王出焉正義周封非子〔一三六五·七〕柯、凌無「非子」二字。

當復合〔一三六五·七〕柯、凌無「當」字。

謂從非子〔一三六五·七〕柯、凌無「從」字。

至秦孝公〔一三六五·七〕柯、凌無「秦」字。

致文武胙〔一三六五·八〕柯、凌「致」誤「置」。

霸王出焉者〔一三六五·八〕柯、凌無「焉」字。

謂從秦孝公〔一三六五·八〕柯、凌無「秦」字。

周顯王〔一三六五·八〕柯、凌無「周」字。以上王本與官本同。

是霸出也〔一三六五·九〕官本「出」，各本譌「王」。

至惠王〔一三六五·九〕「至」字各本作「孝公」二字，官本不誤。

王者出焉〔一三六五·九〕官本有「王」字，各本脫。

宋太丘社亡集解右陵太丘〔一三六五·一〇〕各本「右」譌「左」，下索隱同，今並依爾雅改。

銀自山溢集解〔一三六六·九〕柯、凌脫。

莫知起時〔一三六七・一〇〕柯誤「身」。

居臨菑南郊山下者〔一三六七・一一〕索隱本重「下」字，與郊祀志合，各本脫。

小山之上〔一三六七・一三〕郊祀志無此四字。

祠之萊山〔一三六七・一四〕史詮云：「山指之罘、之萊，故云『皆』，今本『山』字屬上句，誤。」案：疑「山」字衍。

以天齊也集解當天中央齊〔一三六八・二〕「央」各本誤「中」，考證依郊祀志改。

小山之上集解一云之下上時命曰時〔一三六八・六〕志疑云：「『上』字衍。」案：如梁說，則與郊祀志合。

羨門高〔一三六八・一六〕各本「羨門」下衍「子」字，依索隱本刪。雜志云郊祀志亦無。

最後〔一三六八・一六〕雜志云：「以爲人名者是。『最』疑『冣』之誤，『冣』與『聚』古通，疑即高唐賦之『聚穀』。」

而黃金銀爲宮闕〔一三七〇・一〕雜志云：「『銀』上本有『白』字。世說言語篇注，文選思元賦、結客少年場行、石闕銘注，類聚居處部、靈異部，御覽地部、珍寶部引皆有。始皇紀正義引郊祀志亦有。」志疑說同。

後三年游碣石〔一三七〇・五〕與郊祀志合。中統、游本、吳校金板「三」作「二」。

昔三代之君〔一三七一・四〕志疑云：「『君』乃『居』之譌。漢志作『居』。」案：正義、王本亦作「居」。

則五嶽四瀆〔一三七一・五〕王本「五」誤「天」。

冬塞〔一三七一・一一〕索隱本「塞」，各本作「賽」。雜志云：「古無『賽』字，借『塞』爲之，郊祀志亦作『塞』。」案：補孝武本紀「塞南越禱祠泰一后土」，亦作「塞」。字類引彼文同。

薄山者〔一三七二・六〕毛本脫「者」字。

衰山也〔一三七二・六〕義門讀書記云：「小字宋本史記作『衰』。」案：據集解、正義，是所據本作「衰山」，今史本及索隱本並作「襄」，水經河水注引此文亦作「襄」，疑依郊祀志改。

吳岳〔一三七二・七〕郊祀志作「吳山」。師古注「吳山在今隴州吳山縣」。案：周禮「雍州嶽山」，鄭注「吳嶽也」。續漢郡國志右扶風有吳嶽山，郭璞曰「別名吳山，周禮所謂嶽山者」。郡縣志隴州吳山縣吳山，秦都咸陽，以爲西岳。然則吳山亦名吳嶽，亦名嶽山，非二山矣。岳嶽字古同。

鴻岐吳岳〔一三七二・九〕案：上云「四大冢」，似此文「岳」字自指岳山，非連稱「吳岳」，師古謂「非一山」，蓋本此。

華山正義注云〔一三七二・一〇〕官本「注」，各本作「謂」。案：文選西京賦注引作「古語云」，文略同，水經河水注引作「左丘明國語云」，不知何字之誤。

開山圖云〔一三七二・一二〕官本與文選、水經注合。各本「開」譌「關」。

衰山也集解〔一三七二・一三〕毛本末衍「伯莊曰」三字。

岳山集解武功縣有大壺山又有岳山〔一三七三・二〕志疑云：「『岳』乃『垂』字誤，并誤以徐注『太壹』爲『大壺』，『垂山』爲『岳山』。師古注漢志，謂岳山吳岳非一山，而以徐注爲疑，所見本與今同。」

吳岳索隱徐廣云在汧〔一三七三・四〕中統、游、王、柯本「吳岳」下有「索隱曰徐說非也案地理志汧有垂山無岳山也」十六字，單本無之。此乃郊祀志師古注文，當在上文「岳山」下，蓋後人誤增。凌本無「汧有」八字，而複衍上文「岐山」

索隱「岐山在美陽縣西北」八字當之，更謬。

祠臨晉正義故大荔〔二三七三·七〕各本「故」譌「收」，依漢書地理志改。

名公子〔二三七三·九〕「名」字考證補，與御覽八百八十一引龍魚河圖合。

霸產正義卽秦嶺水之下流在雍州藍田縣〔二三七四·八〕王本「在」誤「也」。凌本「在」字錯在「水」下，而脫「之」字。柯脫「在」字。

卽荊溪狗枷之下流也〔二三七四·八〕官本與水經渭水注合。各本「溪」譌「海」，「狗」譌「猶」。

二淵〔二三七四·一四〕中統本「二」譌「三」。

汧洛正義案有二洛水〔二三七五·一〕各本「二」譌「三」，今正。

二淵正義二川〔二三七五·二〕王、柯「二」譌「三」，下同。

鳴澤正義涞水〔二三七五·四〕各本「涞」譌「漆」，考證據唐志改。

熒惑太白歲星塡星〔二三七五·六〕雜志云脫「辰星」，當依郊祀志補。

於社亳有三社主之祠〔二三七五·八〕志疑云：「漢志作杜亳有五杜主之祠」，此誤「杜」爲「社」，漢志「五」乃「三」之譌。

十四臣集解自此以下星至天淵玉女〔二三七五·一三〕王脫「至」字。中統、游、毛無「星」字，疑「星」卽「至」字之譌衍。柯、凌無「以下星」三字。

諸逑索隱漢書作逐〔二三七五·一五〕官本「逐」，與郊祀志合。各本譌「遂」。

及四仲之月祠若月祠陳寶節來一祠〔一三七六·一六〕志疑云：「漢志云『四仲之月月祠，若陳寶節來一祠』。」此當衍上「祠」字，移「若」字於「陳寶」上。

唯雍四時正義青黃赤白〔一三七七·四〕官本有「黃」字，各本脫。

最尊貴之也〔一三七七·四〕柯、凌脫「貴之」二字。

木禺龍索隱寓鳥馬亦然〔一三七七·五〕單本有「鳥」字，疑即「馬」字之譌衍。

以歲時奉祠之〔一三七七·一三〕舊刻「祠」作「祀」。

移過於下正義〔一三七七·一六〕柯、凌脫。

乃待我而具五也〔一三七八·七〕中統、游本、吳校金板「五」下有「帝」字。

故秦祝官〔一三七八·七〕柯脫「故」字。

復置太祝太宰〔一三七八·七〕毛本「宰」誤「牢」。

雲中〔一三七八·一四〕郊祀志下有「君」字，與楚詞合，此疑脫。

司命巫社巫祠〔一三七八·一四〕郊祀志無「司命」。索隱本於「巫先」下始出「司命」，疑此處衍。然楚詞九歌以大司命、少司命與東君、雲中君爲類，且既是天神，不當雜於「巫先、施糜」閒，或索隱本錯亂，未可定爲史誤也。「祠」字原脫，依郊祀志補。

社主〔一三七八·一四〕志疑云：「『社』乃『杜』之譌。」案：郊祀志作「杜」。

各有時月〔一三七九·三〕志疑云漢志作「時日」，是。

巫先集解博求〔一三七九·九〕毛本「博」譌「傳」。

立后稷之祠〔一三八〇·三〕「立」字中統本脫。

血食正義遍於天下〔一三八〇·四〕四字柯、凌脫。

靈星祠正義右角爲天庭〔一三八〇·六〕「天」各本譌「大」，考證改。

常以春三月及時臘〔一三八〇·八〕雜志云：「當依郊祀志作『二月』。『時』字衍，郊祀志無。」

祠社稷〔一三八〇·八〕柯、凌「祠」作「祀」。

駕被具正義駕車〔一三八一·七〕官本與郊祀志注合。各本「車」誤「船」。

乃水德之始〔一三八一·一一〕郊祀志作「時」。志疑云「始」字誤。

其明年〔一三八二·六〕志疑云三字當依漢志移下文「夏四月文帝親拜霸渭」上。

神明之墓集解日沒於西墓謂濛谷也〔一三八二·九〕官本「濛」字，與郊祀志注合。各本誤作「北」。毛本「日」上衍「以」字，「西」下衍「也」字，「墓」下脫「謂」字。

刺六經中〔一三八二·一四〕柯、凌無「中」字，郊祀志有。

蒲池溝水正義爲池而種蒲也〔一三八三·一〕官本與郊祀志注合。各本「爲」誤「謂」，「池蒲」字互誤。

蒲字或作滿言其水滿〔一三八三·一〕官本與郊祀志注合。柯、凌脫「字」字。上「滿」字王、柯誤「蘭」，凌誤「藺」，下「滿」

字並脫。

按括地志云〔一三八三·一〕柯、凌脫「云」字。

蘭池〔一三八三·三〕官本「蘭」，各本譌「藺」，下「蘭池」字同。

疑蘭字〔一三八三·三〕官本「蘭」，各本誤「滿」。

長門〔一三八三·四〕索隱本出「長門」二字，各本並作「長安門」。考異云：「『安』字衍，下文云『長門五帝』可證。漢志亦作『長門』。」

正義久長門故亭〔一三八三·五〕王、柯並有「久」字。凌作「長安門」，誤。

長門園〔一三八三·六〕王、柯譌「國」。

以長門名宮〔一三八三·六〕官本有「名」字，各本脫。

至今天子集解第十二卷〔一三八四·三〕宋本作「第十袠」，毛本作「第一袠」，「袠」字又皆誤爲「袤」。

天下艾安〔一三八四·五〕補孝武紀作「乂安」。御覽五百三十六引封禪書作「乂」，字類引仍作「艾」。

上有故銅器〔一三八五·五〕毛本「故」作「古」。

丹沙〔一三八五·一二〕官本、北宋本「沙」，御覽引同。它本作「砂」，俗。

食巨棗〔一三八五·一三〕宋本、舊刻「巨」作「臣」，與郊祀志合，說見孝武紀。然索隱本已譌「巨」。

太一澤山君地長〔一三八六·八〕志疑云：「漢志及補紀作『皐山山君地長』，此脫一『山』字。」（案：漢志無「地長」二字，朱一新、王先謙均謂以「皋山君地長」爲一神是。）

若麃然〔一三八七·六〕北宋本「麃」，與補武紀、郊祀志合，各本誤「麟」。

天子之邦〔一三八七·一〇〕志疑云漢志及補紀作「郡」，疑「邦」字誤。

置壽宮神君〔一三八八·三〕北宋本與武紀、郊祀志合，各本「置」下衍「酒」字。又疑此文當作「置神君壽宮」，說見補武紀。

所以言行下〔一三八八·一四〕志疑云補紀作「所欲者言行下」，漢志作「所欲言行下」。錢唐汪繩祖曰「以所」誤倒。

畫法〔一三八八·一五〕各本誤「書法」，今改，說見補武紀。

脽丘〔一三八九·八〕凌、毛「脽」，各本譌「睢」。

侵尋〔一三八九·一〇〕毛本「侵」，與補武紀合。各本作「浸」。郊祀志作「寖」。

鬭棊棊自相觸擊〔一三九〇·九〕志疑云「棊」補紀作「旗」。

而黃金不就〔一三九〇·一六〕中統「而」誤「有」。

禹疏九江〔一三九一·一〕志疑云：「『江』誤，漢志作『河』。」案：補武紀及河渠書贊並作「九江」。

隄繇不息〔一三九一·二〕毛譌「思」。

齎金萬斤〔一三九一·四〕補武紀同。志疑云漢志「十萬斤」。

魏脽〔一三九二·一〕北宋、凌本「脽」，它本譌「睢」。

文鏤〔一三五二·三〕北宋、舊刻、毛本與補武紀、郊祀志合。各本作「縷」。

壹統〔一三五二·五〕柯、凌「一統」。

天地萬物所繫終也〔一三五二·六〕志疑云「終」字誤，漢志作「象」是。

亨鬺〔一三五二·六〕北宋本「鬺亨」。

不吳不驁〔一三五二·八〕中統、游本「吳」作「吴」。毛本「驁」譌「鶩」。

〔增〕黃帝得寶鼎神策〔一三五三·六〕「黃」字涉上下文「黃帝」而衍，當删。

所謂寒門者〔一三五四·一〕毛本「謂」譌「請」。

令祠官〔一三五四·二〕毛本「祠」譌「祀」。

壇三垓〔一三五四·三〕毛作「陔」。

集解垓次也〔一三五五·一〕毛本「垓」譌「階」。

太一鋒集解斗口三星曰天一〔一三五五·三〕柯、凌與天官書合。各本「天」譌「太」，郊祀志注亦誤。

〔增〕所以望幸也〔一三五六·四〕「也」當作「矣」，補記及漢志均作「矣」。吳汝綸曰：「『神祠所』句絕，淺人失其讀，遂妄改『也』字。」

古者祠天地〔一三五六·六〕舊刻「祠」作「祀」。

或曰太帝〔一三五六·六〕北宋本「大帝」。

塞南越〔一三九六·七〕「塞」各本作「賽」，今依補武紀、郊祀志改，說見上。

琴瑟〔一三九六·八〕補武紀、郊祀志無「琴」字，志疑云衍。案：上文「二十五弦」下集解「徐廣曰瑟」，疑此文「瑟」字因注而增，然則此二字皆衍。

澤旅〔一三九六·一二〕「澤」各本作「釋」，依補武紀改，與集解合，說具雜志。

奇獸蜚禽〔一三九八·六〕毛脫「獸」字。

頗以加禮〔一三九八·六〕補武紀、郊祀志並作「祠」。志疑云「禮」字誤。

祭后土〔一三九八·七〕志疑云：「補紀、漢志皆作『然后去』，此誤。」案：御覽引同今本。

有司言寶鼎出爲元鼎以今年爲元封元年〔一三九九·一〕志疑云此文當在前「羣臣更上壽」句下，錯簡。

獨見塡星〔一三九九·四〕北宋本與索隱本合，各本「塡」作「旗」。志疑云：「當依補紀作『其』，蓋卽指上茀星。」案：此亦可備一說。

幸緱氏城〔一三九九·九〕王、柯「氏」誤「山」。

益延壽觀〔一四〇〇·四〕索隱本及補武紀同。志疑云：「漢志作『益壽延壽館』，師古謂二館名。考注引漢武故事及括地志皆云『延壽觀』，無『益壽』，三輔黃圖亦但云『延壽』，蓋此多一『益』字，漢志更多一『壽』字。類聚六十三引史是『延壽觀』。」

如緱城集解一云如緱氏城〔一四〇〇·八〕志疑云補紀、漢志並有「氏」字。

鳴澤〔一四〇〇·一四〕「鳴」北宋、舊刻本並作「明」。

唐中〔一四〇一·六〕北宋本「商中」，說見補武紀。

獨五月嘗駒〔一四〇一·一三〕補武紀作「獨五帝用駒」，郊祀志無此句，志疑云後人誤增。

封巨〔一四〇三·三〕北宋本「巨」，各本譌「臣」。補武紀、郊祀志並作「鉅」。

泰山卑小〔一四〇三·四〕志疑云「泰山」上缺「東」字。

其後五年云云至恆山〔一四〇三·八〕此十五字志疑云衍，說見後。

五寬舒之祠官〔一四〇三·一一〕索隱本同。北宋本「五」下嵌補「牀」字，與郊祀志合。志疑云：「地理志谷口縣有五牀山祠，此自薄忌太一至五牀凡六祠也。」（案：梁說非。王先謙曰：「索隱注紀云『五者，太一也，三一也，冥羊也，馬行也，赤星也。凡五，並祠官寬舒領之。五者之外有正太一后土祠，故云六也』。又注封禪書云『郊祀志云祠官寬舒議祠后土爲五壇，故謂之五寬舒祠官也』。一人之說前後互異，當以紀注爲正。」）

行去則已〔一四〇三·一二〕志疑云「行」字衍，補紀、漢志無。

今上封禪云云至四瀆矣〔一四〇三·一三〕志疑云：「史載太初三年禪石閭後，即總敘所興諸祠，而以方士候神終焉。此前後三十三字，後人補今上紀，繆割漢志以續紀，并增封禪書，遂令文義隔絕。」

河渠書第七（史記卷二十九）

禹抑洪水〔一四〇五·三〕尚書益稷疏引「抑」作「湮」。北宋、中統、舊刻、游、毛本「洪」作「鴻」。

過家不入門〔一四〇五·三〕益稷疏引「過」上有「三」字。

陸行載車〔一四〇五·三〕北宋、中統、游、王、毛本與益稷疏引合。柯、凌作「乘車」。

勃海〔一四〇五·七〕北宋本「敦海」。

山行即橋集解近遙反〔一四〇五·一〇〕益稷疏及釋文引作「丘遙反」，「近」字疑誤。

一作檋〔一四〇五·一〇〕益稷疏引作「輂」，中統、游、毛譌「檋」，下同。

己足反〔一四〇五·一〇〕益稷疏引作「几玉反」。

尸子曰山行乘樏〔一四〇五·一〇〕益稷疏引作「尸子云山行乘樏，泥行乘蕝，子絕反」。疑今本不全。

九澤正義障遏〔一四〇六·一〕官本「遏」，各本譌「過」。

東方則通鴻溝江淮之閒〔一四〇七·二〕志疑云：「『鴻』字因上文而誤增，漢志無。此溝即邗溝，吳所掘以通江淮者。」

鴻溝索隱即鴻溝〔一四〇七·六〕「鴻」原誤「河」，今改。

五湖索隱具區洮滆彭蠡青草洞庭是也〔一四〇七·一〇〕「洮」原譌「兆」，考證改。案：文選江賦「彭蠡、青草、具區、洮滆」，無「洞庭」二字。

穿二江正義任豫益州記云〔一四〇七·一五〕各本「任」誤「杜」，吳校改。

冰自以女與神爲婚〔一四〇八·一〕各本「爲」字錯在「以」下，依水經江水注、類聚九十四、御覽八百九十九引風俗通改。

江岸〔一四〇八·二〕官本「岸」，與江水注、類聚、御覽合。各本譌「峯」。

流汗〔一四〇八·三〕各本「汙」譌「江」，依江水注、類聚、御覽改。

瓠口正義中山〔一四〇八·一六〕各本脫「山」字，考證增。

金隄正義一名千里隄〔一四〇九·六〕王本「千」譌「十」。

溉皮氏正義皆治此〔一四一〇·一五〕各本「此」譌「也」，考證改。

漢汾陰縣是也〔一四一〇·一六〕王無「是也」二字。

湯問其事〔一四一一·五〕北宋、毛本與溝洫志合。各本「問」譌「阿」。

褒斜道正義溝洫志〔一四一一·一二〕各本脫「志」字，今補。

褒水通沔〔一四一一·一三〕官本「沔」，與下文及漢書溝洫志合。各本譌「河」。

從沔正義無限〔一四一一·一六〕官本「無限」，各本誤「限之」。

謂河南之東〔一四一一·一六〕王本「謂」譌「渭」。

皆經砥柱主運〔一四一一·一六〕「主」疑當作「上」。

故鹵地〔一四一二·三〕北宋、中統、毛本作「故」，它本譌「攻」。溝洫志作「故惡地」。

岸善崩正義崖岸〔四二三·一二〕官本「岸」，各本譌「峯」。

窴決河〔四二三·一〕柯、凌本此下注「令平聲從去聲」六字，蓋後人旁注誤混，它本皆無。

是時東郡燒草〔四二三·一〕北宋、毛本與溝洫志合。各本「東」下衍「流」字。

盰盰〔四二三·七〕北宋本作「洋洋」，與溝洫志合。案：三家皆無音，疑本作「洋」，然字類補遺引已作「盰」。

延道〔四二三·八〕志疑云：「水經注作『正道』。」考異云：「漢書作『正』，古文『正』與『征』通。『征』或作『延』，形似譌延。」案：索隱解爲延長，則所見本已誤。

而作河渠書集解〔四二五·七〕考證云：「此注與本文全不比附，乃他處錯簡。」案：溝洫志史起進曰「魏氏之行田也以百畝，鄴獨以二百畝，是田惡也」，是譏西門豹語，當在前文「引漳水灌鄴」下，疑史文傳本已闕，後人漫附集解於篇末耳。然此注亦自有脫誤。

平準書第八（史記卷三十）

一黄金一斤〔四一七·六〕索隱本、北宋本、毛本無上「一」字，與漢書食貨志合。

約法省禁〔四一七·七〕舊刻「約」譌「鈞」。

物踊騰糶〔四一七·七〕食貨志作「躍」，「糶」乃譌字耳，索隱曲爲之説。

市井正義古人未有市及井〔四一八·一六〕「及井」二字疑衍。

縱得自鑄錢〔四一九·三〕中統、游本、吳校金板「得」誤「山」。

益造苑馬〔四一九·一四〕中統、游本「苑」譌「宛」。

先行義而後絀恥辱焉〔四二〇·五〕雜志云：「本無『後』字。食貨志作『先行誼而黜媿辱』，『黜』與『絀』同。」

無限度〔四二〇·六〕柯脱「度」字。

彭吳賈滅朝鮮〔四二一·一〕考異云：「食貨志但云『彭吳穿穢貊朝鮮，置滄海郡』，疑『滅』當爲『濊』，『濊』與『薉』『穢』同，『賈』讀爲『商賈』之『賈』。」雜志云：「『賈』當依漢書作『穿』，隸書穿或作『穽』，形近譌爲『賈』。」

都内〔四二一·一五〕游、柯「都」譌「郡」。

東至滄海之郡〔四二一·一五〕北宋、毛本「至」作「置」，食貨志亦作「置」。案：上已云「置滄海之郡」，疑此文「至」字不誤。

率十餘鍾致一石集解鍾六石四斗〔四二三·五〕毛誤「六斗四升」。案：疑當作「六斛四斗」。

邛僰索隱臨邛屬蜀〔一四三·六〕「蜀」原譌「僰」，考證據地理志改。

及贖禁錮免減罪〔一四三·一六〕中統、游、王「錮」作「固」。志疑云漢志「減」作「臧」，是。

凡直三十餘萬金〔一四三·一〕王、柯「三」誤「八」。

〔增〕索隱解云〔一四三·一一〕「解」上脫「或」字，據黄善夫本增。

至十一級〔一四三·一二〕「一」原誤「七」，吳校改。

二萬乘〔一四四·一〇〕志疑云漢志「三萬兩」。

初先是往〔一四四·一三〕警云：「疑有衍字。」案：食貨志但有「先是」二字，疑史文本作「初往」，後人注漢書文於旁，誤刻入正文。

輒決壞費不可勝計〔一四四·一三〕中統、游本「壞」譌「壊」，「費」譌「廢」。

底柱〔一四四·一三〕「底」凌作「砥」。

巨萬十數〔一四五·一〕中統、金板「十」譌「千」。

河決觀集解縣名也〔一四五·三〕考異云：「是時河決瓠子，注鉅野，不及觀。漢書『觀』作『灌』，屬下句。」

以振貧民〔一四五·五〕北宋本、毛本作「振」。它本作「賑」，俗。

七十餘萬口〔一四五·六〕舊刻無「口」字。

轉轂〔一四五·一三〕北宋本、王本「轂」譌「穀」。

諸侯以聘享〔一四二六·一〕舊刻脱「以」字。

取鋊〔一四二六·三〕毛本「鋊」，下同。字類引同。食貨志亦作「鋊」，師古音浴。考異云：「説文鋊，銅屑也，讀若浴。」案：各本「鋊」字多誤作「鎔」，注同。

白選〔一四二七·五〕北宋、舊刻本作「撰」，與食貨志合。

以重差小〔一四二七·五〕「以」字考證據索隱本增，與食貨志合。

撱之〔一四二七·六〕索隱「撱」作「隋」，食貨志作「橢」。（案：金陵本亦作「橢」。據此，則張氏校刊時本擬改作「撱」而未及改也。）

領鹽鐵事〔一四二八·五〕中統、游本「鐵」作「鐡」，下同。

秋豪〔一四二八·七〕中統、毛本「豪」。它本作「毫」，俗。

皆通適〔一四二八·一二〕雜志云「通」即「適」字誤衍，索隱本、食貨志皆無。

奇民〔一四二九·四〕中統、游、王、柯皆誤「名」。

擅管〔一四二九·四〕索隱「管」作「莞」。案：後文皆作「莞」，此傳寫偶岐。

牢盆索隱今代人言雇手牢盆〔一四二九·一〇〕食貨志注無「盆」字，疑衍。

釱左趾索隱著足足下〔一四二九·一六〕上「足」字疑當作「左」。

沒入緡錢〔一四三〇·七〕舊刻脱「錢」字。

漢方數使將擊匈奴〔一四三二·一三〕舊刻無「數使將」三字。

吾有羊上林中〔一四三二·九〕雜志云：「『羊』下脱『在』字，當依漢書卜式傳補。類聚、御覽獸部引史記皆有。」

守相爲吏者〔一四三三·七〕志疑云：「『吏』乃『利』之誤。」案：食貨志作「利」。

當異〔一四三四·一〕北宋本與食貨志合，各本誤倒。

有腹誹之法以此〔一四三四·一〕志疑云：「『此』乃『比』之譌。『以』字衍。」案：梁説與食貨志合。

於是楊可告緡錢縱矣〔一四三四·五〕雜志云：「『楊可』二字後人所加，食貨志無。索隱至下文『楊可告緡徧天下』始云『楊姓可名』，則此處本無可知。」

郡國多姦鑄錢〔一四三四·六〕雜志云：「『郡國』下脱『民』字。索隱本出『人多姦鑄錢』五字，食貨志作『郡國鑄錢民多姦鑄』。」

鍾官赤側〔一四三四·六〕志疑云：「漢志脱『鍾』字，百官表水衡都尉之屬有鍾官。」

分曹往〔一四三五·六〕舊刻脱「曹」字。

雜置〔一四三六·一〇〕北宋本與食貨志合。各本譌「新」。

徒奴婢衆〔一四三六·一〇〕北宋本、毛本與食貨志合。各本「徒」譌「徙」。

欲留留處〔一四三七·一三〕北宋本與食貨志合。各本下「留」字誤「之」。

不辦〔一四三八·一〕北宋本「辦」，各本作「辨」，俗。

以除告緡〔一四三八·四〕北宋、凌本與食貨志合。各本「告」譌「占」。

縣治官儲〔一四三八·一三〕志疑云漢志「官」作「宮」，是。

赦天下〔一四三八·一五〕志疑云漢志作「赦天下囚」，此缺。

數萬人發三河以西騎〔一四三九·一〕志疑云漢志無「數萬人」三字，即有亦宜在「騎」字下。

遠者三千〔一四三九·三〕北宋本、凌本「三」，與食貨志合。它本作「二」。

輒助縣官之用〔一四三九·一〇〕柯脫「助」字。

鐵器苦惡〔一四四〇·四〕索隱本無「鐵」字，與食貨志合。此衍。

索隱苦音苦楛反〔一四四〇·六〕疑當作「苦音楛」，衍「苦」「反」二字。

言苦其器惡而買賣也〔一四四〇·六〕此以苦如字讀，當在注末。錯簡在此，則不可通矣。「買賣」二字當即「賈貴」之譌。

盡代僅〔一四四一·三〕毛本「代」譌「伐」。

貴時〔一四四一·四〕志疑云漢志作「如異時」。

召工官〔一四四一·五〕與食貨志合。北宋、舊刻、王、柯、毛本「召」譌「名」。

他郡〔一四四一·一三〕中統「他」譌「地」。「郡」下各本衍「國」字，索隱本無，與食貨志合。

坐市列肆〔一四四二·一〕雜志云「肆」字衍，食貨志無。

三等〔一四二·一三〕吳校改「三」爲「二」，與食貨志合。

無異故云〔一四三·一〕案：無異故猶言無它故也，或於「無異」絕句，非。

二十四史研究資料叢刊

校刊史記集解索隱正義札記

下册

〔清〕張文虎 撰

中華書局

校刊史記集解索隱正義札記卷四　世　家

吳太伯世家第一（史記卷三十一）

吳太伯世家〔一四四五·二〕宋本「太」作「大」，下並同。

吳太伯正義使子胥〔一四四五·一三〕官本「胥」，各本誤「齊」。

自號句吳集解宋忠〔一四四六·八〕宋本、毛本「忠」，它本作「衷」。案：吳郡志考證門引史記正義有「宋忠世本注云，句吳，太伯始所居地名也」十六字，今本無正義，蓋合刻者以與集解複而删之。

索隱夷語之發聲〔一四四六·一〇〕單本脫「之」字，各本皆有而脫「語」字，吳校元板有。

伯仲雍之後得周章周章已君吳因而封之乃〔一四四六·一五〕王本脫此十八字。

是爲虞仲〔一四四六·一六〕吳郡志考證門引史記正義云「周本紀云古公有長子曰太伯，次曰虞仲。左傳云太伯、虞仲，太王之昭。按周章弟亦稱虞仲，當是周章弟仲初封於虞，號曰虞仲。然太伯弟仲雍亦稱虞仲者，當是周章弟封於虞，仲雍是其始祖，後代人以國配仲，故又號始祖爲虞仲」。以上八十九字，蓋當在此，合刻者嫌與索隱複而文又冗亂，故删之。

太伯卒集解〔一四四七·二〕柯本脱。案：吳郡志塚墓門引史記正義云「括地志太伯冢在吳縣北五十里無錫縣界西梅里村鴻山上，去太伯所居城十里」三十二字，當在此下。

仲雍卒索隱〔一四四七·三〕柯本脱。

句卑卒〔一四四七·一〇〕中統本脱「句」字。

子壽夢立正義夢莫公反〔一四四八·六〕案：吳郡志考證門引史記正義，此四字下有「當周簡王元年。左傳云吳子乘卒。杜預云壽夢也。左傳及世本又云吳孰姑壽夢也，世謂孰夢諸也。春秋傳『壽』作『孰』，音相近。姑之言諸也。毛詩傳云舊讀月諸爲姑，是以姑爲諸也，則知孰姑壽夢一人耳。又名乘」。以上八十字當在此，蓋亦合刻者嫌與後文索隱意複而刪之。然所引似有脱誤。

行人集解賓大客〔一四四八·一四〕「賓」周禮作「擯」。

次曰季札索隱國是夷昧子〔一四五〇·三〕單本「國」，疑「固」字之譌。各本作「則光」二字。（案：中華本據黃善夫本徑改「國是夷昧子」爲「則光是夷昧子」。）

曹君集解曹伯盧也〔一四五〇·一〇〕吳校元板「盧」作「廬」。

其周之舊乎〔一四五二·九〕毛本「舊」作「東」，涉上而誤。

大而寬〔一四五二·一〇〕索隱本「寬」，與注合。各本作「婉」，蓋依左傳改。拾遺、志疑說同。

猶有感〔一四五三·四〕索隱本「感」，各本作「憾」，蓋依今本左傳改。雜志云：「襄二十九年左傳釋文作『感』。」

詔護（一四五三·四）考證云左傳及他書「護」皆作「濩」。

國未可量集解世數長短（一四五四·一二）宋本「數長」字誤倒。

不攜集解貳也（一四五六·三）毛本「貳」譌「貣」。

無邑無政（一四五七·一三）凌本作「與政」，涉上而誤。

欒高之難集解（一四五七·一六）王、柯、凌本皆無，蓋嫌與正義複而删之。

未有患也（一四五八·三）游、王、柯、凌「未」上複衍「子」字。

將舍於宿集解左傳曰將宿於戚（一四五八·八）考異云：「衞世家封孫文子于宿，宿卽戚也。古音戚如蹙，蹙與縮通，少牢禮『縮執俎』，注『古文縮爲蹙』是也。」

尙誰予乎（一四五九·一二）御覽七百七十七引「尙」作「當」。

靈王索隱楚子麇（一四六〇·四）各本譌「麋」，考證據春秋改。

餘祭卒索隱（一四六〇·一三）各本末有「合在季札聘魯之前，倒錯於此」十二字，單本無，疑後人旁注誤入。

伍子胥來犇（一四六一·一〇）宋本「奔」。

怒相滅（一四六二·四）類聚八十八引作「相怒喧」。

五子胥之初犇吳（一四六二·一〇）舊刻「五」。（案：中華本「五」字徑改作「伍」。下「五員」同。）

五員（一四六二·一二）舊刻。

見之光光喜〔一四六二・一二〕中統、王、柯「光」字不重。

楚䘮〔一四六三・二〕中統、游、柯、凌同，與字類引合。（案：此「䘮」字中華本逕改作「喪」。）

竟代立〔一四六三・九〕王、柯、凌無「代」字。

四月丙子索隱左傳亦無丙子〔一四六四・一二〕「無」原誤「云」，今改。疑本作「亡」而譌。

光謀欲入郢〔一四六六・一〕「光」疑「王」字誤。

囊瓦正義子囊之孫〔一四六六・五〕「子」字汪增，與杜注合。

比至郢〔一四六六・一二〕毛本「比」譌「北」。

敗之姑蘇〔一四六八・四〕案：吳郡志考證門引史記正義謂「姑蘇、檇李相去二百里」，今本此文失。

爾而忘句踐殺汝父乎〔一四六八・五〕雜志云：「而卽爾，左傳作『而』，後人依五子胥傳記爾字，因誤入正文。」

檇李集解有檇李城也〔一四六八・六〕官本「檇」，各本作「醉」，經注亦作「醉」。

三行正義行胡郎反〔一四六八・九〕各本「胡」譌「故」，今改。

病傷集解昌門〔一四六八・一三〕毛本「昌」作「閶」。

敗之夫椒〔一四六九・三〕案：吳郡志考證門引史記正義「吳敗越於夫椒，引杜預曰太湖中也。又引賀循會稽記云句踐逆吳戰於五湖中，大敗而退。今夫椒山在太湖中洞庭山西北」。今本此文失。

還報〔一四七二・五〕毛譌「執」。

商之以興集解有顯之越之〔一四七二·一三〕舊刻「顯之」字倒，無下「之」字。

吳東門正義吳俗傳云〔一四七三·一二〕吳郡志考證門引「吳俗」上有「闔閭城」，無「東門」六字。

六月戊子〔一四七三·一六〕左傳作「丙子」，是。若戊子，則不當在乙酉前。

我爲長〔一四七四·三〕毛本「我爲」誤倒。

乃長晉定公〔一四七四·三〕志疑云秦紀、晉、趙世家言「長吳」。

使伐敗吳師於笠澤〔一四七五·二〕「使」當爲「復」之譌，「復」與「復」通。案：吳郡志考證門引史記正義云「吳地記云笠澤江，松江之別名。又云笠澤即太湖」。今本此文失。

自剄集解卑猶位〔一四七五·九〕「位」上衍「之」字，舊刻無。毛本「位」字與下「越」字誤倒。

齊太公世家第二（史記卷三十二）

漁釣（一四七七·二）吳校宋板二字倒。游本同，又「釣」譌作「鉤」。

奸周西伯（一四七七·三）「奸」詩文王疏引作「干」，元龜三百八引同。

非虎非羆（一四七八·二）志疑云：「章懷崔駰達旨注，李善班固答賓戲注，初學記六、御覽八百三十一並引作『非熊非羆』。」

立爲師（一四七八·三）志疑云：「齊風譜疏引世家作『立爲太師』，呂子長見篇注同。」案：大雅大明疏引亦同，疑今本脫「太」字。

奸周西伯正義凡谷（一四七八·五）「凡」古「丸」字，各本譌「凡」，趙本水經注亦誤，戴校改「丸」，下同。

泉水潭積自成淵渚（一四七八·六）官本與水經渭水注合。各本脫誤作「積水爲陣」四字。

今人（一四七八·六）官本有「人」字，與渭水注合。

石壁深高幽篁邃密（一四七八·六）官本「篁」。渭水注作「隍」。各本止作「有石壁深高幽邃」七字。

林澤秀阻（一四七八·六）官本「澤」字。渭水注作「障」，御覽六十七引同。各本無此四字。

人跡罕及（一四七八·六）渭水注作「交」。

蓋太公所居也（一四七八·七）官本有「也」字。

有磻石可釣處（一四七八·七）官本如此。「磻」字王、凌作「磐」，柯作「盤」。渭水注作「平」，御覽引同。皆無「有」字「可」

字。

跪餌〔一四七八・七〕渭水注「跪」作「跽」。

是有磻磎之稱也〔一四七八・七〕官本有「有」字，與渭水注合。

奇計正義律之音聲〔一四七九・三〕今本六韜「之音」誤倒。

此其〔一四七九・四〕今本六韜「其」譌「眞」。

角管聲應〔一四七九・六〕官本「聲」字，與六韜合。各本誤「齊」。又案：六韜本作「角聲應管」，下三句放此，此「管」字皆在「聲」上，蓋誤。

商管聲應〔一四七九・六〕六韜「商聲應管」下有「當以朱雀，羽聲應管」二句，此脫。

五管盡不應無有商聲〔一四七九・六〕六韜本作「五管盡不應者宮也」，此誤。

陰敗〔一四七九・七〕六韜「陰」作「成」，此誤。

八百諸侯〔一四七九・一二〕志疑云「諸侯」二字衍。

太誓〔一四七九・一三〕毛本「太」作「泰」。

武王將伐紂云云〔一四七九・一六〕案：泰誓疏節引此文作「周本紀」，誤，說見前。

客寢甚安殆非就國者也〔一四八〇・九〕御覽百九十五引「甚」作「處」，「國」作「封」。水經淄水注引亦作「封」。

北至無棣集解土地〔一四八一・四〕毛本無「地」字。

哀公時〔一四八一·一四〕宋本脱「時」字。

成公脱〔一四八二·一三〕舊刻「説」，與齊風譜疏引合。然如索隱云，則所見本已譌。

莊公購〔一四八二·一三〕各本下有索隱，蓋從年表移屬，單本無。

嫁爲魯桓公婦〔一四八三·八〕毛本「爲」作「與」。

拉殺〔一四八三·九〕志疑云左傳疏引作「摺殺」，與魯世家同。

遂弒之〔一四八四·八〕毛本「弒」作「殺」。

沛丘集解樂安〔一四八五·三〕毛本誤倒。

齋祓〔一四八六·九〕毛本「齋」作「齊」。

納貢于周〔一四八八·九〕舊刻「于」作「事」。

於甄集解甄城也〔一四八八·二〕宋本「甄」作「鄄」。

鼇公集解僖字〔一四八八·一三〕宋本作「公」。

方城集解葉縣〔一四九〇·六〕毛本「葉」譌「華」。

大路〔一四九〇·九〕中統、游本作「輅」。

孤竹集解亦作離字〔一四九一·一二〕毛本譌「子」。

管仲曰〔一四九二·八〕宋本、毛本同，它本並作「管子曰」。

難近集解〔一四九二・一四〕王、柯、凌誤作「正義」。

豎刀正義尙可疑邪〔一四九二・一六〕王本「可」，與呂氏春秋合。柯、凌作「何」。

又曰我欲飲〔一四九三・四〕柯、凌「又」作「公」。案：呂氏春秋作「公又曰」。（案：金陵本作「公曰」。張氏批校本書眉注云「王本『又曰』，蓋未及挖改也」。中華本亦作「公」。）

周告急於齊〔一四九三・七〕中統、舊刻、王本無「於」字。

徐姬〔一四九三・九〕志疑云左傳作「徐嬴」，是。

宋華子集解宋華氏〔一四九四・四〕毛誤「子」。

內寵集解內官之有權寵者〔一四九四・八〕與左傳注合。毛本作「內宮人之權寵者」，疑誤。

葬齊桓公集解在臨菑城南七里〔一四九五・二〕毛本「城南」誤倒，「七」上有「十」字。案：水經淄水注引郭緣生述征記曰「齊桓公冢在齊城南二十里」。御覽五百六十引皇覽冢墓記「齊桓公冢在臨淄城二十里淄水南」，與正義引括地志相近，則七里十七里皆非也。

十月卽墓上〔一四九五・一四〕志疑云左傳「七月乙卯」，此「十」字誤。

戰齊急〔一四九七・一二〕毛無「戰」字。

取飲正義鄭周父〔一四九八・九〕官本有「鄭」字，與左傳合。

晉初置六卿〔一四九八・一五〕志疑云成三年左傳疏引作「六軍」，是。

不敢受〔一四九八·一五〕志疑云左傳疏及困學紀聞十一引作「不敢當」，疑今本誤。

仲姬戎姬〔一四九九·一三〕志疑云左傳作「諸子仲子戎子」。「姬」字誤。

欒盈〔一五〇〇·六〕警云：「史記當避孝惠諱，諸『盈』字皆當作『逞』。」案：如徐廣說則當時已有改作「盈」者矣。

從官〔一五〇一·三〕宋本、游本「官」，各本譌「宮」。

私暱〔一五〇一·五〕毛本「私」譌「秖」。

嬰所不獲〔一五〇二·六〕「獲」字疑即下文「唯」字譌衍，左傳無。

成請老於崔杼〔一五〇二·一一〕吳校刪「杼」字，是，蓋涉下而衍。

崔杼毋歸〔一五〇二·一四〕索隱本有「毋」字，各本脫，並刪索隱。宋本徑作「無」，亦與索隱不合。蓋史記古本「無」字多作「毋」，故小司馬音無也。雜志云：「左傳『至則無歸矣』，呂氏春秋慎行篇『崔杼歸，無歸』。」

崔宗邑集解濟南〔一五〇三·三〕各本誤「陽」，考證據左傳注改。

告慶封正義棠無咎〔一五〇三·五〕官本「棠」，各本譌「堂」。

其秋齊人徙葬莊公〔一五〇三·一一〕志疑云：「傳『十二月朔』。上文已書『十月』，何倒言『秋』。」

公子鉏〔一五〇五·一三〕毛本「鉏」，蓋依左傳改。

齊秉意茲〔一五〇七·一〕考異云：「下當有脫文。」案：「齊」字疑衍。又據集解，則徐廣見本已缺。

召公子陽生〔一五〇七·一〕毛本「召」譌「昭」。

私匿〔一五〇七·三〕毛譌「暱」。

讙闡索隱闡在東平剛縣北〔一五〇七·一五〕與左傳注合。凌脫「北」字。各本誤作「東南」。

監止〔一五〇八·七〕官本「監」，與索隱本合。各本作「闞」，蓋妄依左傳改。考證、考異、志疑說同。

四乘索隱稟丘子尙鑿茲〔一五一〇·一〇〕「稟丘」單本譌「稟立」。「尙」字當衍。「鑿茲」杜注作「意茲」，疏引世本作「鑿茲」。

芒子盈〔一五一〇·一〇〕「芒」字誤倒，依左傳注疏乙。

遷諸寢集解欲徙〔一五一一·四〕毛譌「從」。

郭關集解齊關名〔一五一一·一六〕舊刻、毛本作「也」。

大陸子方集解子我黨〔一五一一·一七〕毛本「子我」下有「之」字。

徐州〔一五一三·四〕索隱本作「俆」，與注合。各本譌「徐」。說詳志疑。

索隱薛縣〔一五一三·八〕單本「薛」誤「莘」。

宣公積〔一五一三·一一〕志疑云表名「就匝」。

魯周公世家第三（史記卷三十三）

自以爲質（一五一六・三）中統、游本譌「賓」。

告于太王（一五一六・三）中統、王、柯、毛「太」作「大」，下同。

蓺（一五一六・四）宋本，下同。

史策祝集解祝祠（一五一七・一）書傳作「辭」，疑「祠」乃「詞」之譌。

負子集解大子（一五一七・三）舊刻「大」，與書傳合。各本譌「太」。

葆命集解寶猶神也（一五一七・九）王、柯「神」作「主」。撰異云因下文而誤。

強葆（一五一八・三）毛本「褓」。

捉髮（一五一八・七）後漢書陳元傳注，御覽三百九十五、又四百一、又四百七十四引，並作「握髮」。

嘉天子命（一五一九・一）索隱本「命」上有「之」字。

匑匑集解謹敬貌（一五二〇・四）宋本「皃」。

夔夔（一五二〇・四）毛本「夔」，各本並作「夒」。玉篇「夒，夔之俗字」。

奸神命（一五二〇・五）御覽三百七十引「奸」作「干」。

作多士（一五二〇・一一）案：尚書多士篇次洛誥後，序云「成周既成，遷殷頑民，周公以王命誥作多士」。其文曰「惟三月，周公初于新邑洛，用誥商王士」。今本史記羼入此處，與上下文全不屬。此三字當在「卜居雒邑」下，然其上亦有脱文，其下當接後文「多士稱曰」云云四十五字。

多士稱曰〔一五二一·一〕撰異云：「此下至『周多士』當別爲一節。」案：上文「無逸稱」云云，乃櫽栝無逸文，此「多士稱曰」云云，是亦櫽栝多士文。此至「其民皆可誅」當在上文「作多士」句下，而「周多士」三字宜依志疑衍。

誕淫厥佚〔一五二一·三〕宋本「誕」作「信」，疑「譠」字之譌。説文「誕」重文「譠」。

〔增〕文王日中昃不暇食饗國五十年〔一五二一·三〕案：此見書無逸，中華本標點時特加引號。

昃〔一五二一·三〕宋本、中統、游、毛作「吳」。

久勞集解勞役〔一五二一·八〕宋本「役」。

言乃讙集解臣民〔一五二一·一一〕游、王本同，各本誤倒。

密靖集解密〔一五二一·一三〕宋本與詩公劉傳合。各本譌「寧」。

祖甲集解孔安國〔一五二一·一五〕各本下衍「曰」字，今删。「馬融」下放此。

久爲小人集解小人之行〔一五二二·一〕毛本「小」誤「之」。（案：各本集解均著「久爲小人」下，是以「久爲小人」絕句，非。下「以外」二字當屬上爲句。）

武丁〔一五二二·一〕毛本「武」誤「政」。

離成王〔一五二二·一〇〕元龜七十六引無「成」字，是。

暴風雷雨〔一五三三·一五〕毛本「雷」作「雷」。正譌說書作「雷電以風」，故下文曰「天乃雨」，此文「雨」字衍。

禮亦宜之正義天乃雨反風也〔一五三三·一三〕官本如此。各本作「天反雨不風也」。

禾盡起集解謝天也〔一五三三·一四〕毛本譌「地」。

肸誓索隱尚書作費〔一五三五·二〕單本「費」，各本並作「粊」。撰異謂「粊」從古文尚書，衞包改爲「費」。案：小司馬謂即季氏費邑，則索隱本作「費」，不得依集解改「粊」。

六年卒〔一五三五·一六〕考異云：「漢書律曆志煬公即位六十年，此脫『十』字。」志疑云：「漢志謂煬公二十四年，又謂十六年卒，出世家，妄也。」案：梁說非也。漢志本以爲煬公在位六十年，與世家異。其說以煬公二十四年正月丙申朔旦冬至爲蔀首，自此盡煬公年，加幽公十四年，微公二十五年，合七十六年，其明年正月乙亥朔旦冬至，又爲蔀首，並非謂煬公在位二十四年。梁氏所據本漢志「六十」誤倒，又誤會文義，輕訾古人矣。

不犯所知〔一五三六·三〕雜志云：「『知』當爲『咎』，所問所咎，皆承上文而言，周語正作『咎』。」

多畔〔一五三六·四〕中統、游本作「叛」。

伯御正義御我嫁反〔一五三六·五〕各本「御」譌「伯」，今改。

長庶子息〔一五三六·一五〕志疑云：「下脫『姑』字。魯頌疏、文十六年左傳疏及釋文、穀梁首篇疏引世家，並作『息姑』。」

太山〔一五三九·八〕舊刻「太」作「泰」。

許田集解許田乃魯之朝宿之邑〔一五三九·一〇〕宋本、舊刻無「乃」字，末有「也」字。案：穀梁傳作「許田者，魯朝宿之邑也」。

蔿氏〔一五二九·一六〕毛本「蔿」作「蔦」，注同，蓋依左傳改。

申繻諫止〔一五三〇·一一〕舊刻「止」下有「公」字，與凌引一本同，官本亦有。

觀社集解以示軍容〔一五三一·一三〕今國語注作「以示客」，疑脱誤。

命牙待於鍼巫氏集解〔一五三二·一六〕舊刻「命」作「令」。凌本誤題「集解」爲「正義」，又脱「杜預曰」三字。

父魯桓公〔一五三三·一六〕舊刻「父」上有「其」字。案：疑「其父魯」三字皆衍。

喬如〔一五三五·一〕柯、凌「喬」作「橋」。

鄭瞞集解瞞〔一五三五·一〇〕毛譌「滿」。

正義鄭作廋〔一五三五·一〇〕「鄭作」二字合刻者所加。

爲哀姜〔一五三六·三〕索隱本有「爲」字。

生子俀〔一五三六·四〕索隱本作「倭」。古音委妥同部，字形亦近，往往相亂。

魯欲背晉〔一五三七·七〕舊刻「魯」作「公」。

昭公三年朝晉〔一五三九·一一〕志疑云「三」字譌，表在二年。

僞讒臧氏〔一五四〇·一〇〕左傳「僞」作「爲」。志疑云古通。

衆將合謀〔一五四〇·一三〕宋本無「衆」字。

子將索隱一本〔一五四二·七〕單本「一」誤「系」。

文子武子〔一五四三·六〕宋本、毛本與左傳合。它本「文武」字互誤。

十一年齊伐魯〔一五四五·二〕宋本、毛本與左傳合。它本並誤作「十二年」。

徐州〔一五四五·三〕各本「俆」譌「徐」，依齊世家索隱改。

田常初相欲親諸侯〔一五四五·四〕此八字疑非史文。

遇孟武伯於街〔一五四五·八〕索隱本「街」，各本作「衢」。辨見雜志。

二十二年平公卒〔一五四七·四〕志疑云下「二」字衍。

文公七年〔一五四七·四〕志疑云「元」誤「七」。

頃公〔一五四七·五〕官本「頃」，各本作「傾」。下「楚頃王」同。

徐州〔一五四七·九〕志疑云：「徐州即舒州，其屬魯當在齊湣王時。呂氏春秋首時云齊以東帝困於天下，而魯取徐州。」案：據集解、索隱似即田常弒簡公之俆州，而今單本亦作「徐」，姑仍之。

遷於下邑〔一五四七·一〇〕王本「下」，與索隱合。各本作「卞」，蓋依表改。案：卞下形近易亂，未知孰是，兩仍之。

集解下一作卞〔一五四七·一四〕各本「下卞」二字互誤，今依王本。

燕召公世家第四（史記卷三十四）

姓姬氏索隱召穆公虎〔一五四九·六〕「穆」原誤「康」，考證改。

率維〔一五四九·一二〕中統、游、王、柯本「率」作「卒」。

哥詠〔一五五〇·一〇〕蔡本、中統本「哥」，它本作「歌」。

子桓侯立〔一五五一·八〕毛本無「子」字。

集解徐廣曰古史考曰世家自宣侯已下不説其屬〔一五五一·一三〕案：上文索隱引譙周曰「系家桓侯已下不言屬」，與此同引一書，既有參差，而上「召公九世至惠侯」索隱又云「自惠侯已下不言屬」，又復不同。然今史文釐、頃、哀、鄭、繆、宣、桓、莊、襄七侯二公上皆有「子」字，志疑謂皆後人妄增，舉漢書人表獨燕諸君以世計數，至三十六世文公以後始注某公子爲證，或當然也。

伐周惠王索隱二十年〔一五五二·六〕此下原衍「齊伐山戎」四字，涉下三十年文而誤，今删。

桓公十六年索隱據此史補系家〔一五五二·一五〕警云「家」疑當作「本」。

惠公多寵姬〔一五五三·三〕志疑云三「姬」字皆「臣」之誤，即表所稱「幸臣」。

四年齊高偃如晉請共伐燕〔一五五三·四〕志疑云：「上已書『六年』，何倒書『四年』。」案：表伐燕書在九年，「四」字疑傳寫誤。

姬宋索隱宋或作宗劉氏云其父兄爲執政〔一五五三·六〕據此則劉所見本是「姬」字。拾遺云依或本「宋」作「宗」，亦可通。

孝公〔一五五三·一三〕志疑云人表「孝」作「考」。

伐敗齊于林營〔一五五四·七〕各本「敗齊」誤倒，依志疑乙。案：索隱本無「伐」字，表作「敗齊于林孤」。

文公立〔一五五四·七〕志疑云人表以文公爲桓公子。

禹薦益已而以啓人爲吏〔一五五六·二〕鍾山札記云：「『已而以啓人爲吏』句，下兩『已而』一例。」（案：依批校本補。）

百姓恫恐〔一五五六·一四〕蔡本譌「怨」。

因搆難數月〔一五五七·三〕史詮云國策「因」作「國」。

然誠得賢士以共國〔一五五八·四〕御覽四百二引「以」作「與」。

臨淄〔一五五八·九〕毛本「菑」。

獨唯聊莒即墨〔一五五八·一〇〕志疑云後書李通傳注引無「聊」字。

十三年秦敗趙〔一五五九·三〕毛本「三」作「二」，與表合。而趙世家書於孝成王七年，則適當燕武成十三年。

破卿秦樂乘於代〔一五五九·一三〕志疑云：「樂乘趙將，此與樂毅傳同誤，當以『樂乘』置『破卿秦』上。」

秦滅東西周〔一五六〇·一一〕志疑云「西」字衍。（案：依批校本補。）

燕北迫蠻貉內措齊晉〔一五六一·一五〕雜志云：「『北』當爲『外』。風俗通義『燕外迫蠻貊，內措齊晉』，即本史文。」

管蔡世家第五（史記卷三十五）

冄季載〔一五六三·五〕思齊疏引「冄」作「聃」，與左傳合。

太姒正義思媚太姜太任〔一五六三·一〇〕各本止「思任」二字，汪校增，與列女傳合。

成叔武正義在濮州雷澤縣〔一五六三·一三〕「在」字原錯在「縣」下，考證移改。

冄季載索隱冄由鄭姬〔一五六四·三〕「由」誤「季」，汪校改，與國語合。

封叔度集解世本〔一五六四·一三〕二字毛誤「杜預」。

封叔武索隱後漢郡國志以爲成本國〔一五六四·一四〕單本作「郎此成」三字，無此十字。「郡國」二字原誤「地理」，考證改。

與車十乘〔一五六五·二〕「十」字毛誤「予」。御覽百五十九引作「七」，與晚出古文微子之命合。

列爲諸侯〔一五六六·四〕毛本與淩引一本合。各本並作「封爲列侯」。

嫁其弟〔一五六七·二〕毛本「妹」，非。

景侯固〔一五六七·七〕各本譌「同」，今改。

四十九年〔一五六七·九〕各本「四」誤「二」，今改。（案：金陵本譌作「三十九年」。）

隱太子友者〔一五六八·七〕官本、毛本同。它本不重「隱太子友」四字。

昭侯申〔一五六六·九〕中統、游、毛並作「申」，表亦作「申」，與春秋哀四年經合，乃與文侯同名。它本作「甲」，又與莊侯同名。

以共伐楚〔一五六八·一四〕御覽四百八十引以作「謀」。

賊利殺昭侯〔一五六九·四〕考異云殺昭侯者公孫翩。志疑云「利」字誤。

滅沈集解汝南平輿縣北有邥亭〔一五六九·七〕「北」字吳增，與春秋文三年經注合。「邥」彼作「沈」。

伯邑考〔一五七〇·二〕毛本提行。

曹叔振鐸者〔一五七〇·七〕各本別題「曹叔世家」四字。案：史公自序不及曹叔，小司馬述贊亦不別出。索隱云「附管蔡之末而不出題」，則史本無題矣。乃單本索隱雖不別題，卻中出「曹叔振鐸系家」六字，而系注於下，則自相矛盾矣。尋其補史記題此六字云「右亦姬姓之國，而文昭豈可附管蔡之末，今自爲一篇」，是亂史公之例者貞也。吳校刪去甚是，今從之，而移注於史文下。

於曹集解濟陰定陶縣〔一五七〇·一〇〕官本「陰」，各本譌「陽」。

石甫〔一五七一·七〕志疑云曹詩譜疏引「石」作「碩」。

齊桓公始霸〔一五七一·一三〕毛本「齊」誤「晉」。

私善於重耳〔一五七二·三〕毛本「於」作「與」。

成公三年晉厲公伐曹〔一五七二·一二〕志疑云：「『三』當作『二』。」案：表「二年晉執我公以歸」春秋經傳皆云「執之於會」，不云「伐」。

平公頃〔一五七二·一三〕志疑云：「平公名須，此譌『頃』。」案：表作「須」，不誤。

及振鐸之夢〔一五七四·三〕凌本「及」作「乃」。

陳杞世家第六（史記卷三十六）

平公燮（一五七六·二）志疑云陳風譜疏引「燮」作「爕」。

桓公鮑卒（一五七六·九）各本首衍「陳」字，索隱本無。

桓公弟佗（一五七六·九）索隱本作「他」。

負檐（一五七八·四）中統、舊刻、游本作「擔」。

八世正義按陳敬仲（一五七八·一三）各本脱「按陳仲」三字，而「敬」上衍「杜預曰」三字，官本不誤。

還過陳（一五七八·一四）蔡、王、柯本「還」譌「遠」。

成公元年（一五八〇·一）王、柯本「元」譌「九」。

二十八年楚莊王卒（一五八〇·一〇）仁和杭氏史記疏證云表在八年，「二十」字衍。

立留爲太子（一五八〇·一四）柯本「立」譌「亡」。

自經集解三十五（一五八一·六）毛譌「三十三」。

十年陳火（一五八二·九）各本譌「七年」，表在惠公十，與春秋經傳合，今改。

德公（一五八四·五）集解、索隱並引世本作「惠公」。古德字作「悳」，與惠形近。

孝公十七年卒（一五八四·五）毛脱「卒」字。

隱公弟遂〔一五八四·七〕志疑云：「春秋哀八年，僖公名過，疏引世家同，今本譌。」

題公生謀集解謀一作謨〔一五八四·一一〕案：索隱云「注一作『諜』，音牒」，疑「謨」乃「諜」之譌，諜與謀形近相亂。

齊湣王〔一五八五·七〕毛誤「公」。

著于傳上〔一五八六·一〇〕志疑引張氏說，「上」當作「云」，吳校同。

衛康叔世家第七（史記卷三十七）

恐其有賊心〔一五八九·六〕大誥序疏引作「恐有側心」，疑今本誤。

考伯〔一五九〇·一〇〕志疑云世表、人表作「孝伯」，詩疏引史亦作「孝」，今本譌。

子𢈔〔一五九〇·一〇〕中統、舊刻、游，毛本作「𢈔」。段注說文謂𢈔卽𡪇字，蓋本張揖字詁，而古今人表、詩邶鄘衛譜疏並引作「建」。謚法無「𢈔」與「建」，未知何字之譌。蔡、王、柯、凌並譌作「廱」。類篇又作「𢊁」，則不成字矣。

康伯代立索隱牟髡聲相近〔一五九〇·一三〕髡與牟聲絕不近，疑髡本作「髦」，傳寫誤。

犇〔一五九一·六〕毛本「奔」，下同。

共伯〔一五九一·七〕索隱本「共」作「恭」。

入釐侯羨索隱延墓道〔一五九一·一〇〕「延」當作「羡」。（案：依批校本補。）

武公五十五年〔一五九一·一五〕與表合，詩譜疏引作「五十年」，誤。

莊公揚〔一五九一·一五〕表作「楊」，與詩譜疏引合。

石碏諫集解衛上卿〔一五九二·七〕毛本「衛」譌「爲」。

因殺州吁于濮〔一五九二·一一〕詩譜疏引作「九月殺州吁于濮」。

桓公弟〔一五九二·一三〕詩譜疏引作「子」。

因殺州吁于濮索隱離狐〔一五九二·一四〕凌本「狐」，與漢志、水經注合。單本譌「派」。中統、游、王、柯作「孤」。

受沛〔一五九二·一四〕各本譌「沛」，考證改。

黔牟立八年〔一五九四·二〕考異云年表十年乃出犇。

三十一年惠公卒〔一五九四·五〕詩譜疏引作「三十三年」。

好鶴〔一五九四·六〕蔡、王、柯作「鸖」。案：諸家無音釋，則「鸖」非古本。

翟於是遂入〔一五九四·七〕官本有「翟」字，與凌引一本合。

〔增〕好鶴正義有乘軒者〔一五九四·八〕「有」上當依左傳補「鶴」字。

周主鳩〔一五九五·一二〕凌引一本「周」作「晉」。

穆公遫〔一五九五·一三〕毛譌「遬」。

是爲殤公〔一五九六·一五〕中統、游本「是」誤「遂」。

與孫林父爭寵〔一五九七·一三〕「林父」中統、游本作「文子」。

蒙衣集解以巾〔一六〇〇·九〕毛脫「以」字。

吾姑至矣〔一六〇一·四〕毛本「姑」誤「始」。

三年莊公上城〔一六〇二·八〕志疑云「『三』當作『二』，莊無三年。」（案：依批校本補。）

石曼尃〔一六〇三·三〕各本譌「專」，注同，依考異改。索隱本作「石尃曼」。

成侯遬〔一六〇四·一〕索隱本「遬」，各本並作「速」。

君角立集解〔一六〇五·一〕王、柯、凌本此下有索隱文，云「年表與此不同，徐註備矣」十字，單本無。

宋微子世家第八（史記卷三十八）

而帝紂之庶兄也〔一六〇七·三〕索隱本「紂」上有「帝」字。

滅⿰阝九國〔一六〇七·四〕各本重「⿰阝九」字。考異云下「⿰阝九」衍。案：疑正文作「滅⿰阝九」，後人注「⿰阝九國」二字於旁而誤溷也。今姑依索隱本删下「⿰阝九」字。「⿰阝九」當作「阢」，今本並作「⿰阝九」，類篇、集韻皆出「⿰阝九」字，承譌已久，仍之。字類引此文正作「西伯之修德滅阢」。

姦宄〔一六〇七·七〕舊刻、毛本誤「軌」。

典喪〔一六〇七·八〕考異云：「典讀如殄。考工記『輈欲頎典』，鄭司農讀典爲殄。」

今誠〔一六〇七·一〇〕毛本「今」譌「令」。

爲死〔一六〇七·一一〕雜志云：「爲猶如也。」案：說詳經傳釋詞。

四方集解將必亡也〔一六〇八·七〕毛本「將」作「終」。

維獲集解言屢〔一六〇八·一二〕毛譌「屨」。

典喪索隱徐廣〔一六〇八·一五〕疑當作「裴氏」。

爲桮〔一六〇九·一一〕雜志云治要引作「爲玉杯」。

詳狂〔一六〇九·一四〕治要「詳」，與殷本紀合。各本作「佯」。

微子曰至遂行〔一六一〇·一〇—一一〕案：此文五十二字，疑當在上文「不如去」下。「遂行」二字即「遂亡」之衍。「微子數諫不聽，乃與大師少師謀，遂去」。事在比干剖心之前，其文正相應，錯簡於此，遂來裴氏之疑。梁以殆非也。

不離于咎集解不罹〔一六一四·一四〕毛本「離」。

作女用咎集解雖錫〔一六一五·五〕毛本「賜」。

遵王之義集解當循〔一六一五·六〕各本譌「修」，依書傳改。

僭忒集解〔一六一六·一五〕凌脫。

〔增〕占之用二衍貣集解二衍貣〔一六一七·一二〕案：書無「之」字，貣作「忒」。馬融曰：「占，筮也。以占用一用五，占用二，以推其變也。」集解「二衍貣」連讀，非。

曰陽〔一六一八·七〕蔡、王、柯、凌「陽」，中統、舊刻、游、毛作「暘」。撰異云五行志、王莽傳作「陽」，假借字。

五者來備〔一六一八·七〕志疑云：「困學紀聞引作『五』，是。後書荀李兩傳注引一作『者』，一作『是』，蓋傳寫誤。有『五是以備』語。」

〔增〕時奧若集解則時煖順之〔一六一九·四〕「煖」金陵本譌「寒」，中華本逕改正。

麥秀之詩〔一六二一·一〕毛本「麥」譌「黍」。

不與我好兮〔一六二一·二〕志疑云御覽五百七十引作「不我好仇」。

弒煬公〔一六二一·一三〕毛本「弒」作「殺」。

哀公元年卒〔一六二二·八〕表無「哀公」，蓋傳寫脫。

醇酒〔一六二四·一三〕毛本「醇」作「湻」。

共殺君禦〔一六二七·一四〕舊刻「殺」作「弒」。

鮑革集解一無革字〔一六二八·一三〕考異云：「左傳無『革』字，下文亦有單稱『鮑』者，『革』爲衍文明矣。周禮攻皮之工有『鮑氏』，或作『鞄』，蓋讀如『鞄革』之『鞄』，溷入正文。」

鄭命楚伐宋〔一六二九·四〕志疑云「楚命鄭」，傳寫倒。

二日糧〔一六二九·一三〕舊刻、毛本「二」作「三」。

共公元年〔一六三〇·二〕志疑云當作「十年」。

昭公者〔一六三一·七〕中統、游本脫「者」字。

購由集解〔一六三二·一三〕王缺此「集解」，及下至「辟兵立」正文，「悼公」下「索隱」。

修行仁義〔一六三三·二〕毛本「行仁」倒。

三仁集解仁之窮也〔一六三三·五〕中統、游本「仁」，各本譌「仕」。

智之窮也〔一六三三·六〕各本「智」譌「志」，吳校改。

晉世家第九（史記卷三十九）

晉唐叔虞者〔一六三五・三〕索隱本「唐」上有「晉」字。

文在其手〔一六三五・四〕雜志云「文」上初學記、御覽天部引皆有「有」字。

字子于〔一六三五・一三〕宋本、毛本作「干」。

〔增〕唐有亂正義夏后召孟別封〔一六三六・二〕孫輯括地志作「夏后蓋別封」，今依改。

〔增〕上唐鄉故城即〔一六三六・四〕孫輯括地志云脫「是」字，今依補。

厲侯之子〔一六三六・一〇〕凌本有「之」字。

自唐叔至靖侯〔一六三六・一〇〕志疑云當作「厲侯」。

子燮正義宗國都城記〔一六三六・一二〕官本有「宗」字，說見周紀。（案：「宗」上當脫「徐才」二字。）

費王〔一六三七・四〕索隱本作「弗王」。

子郄〔一六三八・一三〕索隱本作「都」。

聞晉鄂侯卒〔一六三九・三〕王脫「鄂」字。

盡以其寶器〔一六四〇・三〕中統本無「以」字。

代晉二二歲卒〔一六四〇・八〕此「卒」字似衍。

先爲之極〔一六四一·一五〕毛本「爲」誤「謂」。

今命〔一六四二·一〕毛譌令名。（案：各本皆作「令名」，札記似有誤。）

滅霍索隱河北縣〔一六四二·七〕官本有「河」字，與漢志合。

不從太子〔一六四三·一三〕宋本、毛本無「太子」二字。

小臣集解官名〔一六四六·五〕毛本「官」譌「宦」。

勃鞮正義寺人披〔一六四七·二〕各本作「勃」，汪改。

以其族去虞〔一六四七·八〕中統、游本「以」作「與」。

及其大夫〔一六四七·九〕毛本「及」作「并」。

夷吾將奔翟〔一六四八·一〕凌引一本「將」作「欲」。

生悼子〔一六四八·一二〕志疑云：「秦紀、年表、齊世家皆作『卓』。徐廣於秦紀云一作『倬』，古通。此或『倬』字傳寫譌『悼』耳。」

諸侯弗平〔一六四八·一四〕宋本「萃」。

爲之驗〔一六四九·一〕凌本「爲」誤「謂」。

迎公子重耳於翟正義使屠岸夷告公子重耳〔一六五〇·七〕各本「岸」下衍「迎」字，「告」譌「吾」，考證據晉語改。

呂省正義名飴甥〔一六五〇·九〕官本「甥」，各本誤「生」。

邳鄭使謝秦〔一六五一·四〕宋本「邳」作「丕」。

更葬〔一六五一·一二〕索隱本作「更喪」。

鄭不孫〔一六五三·一三〕毛本「不」譌「丕」。凌本「孫」作「遜」。

遂失秦繆公〔一六五四·一〕宋本脫「繆」字。

師深集解深猶重〔一六五四·九〕宋本、舊刻「猶」，各本誤「尤」。

文公舅也〔一六五六·八〕志疑云四字旁注溷入。

備蒲城守秦〔一六五六·一〇〕「備守」疑當互易。

獻公使宦者履鞮〔一六五六·一一〕考異云：「前云『勃鞮』，後云『履鞮』，史駮文。或云本讀『鞮』爲『履鞮』字，後人溷入正文，轉去『勃』存『履』耳。」志疑云：「文選報任少卿書及宦者傳論並引史作『履貂』，蓋所見本異。」

逐斬〔一六五六·一三〕毛本「逐」譌「遂」。

獻公使宦者履鞮索隱〔一六五六·一四〕單本此條次在「長女妻重耳」後，則當系在下文「惠公乃使宦者履鞮」下，若獻公使勃提已見前，不當複出，蓋後人竄亂。

非以爲可用與索隱與音余諸本或爲興〔一六五七·一二〕各本正文「與」作「興」，又删去索隱首八字，蓋徑依或本改也。今從單本。

五鹿集解陽平〔一六五八·二〕各本倒，吳校乙，與左傳注合。

凡五歲（一六五八·四）志疑云「五」乃「三」之誤。

且言何以易之（一六五九·一一）考異云：「謂其不可移易。小司馬讀易爲去聲，非。」

從者憐之（一六六二·一三）宋本、舊刻、毛本「憐」作「怜」。

五蛇（一六六二·一三）中統本作「虵」。

卒以成立（一六六三·七）御覽六百三十三引「卒」上有「我」字。

若以力事我而無補吾缺者此受次賞（一六六三·七）雜志云：「無『復』字則文義不明，御覽治道部引此作『復受次賞』。」

晉人聞之（一六六三·八）毛誤「人」。

以原封趙衰集解沁水（一六六四·八）毛本「沁」譌「泌」。

秦將索隱小子憗也（一六六六·九）當依左傳作「憖」。（案：依批校本補。）

虎賁三百人（一六六六·一七）凌本「百」誤「千」。

布聞在下集解下謂人（一六六七·一七）毛誤「地」。

在位集解孔安國曰（一六六八·二）毛本「孔」譌「張」。

內外相應（一六六八·七）宋本無此四字。

晉侯度河（一六六八·八）各本脫「侯」字，毛本有。

王狩河陽者〔一六六八·一三〕宋本、中統、游、毛並作「著」。

王官正義文公三年〔一六七一·一三〕凌本有「公」字。

先蔑隨會亡奔秦〔一六七二·一三〕宋本脱「先」字。

晉之鄙索隱徐云年表曰徵〔一六七三·五〕據此，則年表及此文集解「徵」上皆無「北」字，今本既兩增之，遂删去索隱首六字，而改下文「之徵」二字作「所謂」，不成文義。今依單本刊正，而附記之，則年表及集解增字之非自見。

避丸〔一六七三·一二〕中統、毛本「避」作「逃」。

鉏麑退〔一六七三·一四〕柯、凌無「退」字。

齧狗〔一六七四·九〕王脱「狗」字。

宦三年集解宦學事也〔一六七五·一〕宋本「事」，毛本「仕」，它本並作「士」。宣二年傳杜注云「宦學也」，疏云「宦者學仕宦」。案：說文宦，仕也。又云仕者，學也。段注云古事士仕通用。

盾遂奔〔一六七五·六〕舊刻脱「盾」字。

爲弑易〔一六七五·七〕單本「弑」作「殺」。

出疆〔一六七五·一〇〕宋本「壃」，字類引同。

乃使解揚〔一六七七·八〕凌、毛作「楊」，下同。

卒致晉君言〔一六七七·九〕宋本、毛本「致」，各本誤「至」。

始作六卿〔一六七八・一四〕「卿」當作「軍」。

梁山集解夏陽縣〔一六七九・五〕毛脫「縣」字。

怨巫臣〔一六七九・七〕舊刻「怨」譌「怒」。

豎陽穀〔一六八〇・六〕考異云：「左氏作『穀陽豎』。」志疑云：「呂子權勳、淮南人閒並作『陽穀』。」

會與國不具〔一六八〇・一二〕毛本「俱」。

與大夫盟而立之是爲悼公〔一六八一・一四〕四字複出，疑衍。

其亦佐寡人〔一六八二・五〕毛本「佐」作「助」。

可用者〔一六八二・八〕毛本「可」譌「何」。

其子祁午〔一六八二・八〕毛譌「牛」。

不隱仇〔一六八二・九〕毛本「隱」作「避」。

秦取我櫟〔一六八二・一二〕志疑云「取」當作「敗」。

九合諸侯集解一謂〔一六八三・二〕二字疑倒。

六會于柤〔一六八三・二〕宋本、游本「柤」，中統、毛本譌「祖」，它本並譌「相」。

絳不戒〔一六八三・一二〕中統、游本脫「絳」字。

三十一年〔一六八五・一二〕凌脫「三」字。

盡幷其地〔一六六六·一三〕索隱本無「盡」字。

周威烈王〔一六六七·六〕宋本無「威」字。

趙敬侯〔一六六七·一三〕毛脱「侯」字。

楚世家第十（史記卷四十）

其長一日〔一六九〇·二〕志疑云："索隱本作『長日』，左昭十二年疏作『一日』，本有異文，後人妄合寫之。"

會人正義昔高辛之土〔一六九一·六〕王本"高辛"下有"氏"字。案：今詩譜作"古高辛氏火正"。

〔增〕居丹陽正義顓容云傳例云〔一六九二·二〕"容"王、柯、淩並譌"客"。案：唐書藝文志顓容傳例七卷，"顓容"下"云"字當衍。

越章索隱越作就〔一六九三·五〕雜志云："『大戴禮帝繫篇作『戚章』，戚字古音與氅相近，而氅從就聲，則作『戚』是。"

熊昫〔一六九四·一〇〕志疑云宣十二左傳疏引作"煦"。

索隱劉音舜〔一六九四·一四〕"舜"疑誤。案：玉篇"昫，所律切。史記曰楚先有熊昫"。若音舜，則與徐同矣。

徐音舜〔一六九四·一五〕原誤作"劉舜音"，依上文改。（案：金陵本原作"徐音舜"，中華本依單刻索隱本仍作"劉舜音"。）

還報楚〔一六九五·六〕王本無"楚"字，游本空。

熊通〔一六九五·七〕志疑云："杜世族譜、左文十六宣十二昭廿二引，並作『達』。困學紀聞引作『達』，尚不誤。"

兵罷集解葛陂〔一六九五·一四〕官本"陂"，各本譌"陵"。

而名〔一六九五·一五〕中統、舊刻、王、毛並作"名"，即"銘"字。

文王二年〔一六九六·一五〕中統、游本"二"譌"三"。

是爲莊敖〔一六九六·一一〕案：年表索隱引系家作「莊敖」，此注音側狀反，是小司馬所見本作「莊」，而讀爲壯。今各本作「杜」，單本出正文亦作「杜」，蓋皆後人所改。

至陘山〔一六九七·三〕中統、游本「陘」譌「涇」。

重耳過楚〔一六九八·三〕凌本有「楚」字。

不可立也〔一六九八·一三〕中統、舊刻、游本作「之」，蓋涉下而誤。

熊蹯集解外救之〔一六九九·一三〕舊刻作「至」，疑是。

予潘崇〔一六九九·一三〕凌本「予」作「與」。

蜚將〔一七〇〇·三〕毛本作「則」，下「鳴將」同。

滅庸正義今房州竹山縣〔一七〇〇·八〕「今」字錯在「縣」下，考證改。

載祀六百〔一七〇〇·一三〕宋本「載」作「戴」。

陸渾正義允姓〔一七〇一·一〕「允」誤「尹」，考證據左傳改。

周郊集解示周也〔一七〇一·三〕毛本「示」譌「于」。

相若敖氏集解子越椒〔一七〇一·一五〕毛脫「椒」字。

乃復國陳後〔一七〇二·三〕王、柯、凌「國陳」倒。

賓之南海〔一七〇二·五〕考異云賓讀爲擯。

非所敢望也〔一七〇二·六〕中統、游本「所敢」倒。

君兄之子〔一七〇五·一〕中統、游本無「之」字。

使弃疾殺之〔一七〇五·二〕雜志云：「當作『使疾殺之』，左傳作『使速殺之』，『弃』字因下文而誤衍。」

皆受寶器〔一七〇五·八〕中統、游本「受」作「及」。

將欲入鄢〔一七〇七·一三〕毛作「將入于鄢」。

正義義清縣〔一七〇八·二〕「淸」譌「靑」，考證據唐志改。

託仗山〔一七〇八·三〕官本「仗」，各本譌「伏」。

鋗人曰〔一七〇八·四〕中統、游本「鋗」作「涓」，下同。

芋尹〔一七〇八·五〕毛本「芋」譌「芊」。

巴姬〔一七〇九·八〕凌本「巴」譌「已」。

五公子〔一七〇九·九〕宋本、中統、王、毛無「公」字。

抱其上而拜〔一七〇九·九〕宋本如此，各本作「抱而入再拜」。（案：黃善夫本亦作「抱而入再拜」。）

私欲不違〔一七一〇·七〕毛譌「逞」。

而不忌集解無所畏忌〔一七一一·一三〕毛脫「無」字。

而召其二子而告以免父死〔一七一三·三〕案：召二子在下文，此不當闌入，蓋後人妄竄。

乃令〔一七三·三〕王本「乃」誤「功」。

守邊集解〔一七三·五〕王、柯、凌脫。

正義杜預云言成父〔一七三·七〕「云」「言」當衍其一。

知也〔一七三·一四〕中統、游、王、毛「知」作「智」。

使者還走〔一七三·一五〕王本「還」作「遂」。

邊邑卑梁〔一七四·三〕雜志云：「御覽州郡部引『卑梁』下有『女』字，是。吳世家曰『楚邊邑卑梁氏之處女與吳邊邑之女爭桑』，伍子胥傳亦曰『兩女子爭桑』，呂氏春秋察微篇亦曰『楚邊邑卑梁處女』。」

殺伍奢子父〔一七四·一四〕游、王、柯、凌作「尙」。

吳三公子索隱〔一七五·五〕此條各本作「集解」，今依單本。

公子掩餘奔徐公子燭庸奔鍾離〔一七五·五〕此在二十七年，不當在三十年。「奔楚」下蓋有脫文，又錯倒。

楚兵走〔一七五·九〕王、柯、凌作「奔」。

申鮑胥〔一七六·六〕宋本、舊刻並作「鮑」，與集韵引合。

〔增〕堂谿正義地理志云〔一七六·一一〕按：當作「括地志」，依孫輯括地志改。

八十有五里〔一七六·一一〕王本無「有」字。

都鄀正義三十二里〔一七六·一六〕王本「二」作「三」。

滅頓集解南頓縣〔一七一七·四〕「南」字汪校增，與漢志合。

正義括地志云〔一七一七·四〕四字柯、凌脫。

滅胡集解西北〔一七一七·六〕毛譌「比」。

十月昭王病〔一七一七·七〕志疑云「七月」之譌。

乃遂與〔一七一八·二〕中統、舊刻、游本作「以」。

江淮北正義徐泗等州是也〔一七一九·二〕王無「是」字。

子簡王中立正義中音仲〔一七一九·一四〕各本下衍「反」字，今刪。

乘丘正義三晉公子伐我至乘丘〔一七二〇·六〕案：表無「公子」二字，「乘」作「桑」，此衍誤。

已解在年表中〔一七二〇·六〕警云今年表缺正義。

〔增〕地理志云〔一七二〇·六〕案：此「地理志」亦當作「括地志」。

賀秦獻公〔一七二〇·一四〕游、凌誤「王」。

齊孟嘗君父田嬰欺楚〔一七二一·二〕「孟嘗君父」四字疑後人旁注，誤混正文。

張丑僞謂楚王曰〔一七二一·三〕雜志云「僞」讀爲人謀之「爲」。

復搏其士卒〔一七二一·五〕雜志說「搏」當爲「摶」，「摶」與「專」同，引田完世家集解、吳王濞傳索隱爲證。案：宋本及舊刻正作「摶」，然據索隱，則所見本已譌爲「搏」。

取我陘山〔一七二·九〕志疑云「取」當作「敗」，六國表魏世家可證。

冠之上不可以加矣〔一七三·六〕舊刻脫「上」字。

攻齊勝之〔一七三·六〕王脫「齊」字。

國冠之上索隱冠音官〔一七三·一三〕單本「官」，各本作「貫」。

盟齧桑〔一七三·一三〕柯脫「盟」字。

六國共攻秦〔一七三·一五〕王本「共」譌「兵」。

兩國索隱韓魏也〔一七四·一〕案：此自謂齊秦，小司馬說非。

歸報懷王〔一七四·五〕游、王、柯、凌「歸」作「命」。

不宜敢取儀〔一七五·三〕柯譌「秦」。

二十六年〔一七五·一〇〕各本作「二十年」，今依索隱本。雜志云：「正文本作『二十六年』，小司馬以爲當作『二十年』，今本依改，而又於注首加『俗本或作二十六年』八字，甚謬。」

三川正義三川〔一七七·三〕王本無此二字。

河山爲塞正義蒲州〔一七七·四〕各本誤「河」，考證改。

楚往迎婦〔一七七·七〕志疑云：「六國表秦來迎婦，屈原傳云秦昭王與楚婚，則此誤。」

面相約〔一七八·一〕毛本「面」譌「而」。

昭王詐令〔一七二六·三〕中統、游本「昭王」上有「秦」字。

故爲婚姻正義〔一七二六·七〕王本此注譌脫，今依柯、凌。

然則東國必可得矣〔一七二六·一三〕宋本無「必」字。

乃告于秦〔一七二六·一四〕王、柯、凌誤「齊」。

取析十五城正義析縣〔一七二九·七〕官本「縣」，各本誤「之」。

伊闕〔一七二九·九〕王、柯、凌譌「關」。

正義伊闕〔一七二九·一三〕官本「闕」，各本譌「門」。

騶費〔一七三〇·五〕索隱本「騶」，各本作「鄒」，下同。

朝昔〔一七三〇·六〕索隱本「昔」，各本作「夕」。

圉之東〔一七三〇·八〕宋本「圉」譌「國」。

而顧病〔一七三〇·一五〕索隱本有「而」字。

而處〔一七三一·二〕柯脫此二字。

勢有地利〔一七三一·三〕雜志云「有」讀爲「又」。

朝昔索隱昔猶夕也〔一七三一·一三〕各本「昔夕」互易。

繕繳正義蘭臺桓山之別名也〔一七三一·一五〕官本有「蘭臺」二字，各本脫。

新繳集解傳弋〔一七三二·六〕毛譌「戈」。

布狋集解一作屬〔一七三二·四〕毛本「一音屬」，疑皆誤，當云「一作狘」。說文「狘」重文「狋」。

臣世君〔一七三二·一三〕毛本「世」誤「其」。

小國不附〔一七三三·一三〕中統、游本誤「輔」。

不足以傷民〔一七三三·一三〕「傷民」疑誤。

喜攻〔一七三四·三〕毛譌「政」。

而忘〔一七三四·四〕毛作「亡」。

必萬於虎矣〔一七三四·六〕各本「萬」下衍「之」，索隱本無。

詘楚〔一七三四·六〕柯誤「子」。

交絕於齊正義〔一七三四·一三〕凌本誤作「索隱」。

必萬於虎矣正義麋蒙虎皮〔一七三五·一〕柯本「麋」下有「鹿」字。

六翼索隱事具小爾雅〔一七三五·四〕今小爾雅無此文。

至新中正義秦莊襄王〔一七三六·七〕官本「襄」，王本誤「大」，柯、凌誤「文」。

幽王悍〔一七三六·一〇〕中統、游本譌「悼」。

亡十餘城〔一七三六·一三〕志疑云表作「十城」。

名爲楚郡〔一七三七·三〕志疑云：「秦避莊襄名，豈有置『楚郡』之理。」案：疑「名楚」二字後人妄增。（案：依孫檢說，則祇衍一「楚」字耳。）

越王句踐世家第十一（史記卷四十一）

而相怨伐（一七三九·四）雜志云："『伐』字衍。文選鵩鳥賦注引無。"

悉五千人（一七四一·三）王、柯、凌脫「悉」字。

謂范蠡曰正義會稽典錄（一七四一·六）官本「典」，各本譌「興」。

由是觀之（一七四二·九）凌本「是」作「此」。

塡撫（一七四二·一三）索隱本「塡」，各本作「鎭」。

拊循其士民（一七四三·三）凌本下重「士民」二字，衍。

今乃復殷給（一七四三·三）舊刻「乃」作「方」。

役反（一七四三·一四）官本「役」，各本誤「欲」。

而父覇索隱闔廬（一七四四·六）單本、中統本並誤作「夫差」。

習流二千人（一七四四·一一）索隱本有「人」字，各本脫。案：習流謂水卒，小司馬解爲流宥，非。

以請成越（一七四四·一三）雜志云文選答蘇武書注引作「請成於越」。

姑蘇之山（一七四五·八）案：吳郡志塚墓門引史記正義云「夫差棲於姑蘇山，轉戰西北，敗於干遂，在蘇州西北四十里，萬安山有遂山」云云，當在此下，今本失。

不者且得罪〔一七四五・一四〕索隱本無「者」字。

於宋〔一七四六・一〇〕毛本「於」作「與」。

鳥喙〔一七四六・一六〕毛本「鳥」譌「烏」。

七術正義貴糴〔一七四七・四〕誤作「遺敵」，考證據越絕改。

以滎〔一七四七・四〕譌「榮」，考證改。

析酈〔一七四八・一〇〕索隱本「析」作「枅」。

宗胡〔一七四八・一〇〕索隱本「宗」，各本譌「宋」。

吾不貴其用智之如目〔一七四八・一三〕雜志云：「『患』譌『貴』，後人加『不』字。韓子喻老篇『臣患王之智如目也，能見百步之外，而不能自見其睫』。語意正同。」

非有馬汗之力也〔一七四八・一四〕宋本、毛本同。中統本「有」作「其」。凌、游作「其汗馬」。

陽翟正義河南〔一七四九・六〕「南」字考證據呂不韋傳及唐志補。

上蔡正義上蔡縣〔一七四九・八〕「蔡」下衍「邑」字，考證刪。

酈正義音擲〔一七五〇・一〕各本譌「攤」。案：漢志注音持益反，則當音擲，今改。

商於析酈〔一七五〇・三〕官本「析酈」，各本譌「折攤」。

夏路正義累石爲固〔一七五〇・七〕各本「固」字與下「楚」字互倒，考證改。

三千七百里正義巴巫〔一七五〇·一四〕「巴」譌「邑」，考證改。

皆備秦晉也〔一七五〇·一四〕「皆」譌「不」，「晉」譌「魯」，吳校改。

四邑正義則四邑〔一七五一·五〕「四」譌「西」，警校改。

可與同患〔一七五二·三〕宋本、毛本下有「難」字。

范蠡正義〔一七五二·六〕困學紀聞二十引太史公素王妙論，下注「史記正義七略云司馬遷撰此」，蓋因集解引素王妙論而釋之也，今本缺。

在陶〔一七五二·七〕柯脫「在」字。

居楚〔一七五二·七〕王本「居」譌「君」。

天運〔一七五二·八〕各本「運」譌「連」。

千歲〔一七五二·八〕「歲」字各本脫。

挾弓矢〔一七五二·九〕各本「挾」譌「按」。

干吳王〔一七五二·九〕各本「干」譌「于」。

共戒之〔一七五二·九〕「共」字各本脫。

闢其詞〔一七五二·九〕各本「闢」譌「聞」。

乃入越〔一七五二·一〇〕各本「乃」譌「及」，脫「入越」二字。以上官本並與越絕合。

戮力〔一七五二·一三〕御覽四百七十一引「戮」作「務」，疑「勞」之譌。

數十萬〔一七五二·一三〕柯、凌「十」作「千」。

知友〔一七五二·一四〕御覽引作「交」。疑古本作「反」，形近譌爲「友」。

〔增〕所善莊生正義周元王〔一七五三·一五〕案：當作「齊宣王」。

藜藿〔一七五四·一〕中統、游、柯、凌本並譌「藿」。

然長男發書〔一七五四·一〕此「然」字疑涉下而衍。

某星宿某〔一七五四·七〕御覽六百五十二引「宿」作「犯」。

昨暮〔一七五四·一〇〕舊刻「夜」。

三錢之府集解銅鐵〔一七五四·一三〕舊刻「鐵」，與國語注合。各本譌「錢」。

母權子〔一七五四·一四〕「權」誤「平」，考證據國語改。

賈韋之說〔一七五四·一五〕毛無「韋之」二字。案：詳裴意，似不取韋說，此二字疑後人增。

昨暮王使使封之集解赦出〔一七五五·三〕毛本「赦」作「放」。

羞爲〔一七五五·三〕御覽引「羞」作「恥」。

多持〔一七五五·四〕御覽引作「將」。

金錢〔一七五五·四〕毛本「銀」。

見苦〔一七五三·八〕御覽引倒。

輕弃〔一七五三·九〕中統、凌本譌「去」。

吾日夜固以〔一七五三·一〇〕御覽引「固」字在「日夜」上。

陶朱公正義葬處有一〔一七五六·一〕各本譌「三」，吳校改。

漸九川集解字或〔一七五六·六〕毛本「亦」。

鄭世家第十二（史記卷四十二）

二十二年〔一七五七・三〕與表合。吳校金板下「二」字譌「三」。

封三十三歲〔一七五七・三〕中統本上「三」字譌「二」。凌引一本「封」作「立」，舊刻並同。

河雒〔一七五七・四〕毛本「洛」。

或畔〔一七五七・五〕毛本「叛」。

伯翳〔一七五七・一三〕凌本「繄」。

十邑集解歷莘〔一七五八・一六〕各本譌「華」，依天聖明道本國語改。下索隱同。

是爲武公索隱循舊失〔一七五九・四〕「失」疑「史」。

當是〔一七五九・五〕單本作「時」。

太叔〔一七五九・一二〕宋本「大叔」。

潁谷正義潁考叔〔一七六〇・九〕官本「叔」，各本誤「之」。

祝聸〔一七六〇・一三〕各本譌「瞻」，依考異改。

問王疾〔一七六〇・一四〕舊刻無「王」字。

九月辛亥〔一七六二・一〕志疑云：「傳是『丁亥』。」案：下文有己亥，則此文「辛」字誤可知。

死固宜哉〔一七六二·七〕舊刻無「固」字。

甫假〔一七六三·一五〕索隱本作「假」，故引左傳異文以證之。各本作「瑕」，蓋後人依左改。

厲公果復入〔一七六四·二〕中統本、吳校金板「果」作「突」。

與周惠王歸〔一七六四·一〇〕毛本「周」誤「惠」。

使伯犕〔一七六五·一三〕毛脫「使」字。

又怨〔一七六五·一三〕凌譌「恐」。

囚伯犕〔一七六五·一三〕毛譌「犢」。

背晉〔一七六六·一五〕毛本「背」作「倍」。

攻晉者〔一七六六·一六〕志疑云「者」字衍。

而卒〔一七六六·一三〕二字各本倒，依志疑乙。

崤〔一七六七·四〕毛本「殽」。

初往年〔一七六七·四〕「初」下不當復云「往年」，疑因下文而衍。

與宋華元伐鄭〔一七六七·六〕句有誤。志疑云：「鄭受命楚伐宋，非宋伐鄭。」

掔羊〔一七六八·一一〕毛本「牽羊」。

或欲還〔一七六九·一〕游、王、柯「欲」誤「從」。

伯宗諫〔一七六九・四〕毛誤「見」。

解揚〔一七六九・五〕中統、游本作「楊」。

二年楚伐鄭〔一七七〇・五〕毛本「伐」誤「反」。

僖公〔一七七一・一〕毛本「僖」作「釐」。（案：金陵本亦作「釐」。）

子惲索隱髡頑〔一七七一・三〕各本誤「原」，考證據左傳改。

公子子孔〔一七七一・七〕宋本脫一「子」字。

方娠〔一七七二・七〕上文「叔虞」索隱引此文作「方動」，今本「娠」字蓋後人所改，說詳雜志。

商星集解湯〔一七七三・三〕毛作「殷」。

夏商正義范氏所云在周爲唐杜氏也〔一七七三・九〕官本有「云」字「也」字。

十三年定公卒〔一七七五・三〕案：表云「十六年」，此「三」字誤。

古之遺愛也〔一七七五・五〕各本此下有「兄事子產」四字，與上文「與子產如兄弟云」複，且不當雜出於此。志疑引滹南集辨惑說同。此蓋後人旁注誤混。葉校宋大字本空，今刪。

子產卒正義溱水〔一七七五・七〕「溱」誤「涇」，考證據水經注改。

三十六年晉知伯伐鄭〔一七七五・一四〕「三」譌「二」，與校改，與六國表合。

三晉滅知伯〔一七七六・三〕「三」字警引葉石君校增。

三十一年共公卒〔一七六·三〕「一」字與校增，志疑說同。

負黍正義故周邑〔一七六·九〕「周」誤「國」，考證據秦本紀正義改。

趙世家第十三（史記卷四十三）

大戊〔一七七九·三〕毛譌「成」。

綠耳〔一七七九·七〕淩本「騄耳」。

及千畝戰〔一七八〇·一三〕毛譌「載」。

五世而生趙夙〔一七八〇·一五〕雜志云：「『生』字涉上而誤。御覽封建部引作『至』。」

以其少女〔一七八一·一〇〕中統、游本無「其」字。

趙朔晉景公之三年〔一七八三·一〕志疑云：「毛本『二年』。史誤，故徐廣正之。若作『二年』，則複下文，而徐說贅矣。」

案：今毛本亦作「三」。

乃君之子〔一七八三·三〕中統本「乃」作「及」。

而今〔一七八三·七〕宋本作「后」，毛作「後」。

與我〔一七八四·三〕御覽四百二十引「與」作「予」。

謀匿〔一七八四·五〕毛本「立」，吳校本同。

鳥囑〔一七八四·一〇〕游本「啄」。

立功〔一七八四·一一〕御覽引作「功德」。

七世之孫（一七八七·一一）志疑云：「『十』譌『七』。論衡記妖篇是十世。」

七世而亡正義簡子（一七八七·一三）「簡」下衍「公」字，汪校刪。

范魁正義伐衞（一七八七·一五）「伐」字汪校增。

小阜（一七八八·一）「小」譌「川」，汪校改，與國語注合。

滅二卿（一七八八·七）王、柯「滅」譌「減」。

而胡服正義裘裳（一七八九·二）疑「冠裳」之誤。

乃告諸子（一七八九·七）中統、游本「乃」作「盡」，涉上而誤。

常山上（一七八九·七）御覽七百二十九又八百二引「常山」下有「之」字。

范中行作亂（一七八九·一三）凌本余有丁云：「作亂在下，此先言，誤。」志疑云五字衍。

衞士（一七八九·一三）凌本「氏」。

十月范中行氏（一七九〇·二）志疑云「七」譌「十」。

荀櫟（一七九〇·四）索隱本「櫟」，各本作「躒」。

范中行氏正義同承襲逝遨（一七九一·六）「同」譌「因」，依索隱文改。

荀櫟索隱（一七九一·九）單本「智瑤」下系此注，其「荀櫟」下但注「智文子」三字，蓋傳寫誤。

諸大夫朝（一七九二·三）雜志云文選辨亡論注引「朝」上有「在」字。

居戚正義故戚城〔二七九二·九〕官本「城」，各本並譌「戚」。

〔增〕在頓丘衞縣西〔二七九二·九〕據左傳哀二年孔疏補「衞」字。

侔於諸侯〔二七九二·一二〕毛本「侔」譌「侯」。

越圍吳正義趙世家云〔二七九三·八〕「趙」當爲「越」之譌，「云」字疑衍。

文說誤〔二七九三·九〕「說」疑「脫」。

使楚隆正義故減祭饌〔二七九三·一二〕官本「減」，各本譌「滅」。

伯魯〔二七九四·二〕凌本誤倒。

銅枓正義音斗〔二七九四·五〕王、柯下衍「合作枓」三字，凌本無。

摩笄正義亦名爲山〔二七九四·七〕水經㶟水注引魏土地記「摩笄山亦謂之爲鳴雞山」，疑「山」上脫「鳴雞」二字。

自刺〔二七九四·九〕各本誤「殺」，依水經注改。

遂亦自殺〔二七九四·九〕王脫「遂」字。

盡分其〔二七九四·一〇〕志疑云「其」字衍。

赤黑〔二七九五·三〕宋本、毛本「赤」，它本譌「亦」。

〔增〕河宗正義則栢絜〔二七九五·八〕案：今本穆天子傳作「䣙栢絜」。

高共〔二七九五·一三〕志疑云：「韓子難一第三十六、淮南氾論人間訓、說苑復恩及人表並作『赫』。」案：「赫」隸或作「𧹞」，因譌爲「共」。呂氏春秋作「赦」，亦「赫」之譌。

治中牟集解三卿〔一七九六·一一〕毛譌「鄉」。

正義蕩陰〔一七九六·一四〕各本譌「陽」，依唐志改。

〔增〕爲內史正義少府內史〔一七九八·七〕「少府」二字當衍。

九年伐齊齊伐燕趙救燕〔一七九八·一五〕案：六國表趙敬侯七年，齊伐燕，取桑丘。魏、韓、趙伐齊，至桑丘。九年，魏、韓、趙伐齊，至靈丘。田完世家正義前引魏趙世家，後引韓、魏、趙世家文並合，今趙世家獨無此文，而又合救燕於敬侯九年，蓋有脫誤。志疑說同。

鄉邑〔一七九九·一一〕表作「都鄙」，前「范魁」下正義引同，此疑誤。

魏敗我藺〔一七九九·一二〕凌本「魏」誤「衞」。

以與韓韓與我長子〔一七九九·一三〕王、柯本脫「韓韓與」三字。

伐魏敗湪澤〔一七九九·一三〕「魏敗」疑倒。凌本「湪」作「涿」。

攻衞取甄〔一七九九·一四〕王本重「攻」字，衍。

太子痤〔一七九九·一五〕王、柯作「座」。

侵齊至長城正義濟州〔一八〇〇·九〕「濟」譌「齊」，考證據楚世家正義及唐志改。

葛孽〔一八〇一·三〕此下王、柯、凌並衍正義一條，與「皮牢」下正義同，今刪。

公子緤〔一八〇一·五〕合刻本下有「晉薛」二字，宋本、中統、游、毛集解皆無，蓋後人旁注誤混，今删。

平陸正義平陸城與〔一八〇一·八〕「與」字非衍即誤。

會阿正義徐兗〔一八〇一·九〕考證云案水經注「兗」當作「濊」。

地理志〔一八〇一·一〇〕漢志無此文。

燕會趙卽此地〔一八〇一·一〇〕「會」字考證增。官本「地」，各本譌「也」。

檀臺正義洺州〔一八〇一·一三〕官本「洺」，各本譌「洛」，下同。

桂陵正義乘氏縣〔一八〇一·一四〕官本有「氏」字，各本脱。

起壽陵正義常山〔一八〇二·七〕「山」誤「州」，考證改。

大戊午〔一八〇二·八〕盧氏札記云漢書人表「大成午」，韓非內儲作「大成牛」。

鹿門正義孟縣〔一八〇二·一一〕官本「孟」，各本譌「孟」。

源出〔一八〇二·一一〕官本「源」，各本誤「魏」。

南渚〔一八〇二·一二〕官本「渚」，各本譌「海」。

長城正義漳水〔一八〇二·一五〕考證云趙南界無「漳」，疑「漳」之誤。

桑丘正義不得在泰山有桑丘縣〔一八〇三·五〕「有」疑「之」字誤。

秦取我中都及西陽〔一八〇四·三〕各本「中西」互誤，考證據注及表改。

異日〔一八〇四·一四〕雜志云舊本北堂書鈔引作「且日」，御覽樂部同。

茲之榮正義其華細綠色〔一八〇五·一〕陳風疏作「其莖葉綠色」，此疑誤。

命乎正義重言名乎者〔一八〇五·四〕「乎」譌「呼」，考證改。

九門正義戰國策云本有宮室而居〔一八〇五·一〇〕考證云：「今國策無此語。」案：姚宏題戰國策後亦舉此爲逸文，然其文不類。

野臺正義新樂縣〔一八〇五·一一〕「新」字依唐志增。

西南〔一八〇五·一一〕王、柯、凌下複衍此二字。官本無，與郡縣志合。

無窮〔一八〇六·一〕志疑云疑「無終」。

北有燕正義涿郡〔一八〇六·八〕「涿」字各本脫。

鄭州〔一八〇六·八〕各本「鄭」譌「鄚」。

河閒〔一八〇六·八〕各本「河」譌「之」。以上官本並與漢志合。

秦韓之邊正義邊邑〔一八〇六·一一〕各本倒，考證改。

洺潞〔一八〇六·一二〕官本「洛」，各本譌「洛」。

寵有〔一八〇六·一三〕游本「寵」作「窮」，與國策合，正對下「達」字。然正義據本已誤。

孝弟〔一八〇六·一三〕舊刻「弟」，它本並作「悌」。

開於〔一八〇六·一四〕「於」字疑衍，國策無。

功多〔一八〇六·一五〕舊刻「功」上有「成」字。

而序〔一八〇六·一五〕雜志云：「張所見本作『厚』，故訓重。當依策作『享』。」

兄弟之通義也〔一八〇七·一四〕志疑云「兄弟」當依策作「先王」。

使緤〔一八〇八·二〕單本「紲」。

郤冠〔一八〇八·一五〕志疑云策作「鯷冠」，此「郤」字疑非。

賢聖〔一八〇九·三〕凌本倒。

異於己而不非者〔一八〇九·一三〕毛本「不」譌「小」。

先王不同俗〔一八一〇·一〇〕「先王」策作「古今」。

故禮也不必一道而便國不必古〔一八一〇·一三〕雜志云：「當依策作『理世不必一道，而便國不必法古』。商君傳『治世不一道，便國不法古』。」

服奇者志淫則是鄒魯無奇行也〔一八一〇·一四〕雜志云兩「奇」字皆讀爲「奇衺」之「奇」。

以書御者〔一八一〇·一六〕國策「書」下有「爲」字，疑此脫。

中山獻四邑和〔一八一一·一二〕官本「和」上有「請」字。

惠后卒〔一八一一·一三〕考異云：「此即吳娃也。後文吳娃死，乃追敍此事。索隱非。」

與之陘正義與音與〔一八一二・一四〕疑史文「與」作「予」，故正義發音。

華陽正義按北岳〔一八一三・五〕「北」譌「此」，汪改。

鴟之塞集解〔一八一三・六〕王、柯、凌本無。

正義鴻上故關〔一八一三・六〕官本有「鴻」字，各本脫。

累至〔一八一四・三〕游本「累」譌「絫」。

子勉之矣〔一八一四・四〕中統、游本無「之」字。

義再拜受命而籍之索隱〔一八一四・六〕此索隱文各本移置前文「公孫支書而藏之」下，又妄增「藏一作籍」四字，今依單本正。

生者不愧正義必盡〔一八一四・七〕「盡」下疑脫「力」字。

並見傅王無變〔一八一四・七〕「並見」二字疑即「并見」之誤衍。

主父開之〔一八一五・七〕中統、游、王、柯本「開」譌「聞」。

索隱謂藏之也〔一八一五・一〇〕單本「藏之」誤倒，今正。各本脫「之」字。

主父死惠文王立立五年〔一八一六・四〕志疑云「五年」上八字當衍。

公主死〔一八一六・六〕宋本作「主父死」，蓋涉上而誤。

魯關正義南陽〔一八一六・一一〕官本「陽」，各本誤「河」。

〔增〕取靈丘正義蔚丘縣也〔一八一七・一〕按：「丘」當作「州」。

中陽正義隰城〔一八一七・二〕官本「隰」，各本誤「偃」。

齊人患之〔一八一七・三〕王本脫「齊」字。

教順〔一八一七・四〕讀爲「訓」，古通。

實而〔一八一七・九〕而，猶則也，見釋詞。凌本不解其義而乙之。

上黨正義儀沁〔一八一八・一〇〕王、柯譌「泌」，下同。

上佼〔一八一九・三〕雜志云說文佼，交也。

事王者〔一八一九・四〕中統、游本誤「下」。

巠分集解一作王公〔一八一九・一二〕考異云：「疑『三公』之譌。常山郡元氏縣有三公山。」

昔陽正義肥國所都也〔一八二〇・五〕各本「肥」譌「服」。

沾縣〔一八二〇・五〕各本「沾」譌「治」，下同。

〔增〕東〔一八二〇・五〕按：下脫「有」字。

昔陽城肥國〔一八二〇・六〕「肥國」各本誤作「服姓」。以上官本並與杜注及釋例合。

取之集解沾縣〔一八二〇・七〕「沾」各本譌「治」，王譌「冶」，依杜注改。

秦敗我二城〔一八二〇・一〇〕志疑云「敗」當作「取」。

石城集解〔一八二〇・一二〕合刻各本並誤入正義，依宋、中統、游、毛各本正。

決河正義故城〔一八二〇・一三〕各本下複衍二字，官本無。

歐代〔一八二一・六〕宋本「歐」，與索隱本合。

太后盛氣而胥之入〔一八二三・一三〕「入」字當屬下。集解連上「胥之」讀，非。

而行耳〔一八二三・一五〕索隱本有「耳」字，各本脫。

安平君正義臨淄〔一八二四・一〇〕官本「淄」，各本譌「海」。

有城市邑十七〔一八二五・四〕杭氏考證云策作「七十」。

財王所以賜吏民〔一八二五・四〕宋、中統、游、王、柯、毛並作「財」，國策作「才」。凌本「聽」，非。

王召平原君〔一八二六・三〕王、柯「原」譌「陵」。

取上黨集解華陵君〔一八二六・九〕漢書馮奉世傳作「華陽君」。

官師將〔一八二六・九〕漢傳「師」作「帥」，下同。

軍長平正義二十一里〔一八二六・一三〕王本與郡縣志合。柯、凌「二」作「三」，誤。

七年廉頗免〔一八二六・一三〕志疑云「七月」之誤，白起傳可證。

反燕正義此時〔一八二七・三〕官本「時」，各本誤「是」。

攻西周〔一八二七・八〕凌誤「州」。

趙氏壯者〔一八二六·七〕雜志云燕世家、趙策皆作「趙民」。

攻代〔一八二六·一〇〕毛譌「伐」。

卿秦樂閒正義三人皆燕將姓也〔一八二六·一五〕「姓」字疑衍。

龍兌正義在易州遂城〔一八二九·七〕各本「遂」下衍「南」字，官本無。

汾門正義觸石成井〔一八二九·一〇〕官本與水經滱水注合。各本「觸」譌「解」，「成」譌「城」。又案：汾門當引易水注，此以滱水注龍門當之，誤。

遂城及永樂安新城縣地也〔一八二九·一〇〕「安」上疑脫「固」字。

臨樂正義固安南十七里也〔一八二九·一三〕各本「固」譌「同」，「南」譌「六」，依下文「方城」正義改。

孝成王卒云云至是爲悼襄王〔一八二九·一六——一八三〇·一〕志疑云：「案廉頗傳『孝成王卒，子偃立，是爲悼襄王』十二字當在『攻繁陽取之』下，此錯簡。」

大備正義謂行〔一八三〇·五〕王本無「謂」字。

中牟正義湯陰〔一八三〇·六〕官本「湯」，與前「獻侯治中牟」正義作「蕩陰」合。各本譌「汾」。

中牟山〔一八三〇·六〕王本無「中」字，疑衍。

平都正義與地理志〔一八三〇·一五〕當有誤。官本作「括地志」。

饒安正義七國〔一八三一·六〕下又云「戰國」，疑有誤。

以饒正義長安君〔一八三一·一〇〕「君」誤「縣」，考證改。

幽繆〔一八三一·一一〕六國表集解作「幽愍」。

武城集解秦拔我平陽〔一八三一·一三〕宋本、毛本「拔」，與表合。各本誤「敗」。

大饑〔一八三一·一〇〕毛本「饑」，各本作「飢」。

趙忽〔一八三一·一四〕宋本「忽」，與李牧傳、國策合。各本譌「忽」，下同。

遷降集解〔一八三一·一六〕中統、游、王、毛各本系「邯鄲爲秦」下，柯、凌本誤混入此節正義，今參正。

魏世家第十四（史記卷四十四）

從其國名〔一八三六·三〕中統本「從」譌「徙」。

魏武子以〔一八三六·三〕吳校元板無「魏」字，是。

周威王同時〔一八三六·四〕「威」下省「烈」字，或如「貞定王」之省稱「定王」也。「同」字疑當在「周威王」上。

言不用〔一八三八·一三〕中統「言」誤「事」。

躧〔一八三八·一三〕吳校元板作「屣」。

二十二年魏趙韓列爲諸侯〔一八三九·一〕與表合。毛譌「二十一年」。

不軾正義過光臥反〔一八三九·八〕各本「光」譌「先」，今正。

河內正義折東北〔一八四〇·一〕官本「折」，各本誤「郎」。

中山目拔〔一八四〇·八〕中統、游本「目」，各本「已」。（案：中華本「目」皆作「以」。又案：以已古通。）

將識正義武平城〔一八四一·一三〕「武」下衍「之」字，考證刪。

公子朔〔一八四一·一四〕杭氏考證云趙世家、六國表並作「朝」。

于澮正義出此山也〔一八四二·九〕官本「此」，各本譌「北」。

魏君圍〔一八四三·五〕宋本、毛本、凌引一本同，它本「圍」作「爲」，誤。

齊敗我觀（二八四四·四）索隱本「觀」下衍「津」字。

會宅陽城（二八四四·四）「城」字當連下「武渚」爲句，表作「城武都」可證。然如正義引括地志，則已誤以「宅陽城」三字相屬矣。考異志疑說同。

公孫痤（二八四四·五）中統、游、王、柯作「座」。

齊敗我觀正義國語注（二八四四·八）誤作「云」，考證改。

社平（二八四四·一〇）秦紀、六國表並作「杜平」，此疑誤。

桂陵（二八四五·五）陵誤「林」。

固陽正義達銀州（二八四五·七）王、柯本「達」誤「庭」。

二十一年與秦會彤（二八四五·九）與表合。游本「一」誤「二」。

盟漳正義洺州（二八四五·一二）官本「洺」，各本譌「洛」，下同。

中山君相魏索隱其弟（二八四五·一三）單本不誤。各本改「子擊」，非。

軍遂大破（二八四六·五）中統、舊刻、游本無「軍」字，末有「之」字。

馬陵正義趙與韓親（二八四六·一五）各本脫「趙」字。

田嬰（二八四六·一五）各本脫「田」字。

救韓趙（二八四六·一五）各本「韓趙」倒。以上官本並與田完世家合。

虜魏太子申〔一八四七·二〕官本與田完世家合。各本脫「魏」字。

戰困〔一八四七·三〕官本「困」，各本誤「國」。

元城〔一八四七·三〕官本「元」，各本譌「先」。

數被〔一八四七·一三〕王、凌作「敗」。

不遠千里〔一八四七·一三〕舊刻下多「而來」二字，蓋依孟子增。

上下爭利〔一八四七·一五〕中統本「爭」作「欲」。

五年秦敗我〔一八四八·七〕考證云表作「二年」。

雕陰〔一八四八·七〕宋本、王、毛「雕」作「彫」。

焦曲沃正義古虢〔一八四八·九〕官本「虢」。凌譌「號」，王、柯譌「号」。

陘山正義新鄭〔一八四九·一〕「新」字考證據楚世家正義增。

上郡正義白於山〔一八四九·三〕官本「白」，各本譌「自」。

平周正義汾州〔一八四九·九〕王、柯誤「周」。

秦求〔一八五〇·四〕志疑云當依表作「來」。

七年攻齊集解贅子〔一八五〇·一一〕表作「聲子」。

魏爲從主也〔一八五〇·一四〕毛本「爲」譌「無」。

拔閼與正義爲二〔一八五二·七〕官本「二」，各本譌「三」。

蒲反〔一八五二·八〕舊刻及凌引一本作「阪」，表作「坂」，下同。

陽晉正義拔我〔一八五三·一一〕官本與表合。各本此二字脫。

與秦伐楚集解與齊王會〔一八五三·一三〕與表合。吳校元板「齊」誤「秦」。

函谷集解河渭絶一日〔一八五三·一四〕王、柯本與表合。中統、毛本作「一曰河渭絶」，誤。

曲陽正義年表及〔一八五三·七〕三字疑衍。

又拔我二城〔一八五四·二〕舊刻「二」譌「三」。案：表作「兩」。

用梟正義博頭〔一八五四·九〕通鑑集覽引作「骰」。

鄴丘集解宋公縣〔一八五四·一一〕毛誤「孫」。

而對曰〔一八五五·二〕官本有「而」字，與宋本合。

不湛〔一八五五·三〕游本、吳校元本作「浸」。

勿易也〔一八五五·七〕各本「勿」上有「必」字，索隱本無。

灌晉陽正義保晉陽〔一八五五·九〕「保」譌「堡」，考證據趙世家改。

平陽正義引此〔一八五五·一三〕王、柯譌「北」。

約車〔一八五六·二〕中統、游本作「乘」。

无忌〔一八五七·一〕宋本「无」，各本作「無」。雜志云：「楊倞注荀子彊國篇引作『朱忌』，是。魏策作『朱己』，己忌古同聲。」

案：朱无形近，三寫成「無」。

兩弟〔一八五七·四〕毛誤「地」。

外交彊秦魏之兵〔一八五七·六〕雜志云：「『交』當爲『支』。策作『外安能支強秦魏之兵』。」

與大梁鄰〔一八五七·七〕索隱本「鄰」，蓋所見史本如此。今本並作「鄰」，後人依策改，又改索隱文以就之。

漳滏〔一八五七·一二〕中統、游、王、柯、凌本作「釜」。

涉谷〔一八五七·一三〕各本「涉」下衍「山」字，索隱本無。

〔增〕**右蔡左召陵**〔一八五七·一三〕志疑云：「『蔡左』二字當作『上蔡』，傳寫譌。」中華本據改。

行三千里正義涉谷是西道河外是東道〔一八五八·三〕王脫「涉」字。柯、凌脫兩「是」字。

冥阸集解〔一八五八·五〕此注十九字凌本誤混入上下正義。

正義故石城〔一八五八·六〕官本「故石」，王、柯、凌誤倒。

此其一也〔一八五八·六〕王本「一」譌「三」。

左召陵正義正南面〔一八五八·一一〕王本「正」作「在」。

滎澤〔一八五八·一四〕毛本「熒」譌「滎」。

葉陽〔一八五八·一五〕凌誤「縣」。

舞陽〔一八五八·一五〕宋本、毛本與國策及正義合。各本誤「武陽」。

國無害已〔一八五八·一六——一八五九·一〕志疑云：「策作『魏國豈得安哉』，則『已』當作『乎』。」

邢丘集解〔一八五九·四〕此注六字凌本誤混入上下正義中。

惡安陵集解安陵鄉〔一八五九·一四〕官本與續漢郡國志合。各本「鄉」譌「郡」。

舞陽正義此時〔一八五九·一六〕王本「此」誤「州」。

南國必危正義此時〔一八六〇·四〕官本「時」，各本誤「是」。

北至平監〔一八六〇·一〇〕志疑云：「策作『北至乎闞』，則『平』字譌。」

禍必由此矣〔一八六〇·一三〕志疑云：「國策『由』作『百』。」案：元龜七百三十五、七百三十六引並作「繇」，則所見史文不作「百」。

趙挾韓之質〔一八六一·一四〕志疑云「趙」字策作「而」，是。

而又與彊秦鄰之禍也〔一八六一·一六〕雜志云：「『又』當依魏策作『無』。」案：元龜七百三十六引「又」下有「免」字。

天時〔一八六二·八〕雜志云：「當依魏策作『大時』。秦策曰『今攻齊，此君之大時也』。」

衛齊甚畏〔一八六二·一二〕中統本「甚」譌「其」。

敗之河外〔一八六三·三〕凌作「內」。

固謂魏相〔一八六三·四〕中統、游本「固」作「因」。

太子增立〔一八六三·一〇〕毛本「立」字錯在「太子」上。

衞徙野王集解衞從〔一八六三·一四〕游本「從」。各本作「徙」，涉正文而誤。

韓世家第十五（史記卷四十五）

韓原正義韓城　〔一八六五·一〇〕官本「城」，各本譌「地」。

故城　〔一八六五·一二〕「故」譌「地」，彆依四庫提要改。

晉悼公之十年　〔一八六六·八〕志疑云「十」乃「七」之譌。

簡子卒子莊子代　〔一八六六·一五〕據徐廣說，史云「貞子生康子」，則今本史文簡、莊二代後人所增。

魏取朱　〔一八六八·一五〕柯、凌譌「宋」。

舉嬴集解衰秏　〔一八六九·一三〕毛本「衰」譌「褢」。

韓必德王也　〔一八七〇·一〇〕索隱本「必」作「之」。

必不爲　〔一八七〇·一二〕索隱本無「爲」字。

殉韓　〔一八七〇·一四〕凌、毛「殉」譌「徇」。

楚救不至韓　〔一八七一·四〕此「韓」字疑衍。

濁澤正義敗魏趙觀澤　〔一八七一·八〕「趙觀澤」三字誤作「世家云」，考證據表改。

丹陽正義左傳例　〔一八七二·七〕「例」上當有「釋」字。

秦孤　〔一八七三·一二〕王、柯、凌倒。

到〔一八七三·一二〕雜志云：「策作『勁』，是。隸書或從刀從𡈼，因譌爲『到』。」

施三川〔一八七三·一三〕宋本、舊刻、中統、游、毛「施」並作「弛」。

三反〔一八七三·一四〕中統、游本作「及」。

三川正義周天子都也〔一八七四·一三〕官本「周」，各本誤「各」。

爲韓求質子〔一八七五·一〇〕索隱本有「子」字，與下「爲秦求質子」句法一例。國策亦有。各本並脫。

聽入質子正義楚王聽入質子於韓〔一八七六·四〕「於」誤「相」，警依提要改。

兩周〔一八七六·一四〕柯、凌「兩」作「西」，涉上而譌。

請今〔一八七七·七〕王、柯、凌譌「令」。

太行正義河內〔一八七八·二〕官本「河」，各本譌「沔」。

趙孤之子〔一八七八·九〕史詮云「孤」字當在「之」下。

〔增〕索隱述贊惠文僣主〔一八七八·一三〕「文」乃「叉」字之譌，單刻索隱本作「叉」。

田敬仲完世家第十六（史記卷四十六）

陳厲公他〔一八七九·三〕凌本「佗」。

是爲觀國之光〔一八七九·三〕句上當有「曰」字。

故陳完〔一八八〇·三〕毛誤「桓」。

宣公十一年〔一八八〇·四〕志疑云在陳宣公二十一年，缺「二」字。

于蜚〔一八八〇·六〕毛本「飛」。

陳字〔一八八〇·一〇〕毛本「氏」。

文子卒〔一八八一·四〕「卒」字疑衍。下「無宇卒」同。

其粟〔一八八一·六〕雜志云：「當爲『稟』。說文稟，賜穀也。御覽器物部引作『稟』。」

兩相高國〔一八八一·一三〕此二字疑後人旁注誤混。

立孺子〔一八八二·一〕宋本「孺」作「孺」，下同。

遂返〔一八八二·三〕凌本「反」。

晏孺子奔魯〔一八八二·三〕考異云晏孺子，「晏圉」之誤。

田常兄弟四人乘〔一八八三·一三〕考證云：「齊世家無『人』字。」案：齊世家索隱引此無「乘」字，疑今本後人依彼文增。

追執簡公于徐州〔一八四四・五〕此亦當作「徐州」。然索隱本亦譌「徐」，故別之云「非九州之『徐』」。

南通〔一八四四・九〕宋本誤「之」。

女子長〔一八四五・二〕宋本、毛本「子長」誤倒。

伐魯葛及安陵〔一八四五・一三〕考證云表作「伐魯莒及南陽」。

黃城正義冠氏〔一八四五・一五〕「冠」譌「寇」，考證據唐志改。

取魯之郕正義孟氏〔一八四六・七〕「氏」字考證增。

三年太公與魏文侯會濁澤〔一八四六・一五〕案：依索隱，似「三年」上有「又」字。

桓公午五年〔一八四七・三〕宋本作「元年」。

索隱張田〔一八四七・一二〕吳校元板「田」字，與單本同。各本作「丑」。

取桑丘正義魏趙世家〔一八四七・一五〕案：韓世家亦有此文，此脫「韓」字。

晉伐我至博陵〔一八四八・五〕考證云：「『博』年表作『鱄』。」案：御覽百六十三引齊威王伐晉至博陵，徐廣注「東郡之博陵也」。以晉伐齊爲齊伐晉，傳寫誤。其徐注則今本脫落矣。

取甄正義〔一八四八・九〕此注各本誤入後「攻甄」下，末有「此合在卽墨字上」七字，蓋後人覺其誤而旁注之，致混入正義，今移正删去。

威王初卽位以來不治〔一八四八・一〇〕二字疑涉下而衍。

毀言日至〔一八八八·一一〕御覽六百二十三引無「言」字，下「譽言」同，疑衍。

濁以春溫〔一八八九·四〕御覽五百七十七引無「春」字，與索隱本合，下同。又四百六十引有「春」字，無「溫」字。

攫集解以爪持弦也〔一八八九·一四〕宋本有「弦」字。

醳之愉者索隱愉音舒也〔一八九〇·二〕雜志云：「『醳』下文作『舍』，古讀若舒。愉字古音在侯部，絕不通。」案：疑索隱「愉」字後人所增。

不較索隱大車〔一八九一·四〕二字疑衍。各本無「大」字。

若寡人國小也〔一八九一·一〇〕志疑云後書李膺傳引作「寡人之國雖小」。

肦子〔一八九一·一三〕「肦」宋本譌「盼」，毛譌「盻」。

田忌必將〔一八九二·一〇〕宋本「田」誤「侯」。

公孫閱索隱公孫閎〔一八九二·一四〕志疑云今策作「閈」。

因率其徒〔一八九三·七〕「因」下各本衍「遂」字，索隱本無。

孫子爲帥〔一八九四·三〕志疑云「帥」乃「師」之誤，表傳可據。

㠯擊魏〔一八九四·四〕宋本「㠯」。毛本「臣」，亦「㠯」之譌。葉校作「自」，蓋亦本作「㠯」也。它本作「以」。（案：中華本逕改「㠯」爲「以」。）

蚤救之索隱張田〔一八九四·八〕單本「田」。各本作「張丏」，與今本國策合。

接予正義藝文志云接予二篇〔一八九五·九〕案：今漢志有捷子二篇，云武帝時說。雜志以爲志誤。

湣王地索隱系本名遂〔一八九五·一六〕案：籀文「地」作「墬」，字形近「遂」。

馮因摶〔一八九六·八〕毛譌「搏」。

實伐三川〔一八九六·一〇〕游、凌「伐」譌「代」。

秦與韓〔一八九八·三〕志疑云脫「魏」。

阿東〔一八九九·一〕志疑云：「『阿』策作『河』，此誤。正義謬。」

伏式結軼東馳者〔一九〇〇·二〕宋、中統、游、王、柯本並脫「結軼」二字。

而與私通焉〔一九〇一·五〕中統、游本「與」下有「之」字。

臨菑〔一九〇一·一一〕毛本「淄」。

子建〔一九〇一·一四〕柯誤「楚」。

孔子世家第十七（史記卷四十七）

正義自天子王侯〔一九○五·四〕「天」誤「孔」，依史贊改。

陬邑〔一九○五·六〕考異云：「說文郰，魯下邑，不從阜。左傳作『鄹』。」

生叔梁紇正義叔梁紇廟〔一九○六·四〕官本「廟」，各本作「厲」，蓋「庿」之譌。

生孔子正義於顏氏〔一九○六·一○〕「於」誤「爲」，依索隱改。

郰人〔一九○六·一七——一九○七·一〕毛本「陬人」。

誠其嗣〔一九○七·一六〕柯本「誠」譌「誡」。

始有宋而嗣讓厲公〔一九○八·一〕宋本無「讓」字。案：左傳作「以有宋而授厲公」，史蓋以「讓」字代「授」字，聲轉誤爲「嗣」，而後人或又兩存之也。「始」字疑卽「以」字之誤。「以」字古作「㠯」，譌爲「台」，三寫成「始」，王肅私定家語時已誤矣。

季氏史〔一九○九·四〕宋本、王本作「史」，它本並作「吏」。孟子疏引作「委氏吏」。

仁人者〔一九○九·九〕吳校刪「人」字。案：御覽三百九十引與今本同，家語無。

好議人〔一九○九·一○〕御覽引下有「之非」二字。

廣大〔一九○九·一○〕御覽「廣」作「宏」。

軌法〔一九二一·九〕舊刻「軌」譌「執」。

季孟之閒集解季氏爲上卿〔一九二三·五〕「上」譌「正」，依論語集解改。

其守〔一九二三·二〕游本誤「首」。

僬僥氏集解按括地志在大秦國北也〔一九二三·一六〕案：裴駰無引括地志之理，而各本集解中皆有之，不得獨咎合刻本以正義誤入。尋大宛傳正義引括地志固有「小人國」一條，云在大秦南，即僬僥國。蓋後人撮注其文於旁，遂混入集解，又誤「南」爲「北」也。今空格以別之。（案：中華本逕改「集解」爲「正義」。）

營惑〔一九二五·一三〕索隱本「營」，各本作「熒」。

君若悼之則謝以質〔一九二六·一二〕舊刻「質」，與上合。各本作「實」。

將墮成〔一九二六·一五〕毛譌「城」。

不求有司集解其職〔一九一七·一六〕毛本「其」譌「具」。

文馬〔一九一八·四〕宋本脫「文」字。

過匡正義匡城〔一九一九·一三〕「匡」字考證據唐志增。

孔子辭謝〔一九二〇·一四〕毛譌「誰」。

形狀末也〔一九二一·一〕志疑云白虎通、論衡、家語「末」皆作「未」。

而謂似喪家之狗〔一九二一·一〕舊刻有「謂」字，各本脫。

楚圍蔡〔一九三·六〕舊刻「楚」下有「兵」字。

石碏正義擊征〔一九三·一四〕官本與沔水疏及御覽九百二十六引陸疏合。各本譌「鷙正」。

題肩〔一九三·一四〕汪校改，與沔水疏合。各本「肩」譌「眉」。

省鴈〔一九三·一四〕沔水疏、御覽引陸疏並作「雀鷹」。

陳滑公索隱滑公十六年〔一九三·一五〕年表、世家皆六年，「十」字衍。

肅愼正義河六十日行〔一九三·一〕「河」字譌，御覽七百八十四引肅愼國記作「可」。

匏瓜〔一九四·二〕宋本、王、柯本「匏」譌「瓠」，注同。

有閒曰有所穆然深思焉〔一九五·二〕此「曰」字疑涉上而衍，家語無。

如王四國〔一九五·三〕凌引一本「如王」上有「心」字，疑非。家語作「奄有四方」。

舜華〔一九六·二〕如索隱，則所據本作「慶華」，今單本出正文亦作「舜」，蓋後人所改。

晉國之賢大夫也〔一九六·四〕毛脫「晉」字。

麒麟〔一九六·五〕宋本、舊刻、毛本作「騏驎」。

舜華集解又作竇犨〔一九六·八〕「犨」字考證據家語增。

不合陰陽索隱有角曰蛟龍龍能興雲致雨〔一九六·一〇〕案：說文「無角曰蛟」，疑此本作「無角曰蛟，有角曰龍，能興雲致雨」，文有脫誤。

子贛〔一九二七・一四〕宋本、王、毛同。

問津正義許州〔一九二九・一三〕當作「汝州」。

不輟集解不以津告也〔一九二九・九〕舊刻「也」，各本誤「者」。論語集解無。

皆非仲尼之意〔一九三〇・五〕宋本無「皆」字。

使知者〔一九三一・三〕舊刻「知」，各本「智」。

逃三五〔一九三二・一〇〕宋本「五」，各本誤「王」。志疑云：「文選東都賦、劉琨勸進表、王融曲水詩序、袁宏三國志名臣贊、李景運命論李善注引皆作『五』。」

會繒正義沂州〔一九三三・一三〕「州」字考證據唐志增。

東海郡〔一九三三・一三〕官本「郡」，各本誤「縣」。

何其正也〔一九三三・一五〕中統、游本作「哉」。

無所錯〔一九三四・三〕舊刻、游本作「措」。

必可行集解遵行者〔一九三四・一〇〕毛本「也」。

夫子不利也〔一九三四・一三〕各本此下有索隱一條，云「二十五家爲社，千社即二萬五千家」，單本無。案：書社前已有注，此後人妄竄，今刪。

逐公華〔一九三四・一六〕哀十一年左傳疏引「逐」作「使」，疑此誤。

戰於郎集解自陳至衞（一九三五·二）官本與年表、衞世家合。各本「陳衞」互誤。

吾從周集解當從之也（一九三六·六）官本「也」，各本誤「周」，論語集解無。

以備王道（一九三七·一）中統本「備」作「唯」，疑「維」之譌。

彖正義下彖卦下辭（一九三七·一〇）「卦」上衍「爻」字，今刪。

象正義上象卦辭下象爻辭（一九三八·四）案：此總舉大小象傳也，疑當作「上象卦爻辭，下象卦爻辭」，二句各脱一字。

顔濁鄒正義非七十七人數也（一九三八·一三）閣本作「七十二人」，與上史文合。

毋意（一九三八·一三）「毋」字宋本作「无」，舊刻作「無」，下同。

子罕（一九三八·一四）宋本。（案：中華本「罕」皆作「罕」。）

不俟駕集解行出（一九四〇·五）舊刻與論語集解合，各本「行」上衍「既」字。

魚餒（一九四〇·六）中統、王本作「餧」。

然后（一九四〇·一一）宋本。

既竭我才（一九四一·五）游、王、柯、凌「我」作「吾」。

達巷黨人童子（一九四一·五）「童子」二字似因「闕黨童子」而誤衍。三家無辨，或所據本無。

夫子之文章集解可以耳目循（一九四一·八）舊刻、游本與論語集解合。各本譌「修」。

鉏商索隱車士〔一九四二·一〇〕中統、游本與單本同。它本作「子」。

〔增〕吾已矣夫集解不得見〔一九四二·一三〕應作「傷不得見也」，中華本依論語集解引孔注正。

親周故殷〔一九四三·一三〕考異以爲即公羊家「新周故宋」之說，正義訓殷爲中，非。

子夏之徒〔一九四四·二〕困學紀聞云：「曹子建與楊德祖書注引史記『子游、子夏之徒』，今本無『子游』。」志疑云：「楊答㦃注引作『子夏之徒』。」

梁柱摧乎〔一九四四·六〕毛脫此句。

予始殷人也〔一九四四·八〕游、凌本「始」譌「殆」。

後七日卒集解明聖人知命也〔一九四四·一三〕毛本「明」作「謂」。

正義褒成〔一九四四·一三〕王、柯譌「城」，下同。

後魏〔一九四四·一四〕官本不誤，各本倒。

二十七代孫〔一九四四·一四〕文獻通考名乘，此脫。

七十三〔一九四五·一〕中統、游本「二」。

失志爲昏失所爲愆索隱〔一九四五·一〇〕案：索隱本所出正文與今本不合，上云「禮失則昏」，乃復云「失禮爲昏」，「禮」字明誤。「僁」即「愆」之俗字，見玉篇。其所引左傳、家語下句又作「失禮爲僁」，亦不合。各本遂易其注云「左傳及家語文皆同」，則又失小司馬之眞矣。

唯子贛〔一九四五・一三〕索隱本。

字伯魚索隱并官〔一九四六・一〇〕單本譌「弁」，各本譌「上」，依家語正。

長沙太守〔一九四七・三〕考異云：「漢書孔光傳作『長沙太傅』。惠帝時長沙爲王國，不得有太守。」

景行行止〔一九四七・六〕雜志云：「王應麟詩考引作『行之』。」案：古之字作「㞢」，與止形近相亂。然如「亦既見止，亦既覯止」，與之字義亦同用。

祇迴〔一九四七・七〕索隱本「祇迴」，凌作「祗回」。它本並作「低回」。

折中索隱師叔〔一九四七・一一〕案：後漢書文苑傳王逸字叔師，而索隱皆作「師叔」，屈賈傳注同，或別有所據，仍之。

陳涉世家第十八（史記卷四十八）

傭耕〔一九四九·四〕宋本、毛本「傭」作「庸」，與字類引合，下同。

苟富貴〔一九四九·五〕宋本「苟」譌「可」。

庸者〔一九四九·五〕中統、游、王、柯並與宋本、毛本合，下同。

陽城人索隱史遷〔一九四九·七〕考異云疑有誤。（案：疑衍「史遷云」三字。）

乃行卜〔一九五〇·六〕柯譌「上」。

吳廣之次所旁〔一九五〇·九〕各本「次」下有「近」字。索隱本無，與漢傳合。雜志云「近」字衍。

卜之鬼集解則是也〔一九五一·八〕漢書注「則」作「卽」，古通用。

行收兵比至陳〔一九五二·六〕游本「比」譌「北」。

陳守令〔一九五二·六〕各本「陳」字，與漢傳合。索隱本作「郡」，蓋後人誤據注中張晏云改也。觀小司馬注，本是「陳」字，不作「郡」。

陳之賢人〔一九五四·九〕中統、游本「陳」誤「秦」。

西擊秦〔一九五四·九〕「秦」字吳校增，與漢傳合。

人奴產子生〔一九五四·一〇〕索隱本出此五字。案：「人」字當屬上。「驪山徒人」爲一類，「奴產子」爲一類，「生」字則小司馬所據本衍也。今本皆無「生」字，或依漢書刪。（案：秦始皇本紀、高祖本紀皆「酈山徒」連稱，漢書食貨志「王莽大募天下囚徒、人奴」，囚徒、人奴並列，則當以「酈山徒」絕句。張說未諦。）

二三月（一九五四·一二）案：月表二世元年九月，周文兵至戲，敗，十一月，周文死。史云「二三月」，漢傳云「二月餘」，皆約計之。史詮謂「月」當作「日」，非。

視日集解日者（一九五四·一四）毛本「日」譌「目」。

封耳子（一九五五·九）「耳」譌「其」，汪校改，與漢傳合。

而遣故上谷卒史（一九五五·一三）游、王、柯「遣」譌「還」。

諸將之徇地者（一九五六·六）中統、游本「之」譌「又」。

少遣兵（一九五六·一五）索隱本「遺」，漢書同。各本譌「遣」。

滎陽（一九五六·一五）宋本「熒」，各本作「滎」。

居鄛正義鄛城縣（一九五七·一〇）「城縣」各本倒，考證據下文改。

朱雞石（一九五七·一四）中統、游本「雞」譌「雛」。

秦嘉集解泗水國（一九五八·一三）毛脫「國」字。

臘月索隱宗懔（一九五八·一一）「懔」譌「稟」，考證改。

倉頭（一九五九·一）索隱本、宋本、中統、游、王、柯、字類引並作「倉」。

呂臣集解如謁者〔一九五九·三〕「如」譌「知」，考證據漢書注改。

楚安得不請而立王〔一九五九·一三〕王、凌本作「而自立」。

立懷王孫心〔一九六〇·五〕王本「立」譌「王」。

鄱盜集解故謂之鄱盜者也〔一九六〇·七〕「者」字疑衍。

自辯〔一九六〇·一〇〕索隱本「辯」，各本作「辨」。

沈沈者索隱故音長含反〔一九六一·六〕各本下衍「含一作金」四字，蓋校者旁注誤混，今删。

守冢三十家〔一九六一·一二〕杭氏考證云高紀作「十家」。

褚先生曰〔一九六一·一三〕凌低一格，毛空格，宋本接寫，餘皆提行頂格。

刑法〔一九六一·一三〕宋本、柯本「刑」作「形」。

西河〔一九六二·六〕中統、游本誤倒。

燕趙〔一九六二·一二〕宋本倒。

邵滑正義邵作昭〔一九六三·四〕警云此合刻者所加。

係頸〔一九六三·一〇〕凌本「係」作「繫」。

甕牖〔一九六四·七〕宋、中統、游、王、柯本「甕」作「瓮」。

仟佰〔一九六四·九〕依索隱本。它本並作「阡陌」。

斬木爲兵揭竿爲旗〔一九六四・九〕王、柯脱「爲兵揭竿」四字。

且天下〔一九六四・一三〕中統、游本「且」下有「夫」字。

仁義不施〔一九六五・三〕索隱本「義」作「心」，注同。

外戚世家第十九（史記卷四十九）

內德〔一九六七·四〕毛本「悳」。

書美釐降春秋譏不親迎〔一九六七·六—七〕宋本、舊刻並脫此十字。

或不能要其終〔一九六七·九—一〇〕索隱本無「其」字。

守文索隱守文猶守法也〔一九六七·一三〕「守文」下衍「者」字，「法」上脫「守」字，考證删增。

〔增〕及大任索隱毛詩云〔一九六八·九〕按：「詩」乃「傳」之譌。

漢興〔一九六九·四〕各本誤提行，官本連上，與舊刻合。

呂后〔一九六九·五〕宋本、中統、游、毛作「后」，各本誤「氏」。

長陵集解不合陵也〔一九七〇·三〕宋本有「也」字。

及尊〔一九七一·一五〕志疑云二字衍，漢書無。

王后生四男〔一九七二·一二〕志疑云景紀作「三男」。

及代王立爲帝〔一九七二·一三〕中統、游、王、柯本「及」作「後」。

寒臥岸下〔一九七三·一〇〕雜志云：「『寒』字當從漢書作『暮』。御覽火部引正作『暮』。」

壓殺〔一九七三·一〇〕毛本「壓」作「厭」。

數日當爲侯〔一九七三·一二〕「日」疑「月」字誤。

丏沐沐我〔一九七三·一四〕凌本上「沐」字譌「沭」，王、柯二「沐」字皆譌，注同。案：說文汏，淅瀰也；瀰，淅也；淅，汏米也。蓋淅瀰義同汏，而汏米之汁曰潘，索隱以米潘訓沐，疑上「沐」字乃「汏」字之譌，或「淅」字壞文。

建元六年〔一九七五·二〕索隱本出「後景帝六歲」，而注之云「是當武帝建元六年」，是史文本無此四字，後人所增。

奇兩女索隱漢書作倚〔一九七五·一四〕雜志云：「『奇』即『倚』字，說卦『參天兩地而倚數』，蜀才作『奇』。周官太祝『奇拜』，杜子春讀爲『倚』。」

兒姁生四男索隱淸河王乘常山王舜〔一九七六·四〕「乘」誤「舜」，「舜」誤「憲」，汪校改，與諸侯王表及五宗世家合。

皇后毋子〔一九七六·五〕毛本「毋」譌「母」。

欲予王夫人〔一九七六·九〕疑下脫「男」字。毛本「予」譌「子」。

景帝嘗體不安〔一九七六·一三〕中統、游、王、柯、凌本「嘗」誤「常」。

又有〔一九七七·一〕志疑云漢書作「耳」，是。

武安正義洛州〔一九七七·一三〕「洺」譌「洛」，考證據唐志改。

景帝十三男〔一九七七·一五〕志疑云「三」當作「四」。

十二男〔一九七七·一五〕志疑云「二」當作「三」。

元朔四年〔一九七八·六〕志疑云「四」當作「三」。

武帝〔一九七八・九〕考異云：「史稱孝武曰『今上』，曰『今天子』，曰『天子』。凡稱『武帝』者，皆後人追改。」

武帝祓集解蓋與游字相似〔一九七九・四〕據此，疑徐所見史本「祓」字譌「游」。

索隱游水自潔〔一九七九・五〕「游」疑「流」譌。

尙衣正義主衣〔一九七九・六〕官本「主」，各本譌「王」。

封冠軍侯〔一九八〇・五〕宋本、中統、游、毛「封」作「爲」。

昌邑王〔一九八〇・一二〕志疑云髆以天漢四年六月封，非史所及。

正義名賀〔一九八〇・一三〕案：賀乃髆子，此誤。

號協律〔一九八〇・一四〕志疑云疑脫「都尉」二字。

海西正義西海〔一九八一・四〕官本「西」，各本譌「四」。

褚先生曰〔一九八一・九〕警云據正義，則舊本當無此四字。

所生子女者〔一九八一・九〕御覽五百三十九引「子」作「一」，正與上史文「生一女矣」相應。

小市〔一九八一・一三〕王本譌「少帝」。

所生子女者集解名俗〔一九八二・九〕中統、游本作「谷」。

横城正義在雍州〔一九八二・一〇〕「雍」譌「淮」，考證改。

當用列侯〔一九八三・八〕王本「當」譌「嘗」。

身貌〔一九八四·一三〕雜志云類聚人部、初學記中宮部、御覽皇親部人事部引，並作「體貌」。

何去其母乎〔一九八六·一〇〕毛本「去」作「棄」。

楚元王世家第二十（史記卷五十）

嘗辟事〔一九八七·六〕中統、游本「嘗」譌「常」。

次兄仲集解頃王〔一九八八·四〕宋本、毛本「頃」譌「項」。

棘壁正義即梁棘壁〔一九八八·一四〕「即」上衍「州」字，考證刪。

襄王注〔一九八九·四〕毛本「注」，與年表及漢書表傳合。各本誤「經」。

王純立〔一九八九·五〕志疑云此下廿七字後人妄增。

以爲文王〔一九八九·一三〕志疑云「以」當作「是」。

邯鄲正義洺州〔一九九〇·一〇〕「洺」誤「洛」，考證據唐志改。

荆燕世家第二十一（史記卷五十一）

荆王劉賈者〔一九九三·三〕舊刻本有「者」字，與下文「燕王劉澤者」書法一例。各本「者」字在下句「諸劉」下，誤也。

諸劉不知其何屬〔一九九三·三〕索隱本「諸劉」下無「者」字，正與舊刻本合。

已而楚兵擊劉賈〔一九九三·九〕「已而」二字漢書同。宋本、中統、舊刻、游、毛各本作「而已」，則當屬上句。

追項籍〔一九九三·一三〕王本「項」作「逐」。

王淮東五十二城〔一九九四·九〕志疑云漢書高紀作「五十三縣」。

正義〔一九九四·一三〕此條與正文全不相涉，而與齊悼惠世家正義末十字同，疑即彼文錯簡複出。

以將軍擊陳豨〔一九九五·二〕毛本重「陳」字，誤衍。

以畫干營陵侯澤〔一九九五·七〕杭氏考證引黄氏日抄云畫即明年所施於張子卿者。

弗與矣〔一九九五·八〕案：鄭注檀弓云「與，及也」。弗及矣者，黄氏日抄云促之之辭是也。

呂后所幸〔一九九五·九〕毛譌「宰」。

太后欲立呂產爲呂王〔一九九五·一三〕毛本「后」譌「呂」。志疑云下「呂」字衍。

今營陵侯澤諸劉〔一九九六·三〕志疑云下脱「長」字，漢書有。

呂后所幸大謁者張子卿集解駰案〔一九九六·一〇〕毛脱「案」字。

姦〔一九七·二〕中統、游、王、柯本作「姧」，下同。

劾捕〔一九七·三〕毛本「劾」譌「劫」。

齊悼惠王世家第二十二（史記卷五十二）

燕飲〔一九九九・七〕二字中統、游本倒。

酈侯索隱〔二〇〇〇・三〕案：酈無孚音，單本出「酈侯注作鄜」五字，而云二字並音孚，是讀酈爲鄜也。而「酈」字下又別著「音歷」二字，疑讀者旁注誤入，今不補。

正義酈音呈益反〔二〇〇〇・三〕官本有「酈」字，各合刻無者，蓋正義單刻出正文隨字著音故也。

西馳〔二〇〇二・三〕史詮云「西」當作「迺」。

悼惠王於齊〔二〇〇二・一一〕志疑云「於」乃「王」誤，呂后紀可證。

擅廢高帝所立〔二〇〇二・一三〕志疑云呂后紀及高五王傳作「擅廢帝更立」，此誤。

固恃大臣諸將〔二〇〇二・一三〕志疑云呂后紀、五王傳「將」乃「侯」誤。

三趙王正義梁王恢徙王趙〔二〇〇三・一〕誤作「徙燕趙」，考證改。

朱虛侯與太尉勃〔二〇〇三・一〇〕毛本「朱」誤「諸」，下「遣朱虛侯」同。

虎而冠集解箸冠〔二〇〇四・二〕宋本「箸」，各本「著」。

太子側〔二〇〇五・二〕表作「則」，漢書同，此誤。

罷軍正義罷音不〔二〇〇五・八〕案：罷無不音，漢傳注「罷音皮彼反，又音疲」，此有脫誤。

地入于漢〔二〇〇五·九〕中統誤「王」。

告於天子天子〔二〇〇六·三〕兩「天子」毛本並譌「太」。

齊趣下三國〔二〇〇六·五〕毛本「齊」譌「楚」。

次景〔二〇〇六·一四〕杭氏考證云年表作「次昌」。

姦〔二〇〇七·三〕中統、王、柯作「奸」。

不得聞於天子〔二〇〇七·一二〕志疑云「不」字衍。（案：漢書作「事寖淫聞於上」，則「不得」二字皆衍。）

非劉氏集解王太后〔二〇〇八·二〕毛本「王」誤「皇」。

子建延立〔二〇〇九·五〕志疑云：「年表及漢書表傳皆作『延』。」案：「建」即「延」字之譌衍。

頃王二十八年卒〔二〇〇九·七〕志疑云「八」乃「六」字之譌。

後十二年〔二〇一〇·八〕志疑云「二」乃「三」之譌。

志亦齊悼惠王子〔二〇一一·五〕王、柯、凌亦作「以」。案：志事前已詳，此但書自濟北徙菑川先後年數可矣，複衍上文，疑後人所竄。

昌平〔二〇一一·一〇〕志疑云當作「平昌」，史漢表、傳、世家及水經注廿六可證。

蕭相國世家第二十三（史記卷五十三）

蕭相國何者 〔二〇一三·三〕毛脫「何」字。

監郡 〔二〇一四·二〕毛譌「都」。

辨之 〔二〇一四·二〕毛本「辯之」。

得走獸 〔二〇一五·三〕志疑云漢書作「走得獸」，是。

酇侯集解作鄼 〔二〇一六·三〕毛本譌「鄼」，各本或作「鄼」，或作「鄼」，皆誤。汪校改「鄼」，亦非也。今依說文正。

乃令蕭何 〔二〇一六·一三〕雜志云：「下脫『第一』二字，當依漢書補。御覽治道部引有。」

乃疑相國 〔二〇一八·三〕中統「乃」作「自」。

受賈人錢 〔二〇一八·三〕中統、游本作「金」。

入徒跣謝 〔二〇一九·二〕柯本「入」譌「叉」。

奉法 〔二〇二〇·四〕志疑云：「漢書『奉』作『秦』，班馬異同本史亦作『秦』，則『奉』字誤。當以『法』字絕句。」

曹相國世家第二十四（史記卷五十四）

司馬𡰱〔二〇二一·九〕宋本「𡰱」，毛譌「尼」，它並譌「𡰪」。

北救阿〔二〇二一·一〇〕各本作「東阿」。索隱本無「東」字，與注合。說具雜志。

秦將章邯〔二〇二一·一三〕中統本「將」下衍「軍」字。

亢父索隱〔二〇二三·一〕凌本誤混入正義。

臨濟正義有狄故城〔二〇二三·三〕「有」譌「北」，考證改。

安帝〔二〇二三·三〕官本「帝」，各本誤「縣」。

楊熊〔二〇二三·八〕宋本「揚熊」。

緱氏正義轘轅〔二〇二四·五〕王、柯「轘」譌「環」，下同。

更名〔二〇二四·一六——二〇二五·一〕索隱本「名」，各本作「命」。

王武反於黃〔二〇二五·四〕志疑云：「史、漢樊噲傳破王武于外黃，漢灌嬰傳王武反，擊破之，攻下外黃。此缺『外』字。徐廣非。」

柱天侯〔二〇二五·四〕索隱、毛本並作「天柱」。案：「柱天」乃其自號。志疑引洪編修亮吉以爲後書齊武王傳「柱天都尉」「柱天大將軍」之類是也。索隱本誤。

雍籞索隱〔二〇二五·一〇〕凌本誤混入正義。

正義音貽〔二〇二五·一〇〕索隱籞音貽，郃無貽音，蓋「貽」之譌。此條正義所引括地志有脱誤，當參周秦本紀正義正之。詳考證。

高祖三年〔二〇二六·一五〕志疑云「三」當作「二」，漢傳及水經注六可證。

曲陽〔二〇二六·一六〕志疑云「陽曲」之誤。

武垣〔二〇二七·一〕志疑云「武」字衍。

鄡東〔二〇二七·二〕毛誤倒。

如齊故俗諸儒以百數〔二〇二九·一〕雜志云：「如與而同，漢書作『而齊故諸儒以百數』，『俗』字後人所增。」

䪻〔二〇三一·三〕雜志云説文、玉篇、廣韻皆無「䪻」字，乃「䫉」之譌。

平陽〔二〇三一·七〕志疑云當作「陽信」。

留侯世家第二十五（史記卷五十五）

悼惠王〔二〇三三·四〕宋本脫三字。

韓人也正義郟城縣〔二〇三三·一一〕各本作「郟縣」，考證云案唐志當有「城」字。

韓里也〔二〇三三·一一〕考證云「里」疑「地」。

狙〔二〇三四·三〕毛譌「徂」。

倉海君正義元年〔二〇三四·七〕考證云上當有「元朔」二字。

博浪沙正義鄭陽武縣〔二〇三四·一一〕各本「鄭」下有「州」字，官本無。案：疑當作「滎陽陽武縣」。

圯上〔二〇三四·一四〕「圯」本作「汜」。說文「一曰窮瀆也」，段注引此爲證甚確，今本史、漢作「圯」，皆依張泌改。詳雜志。

直墮〔二〇三四·一四〕雜志云直之言特也，古同聲通用。

夜未半往〔二〇三五·四〕志疑云漢傳無「未」字，是。

圯上索隱下邳〔二〇三五·一〇〕各本並作「上下邳」，疑單本缺。

姚察見史記本有作土旁者〔二〇三五·一一〕據此，則小司馬本作「汜」，今單本出正文從土，亦後人改之。詳說文段注。

長跪索隱爲取履〔二〇三五·一四〕「履」字吳校宋本增。

黃石正義鬚眉皆白狀〔二〇三六·一〕「狀」字疑當在「鬚眉」上。

欲叛〔二〇三七·五〕中統、游本作「畔」。

遂北至藍田〔二〇三七·六〕志疑云「遂」乃「逐」字之譌。

鯫生集解此垢反〔二〇三八·一二〕毛本「此」譌「比」，下索隱單本亦同，今依集韵正。宋本作「士苟反」。

姓解〔二〇三八·一三〕考證云漢書注楚漢春秋鯫姓，此「解」字乃「鯫」之譌。

百溢〔二〇三八·一四〕中統、游本「溢」，各本作「鎰」。

謀橈〔二〇四〇·二〕凌本「撓」，下同。

侵伐〔二〇四〇·三〕毛譌「我」。

具以酈生語告曰於子房何如〔二〇四〇·七—八〕各本「曰」字錯在「子房」下。雜志云：「當從宋本作『曰於子房何如』。稱『子房』乃高祖語，若記事則當稱『張良』。」

度能制桀〔二〇四〇·九〕凌本「能」譌「其」。

釋箕子之拘〔二〇四〇·一二〕雜志云：「本作『式箕子之門』，今本後人據禮記、逸周書、荀子及東晉古文尙書改。不知下文曰『式智者之門』，若作『釋箕子之拘』，則不合矣。漢書張良傳、新序善謀篇並作『式箕子之門』。」

封聖人之墓〔二〇四〇·一二〕舊刻脫「之」字。

其不可六矣〔二〇四一·三〕毛誤「也」。

藉前箸集解箸明〔二〇四一·九〕宋本「箸」，各本作「著」。

桃林索隱應劭〔二〇四一·一五〕官本云「疑誤」。案：疑下有脱文。

十三州記〔二〇四一·一五〕凌本「三」，各本譌「二」。

帷帳〔二〇四二·九〕中統、游、毛本作「幄」。

六年〔二〇四二·一三〕志疑云重出。

徧封〔二〇四三·二〕王、柯「徧」譌「偏」。

什方〔二〇四三·六〕宋本「汁方」。

劉敬説高帝曰都關中〔二〇四三·一三〕「曰」字疑衍，漢書無。

雖有此固〔二〇四三·一四〕王本「雖」譌「維」。

胡苑〔二〇四四·三〕中統、游本作「宛」。

殽函正義二殽〔二〇四四·五〕各本「二」譌「三」，今正。

計筴〔二〇四四·一五〕毛本「策」。

建成侯呂澤〔二〇四四·一五〕志疑云：「建成侯名釋之，周呂侯名澤，此因澤釋字通，又脱『之』字耳。通鑑考異云『澤當是釋之』。」

臣筴〔二〇四五·一〕中統、游本作「計」。

有四人索隱角里〔二〇四五·八〕單本、凌本「角」作「甪」，今依中統、游、王、柯本，下同。

上曰終不使〔二〇四六・二〕宋本脫「曰」字。

輜車〔二〇四六・三〕宋本「輜」譌「轖」。

角里〔二〇四七・三〕凌、毛「角」作「甪」。

趨去〔二〇四七・六〕宋本「趨」作「起」。

䁯繳集解韋昭〔二〇四七・一二〕凌誤「徐廣」。

索隱故云䁯也〔二〇四七・一三〕單本無此四字。

〔增〕數閔索隱閔事也〔二〇四七・一三〕「事」下脫「已閉門」三字，中華本依說文補。

及立蕭何相國集解良勸高祖立之〔二〇四八・六〕毛脫「良勸」二字，各本脫「良」字，考證據漢書注增。

從高帝過濟北〔二〇四八・一三〕宋本、毛本「帝」作「祖」。

并葬黃石冢〔二〇四八・一四〕雜志云：「『冢』字衍。漢書、類聚地部、御覽時序部地部引皆無。」

決勝千里外〔二〇四九・三〕「千里」下各本有「之」字，宋本無。

陳丞相世家第二十六（史記卷五十六）

長美色〔二〇五一·四〕雜志云：「漢書作『長大美色』，下文『人謂平何食而肥』，肥大同義，御覽飲食部引史正作『長大』。」

其嫂〔二〇五一·四〕宋本、毛本作「㛐」。

穅覈集解謂麄屑〔二〇五一·一〇〕宋本、毛本「謂」誤「爲」。

信武君〔二〇五三·五〕游本譌「軍」。

溢〔二〇五三·六〕宋、中統、游、毛並同。

攻下殷王〔二〇五三·六〕雜志云：「下殷者下殷國，不當有『王』字。御覽珍寶部引無，漢書亦無。」

躶〔二〇五三·八〕中統、游本作「裸」。

反使監護軍長者〔二〇五三·一五〕雜志云：「長者諸將自謂，不當有『軍』字。漢書、漢紀皆無。」

諸將盡讙索隱漢書作皆怨〔二〇五四·五〕考證云：「漢書作『盡讙』，與索隱據本異。」案：漢紀作「諸將皆怒」，怒與怨形義皆近。荀書本班，疑今本漢書後人依史改。

盜其嫂〔二〇五四·七〕中統「㛐」。

反覆〔二〇五四·八〕中統「復」。

顧大王用之〔二〇五四·一四〕雜志云「顧」當依漢書作「願」。

亦多歸漢〔二〇五五·六〕毛本「歸」誤「過」。

恣侮〔二〇五五·七〕中統、游本「恣」作「資」，與漢書同。

女子〔二〇五六·三〕中統、游倒誤。

弟出僞遊〔二〇五七·一〕索隱本「弟」，它本作「第」。

豫具〔二〇五七·四〕毛本「豫」作「預」。

始秦時〔二〇五八·八〕舊刻脫「始」字。

王陵爲右丞相集解八年定食安國〔二〇五九·一二〕表作「六年」，漢書同，此誤。

給事集解使止宮中〔二〇六〇·九〕漢書注「使」作「便」。

乃謝病〔二〇六一·六〕王、柯、凌本作「病謝」。

簡侯恢〔二〇六二·八〕志疑云史漢表並作「悝」。

何代侯二十三年〔二〇六二·九〕宋本「三十一年」，毛本「二十一年」，它本作「三十三年」，並誤。今依志疑改，與表合。

絳侯周勃世家第二十七（史記卷五十七）

胡陵〔二〇六五·一三〕宋本「胡」作「湖」。

號安武侯〔二〇六六·四—五〕宋本「號安」誤倒。凌引一本作「武安侯」。

長社〔二〇六六·六〕毛譌「杜」。

攻張索隱壽良縣〔二〇六七·四〕「良」誤「梁」，考證據漢志改。

尸北索隱北謂尸鄉之北〔二〇六七·一二〕官本有上「北」字，各本「鄉」誤「縣」，考證改。

盜巴〔二〇六七·一四〕志疑云漢傳作「益己」。

泗川〔二〇六七·一六〕凌引一本作「水」。志疑云當作「水」。

潁陽侯〔二〇六七·一六〕志疑云：「『潁陰』之譌，灌嬰也。」案：正義作「潁陰」，不誤。凌引一本作「陰」。

渚石索隱晉灼音赤座反〔二〇七〇·一〕案漢書注作「齊恭音赤坐反」，不知孰誤。集韻上去兼收。

箕肆〔二〇七〇·五〕志疑云：「漢傳作『肆』。」案：索隱引包愷音以四反，是讀肆爲肆也。

下蘭〔二〇七〇·一四〕毛本「下」譌「卞」。

定上谷十二縣〔二〇七〇·一五〕凌本「二」譌「一」。

說士〔二〇七一·一〇〕志疑云漢傳作「事」。

置太尉官正義按孝惠六年高后八年崩〔二〇七二·四—五〕「六年」下疑脫「至」字。

吏事方驗而出之〔二〇七二·一五——二〇七三·一〕雜志云：「不當有『事』字，漢書無。」案：「事」即「吏」之譌衍。

續絳侯後〔二〇七三·二〕宋本、毛本作「氏」，下文此句兩見皆然，疑誤。

封爲條侯集解脩音條〔二〇七三·一三〕毛本「音」誤「作」。

日有從理入口〔二〇七四·一三〕宋本「日」字在「入口」下，御覽四百八十六引同。

索隱從音子容反〔二〇七四·七〕單本無此五字。

從理橫理〔二〇七四·七〕案：文云「從理」，不得訓以橫理。漢書師古注「從，豎也，音子容反」，是矣。疑史文本無「從」字，故小司馬云「理，橫理」，後人妄依漢書增竄史文，遂幷注而增竄之，不計從之不可以訓橫也。

後六年〔二〇七四·八〕宋、中統、游、王、毛作「歲」。

〔增〕以中尉爲太尉正義掌武〔二〇七六·三〕「武」下脫「事」，中華本依百官表增。

乏糧飢〔二〇七六·九〕凌作「饑」。

人主各以時行耳〔二〇七七·二〕宋本「主」作「生」。

〔增〕乃封其子〔二〇七七·一三〕「封」字衍，漢傳無。中華本據刪。

徐盧〔二〇七八·三〕志疑云「唯徐盧」，脫「唯」字。

此不足君所乎〔二〇七八·八〕毛本作「此非不足君所乎」，凌引一本同。漢傳有非字。

縣官索隱夏家〔二〇七九·一〇〕官本作「官」，凌作「者」。案：此二字疑卽上文「官者」二字之誤衍。（案：疑當從官本作「官」，夏官者周禮夏官也。）

吾不用也集解折辱〔二〇七九·一三〕毛誤「衷」。

鄙樸〔二〇八〇·七〕王、柯、凌作「朴」。

堅刃〔二〇八〇·九〕集韻云忍通作刃。

不學索隱而虛己不學古人〔二〇八〇·一〇〕「不」字疑當在「而」下。

梁孝王世家第二十八（史記卷五十八）

孝景帝〔二〇八一·三〕王本「景」誤「惠」。

淮陽王〔二〇八一·五〕舊刻「淮」譌「睢」。

代王十九年〔二〇八一·七〕宋本脫「九」字。

爲代王正義平遙〔二〇八一·一〇〕「遙」誤「通」，考證據文紀正義及唐志改。

王清河正義清陽〔二〇八二·五〕舊刻有「陽」字，各本脫。

膏腴〔二〇八三·一〕宋本「膏」譌「高」。

方三百餘里〔二〇八三·七〕志疑云：「御覽百五十九引史曰『梁孝王築東苑三百里，是曰兔園』，今無『兔園』句。」

豪桀〔二〇八三·九〕中統、游本「桀」，各本作「傑」。

方三百餘里正義兔園〔二〇八三·一四〕各本誤「苑園」，依郡縣志改。疑本作「菟」字，故譌爲「苑」。

闕下〔二〇八四·一〇〕淩本「闕」譌「闞」。

著籍〔二〇八四·一三〕游本「箸」，各本作「著」。

天子殿門〔二〇八四·一三〕毛本「天」譌「大」。

宦官〔二〇八四·一三〕王、柯本倒。案：疑衍「宦」字。

義格〔二〇八四・一六〕義即議字，凌引一本作「議」。

陰使人〔二〇八五・四〕志疑云文三王傳上有「謀」字，是。

梁王恐〔二〇八五・七〕王本譌「怨」。

三十五年冬復朝〔二〇八六・二〕游、王、柯本「冬」誤「又」。

六月中病熱六日卒〔二〇八六・三〕案：史漢兩紀梁孝王以景帝中六年四月薨，疑「四」字篆文與「六」相近而譌，小司馬乃附會爲六月六日，不悟史文「六月」下有「中」字也。

食官〔二〇八七・九〕舊刻「官」，與漢書合。各本譌「宮」。

任后未嘗請病〔二〇八七・一〇〕毛本「任」下有「皇」字，疑「王」之誤。各本無。

措指集解許愼云措置字借以爲笮〔二〇八七・一四〕舊刻本與漢書注合。各本脫「云」字，「借」譌「措」。

李太后亦私與食官長及郎中尹霸等士通亂正義食官〔二〇八八・三〕各本譌「候宮」，舊刻不誤。

類犴反〔二〇八八・四〕索隱本無「類」字，與漢書合，而注有「類」字。

見知之〔二〇八八・六〕中統、游、凌本「見」作「具」。

襄立三十九年〔二〇八八・八〕中統、游本「九」作「餘」。

褚先生曰〔二〇八九・一二〕宋本、舊刻連上。凌本低一格。

令梁孝王〔二〇八九・一二〕游、王、柯、凌本「令」譌「今」。

正月朔旦奉皮薦璧玉〔二〇九〇・一三〕中統、游本「旦」譌「是」，「奉」譌「今」，「玉」譌「王」。

後三日〔二〇九〇・一四〕毛本譌「月」。

尊尊者〔二〇九一・八—九〕中統、游本脱「者」字。

以故國亂〔二〇九一・一三〕中統本「以」誤「爲」。

其義〔二〇九二・一〕毛本「議」，凌引一本同。

來殺〔二〇九二・一〕「來」疑「求」字之譌。

對曰言梁王不知也〔二〇九二・七〕「曰」字疑衍。

五宗世家第二十九（史記卷五十九）

二十六年卒集解艴然〔二〇九四·四〕凌本「艴」，宋、中統、游、王、柯本作「色」，毛本作「悒」。

豪桀〔二〇九六·三—四〕中統、游本「桀」，各本作「傑」。

遂爲無訾省〔二〇九七·四〕王本「遂」譌「逐」。

集解爲無所訾錄無所省錄〔二〇九七·八〕警云漢書蘇林注但有「爲無所省錄也」句，此疑衍。

言不能視錄資財〔二〇九七·八〕警云今本漢書注作「言不視訾財也」。

二千石莫敢治〔二〇九八·七〕毛脫「石」字。

與其客江充〔二〇九九·八〕毛脫「其」字。

有所辟索隱故以丹注面目旳旳爲識〔二一〇〇·六〕疑有誤字。今釋名本作「故以丹注面曰旳灼然爲識」。

所忠索隱按漢書又告中尉蔡彭祖〔二一〇一·五〕單本脫「又告」二字，「蔡」譌「奏」。各本脫「按」字「又」字，「蔡」譌「奏」。今依漢書注補正。

〔增〕於是上問〔二一〇一·八〕漢書作「聞」。王先謙曰：「淮南反謀不以聞，而私作兵器，爲有過也。」

王后〔二一〇二·九〕各本作「王王后」，毛本不重。

用常山憲王子〔二一〇三·一四〕各本「常山」下衍「王」字，毛本無。

皆賦集解皆入〔三二〇四·八〕王本「皆」譌「背」。

三王世家第三十（史記卷六十）

卑讓〔二一〇六·六〕中統譌「議」。

奉義〔二一〇六·七〕游本「議」，與凌引一本合。

臣閎集解一作開〔二一〇六·一〇〕「開」與「閎」形近而譌，「開」乃俗「關」字也，各本遂又誤爲「關」。（案：金陵本亦作「關」，初版中華本同，再版改。）

相傅〔二一〇七·九〕毛譌「傳」。

天施〔二一〇七·一三〕凌引一本作「地」。

錫號〔二一〇七·一三〕宋本「錫」作「賜」。

平津正義四十二里〔二一〇八·一〕王本「二」作「一」。

以列侯〔二一〇八·八〕毛本「以」作「此」。

白牡集解白牡〔二一〇八·九〕凌譌「牝」，各本譌「牲」，依正文及公羊解詁改。

西湊〔二一〇九·四〕雜志云：「『湊』當爲『溱』，故正義音臻。漢書王褒、谷永、王莽傳師古並云溱與臻通，字類十九臻有『湊』字，引史音臻，則所見本已誤。」

珍獸〔二一〇九·六〕中統、游本作「怪」。

而家皇子爲列侯索隱云云〔二二一〇·三〕王、柯、凌本脱正文七字及注二十字。

太子少傅〔二二一〇·三〕凌本「少」譌「太」。

諫大夫〔二二一〇·五〕宋本「諫」下衍「議」字。

皇子〔二二一〇·五〕宋本「皇」下衍「太」字。

臣閎〔二二一〇·五〕柯譌「閎」。

俾君子怠〔二二一一·六〕毛本「俾」譌「裨」。

降期〔二二一二·四〕索隱本作「期」，注云漢書作「旗」，是古本史文作「期」也。今史本皆作「旗」。案：論語巫馬期，史記弟子傳作「旗」，蓋同聲通假。

楊州〔二二一三·九〕毛本「揚州」，下同。

好軼〔二二一三·一〇〕索隱本「軼」，各本作「佚」。

傅中稱三王〔二二一四·八〕各本「傅」上有「列」字，宋本、毛本無。

博聞〔二二一四·一三〕中統、游本作「學」。

閎且立〔二二一五·三〕中統、游本無「閎」字。

色物〔二二一五·一四〕毛本倒。

裹以白茅〔二二一五·一四〕中統、游、王本「裹」作「裹」。

無佹德索隱〔二一六·八〕單本無此條。

云廣陵王爲上〔二一七·九〕宋本、中統、游、毛重「云」，下有「立」字。警云「云」即「立」字之譌。

勿使上背德也〔二一八·一一〕「上」乃「王」字誤。前文「佹德」下索隱引此作「王背德」。宋本作「比」，蓋「北」字之譌，北即背字。

會武帝崩〔二一八·七〕宋本「武」上有「孝」字。

潃中集解〔二二〇·一〕毛本脫。

淅米〔二二〇·一〕官本「淅」，各本譌「浙」。

正義庶人不服者〔二二〇·三〕毛脫「者」字。

廣陽王正義廣陽故城〔二二〇·七〕官本「陽」，各本誤「陵」。

校刊史記集解索隱正義札記卷五　列傳

伯夷列傳第一（史記卷六十一）

伯夷列傳〔三三·三〕王、柯本題「老子伯夷列傳第一」，別行注云：「正義本老子、莊子、伯夷居列傳之首。正義曰『老子、莊子，開元二十三年奉勑升爲列傳首，處夷、齊上。然漢武帝之時，佛教未興，道教已設，道則禁惡，咸致正理，制禦邪人，未有佛教可導，故列老、莊於申、韓之上。今既佛道齊妙，興法乖流，理居列傳之首也』。今依正義本。」凌本亦有此注，而無末五字。蓋正義止「老子」以下至「首也」七十九字，首尾皆合刻者語。王、柯本皆依正義次序，以老子居列傳首。凌本雖亦用宋人合刻本，而不依其次，故删去末五字。其餘各本本無正義，悉依史公舊次。索隱本成書在正義前，未奉開元勑改，更無論矣。今校刊本亦依凌本之次，并删去此條。恐讀正義者以爲不備，故附列於此。「乖流」二字於文義不諧，「乖」疑「乘」字之譌。又王、柯、凌本又一條云：「監本老子與伯夷同傳，第一；莊子與韓非同傳，第三。」蓋亦合刻者所記。

太史公曰〔三三·七〕蔡本、中統、舊刻、游、王、柯本並提行，謬。今依凌本、毛本。（案：此就金陵本言。中華本分段提行，與金陵本不同也。）

所聞由光〔三一二二·八〕索隱本「光」上有「務」字。

義至高索隱桐水〔三一二三·三〕莊子作「稠水」，水經潁水注作「洞水」，疑「桐」「稠」皆誤。

義人〔三一二三·五〕毛本作「異人」，疑誤。

孤竹君正義本前注丙寅作殷湯正月三日丙寅〔三一二三·一五〕此十四字是合刻者之言，下當有脱文。

首陽山正義北至〔三一二四·六〕官本「北」，各本譌「比」。

若伯夷叔齊〔三一二四·一五〕困學紀聞引作「若伯夷者」。

可謂善人者非邪〔三一二四·一五〕索隱本作「可謂善人者邪，抑非也」。困學紀聞引作「可謂善人非邪」。

盜蹠〔三一二五·一〕索隱本「蹠」，正義同。各本作「跖」。

彰明較著〔三一二五·二〕索隱本無「明」「著」二字。

終身逸樂〔三一二五·三〕索隱本無「終」字。

禍災〔三一二五·四〕索隱本倒。

勝數〔三一二五·四〕毛本「勝」作「稱」。

儻所謂天道是邪非邪〔三一二五·四〕索隱本「儻」作「豈」，「是非」二字互易。

盜蹠索隱蹠及注作跖〔三一二五·八〕雜志云集解當有「一作跖」之文，今本脱。

恣睢索隱千餘反〔三一二五·一一〕考異云從鄒音則當从且。

壽終集解華陰縣〔二一二五·一三〕舊刻「縣」，各本誤「山」。

按盜跖〔二一二五·一三〕官本有「按」字。

儻所謂天道是邪非邪索隱而逸樂〔二一二六·八〕單本脫「而」字。

驥尾〔二一二七·九〕索隱本「驥」下有「之」字。

趣舍〔二一二七·九〕案：正義音趨，則正文作「趣」明矣。各本作「趨」，非，今正。

名不稱正義疾沒世〔二一二七·一四〕官本有「世」字。

衆庶馮生正義若貪夫徇名〔二一二八·四〕柯、凌作「財」，疑所據本「貪夫」下原脫「徇財烈士」四字，王承其誤。柯、凌則改「名」爲「財」，然不當獨遺「烈士」句。

風從虎集解張璠〔二一二八·七〕毛作「蟠」。

萬物覩正義紹名世〔二一二八·一一—一三〕王本「名」誤「明」。

書以道事〔二一二八·一四〕「道」譌「導」，考證改。

管晏列傳第二（史記卷六十二）

潁上正義夷吾〔二一三一·七〕王、柯本作「管夷」，誤。

管嚴之子〔二一三一·八〕今國語注無此四字。

於柯正義東阿〔二一三三·一五〕譌「河」，考證據唐志改。

管仲卒正義三權〔二一三四·八—九〕王、柯本譌「藿」。

懼然正義牀縛反〔二一三五·一〇〕懼無此音，疑作「渠縛反」。

薦以爲大夫集解〔二一三五·一六〕北宋、中統、舊刻、游、毛此注系在「妾是以求去也」下，殊失倫。今移傳末。

正義注皇覽云云〔二一三五·一六〕王、柯、凌本以此注首二十字與裴同，遂删去集解而系此正義於上文「晏子懼然」下，尤爲失倫。且此注字本指集解，删之則贅矣。今移次集解。

晏子春秋索隱七篇〔二一三六·七〕「七」下衍「十」字，依正義删。警云漢志「晏子八篇」，隋、唐志皆七卷。

老子韓非列傳第三（史記卷六十三）

老子韓非列傳〔二一三九·二〕凌本題「老莊申韓傳」，非也。今依索隱、北宋、毛本，與史公自序合。王、柯本題「申不害韓非列傳」，別行注云「開元二十三年勑昇老子、莊子爲列傳，故申、韓爲此卷」。案：昇老子已見前正義，此亦合刻者所記。

姓李氏〔二一三九·三〕索隱本在「字耼」下。

字耼〔二一三九·三〕據索隱本。各本作「字伯陽，謚曰耼」。雜志云：「經典釋文序錄、文選征西官屬送於陟陽候詩注、游天台山賦注、反招隱詩注、後漢書桓紀注並引史記『字耼』。」

老子者正義朱韜玉札〔二一三九·五〕官本「札」，各本誤「禮」，蓋因札形似礼而譌。「朱」疑當作「珠」，珠韜玉札蓋道書，隋志無。

月懸〔二一三九·六〕類聚七十八引神仙傳作「庭」。

足蹈二五〔二一三九·六〕類聚「二」作「三」。

內篇云李母懷胎〔二一三九·七〕王本此七字作「玉女夢流星入口」，與下文複，誤刻也。今依柯、凌本。

而有娠〔二一三九·八〕官本「娠」，各本譌「脤」，下同。

晝夜〔二一三九·八〕王、柯同。疑一本作「晝」，一本作「夜」，校者旁注兩存而誤。凌本「晝」譌「畫」。

曲仁里正義按年表〔二一三九·一三〕官本「按」，各本誤「國」。

淫志正義皆無益於夫子〔二一四一·五〕「夫」字疑衍。

關令索隱〔二一四一·一四〕單本此注在下文「始秦與周」條注後，蓋傳寫亂。

老萊正義著艾〔二一四二·二〕王譌「丈」。

菹芰〔二一四二·二〕官本「芰」，各本譌「艾」。

解毛〔二一四二·三〕王本無「解」字。

百有六十餘歲〔二一四二·四〕索隱本「有」字在「六十」下。

始秦與周合合五百歲而離離七十歲而霸王者出焉〔二一四二·一〇—一一〕各本作「始秦與周合而離，離五百歲而復合，合七十歲而霸王者出焉」。毛本「七十」下有「餘」字。雜志云：「此後人依周秦本紀改。索隱曰『紀與此傳離合正反』，若此則何反之有。」案：今依雜志從所引宋本改。索隱本出「始秦與周合，五百歲而離」，則較宋本同少一「合」字。

百二十九年集解實百一十九年〔二一四二·一三〕北宋本「實」下有「百」字，各本脫。

注子宮宮玄孫假〔二一四二·一六〕志疑云神仙傳引史「宮」作「言」，「假」作「瑕」。

寓言〔二一四三·一四〕依索隱，則所據本史文作「偶」。今單本亦作「寓」，蓋後人改之。

蒙人集解地理志〔二一四四·四〕毛本下衍「曰」字。

離辭正義分析〔二一四四·一六〕各本譌「力折」，依雜志改。

洸洋正義已音紀〔二一四五·二〕官本「紀」。王譌「祀」，柯、凌譌「杞」。

吾志正義寧死〔二一四五·一三〕各本誤「無」，考證據莊子改。

京人也〔二一四六·二〕北宋、舊刻「京」譌「荆」。

正義在鄭州滎陽〔二一四六·一三〕五字考證據項羽紀正義增。

韓非者正義韓遂亡〔二一四六·一三〕「遂」譌「非」，考證據世家改。

執勢〔二一四七·六—七〕北宋、舊刻本作「埶」。

覩往正義則得失之變異〔二一四八·二〕「則」字疑誤。

萬言索隱制之〔二一四八·三〕「制」譌「利」，汪改。

又非吾辯之難〔二一四八·一〇〕志疑云「難」字衍。

吾說〔二一四八·一二〕索隱本作「意」，疑誤。

橫失正義此雖〔二一四八·一五〕官本「雖」，各本譌「難」。

語以泄敗〔二一四九·一六〕中統、毛本「語」作「而」。

迺自以爲也故〔二一五〇·三〕雜志云：「『也』讀爲『他』，韓子作『乃以成他故』。」志疑說同。

粥權〔二一五〇·五〕索隱本「粥」，各本作「鬻」。

貴人得計正義先得其計己功〔二五〇·一五〕「其計」下疑脫「爲」字。

粥權索隱賣重〔二五一·七〕考異云「賣」當作「𧶠」。

汎濫正義博文〔二五一·一三〕汪誤「聞」。

則毋以其失〔二五一·一六〕中統、游本「毋」，各本作「無」，下同。

自多其力則毋〔二五二·一〕北宋、毛本作「毋」，與中統、游本合。

大忠〔二五二·二〕雜志云「忠」當作「意」。

無所拂悟〔二五二·三〕各本「悟」字與下句「辭」字互誤，索隱本亦然，而注意可尋，正義亦明白可證。今依盧氏札記及王氏雜志移正。警說同。又，據索隱，疑正文本作「拂牾」。

王欲幷諸侯〔二五三·七〕中統、游本「王」作「主」。

司馬穰苴列傳第四（史記卷六十四）

阿甄 〔二一五七·三〕 御覽二百九十六引作「鄄」，注云「阿，今濟陽郡東阿縣。鄄音絹，今濮陽郡鄄城縣」。疑是集解文。

期而後至 〔二一五八·一〕 御覽引止「後期」二字。

馳三軍法何 〔二一五八·三〕 依北宋本。又，注引一本作「軍中不馳，今使者馳云何」，與今各本同。

皆求行 〔二一五八·六〕 舊刻無「皆」字。

封內 〔二一五八·七〕 中統、游本「封」譌「邦」。

最比正義比音卑必耳反 〔二一五九·九〕 舊刻「音」，各本誤作「作」。案：疑「卑」「必」二字當衍其一。

孫子吳起列傳第五（史記卷六十五）

吳王闔廬〔二一六一·三〕御覽二百九十六引作「閭」，下同。

既布〔二一六一·七〕御覽引作「畢」。

嘗與龐涓〔二一六三·八〕中統本「嘗」譌「常」。索隱本無。

坐爲計謀〔二一六三·一〇〕雜志云文選報任少卿書注引「坐」作「主」，義長。

批亢〔二一六三·一一〕御覽三百六十八引此文，有注云「亢音剛，又音抗，人喉也」，疑是集解文，今本缺。

十三歲〔二一六四·八〕各本作「十五年」，今依索隱本。考異云當作「十三」。

三萬竈〔二一六四·一一〕中統、舊刻、游、毛本「三」作「二」。御覽百八十六引作「三」，又四百四十八引作「二」。

輕銳〔二一六四·一二〕御覽四百四十八引作「輕輓」，注「亡辨反」。

度其行〔二一六四·一二〕御覽二百九十，又三百四十八引「度」作「量」。

陜〔二一六四·一三〕北宋本「陜」，各本作「狹」。

阻隘〔二一六四·一三〕御覽四百四十八引作「險」。

俱發〔二一六四·一四〕御覽引「俱」作「共」。

智窮〔二一六四·一五〕御覽引「智」作「計」。

〔增〕後十三歲索隱王劭紀年云〔二一六五·二〕案：「劭」下疑脫「按」字，中華本補。

入衞〔二一六五·二〕御覽三百六十九引下有「門」字。

以事魯君魯君疑之〔二一六五·一三〕讀書記云：「魯」字衍。

臥不設席〔二一六六·七〕御覽二百八十引下有「暑不張蓋」四字。

騎乘〔二一六六·七〕毛本倒。

又吮其子〔二一六六·九〕治要引「其」作「此」。

右彭蠡〔二一六六·一四〕吳郡志考證門引此文有裴駰注云「今太湖中包山有石穴，其深洞無知其極者，名洞庭」十九字，蓋集解文。

大河〔二一六七·一〕淩、毛本「大」譌「太」。

羊腸集解皇甫謐曰〔二一六七·三〕毛本脫「甫」字，「謐」譌「謐」。

敵國集解楊子〔二一六七·五〕北宋、中統、游、淩本並作「楊」。

卽封〔二一六七·六〕志疑云：「守不可言封，且起已守西河矣。二字衍。」

此三者子皆出吾下〔二一六七·九〕各本「子」字並錯在「此三者」上，依後漢書注引改，說詳雜志。

而自喜名也〔二一六七·一五〕雜志云：「『名』字衍。御覽皇親部引無。」

盡欲害吳起〔二一六八·八〕毛本無「欲」字。

伍子胥列傳第六（史記卷六十六）

來之并禽〔二一七三·九〕北宋、毛本「來」譌「求」。

二子到〔二一七三·一一〕凌引一本作「去」。

而令讎〔二一七三·一一〕中統、游本「令」譌「今」。

尚既就執〔二一七三·一四〕游本譌「報」。

郤宛伯州犂〔二一七四·一四〕志疑云「伯州犂」三字衍。

灊〔二一七五·八〕北宋本「灊」，各本作「潛」。

吳使五員迎擊〔二一七五·九〕舊刻「五」，各本作「伍」。（案：金陵本作「五」，中華本作「伍」。）

吳兵圍隨〔二一七六·八〕中統本「兵」作「王」。

謂隨人曰〔二一七六·八〕北宋、舊刻本無「謂」字。

日莫〔二一七七·一〕索隱本「莫」，各本作「暮」。（案：金陵本作「莫」，中華本作「莫」。）

堂谿正義吳房〔二一七七·一一〕「房」字考證據唐志補。

傷闔廬指正義解在吳世家〔二一七八·七〕警云吳世家無此條正義，下「夫湫」條同。

遂威鄒魯〔二一七九·一〕凌本「威」譌「滅」。

詳病〔二九・一四〕北宋、中統、舊刻、游本並作「詳」。它本作「佯」，俗。

縣吳東門〔二八〇・五〕雜志云：「『縣』後人依吳語改。匡謬正俗、藝文類聚人部、初學記、太平御覽人事部引史，並作『著』。」

爲器正義櫝可材也〔二八〇・一二〕官本「可」，與左傳合。各本誤「亦」。

縣吳東門正義開此門〔二八〇・一四〕官本「此」，各本譌「北」。

立祠正義東門內〔二八一・一三〕吳郡志考證門引作「外」。

號爲白公正義褎信縣〔二八二・五〕「信縣」二字考證據楚世家正義及唐志增。

勝自礪劍〔二八二・九〕索隱本作「白公厲劍」。

乃劫之王如高府〔二八二・一三〕雜志云不當有「之」字。

仲尼弟子列傳第七（史記卷六十七）

師也辟〔二一八五·四〕中統、舊刻、王、柯本並作「僻」。

由也喭正義⿰口反音畔〔二一八五·一二〕各本錯在「索隱」前，今移正。

喭音岸〔二一八五·一三〕原脫「喭」字，今補。

屢中集解唯財貨是殖〔二一八五·一三〕毛衍「焉」字。

雖不窮理〔二一八六·三〕毛本「雖」譌「唯」。

蘧伯玉集解自設〔二一八六·七〕官本「設」，與大戴記合。各本誤「媟」。

汲汲於仁以善自終〔二一八六·七〕北宋本、舊刻並作「以善存亡汲汲」，與大戴記合。

索隱又云〔二一八六·八〕單本有「又」字。

不並世索隱唯舉銅鞮介山二人行耳〔二一八七·三〕案：據此，是集解於「蘧伯玉」以下諸人並未引大戴記，故索隱引以補之，而不及「銅鞮」、「介山」二條者，以裴氏已引也。今各本於蘧伯玉、晏平仲、柳下惠三人徑依大戴記引補，則索隱文複，故删去「索隱」，而各條又失注「大戴禮」三字，乃「老萊子」下又獨存「索隱」，此皆坊刻以意去取，無從論其是非也。傳本已久，不能删削，今仍其舊，而依單本補入「索隱」，以質讀者。

家語又云〔二一八七·三〕此以下五十三字單本所無，與史文無涉，蓋亦後人妄竄。

少孔子三十歲正義少戉妙反〔二一八七·七〕「戉」譌「成」，今改。

有是夫正義論語疑釋十卷論語駮二一卷〔二一八八·四〕官本如此。各本作「論疑釋十卷及語駮虛二一卷」，脫誤也。

案：隋志云「論語釋疑十卷，又論語駮序」，唐志云「論語釋十卷，又駮一卷」。

命也夫集解包氏曰〔二一八九·一三〕中統、游、毛本脫「氏」字。下「可使南面」下集解同。

復問子路仁乎孔子對曰如求〔二一九〇·一三〕此文不備，且見下子路傳爲詳，疑此衍。

問同而答異〔二一九一·三〕史詮引所見宋本無此五字。

志伉直〔二一九一·九〕毛本「伉」譌「阬」。

猳豚集解佩以猳豚〔二一九一·一一〕北宋本、毛本無「以」字。

先之勞之集解先導〔二一九一·一四〕毛本「道」。

治其賦〔二一九二·一五〕中統誤「富」。

蕢聵〔二一九三·八〕「蒯」作「蕢」，疑誤。

子路爲衞大夫孔悝之邑宰〔二一九三·一〇〕警云：「索隱本出『爲衞大夫』四字，注云云，則小司馬所見史文無『孔悝之邑宰』五字。」

是時子貢爲魯使於齊〔二一九四·四〕案：此於上下文皆不相涉，索隱本出此九字於子貢傳「好廢舉與時轉貨貲」條後，疑今本錯簡。

不聞於耳集解爲孔子侍衞〔二一九四・五〕北宋、毛本脫「子」字。

宰予晝寢〔二一九五・三〕中統、游、王、柯、毛本「予」作「我」。

端沐〔二一九五・一一〕索隱本「沐」，吳校本同，各本作「木」。

瑚璉集解包氏〔二一九六・四〕各本脫「氏」字，今補。

其地狹以泄〔二一九七・五〕雜志云越絕書、吳越春秋並作「其池狹以淺」。

夫上驕則恣〔二一九七・一一〕「上」疑當作「主」，涉上文而譌。

有報人之志〔二一九八・一五〕北宋本「志」，各本作「意」。

劒一〔二一九九・七〕毛本「劒」譌「釰」。（案：中華本「劒」均作「劍」。）

鈇屈盧之矛〔二一九九・一五〕「鈇」字柯本誤「鈌」，凌本誤「鈌」，注同而音玦。案：疑屈聲近缺而譌衍，索隱引劉氏云「一本無」，是也。

與晉人相遇黃池之上〔二二〇〇・一一〕索隱本無「人之上」三字。

越遂圍王宮殺夫差而戮其相〔二二〇〇・一二—一三〕索隱本出「越圍王宮夫差自殺」八字，與今本異。

故子貢一出至霸越〔二二〇一・三〕據下「五國各有變」索隱，疑舊本無此十六字，後人卽依索隱竄入，特删「云」字耳。

武城正義南城〔二二〇二・三〕考異云據續漢郡國志南武城亦謂之「南城」。

城邑〔二二〇二・三〕各本誤倒，考證改。

言詩集解包氏〔二二〇三·三〕中統、游、王、柯、毛本脱「氏」字。

西河正義謁泉山〔二二〇三·一二〕「謁」譌「竭」，依郡縣志、寰宇記改。考異説同。

隰城〔二二〇三·一二〕「隰」譌「堰」，考證據唐志改。

陳蔡閒困〔二二〇四·八〕北宋、凌本譌「因」。

蠻貊之國〔二二〇四·八〕北宋本「國」作「邦」。

州里集解五家〔二二〇四·一二〕毛譌「象」。

夫然後行集解想見〔二二〇四·一三〕毛本「想」譌「相」。

必聞集解黨多〔二二〇五·五〕中統、游本二字倒。

孝道正義躯轂〔二二〇五·一二〕韓詩外傳「躯」作「轉」。

澹臺正義延津〔二二〇五·一三〕王本「延」譌「涎」。

七里〔二二〇五·一三〕官本「七」，它本譌「北」。

少孔子三十歲〔二二〇六·一二〕各本作「四十九歲」，蓋後人依家語改，今依索隱本。

子賤正義永昌〔二二〇六·一三〕脱「昌」字。

東門〔二二〇六·一三〕脱「門」字。

漢世〔二二〇六·一三〕脱「漢」字。以上並考證據顏氏家訓增。

虙字從虍〔二二〇六・一三〕脫「虍」字。

宓從宀〔二二〇六・一三〕脫「宀」字。以上今補。

少孔子三十歲索隱少孔子四十九歲此云三十不同〔二二〇六・一五〕各本「四十九」與「三十」互易，蓋既依家語改史文，遂并易其注，而不復計其與家語不合也。

可以爲難集解包氏〔二二〇八・二〕毛本作「鄭玄」。

原憲遂亡〔二二〇八・三〕索隱本有「遂」字。

藜藿〔二二〇八・三〕雜志云：「『藿』當爲『蘿』。爾雅『拜蔏蘿』注『蔏蘿似藜』，若藿爲豆葉，非其類。字形相近而譌。」

冪濫舟集解寒浞〔二二〇九・四〕毛譌「捉」。

曾蒧〔二二一〇・二〕說文、玉篇、廣韵並無「蒧」字，疑「箴」之譌。索隱一音其炎反，是其證。說見後。

字路路者顏回父〔二二一〇・九〕索隱本無「路者顏」三字。

無桲〔二二一〇・一四〕淩本「槨」，下同。

馯臂子弘〔二二一一・七〕案：「弘」當爲「厷」，厷即「肱」字。名臂，故字子厷。諸書作「弓」者，同音假借。

〔增〕**淳于人光子乘羽正義淳于國**〔二二一二・四〕按：「國」下當脫「名」字，孫輯括地志有。

〔增〕**王子中同正義漢作王同字子仲**〔二二一二・八〕按：此據漢書儒林傳，「漢」下當脫「書」字。

漆彫開〔二二一三・五〕毛本「彫」作「雕」。

公伯繚〔二二三·二〕索隱本「繚」，各本並作「僚」。

無訒集解言仁亦不得不訒也〔二二四·二〕北宋、中統、游、王、毛本並作「不難也」。

字子遲〔二二五·四〕索隱本「遟」，各本作「遲」。（案：中華本「遟」均作「遲」。）

有若少孔子四十三歲〔二二五·一三〕各本脫四字，今依北宋本、毛本。索隱注引作「四十二」，未知孰誤。

亦不可行集解亦不可以行也〔二二六·六〕北宋本「也」，各本作「之」。

取室正義六五景子〔二二七·三〕「六」譌「立」，「子」誤「行」，依考異改。

世生外象云云〔二二七·三〕此下譌脫，考異雖以意推衍，未必盡合。其云「子水爲世，寅木爲應」，則「世」「應」互誤矣。

子旗〔二二八·二〕中統、游本譌「祺」，下同。

陳司敗〔二二八·三〕游本譌「馬」。

顏幸字子柳〔二二八·一三〕志疑引宋本家語、宋史禮志作「顏辛」。案：疑作「辛」是也，「柳」字本從丣，丣古酉字，名字相配，形近譌爲「幸」。

顯有年名〔二三〇·二〕王、毛本「顯」作「頗」。

及受業聞見于書傳其四十有二人無年及不見書傳者紀于左〔二三〇·二〕案：索隱本於傳末出正文「已上四十二人無年及不見書傳者」十四字，著注云云。疑此文「顯有年名及受業于書傳」下亦當有「者」字，題上三十五人也。其下四十二人之末，則當如索隱本所出。後人移并一處，預提在前，截趾適屨，增減其字，失史文之眞矣。

「左」字毛譌「右」。

公祖句茲〔二二〇·九〕索隱本次「申堂」下。

漆雕哆〔二二〇·一三〕索隱本「雕」作「彫」，下同。

商澤〔二二一·八〕索隱本作「石高澤」，疑「石」字涉下而衍，商高形近易譌。

集解字子季〔二二一·九〕毛本譌「秀」。

公良孺索隱在三十二人不見〔二二二·一六〕文有脱誤，參正義自明。

正義今在四十二人數〔二二二·一〕「四」誤「三」，依史文改。

秦丹正義家語無此人〔二二二·五〕家語下衍「云」字，今删。

奚容箴〔二二二·九〕説文黑部「黬，雖晳而黑也。古人名黬字晳」。段注云「弟子傳曾蒧、奚容蒧皆『黬』之省。論語曾晳名點，叚借字」。案：箴作「蒧」者，隸書相亂。説文「名黬字晳」，蓋即本史文，點與黬義相近，段説是也。黬省作「蒧」，譌爲「蒧」，三寫成「箴」。

公肩定〔二二三·一〕毛本「肩」，與索隱本合。它本作「堅」。

鄡單集解音善〔二二三·二〕毛脱「音」字。

申黨〔二二三·一〕索隱作「堂」。

顔之僕〔二二三·一四〕索隱本次「步叔乘」下。

子祈〔二二三三·一六〕毛誤「祺」，下「子祺」誤同。

燕伋〔二二三四·六〕索隱本作「級」。

原亢籍集解名亢〔二二三五·三〕毛作「忼」。

廉絜字庸〔二二三五·六〕索隱本作「子庸」。

叔仲會集解晉人〔二二三五·九〕舊刻、柯本作「魯人」。

邦巽〔二二三五·一五〕索隱本「邦」，各本作「邽」。雜志云：「廣韻邦，又姓。而『邽』下不云是姓。索隱謂家語『巽』作『選』，而不云『邦』作『邽』，則家語亦作『邦』。今本作『邽』，皆後人所改。」

公西輿如〔二二三六·四〕舊刻無「如」字。

公西葴字子尙〔二二三六·六〕索隱本作「箴」。毛刻家語作「減」。案：上尙古通，尙，加也，與「減」名字相配。（案：金陵本亦作「字子上」。）

商君列傳第八（史記卷六十八）

庶孽公子〔二二二七·三〕雜志云：「『公』字後人所加。玉藻曰『公子曰臣孽』，是公子即爲孽。文選西征賦、長笛賦注引皆無『公』字。」

公叔座〔二二二七·四〕各本皆作「痤」，下同。

問病索隱卽魏侯之子〔二二二八·二〕「魏」下疑脫「文」字。

鞅欲變法〔二二二九·六〕雜志云：「『鞅』字衍。此孝公欲從鞅變法，恐天下疑己，故鞅有『疑事無功』之諫。商子更法篇孝公曰『今吾欲變法』云云，是其證。新序善謀篇同。」

恐天下議己〔二二二九·六〕北宋、毛本「下」誤「子」。

五伯〔二二二九·一二〕毛本「霸」。

不易禮〔二二二九·一四〕舊刻作「古」。

牧司〔二二三〇·八〕索隱本作「牧」，各本譌「收」。雜志云：「凡相監察謂之牧司。周官禁暴氏曰『凡奚隸聚而出入者則司牧之』，酷吏傳曰『置伯格長以牧司姦盜賊』，皆其證。」

各以率〔二二三〇·九〕北宋、柯、淩本譌「卒」。

莫敢徙〔二二三一·八〕舊刻「敢」誤「能」。

作爲築冀闕〔二二三二·一〕疑「爲」字一本作「築」，校者旁注，後人誤幷。

而集小都鄉邑聚爲縣〔二二三二·二〕雜志云：「『都』字衍。秦本紀曰『幷諸小鄉聚集爲大縣』，六國表曰『初聚小邑爲三十一縣』，皆無『都』字。」

封疆正義疆音疆〔二二三二·七〕案：正文及注中上「疆」字疑皆誤。古疆或作「疅」，或省作「彊」「壃」「畺」，見集韵及字類，不知史文何屬。

殺將軍龐涓〔二二三二·一〇〕中統、游本「將軍」上有「其」字。

領阨〔二二三二·一二〕索隱本「領」，各本作「嶺」。

於商正義三邑〔二二三三·一〇〕「三」疑當作「二」。

得交〔二二三三·一三〕舊刻作「見」，疑涉上而誤。

君又南面而稱寡人〔二二三四·一四〕中統、游、王本「而」作「也」。毛本「而」上有「也」字。

相鼠有體〔二二三四·一四〕中統、游、柯本譌「禮」。

荆國之禍索隱六國年表〔二二三五·一五〕「六國」誤，當云「十二諸侯」。

會晉救楚〔二二三五·一五〕「救」字誤，表作「伐」，無救荆事。考異云謂宋有荆禍而秦救之。

持矛而操闟戟者集解徐廣曰一作云云〔二二三六·七〕志疑云：「文選吳都賦注引史同，蓋異本也。」

莫如商鞅反者〔二二三七·四〕毛脫「反」字。

惡名集解歸籍〔三三六·四〕中統、游本「籍」，它本作「藉」。（案：金陵本亦作「藉」。凡此，皆張氏校刊時未及挖補者。中華本初版亦依金陵本作「藉」。）

以勸戎士〔三三六·六〕毛誤「君」。

法令〔三三六·六〕毛本「法」誤「發」。

蘇秦列傳第九（史記卷六十九）

雒陽人正義乘軒里人也　〔三四一·五〕脱「乘」字，「里」下衍「之」字，考證據趙策改。

出其書徧觀之　〔三四一·一一——一二〕索隱本於「屈首受書」下出「徧觀之」三字，其下出「得周書陰符」五字，疑此文六字當在下文「雖多亦奚以爲」下，作「於是出其書徧觀之得周書陰符」云云，今本錯簡。

疾辯士　〔三四二·四〕中統本「疾」誤「病」。

被山帶渭東有關河正義函谷　〔三四二·一五〕王、柯譌「幽谷」。

南山　〔三四二·一五〕「南」下有脱文，當云南有某山云云。

嶢關　〔三四二·一五〕王、柯「嶢」譌「堯」。

被山帶渭又爲界　〔三四二·一六〕各本截正文「被山」二句別爲一節，而截正義「又爲界」以下系之，於文義不順，今并連爲一節。「又」字誤，疑當作「以」。

地里江渭岷江　〔三四二·一六〕「地里」字疑有誤。瞥云「渭」疑當作「謂」。

渭州隴山之西南流入蜀　〔三四二·一六〕「渭州」上疑脱「西從」二字。

地方二千餘里　〔三四三·七〕毛本「地」誤「城」。

雲中九原正義在楡林　〔三四三·一三——一四〕官本「楡林」，各本誤倒，下同。

九原郡城〔三四三·一四〕「城」字考證增。

嘑沱集解其川嘑沱〔三四三·一五〕周禮作「虖池」。

嘑沱出鹵城〔三四三·一五〕索隱本作「滹沲」，今本蓋後人改。

索隱音呼沱〔三四三·一五〕各本作「沲」，則與所出字無異，今改。

正義易縣〔三四四·一〕「易」字考證據唐志增。

河合〔三四四·一〕各本倒，官本不誤。

〔增〕碣石索隱戰國策碣石山〔三四四·三〕按：「戰國策」三字當衍。

西迫彊趙正義貝冀深趙〔三四四·一五〕各本「深」譌「燕」，考證據地里志改。

南近齊正義齊地〔三四五·一〕官本「地」，各本譌「也」。

而君不任事〔三四五·三〕「而君」誤倒，考證據趙策改。雜志說同。

與齊則齊必弱楚魏〔三四六·二〕正義不釋魏境，下文亦止云「楚弱」，疑此「魏」字涉上「弱韓魏」而衍。

據衞取卷〔三四六·八〕索隱本出此四字，各本作「取淇卷」，毛本譌作「取潮卷」。雜志云：「『淇』字後人加之。史作『取卷』，策作『取淇』，正義但言『守衞得卷』，則無『淇』字明矣。」

包周正義趙邯鄲危故須起兵自守〔三四六·一三〕「危」字錯在「須」下，考證移改。

番吾正義常山〔三四七·二〕官本「常」，各本誤「旁」。

然則韓魏趙之南蔽也〔三四七·六—七〕舊刻無「則」字。案：然猶是也，亦猶則也，然則二字不必連用，說見經傳釋詞。此疑後人依國策增。

湯武之士不過三千〔三四七·一四—一五〕雜志云文選枚乘諫吳王書注引作「湯武之士不過百里」。

卒不過三萬〔三四七·一五〕雜志云：「趙策作『湯武之卒不過三千人』，後人改『士不過百里』爲『士不過三千』，又改此爲『三萬』，謬矣。下文說魏亦云『武王卒三千人』。」

夫破人之與破於人也臣人之與臣於人也〔三四八·三—四〕各本兩「於」字上並有「見」字，趙策無。索隱本出「臣人」句亦無。案：正義解此甚明，今依雜志刪。

夫衡人者〔三四八·八〕中統、舊刻、游、毛本「衡」下並有「音橫」二字，疑後人旁注，合刻本無。

趙涉河漳博關〔三四九·四〕北宋本有「漳」字。王本「關」譌「闕」。

乃飾〔三五〇·七〕舊刻作「飭」。

千溢〔三五〇·七〕中統、毛本作「溢」，索隱本、游本注皆作「溢」，則正文作「鎰」者，後人所改也。（案：金陵本亦作「溢」，不作「鎰」。蓋金陵本初亦作「鎰」，故張氏校記云云，但後已挖改爲「溢」矣。）

韓宣王〔三五〇·一四〕各本「宣」下有「惠」字，索隱本無。志疑云衍。

鞏洛〔三五〇·一四〕索隱本無「洛」字，御覽百五十八引亦無。（案：金陵本亦無「洛」字。張校當云「各本『鞏』下有『洛』字」云云。）

距來〔二三五〇·一六〕雜志云荀子、廣雅並作「鉅黍」，文選閑居賦「谿子巨黍」，注引史作「巨黍」。

〔增〕龍淵太阿索隱齊辨之曰〔二三五二·一三〕案：孟荀列傳集解引作「或辯之曰」，魯仲連傳正義引作「齊辯士曰」，未知孰是。

吱芮正義厰〔二三五三·四〕王、柯譌「戚」。

內劫其主〔二三五五·一五〕毛本作「王」。

干遂正義萬安山西南一里〔二三五六·一〕各本「山」下衍「前墜」二字，「一里」二字脫誤作「山」，考證據春申君傳正義改。

禽於干遂〔二三五六·三〕王、柯譌「墜」。

豪氂〔二三五六·一一〕依北宋本。各本作「毫釐」。

鋒矢正義齊軍〔二三五七·一一〕各本誤「君」，今改。

虛猲〔二三五八·六〕索隱本「猲」，各本作「喝」。

陽晉正義陽晉故城〔二三五八·一〇〕「城」字考證增。

陘塞正義順陽故城〔二三六〇·九〕「順」上王衍「門」字，凌衍「郎」字，並脫「陽」字，官本不誤。

大王不從〔二三六〇·一一〕雜志云：「『不從』下脫『親』字，當依楚策補。從即容反。」

患至而后憂之〔二三六〇·一四〕王、柯、凌本「而」誤「其」。

則無及已〔二二六〇・一四〕中統、游本作「矣」。

疑於王者〔二二六一・一四〕索隱本「疑」，各本作「擬」。

以面掩地〔二二六二・二〕四字疑後人依索隱增竄。

貸人百錢〔二二六二・四〕北宋本有「人」字，各本脫。

蒲服索隱並音蒲仆〔二二六二・一〇〕「仆」疑本作「僕」，乃俗寫也。單本作「卜」，又「仆」之爛文。

愈充腹〔二二六三・九〕雜志云：「燕策作『偷充腹』。鄭注表記曰『偷，苟且也』。淮南王傳『王亦偷欲休』，漢書作『愈』。韓子難一『偷取多獸』，淮南人間訓作『愈』。是偷與愈通。」

烏喙正義奚毒〔二二六四・四〕「奚」誤「奥」，依廣雅改。淮南主術訓作「雞毒」。

禮之於廷〔二二六四・八〕中統、游本作「庭」。

而攻得十城〔二二六四・九〕「攻」字疑衍。

危王〔二二六四・一三〕毛本作「主」。

抱柱而死〔二二六五・一〕雜志云文選獄中上梁王書注、御覽人事部引作「抱梁柱而死」，燕策、莊子盜跖篇同。

今王奉仇〔二二六六・一三〕毛本「奉」譌「秦」。

對曰〔二二六六・一四〕毛本「對」譌「封」。

從子母弟〔二二六七・八〕索隱本「從」。各本作「寵」，後人依策改。

大宋正義齊宋在前三十餘年〔二三六七·一五——二三六八·一〕「齊」下疑脫「滅」字。王、柯本「三」譌「王」。

恐文誤矣〔二三六八·一〕王本「文」譌「大」。

鉅防正義濟州〔二三六八·三〕官本「濟」，各本譌「齊」，下「濟西」正義同。

竹書紀年云梁惠王〔二三六八·三〕官本有「年」字「王」字。

燕王專任〔二三六八·一一〕毛本「王」譌「主」。

涇陽君正義以封〔二三六九·四〕官本「封」，各本誤「射」。

肥大齊〔二三六九·九〕合刻本以「齊」字屬下，史詮說當三字句，甚確。

北夷〔二三六九·一一〕雜志云當爲「九夷」。

是益一齊也正義〔二三六九·一四〕各本系「肥大」下，謬，今移正。

敗素集解染以爲紫〔二三七〇·三〕毛本「染」譌「深」。

焚秦符〔二三七〇·七〕中統本「焚」譌「楚」。

燕趙之所利也〔二三七〇·一四〕毛本「燕趙」倒。

脫躧〔二三七〇·一五〕毛本「脫」作「稅」。

以此若言〔二三七一·三〕雜志云：「『若言』猶『此言』，燕策作『若此言』。」各本「若」譌「苦」，今依改。

楚得枳而國亡集解西陵〔二三七二·一〕二字考證據正義增。

齊得宋正義四十年〔三七二·三〕「四」誤「三」，考證據年表改。

出於巴正義記大江〔三七二·一〇〕「記」字當誤。（案：依文義，「記」字疑衍。）

觸鄭正義東觸〔三七三·六〕官本「觸」，各本譌「解」。

道南陽集解軹道亭〔三七三·一六〕考異云道謂取道南陽，徐誤。

宿胥正義淇口〔三七四·八〕各本誤「水」，依水經淇水注改。

清淇口〔三七四·八〕官本「清」，各本譌「青」。

爲木人以寫寡人〔三七四·一一〕「寫」乃「爲」字之譌，爲古「象」字，燕策作「象」。

致藺石〔三七四·一六〕「石」上策有「離」字，疑傳寫脫。

塞鄳阸〔三七五·三〕索隱本「塞」作「安」。雜志云「安」即「閼」字，閼亦塞也。

正義古鄳〔三七五·七〕官本「鄳」，各本誤「盲」。

已得講於魏〔三七五·九〕「已」譌「趙」，考證據策改。雜志說同。

譙石〔三七五·一五〕北宋本「譙」作「離」。

而遇敗〔三七五·一五〕索隱本有「而」字。

則劫魏不爲割〔三七五·一五—一六〕「不」上當重「魏」字，策有。

岸門集解大破我岸門〔三七六·一〇〕舊刻作「鴈門」。

趙莊集解趙莊與秦戰敗〔二三八六·一三〕北宋本作「而」。

張儀列傳第十（史記卷七十）

數讓〔二二八〇・四〕雜志云：「索隱數音朔，非也。數讀如『數之以王命』之『數』。」

此在吾術中〔二二八〇・一五〕中統本「吾」誤「乎」。凌本「在吾」倒。

文檄集解尺一〔二二八一・五〕中統、游、王、柯、凌作「咫尺」，今從北宋、毛本。

苴蜀正義王自葭萌禦之〔二二八二・一〕「王」上當重「蜀」字。

取苴與巴焉〔二二八二・一〕各本作「滅巴蜀二郡」，考證據華陽國志改。

石鏡〔二二八二・二〕各本譌「饒」，考證據唐志改。

什谷〔二二八二・五〕凌本「什」作「斜」。

王業〔二二八二・九〕雜志云：「『業』字衍。秦策有『業』，姚宏曰『曾、錢、劉無』。新序善謀篇亦無。」

什谷正義緱氏〔二二八二・一二〕「緱」譌「維」，考證據唐志改。

南鄭正義令楚兵〔二二八二・一五〕官本「令」，各本譌「今」。

謁其故〔二二八三・八〕索隱本「謁」，各本作「論」。雜志云秦策、新序並作「謁」。

公子華〔二二八四・六〕志疑云六國表作「桑」。

觀津〔二二八五・四〕志疑云當作「澤」。

則楚攻其南〔三八五・八〕中統、游本脫「則」字。

大王不事秦〔三八五・一五〕柯本脫「不」字。

卷衍酸棗〔三八五・一五〕志疑云：「國策『衍』下有『燕』字。正義亦有，故云『燕，滑州胙城縣』，傳寫失之。」

集解丘權反〔三八六・四〕毛本「丘」譌「兵」，北宋本作「輕」。

乃使勇士至宋借宋之符北罵齊王齊王大怒折節而下秦〔三八八・三—四〕「借宋之符」句當有誤。楚世家作「乃使勇士宋遺北辱齊王，齊王大怒，折楚符而合于秦」，則是所使勇士姓宋名遺耳。

雖無出甲〔三八九・一四〕雜志云：「『雖』讀爲『唯』。言是唯無出甲，出甲則席卷常山而折天下之脊也。」

其勢不兩立〔三九〇・四〕北宋本「其」誤「兵」。

下甲〔三九〇・四〕毛譌「申」。

而距扞關〔三九〇・一四〕王、柯、凌「距」作「拒」。

從境〔三九〇・一四〕志疑云策作「從竟陵以東」，此誤。

夫待弱國之救〔三九一・一〕雜志云：「『待』當爲『恃』，涉上文而誤。楚策正作『恃』。」

扞關集解魚復縣有扞水關〔三九一・四〕脫「縣」字，「水」下衍「扞」，考證據通鑑集覽注增刪。

兩虎相搏集解或音戟〔三九一・一六〕雜志云：「『搏』本作『據』，故徐音戟。後人改『搏』，加『或』字，謬甚。」

必大關〔三九二・一〕索隱本無「必」字。

混一〔二二九二·八〕北宋、中統、舊刻、游、王、柯本並作「壹」。

飯菽〔二二九三·二〕雜志云：「當爲『菽飯』。韓策作『豆飯』，春秋後語亦作『菽飯』。」

戎兵之衆〔二二九三·五〕上下皆言馬，此句雜出，且上文已言之矣，疑衍。

騰者〔二二九三·五〕舊刻無「騰」字，「者」下有「而」字。

跿跔索隱韻集〔二二九三·一一〕各本誤倒。案：隋志韻集十卷，不著撰人名姓，又韻集六卷，晉呂靜撰，又韻集八卷，段弘撰，不知何屬。（案：金陵本及中華本初版亦誤倒，未改正。）

夫羣臣諸侯〔二二九四·二〕「羣臣」字疑當在「諸侯」下。

桑林集解一作栗〔二二九四·七〕毛譌「粟」。

軍於澠池〔二二九六·五〕北宋、毛本「澠」下複衍音切，今删。

趙服〔二二九六·一一〕雜志云「服」當爲「破」，趙策作「破趙」。

奉祀〔二二九七·二〕北宋、毛本作「奉祭祀」。

很戾〔二二九八·二〕各本「很」譌「狼」，今改。

入儀之梁〔二二九九·五〕雜志云：「『儀』字衍。齊策作『內之梁』，內即入也。」

馮喜索隱舊本作憙者誤〔二三〇〇·一〕雜志云「喜」古通作「憙」。

皆貴重爭寵〔二三〇〇·五〕毛本「爭」誤「奪」。

今軫不忠〔二三〇〇·一〇〕「今」疑「令」字譌。

王以其言〔二三〇〇·一二〕毛本「王」譌「主」。

厭事〔二三〇一·一〕索隱本「厭」，各本作「饜」。

臣與燕趙〔二三〇一·二〕毛本「與」作「於」。

中謝〔二三〇一·一三〕北宋本下有「之士」二字。

卞莊子〔二三〇二·一〕王、柯本「卞」作「辨」，下同。

立須之〔二三〇二·三〕中統、游、王、柯本「須」譌「頃」。

卞莊子索隱館莊子〔二三〇二·一〇〕案：困學紀聞引此傳「卞莊子」，戰國策作「管莊子」，索隱引戰國策作「館莊子」，蓋伯厚未見單本也。

焚杅〔二三〇三·九〕毛譌「杆」。

大敗秦人李伯之下〔二三〇三·一三〕中統、游本「人」作「入」，與索隱本合。

重幣正義義渠之國〔二三〇四·四〕王脫「之」字。

此言〔二三〇四·五〕「言」下王衍「者」字。

〔增〕此公孫衍所謂邪索隱君之國有事〔二三〇四·八〕「君之國」三字當衍。

樗里子甘茂列傳第十一（史記卷七十一）

盡出其人〔二三〇七·二〕中統本、吳校金板「出」作「入」。

〔增〕曲沃正義在陝州縣〔二三〇八·三〕案：秦本紀引括地志同，孫云「州」下脫「陝」字，魏世家正義作「在陝縣」，今據增。

知伯〔二三〇八·二〕索隱本「知」，各本作「智」。

遺之廣車〔二三〇八·二〕據國策、韓非子，此文「遺之」下有脫文。

因隨之以兵〔二三〇八·二〕舊刻、王、柯無「以」字。

遺之廣車正義孟縣〔二三〇九·二〕王本「孟」譌「孟」。

欲伐仇猶國〔二三〇九·三〕「仇」字考證據韓子增。

除塗〔二三〇九·三〕官本「除」，各本譌「除」。

赤章〔二三〇九·三〕官本「章」，各本譌「草」。

伐蒲正義作宰地〔二三一〇·二〕官本「地」，各本譌「也」。

侯煇〔二三一一·四〕中統、游、王、柯、凌本作「輝」。

不朽〔二三一一·七〕中統、游本譌「利」。

挾韓而議之〔二三二·三〕雜志云「之」字涉下而衍，秦策無，新序同。

公叔〔二三三·四〕二字疑衍，葉校删。

其地德韓〔二三四·九〕毛本「德」誤「得」。

幸有餘〔二三六·二〕毛本「有」誤「可」。

斯便〔二三六·一四〕宋本譌「使」。

殽塞正義〔二三七·六〕王脱。

置之鬼谷正義陽城鬼谷〔二三七·九〕官本有「鬼」字，各本脱。

復入秦〔二三八·五〕中統、游、毛「復」誤「獲」。

章義之難集解内句〔二三八·一〕毛譌「可」。

大項橐〔二三九·八〕索隱本「大」，各本作「夫」。

請因孺子〔二三九·一三〕宋本「孺」作「獳」。

穰侯列傳第十二（史記卷七十二）

華陽君正義司馬彪云〔二三二四·三〕官本有「司馬」二字，它本脫。

謂液曰〔二三二四·一二〕中統本脫「謂」字。

且劫王〔二三二六·三〕中統、游本「劫」譌「卻」。

此臣之所聞於魏也〔二三二六·五〕此繳上所聞魏長吏之說也，小司馬注「即聞魏見欺」句不可解。

君王〔二三二六·五〕「君」指穰侯，下文屢稱「君」可證，「王」字衍。

計之工〔二三二六·七〕毛作「上」。

何索而不得〔二三二六·一四〕毛脫此句。

七仞集解爾雅曰〔二三二七·一二〕所引文見小爾雅。

得魏三縣〔二三二八·四〕毛本「三」譌「二」。

長社〔二三二八·七〕柯本「社」譌「杜」。

秦將益趙甲〔二三二八·八〕毛本「將」誤「兵」。

臣竊必之〔二三二八·八〕如小司馬解，此四字當連下爲文，正義中斷之，非是。

秦昭王悟〔二三二九·一〇〕「昭」字王、柯、凌脫。

收陶爲郡〔二三九・一三〕志疑云「郡」當作「縣」。

白起王翦列傳第十三（史記卷七十三）

夷陵正義峽州 〔二三三一·一〇〕「峽」作「硤」，考證據唐志改。

陘城正義在絳州 〔二三三一·一三〕官本「在」，各本譌「有」。

南陽太行集解此南陽 〔二三三一·一三〕毛本「此」譌「北」。

平陽君索隱未詳何人 〔二三三二·六〕考異云趙豹，見趙世家。

緱氏正義綸蘭 〔二三三二·一一〕官本「綸」，各本譌「輪」。

軍數敗 〔二三三四·二〕「軍」字疑涉上而衍。

趙軍長平正義二十一里 〔二三三四·九〕「二十」誤作「北」，考證據郡縣志改。

四尉正義二鄣 〔二三三四·一四〕王、柯譌「郡」。

秦壁正義亦名 〔二三三五·四〕官本「亦」，各本譌「古」。

盡阬 〔二三三五·一一〕官本「阬」，各本作「坑」，下並作「阬」。

遺其小者 〔二三三五·一一〕毛本「遺」作「遣」。

禽馬服 〔二三三五·一三〕官本「禽」，各本作「擒」。

周召 〔二三三五·一五〕官本「召」，各本作「邵」。

邢丘〔二三三五·一六——二三三六·一〕雜志云：「邢丘，魏地，非韓地，『丘』字衍。『邢』即『陘』之借字。」

南定鄢郢正義率道〔二三三六·八〕各本「率」誤「夷」，考證據郡縣志及唐志改。

梁州〔二三三六·八〕各本誤「褒州」，或誤「襄州」，考證據郡縣志及唐志改。

垣雍集解正義〔二三三六·一三〕凌本並脫。

破秦軍〔二三三七·一〕凌誤「兵」。

武安君遂稱病篤〔二三三七·六〕毛脫「君」字。

陰密正義即古陰密國〔二三三七·一四〕「國」字疑衍。

祭祀集解則張虛捲〔二三三八·三〕毛本「卷」。說文捲，氣埶也，或借作拳。詳段注。

補袒〔二三三八·六〕毛本作「但」。案：「補袒」字之借用「但」，猶「但裼」字之借用「袒」矣。

可謂善戰〔二三三八·七〕毛本「可」作「所」。

年少〔二三三九·五〕毛本倒。

果勢集解勢一作新〔二三三九·一三〕案：御覽二百七十四引作「果斷」，義長。「新」與「斷」同從斤而誤。

城父正義使太子建居之〔二三四〇·二〕官本「使」，各本誤「是」。

始皇聞之〔二三四〇·五〕毛本「皇」誤「王」。

自送〔二三四〇·八〕毛本倒。

怚〔二三四〇・一二〕毛本「怚」，各本譌「怚」。案：說文怚，驕也。

疑我邪〔二三四〇・一三〕王、柯作「矣」。

果代李信〔二三四一・二〕舊刻「果」作「東」，御覽二百七十四同。

不祥〔二三四一・一四——二三四二・二〕中統、游本作「詳」。案：字類引自序「陰陽之術大祥」，漢書作「詳」，是祥詳亦通借。

固其根〔二三四二・四〕中統、游、柯本「固」譌「因」。

孟子荀卿列傳第十四（史記卷七十四）

索隱云云〔二三四三·三〕案：今序傳與今本次序同，漢書司馬遷傳亦同。

孟軻〔二三四三·七〕舊刻作「孟子」。

不果〔二三四三·八〕雜志云廣雅果，信也。

騶忌〔二三四四·五〕中統、游、王、柯、毛「騶」作「鄒」。

物類所珍〔二三四四·九〕中統、游本作「殄」。

莫能相通〔二三四四·一三〕中統、游本「能」作「得」。

乃爲一州〔二三四四·一三〕毛本「爲」作「謂」。

始也濫耳〔二三四四·一五〕案：此謂其始泛濫無稽，故聞者心動，及其歸於仁義節儉，則又不能行。小司馬說非是。

懼然〔二三四四·一五〕考異云「懼」即「瞿」字。

惠王郊迎〔二三四五·八〕王本「惠」上有「梁」字。

撇席〔二三四五·八〕凌本「撇」作「襒」。

主運〔二三四五·九〕毛本「主」譌「王」。

而孔子〔二三四五·一二〕毛本「而」誤「於」。

飯牛〔二三四五·一三〕宋本、中統、游、凌「飯」作「飰」。

儻亦有牛鼎之意乎〔二三四五·一三〕案：此比鄒子始之泛濫者爲飯牛負鼎之類，鄙之也。索隱非。

自騶衍〔二三四六·一二〕雜志云此本作「自如騶衍」云云，「自如」二字連文，後人移「如」字於「淳于髡」諸人上，文不成義。

管晏〔二三四七·四〕凌誤「嬰」。

不足爲言邪〔二三四七·四〕毛本「足」譌「是」。

壹語〔二三四七·八〕舊刻「壹」作「一」。

開第〔二三四七·一五〕舊刻「開」譌「門」。

齊襄〔二三四八·五〕毛誤「宣」。

猾稽〔二三四八·八〕舊刻、毛本作「滑稽」。（案：金陵局刻初印本作「猾」，後又剜改爲「滑」。中華本作「猾」。）

過髡集解別錄曰〔二三四八·一三〕警云「曰」字疑衍。

索隱則過是器名〔二三四八·一四〕單本脫「過」字，各本錯在「則」上，今乙正。案：說文楇，盛膏器，讀若過。廣韻作「輠」，「過」乃假借字。

長盧〔二三四九·六〕毛作「廬」。

堅白集解特堅利〔二三四九·九〕毛本「特」譌「持」。

吁子索隱音芊〔二三五〇·一〕案：疑「吁」字本或作「咩」，故小司馬音芊。師古音弭。「咩」即「芊」之俗字，見玉篇。

節用集解墨子解帶云云（二三五〇·五）此以下二十八字王、柯、凌本脫。

孟嘗君列傳第十五（史記卷七十五）

韓魏服於齊〔二三五一·七〕王本「韓魏」字不重。

殺魏將龐涓索隱三十六年〔二三五二·三〕「六」誤「一」，據魏世家索隱引紀年改。

東阿南正義濟州〔二三五二·四〕「濟」譌「齊」，考證據唐志改。

嬰迺〔二三五三·六〕舊刻「迺」，各本作「乃」，下同。

短褐索隱短亦音豎〔二三五三·一二〕據此，疑「短」本作「裋」，故音豎。

一與文等〔二三五四·一〕御覽四百七十五引「文」作「之」。雜志云：「當作『之』。『文代立』下皆稱『孟嘗君』，不稱『文』。『之』字指食客而言。」

親己〔二三五四·四〕毛本「親」上有「將」字。

木禺人〔二三五四·七〕索隱本「禺」，各本作「偶」。雜志云：「封禪書『木禺龍』，後漢書劉表傳『其猶木禺之於人也』，是『偶』古通作『禺』。」

敗則歸土〔二三五四·八〕御覽三百九十六引「則」作「即」，古通用。

宮臧中〔二三五五·一〕字類引作「臧」，各本作「藏」。

敝邑〔二三五六·四〕舊作「敝」，各本作「弊」，下同。

韓魏賀秦〔二三五六·八〕志疑云："『魏賀』二字誤，策作『韓慶入秦』，是也。"

迺奔魏子所與粟賢者聞之〔二三五七·二〕御覽四百三十八引作「乃奔魏，前有獲粟於孟嘗之賢者聞之」，蓋是別本。然推之此本，疑「魏」字當重。

中立於諸侯〔二三五八·一一〕舊刻「於」，各本誤「爲」。

躧蹻〔二三五九·三〕索隱本「蹻」，各本作「屩」。

置傳舍十日〔二三五九·四〕御覽三百四十六引作「置之傳舍五日」，疑今本脫誤。

謌曰〔二三五九·五〕淩本「謌」，各本作「歌」。（金陵本亦作「歌」。玩張氏語意，是本擬從淩本作「謌」，而未及剜改也。）

歸來乎〔二三五九·五〕御覽引作「兮」，下同。

狀貌〔二三六〇·二〕宋本作「皃」。

出息〔二三六〇·四〕游、王本「出」作「貸」。

爲民之無者以爲本業也〔二三六〇·八〕「者」字疑衍。下云「爲無以奉客也」，兩「無以」相對爲文。

今富給者〔二三六〇·八〕中統、游、王、毛本「今」譌「令」。

而奉邑益廣〔二三六一·六〕王本「奉」譌「秦」。

馮軾〔二三六一·八〕毛本「馮」，各本作「憑」，下同。

爲雄雄者〔二三六一·八〕雜志引顧子明曰「爲雄」二字下屬，衍一「雄」字。（案：顧說非也。讀「勢不兩立爲雄」爲句，「雄者得天下矣」爲句，則文意自順。）

無不欲彊齊而弱秦者馮軾結靷西入秦者〔二三六一·一四〕王本脱此十七字。

朝趣市〔二三六二·一二〕索隱本「趣」，字類引同，各本作「趨」。雜志云：「當作『趣市朝』，下文『過市朝者』，正承此文。索隱本已譌。」

平原君虞卿列傳第十六（史記卷七十六）

罷癃〔二三六五·一〇〕毛本與索隱本同，各本作「𤸇」。

平原君曰夫賢士〔二三六六·一三〕中統、游本無「君」字。

而未廢也〔二三六七·一〕索隱本「廢」，各本作「發」。雜志云謂未發於口也，「廢」即「發」之借字。

命縣〔二三六七·九〕毛本「縣」，各本作「懸」。

銅槃〔二三六八·二〕索隱本「槃」，各本作「盤」。

錄錄索隱說文云錄錄隨從之貌〔二三六八·九〕考異云：「說文作『娽』，云隨從也。」志疑云「廣韻引史作『娽』」。

自㠯爲不失〔二三六八·一〇〕「㠯」字宋、中統、游、王、柯、凌並同。（案：中華本「㠯」皆作「以」。）

後宮㠯百數〔二三六九·三〕「㠯」字宋、中統、游、王、毛本並同。柯作「臣」，亦「㠯」之譌。（案：中華本「㠯」皆作「以」。）

士方其危苦〔二三六九·五〕王本「士」下衍「於」。

爲趙國無有〔二三六九·一三〕毛誤「憂」。

而以國人無勳〔二三六九·一三〕句有誤。疑「以」字衍，上句「也」字當在此下。

檐簦〔二三七〇·一三〕宋、中統、王、毛本並作「檐」，它本作「擔」。

發重使爲媾〔二三七一·五〕索隱本「使」下有「而」字。

楚魏欲得〔二三七一·七〕王本「楚魏」二字不重。

今秦善韓魏〔二三七二·七〕王本「今」譌「令」，下「今臣」同。

解負親之攻〔二三七二·八〕鮑彪注策云「趙嘗親秦而負之，故秦來攻」，意自明。小司馬所據本「之攻」誤倒，因強爲之說。

以爲韓魏不救趙也而王之軍必孤有以〔二三七三·二〕雜志云：「十六字衍。趙策及新序善謀篇並無。」

予秦地何如毋予孰吉〔二三七三·六〕雜志云：「『何』字衍。如者與也，新序作『予秦地與無予孰吉』。」案：此「何」字疑後人依趙策增，彼無「孰吉」二字。

構難〔二三七四·三〕宋本、毛本「構」，它作「搆」。

因秦之彊怒〔二三七四·五〕疑「怒」字一作「彊」，旁注誤并。

危哉樓子〔二三七四·八〕雜志云：「『危』讀爲『詭』。古或以危爲詭。天文志『司詭星』，天官書作『危』。淮南說林篇『尺寸雖齊必有詭』，文子作『危』。」

而齊趙之深讎〔二三七四·一一〕句疑有誤。

今魏目〔二三七五·四〕宋本、凌本作「吕」，下「竊目」同。（案：中華本「目」均作「以」。）

魏公子列傳第十七（史記卷七十七）

魏公子列傳〔二三七七·二〕宋本、中統、游、毛各本並與索隱本合。合刻本作「信陵君列傳」，疑本正義。

深得〔二三七七·一二〕索隱本「深」，各本作「探」。

舉烽集解作高木櫓〔二三七八·二〕中統本作「土櫓」。宋本、毛本「土」又譌爲「士」。

爲寇正義〔二三七八·三〕王本脫。

敝衣冠〔二三七八·七〕舊刻「敝」，各本作「弊」。

公子顏色〔二三七八·九〕各本「公子」二字不重。

親枉〔二三七八·一二〕毛譌「往」。

今邯鄲至之困〔二三七九·三—一三〕此二十一字王本脫。

不憐〔二三七九·一三〕毛本「怜」。

然公子遇臣厚〔二三八〇·六〕舊刻「然」作「往」。

閒語〔二三八〇·七〕雜志云：「閒讀『閒廁』之『閒』。漢書鄧禹傳『因留宿閒語』，注『閒，私也』。」

索隱語謂靜語也〔二三八〇·一二〕「語」上疑脫「閒」字。各本并删「語」字。

主令〔二三八〇·一四〕中統本「主」譌「王」。

不授〔二三八〇·一四〕中統、游本譌「受」。

嚄唶〔二三八一·一〕淩引董份曰「卽項羽喑噁叱咤，狀其勇氣」。

臣迺市井〔二三八一·二〕舊刻「迺」，各本作「乃」。

鐵椎〔二三八一·九〕毛譌「錐」，下同。

埽除〔二三八二·六〕中統、游本「埽」譌「歸」。

豪舉〔二三八三·一〕謂徒以客衆爲豪耳。索隱非。

公子皆名之〔二三八四·二〕淩引董份曰「客進兵書而總名于公子，故世稱魏公子兵法」。索隱正相反。

有以也〔二三八五·四〕疑衍「也」字，「有以」二字錯簡，當在末「奉祠不絕」下。

春申君列傳第十八（史記卷七十八）

受其獘（二三八七·三——二三八八·一）舊刻作「敝」。

舉甲（二三八八·四）王本譌「申」。

桃入邢（二三八八·五）志疑云策作「桃人」，「入」字誤。

濮磿（二三八八·七）各本作「磨」。志疑云：「『磿』之誤。新序善謀篇作『濮歷』。」今依改。

桃入邢集解桃城（二三八九·一）毛誤「縣」。

邢丘（二三八九·一）毛誤「縣」。

濮磿集解濮水（二三八九·八）毛本「濮」譌「僕」。

絕楚趙正義楚趙之絕從（二三八九·九）「絕從」疑誤倒。

詩曰（二三八九·一三）毛作「云」。

楡次正義洞渦（二三九〇·四）官本「洞渦」，與水經注合。各本譌「同遇」。

三渚正義三江（二三九〇·一一）官本「江」，與吳世家正義合。各本誤「公」。

卑辭除患（二三九一·一）「除」疑「俆」之誤。說文俆，緩也。策作「慮」。

摺頤（二三九一·三）御覽三百六十八引此，注云「摺，盧合反」。

校於秦〔三三九二·六〕索隱本下有「矣」字，與策合。

禁王〔三三九二·八〕宋、中統、游、王、毛本「禁」作「楚」。如索隱云，則「禁」字小司馬所改，與策合。

壹舉事〔三三九二·一四〕舊刻、毛本「壹」作「一」。舊刻無「事」字。

王施〔三三九二·一五——三三九三·二〕毛本「王」誤「左」。「施」字疑誤，策作「襟」。

壹舉事集解一作還〔三三九三·六〕毛脫「一」字。

拱手正義濟州〔三三九三·九〕「濟」譌「渭」，考證據唐志改。

兩海正義廣言横度中國東西也〔三三九三·一〇〕正文無「廣」字，疑是釋集解，或「廣」上有文，今皆缺。

封爲春申君正義然四君封邑〔三三九四·一四〕警云「然」上當尚有文，今缺。

吳墟正義闔閭〔三三九四·一五〕考證云句有脫，當作「闔閭所都」。（案：原作「闔閭今蘇州也」，中華本據史記會注考證移「闔閭」二字於「於城內」上。）

又改〔三三九五·二〕譌「攻」，考證改。

刀劍室〔三三九五·八〕御覽四百五引同，四百九十三引作「悉」，七百九十七叉八百七引「室悉」並有，疑今本脫「悉」字。

割以與秦〔三三九六·三〕毛本「與」作「爲」。

將更〔三三九六·一四〕中統、游本倒。

而君相少主〔三三九七·一〇〕舊刻「而」上有「卒」字。

李園不治國而君之仇也〔二三九七·一三〕索隱本無「不治國而」四字，疑後人依楚策增。

此所謂毋望之人也〔二三九七·一四〕宋、中統、游、毛本皆無「所」字。

朱英〔二三九七·一五〕各本同，惟索隱本作「朱亥」，豈小司馬獨見誤本，抑後人改正也？

毋望之福正義謂不望〔二三九八·二〕王本「謂」作「猶」。

毋望之人正義謂吉凶忽爲〔二三九八·六〕「爲」疑「焉」字譌。

失朱英〔二三九九·二〕游本脫「失」字。

范睢蔡澤列傳第十九（史記卷七十九）

范睢蔡澤列傳 〔二四〇一·二〕宋本、毛本「睢」，並作「雎」，下同。（案：范睢之「睢」本應作「雎」。錢大昕武梁祠堂畫象跋尾云「戰國、秦、漢人多以『且』爲名，讀子余切。如穰苴、豫且、夏無且、龍且皆是。『且』旁或加『隹』，如范雎、唐雎，文殊而音不殊也」。金陵局刻初印本作「睢」，張氏於眉上朱筆標「雎」字，蓋欲依宋本、毛本剜改也。然以後所印本皆未及剜改，仍作「睢」字。中華本依底本作「睢」，特於此附錢說備考。）

辯口 〔二四〇一·七〕雜志云御覽居處部才人部引作「辯有口」。

守者乃請 〔二四〇一·一二〕宋本無「乃」字。

三亭正義蓋岡字 〔二四〇二·一四〕「字」譌「亭」，考證改。

至湖 〔二四〇二·一五〕各本「湖」下衍「關」字，索隱本無。雜志云：「地理志京兆尹湖不言有關，水經河水注亦但言遇穰侯於湖縣，文選解嘲注引史竊載范睢入秦至湖，無『關』字。」

累卵正義九層之臺 〔二四〇三·一一〕官本有「之」字。

荀息 〔二四〇三·一二〕今說苑無此篇。類聚二十四又七十四、御覽七百五十八引，並作「孫息」。

危哉危哉 〔二四〇三·一三〕王、柯本此下更衍「危哉」二字，凌無。

此殆不危也 〔二四〇三·一三〕凌本有「此殆」二字，王、柯無。類聚二十四引作「臣謂是不危也」，御覽同。

謀議將興〔二四〇三・一四〕類聚、御覽引下有「兵」字。

嘗稱帝〔二四〇四・一〕柯、凌「嘗」譌「常」。

綱壽〔二四〇四・五〕舊刻作「剛壽」，與穰侯傳合。

明主〔二四〇四・八〕舊刻「明」誤「名」。

砥砨〔二四〇五・二〕雜志云：「說文、玉篇、廣韻無『砨』字。秦策作『戹』。」

亡其〔二四〇五・九〕雜志云「亡」讀如「無」，「亡其」轉語詞。

不概索隱概作關〔二四〇五・一三〕案：今策本作「闔」。

洒然〔二四〇六・五〕索隱「洒」作「灑」。案：徐音先典反，則本「洒」字。段氏說文注云「洒灑殊義而雙聲，故相假借」。

離宮正義雍州〔二四〇六・六〕「州」字考證增。

永巷正義宮中獄〔二四〇六・七〕案：睢豈能入獄，王又何爲至獄，此注恐非。

王業〔二四〇六・一五〕王本「王」譌「正」。

五伯〔二四〇七・三〕宋本、毛本作「霸」。

死者〔二四〇七・四〕舊刻無「者」字。

卒興吳國〔二四〇七・七〕柯本「興」譌「與」。

有補於〔二四〇七・九〕舊刻有「於」字，各本脫。

而身死〔二四〇七·一〇〕舊刻無「身」字。

鄉秦〔二四〇七·一〇〕舊刻「鄕」作「向」。

下惑於〔二四〇七·一〇〕索隱本無「於」字。

柰何而言〔二四〇七·一四〕舊刻、毛本「而」作「有」，蓋讀爲「又」。

施韓盧〔二四〇八·一五〕索隱本「施」，與策合。各本作「馳」，後人所改。

谷口正義公孫鄉〔二四〇九·三〕各本「公」譌「云」，又衍一「云」字。

得仙寒門〔二四〇九·三〕各本「門」誤「仙」。

寒門者〔二四〇九·三〕各本脫「門」字。

九嵕山〔二四〇九·四〕各本下衍「中」字。以上官本皆不誤。

罷斃〔二四〇九·一〇〕舊刻「敝」。

皆紿其王曰〔二四〇九·一〇〕王本重「曰」字，衍。

而齎〔二四〇九·一三〕宋本、舊刻、毛本有「而」字，與索隱本合。

因可虜也〔二四一〇·一〕舊刻作「矣」。

辟地正義尺亦反〔二四一〇·五〕「尺」疑當作「匹」，蓋俗作「疋」，形近而譌。

有蠹正義石柱蝕〔二四一一·二〕「石」疑當作「蝕」，涉上「妬」字而誤。王本脫此正義。

國斷正義宜陽〔二四二一·四〕下衍「令」字，考證删。

田文〔二四二一·五〕雜志云張載注魏都賦引作「單」。

利歸於陶國弊御於諸侯〔二四二一·一〇〕志疑云：「依策鮑注則陶字絕句。吳氏據別篇云『利盡歸于國，國之幣帛竭入太后之家』，疑此有缺誤。」

見王獨立於朝〔二四二二·二〕舊刻「見」作「是」。

射王股索隱言射王股誤也〔二四二二·一三〕志疑云策止言淖齒，史涉崔杼，致有此誤。

唯雎亦得謁〔二四二三·八〕「唯」讀爲「雖」。

見君〔二四二三·八〕依舊刻，各本倒。

吾固不出〔二四二三·九〕舊刻有「固」字，凌引一本同。

包胥辭不受〔二四二四·六〕王本「包」上有「申」字。

君卒然捐館舍〔二四二四·一四〕中統「卒然」下衍「有」字。

上計集解凡郡掌治民〔二四二五·七〕宋本、毛本與續漢百官志合。各本「掌」譌「長」。

高平正義春秋〔二四二五·一三〕二字各本誤作「秦」，考證改。

貴而爲交〔二四二六·三〕索隱本「交」，各本作「友」。雜志云隸書「交」字或作「友」，又因下「勝之友」而誤。

爲趙所圍〔二四二七·五〕王、柯、凌本作「困」。

馬服子索隱趙括之號也〔二四一七·一〇〕凌云馬服君之子，故曰「馬服子」，索隱非。

持國秉〔二四一八·八〕索隱本出此三字。各本下有「政」字，雜志云後人妄增，御覽人事部引無。

膝攣〔二四一八·九〕王本「膝」譌「脒」。

刺齒〔二四一八·一二〕二字御覽三百八十三又七百二十九引並作「齧」。

魋顔索隱上魋〔二四一九·五〕「上」字當衍。

秦王必困君〔二四一九·一三〕「秦王」二字疑衍。

子嘗〔二四一九·一五〕御覽四百六十三、元龜八百九十引並作「嘗」。各本作「常」，誤。

成功者去〔二四一九·一六〕御覽引下有「未成者來」四字。

澤流千里世世稱之而無絕〔二四二〇·四〕志疑云策作「澤流千世，稱之而無絕」，是也。

怨殆〔二四二〇·九〕宋本、毛本倒。

困已以說集解式絀反〔二四二〇·一五〕毛本「式」譌「或」。

辟難集解毀訾〔二四二二·一〕毛本誤分作「此言」二字。

忠聖〔二四二二·一二〕王、柯、凌脫「忠」字。

若靁〔二四二三·二〕毛本「雷」。

游客〔二四二三·五〕毛本「說」。

吾聞欲而不知止失其所以欲有而不知足失其所以有〔二四二四·三—四〕雜志云：「『止足』二字互誤。『足』與『欲』韻，『止』與『有』韻。」

綱成君〔二四二五·四〕舊刻「綱」作「剛」。

一切〔二四二五·六〕毛本「世」。

樂毅列傳第二十(史記卷八十)

觀津〔二四二六·七〕志疑云當作「澤」。

嘚說〔二四二六·一二〕索隱本有「說」字。

重丘索隱平原〔二四二九·四〕叢說云：「平原在齊西北，不得云南。左氏襄十七年傳『飲馬於重丘』，杜注『重丘，曹邑』。此時當屬楚。」

磿室〔二四三一·一三〕舊刻「磿」，各本譌「磨」。

濟上正義濟上在濟水之上〔二四三二·一二〕官本如此，各本錯作「濟水之上在齊上」。

慊於志索隱〔二四三二·九〕此「慊」當訓愜訓足，注非。

沈子胥〔二四三三·一四〕游本「沈」譌「波」。

墮先王之名〔二四三三·一二〕游本誤「明」。

惡聲正義言君子〔二四三三·九〕官本有「言」字。

留意集解顧仇〔二四三四·五〕毛本「顧」譌「顧」。

願釋〔二四三四·六〕毛本「願」誤「儀」。

燕趙以爲客卿〔二四三四·一四〕毛無「燕」字。

代廉頗〔二四五六·三〕毛本「代」譌「伐」。

廉頗藺相如列傳第二十一（史記卷八十一）

陽晉〔二四三九·三〕索隱本作「陽晉」，各本誤倒，說見六國表。

願結友〔二四三九·一二〕雜志云：「『交』之誤，文選恨賦注、御覽治道部引並作『交』。」

廣成傳〔二四四一·二〕各本下衍「舍」字，索隱本無。雜志云：「魏都賦『廣成之傳無以疇』張載注引無。」

其從〔二四四一·三〕王本下有「去聲」二字，各本集解無，蓋後人所增。

欲毋行〔二四四二·三〕舊刻「毋」作「不」。

請奏盆缻〔二四四二·八〕舊刻「奏」，御覽四百三十三又七百五十八、元龜八百四十七、寰宇記五引並同。各本作「奉」，譌。

雜志云：「奏，進也。上文曰『請奏瑟』，正相對。文選西征賦注引作『奏』。」

一擊〔二四四二·一〇〕治要引「一」作「壹」。

大功〔二四四三·四〕雜志云：「文選西征賦注，後漢書寇恂傳注，御覽兵部、人事部、疾病部引並無『大』字。治要、通鑑同。」

與廉頗同列〔二四四三·七〕雜志云：「『頗』當爲『君』。文選盧諶覽古詩注、曹攄感舊詩注並引作『君』。治要同。」

固止之〔二四四三·八〕治要云：「『固』舊作『故』。」案：二字古通。

不肯出租〔二四四四·一三〕舊刻「租」，各本誤作「趙」。

國賦大平〔二四四五·二〕治要作「治」。

王乃令趙奢〔二四四五·五〕御覽二百八十二引「令」作「命」。

〔增〕胥後令邯鄲〔二四四五·一三〕案：「胥後令邯鄲」是五字句。趙都邯鄲，謂待趙王之令也。索隱說非。說詳志疑。

復請諫〔二四四五·一三〕索隱本「復請」倒。

先據北山正義趨之〔二四四六·八〕官本「趨」。各本作「移」，蓋「趍」之譌。

趙王信秦之閒秦之閒言曰〔二四四六·一二〕「秦之閒」三字王本不重。

不將括卽已〔二四四七·二〕治要「卽」作「則」。

身所奉飯飲〔二四四七·四〕治要無「飲」字，疑衍。

士大夫〔二四四七·五〕三字疑衍。

詳敗走〔二四四七·一〇〕毛本「詳」，各本作「佯」。

有何怨乎〔二四四八·八〕雜志云「有」讀爲「又」。

壽春〔二四四九·一三〕毛誤「陽」。

代鴈門正義故云代〔二四四九·一二〕官本有「代」字，各本脫。

襜襤〔二四五〇·八〕各本並从示，與集韻、類篇合。索隱本从衣，則後人以不習見而改。不知襜無都甘反，「襜」字「襤」字亦無合釋爲胡名者。然說文、玉篇、廣韻皆無「襜襤」二字。馮唐傳「澹林」，集解徐廣曰「澹，一作『襜』」，單本索隱「澹，丁甘反，一本作『檐檻』」，字从木，今它本亦並改从衣。」案：匈奴傳「林胡」，索隱、正義並引如淳云「林胡卽儋林，爲李牧所滅」，然則「襜褴」即「儋林」也。此傳「褴」字，徐廣曰「一作『臨』」，疑史文本作「儋臨」，儋古擔字，亦或作「檐」，臨林同音，臨與監形近義同，因以致誤，又涉「檐」字而增木旁，其从示从衣，則皆因木旁形似而譌也。毛本此文作「檐檻」，「檐」字與馮唐傳索隱單本合。

秦破殺趙將〔二四二一·二〕各本「殺趙」二字倒，索隱本不誤。

於武遂〔二四五一·二〕各本下衍「城」字，索隱本無。攷異云世家作「武城」。

怯懦集解一作掘懦〔二四五二·三〕二字疑「狧悏」之譌。舊刻作「慪懦」。

田單列傳第二十二（史記卷八十二）

敗死〔二四五三·八〕舊刻作「卒」，疑誤。

俱欲出戰〔二四五四·一五〕舊刻「俱」，各本譌「其」。

前行正義胡郎反〔二四五五·二〕「胡」譌「故」，今正。

安平君〔二四五五·一四〕單傳似未完，今不可攷。

開戶正義劓卒〔二四五六·二〕「劓」誤「被」，考證改。

初淖齒〔二四五六·一四〕王、柯、凌本「淖」作「悼」。蔡本、中統、游本此段在索隱述贊之後，疑後人所增。毛本連上空一格，恐非。今依舊刻、王、柯、凌本。（案：此就金陵本言。中華本各篇皆分段提行。）

魯仲連鄒陽列傳第二十三（史記卷八十三）

仕宦〔二四五九·三〕蔡本、中統、舊刻、游本作「宧」，它本並譌「官」。

畫策正義飛兔〔二四五九·八〕王本「飛」作「非」。

秦兵〔二四五九·九〕凌本作「軍」。

今齊湣王〔二四五九·一三〕鮑注國策云衍「湣王」字。

不能去〔二四六〇·五〕舊刻「不」作「未」。

吾請爲君〔二四六〇·七〕毛本「請」作「且」。

魯連見新垣衍〔二四六〇·一四〕游本「魯」下有「仲」字。

過而爲政於天下〔二四六一·二〕雜志云高誘注呂氏春秋知士篇曰「過猶甚也」。

嘗爲仁義矣〔二四六二·五〕毛本誤「也」。

因齊〔二四六二·七〕王本「因」譌「同」。志疑云「齊」字衍，說見六國表。

周烈王崩集解烈王十年崩威王之七年〔二四六二·九〕此「十」與「七」互誤，故正義引紀表以糾之。各本依紀表改，則正義贅矣。今依舊刻、毛本。

牖里〔二四六三·四〕蔡本、舊刻、毛本「牖」，它本作「羑」。

來吾君〔二四六三·六〕雜志云「來」下脱「待」字，當依趙策補。

抱机〔二四六三·七〕官本、舊刻、毛本、淩引一本作「抱」，它本並譌「枹」。舊刻「机」譌「杌」。

九侯正義滏陽〔二四六四·四〕官本「滏」，各本譌「溢」。

〔增〕諸侯辟舍索隱必舍於祖廟〔二四六四·八〕案：禮禮運篇「於」作「其」。

魯連辭讓使者三〔二四六五·三〕雜志云：「『使』字衍。趙策無。類聚人部、御覽封建部人事部並作『辭謝者三』，文選左思詠史詩注、江淹上建平王書注引並作『辭謝』。」

所貴於天下之士者〔二四六五·四〕各本「所」下衍「謂」字，舊刻無。

解紛亂〔二四六五·四〕雜志云類聚人部、御覽人事部、文選詠史詩注、北山移文注、後漢書桓榮傳注、荀彧傳注引皆無「亂」字。

二十餘年〔二四六五·六〕索隱本「二」作「三」。

却死〔二四六五·一三〕索隱本「却」，故注云「避死」，各本誤「怯」。

無稱焉〔二四六五·一四〕舊刻作「無所稱」。

反外〔二四六六·九〕雜志云「外」當爲「北」，北古背字，齊策作「北」。

齊之南陽索隱即齊〔二四六六·一五〕各本「齊」譌「濟」，今改。單本作「楚」，亦誤。

三戰之所亡〔二四六八·七〕舊刻「所」下衍「以」。

猶豫〔二四六九·二〕蔡本、舊刻、毛本「豫」。它本作「預」，非。

蝕昴〔二四七〇·三〕索隱本「蝕」作「食」。

昔卞和獻寶楚王刖之〔二四七一·一〕索隱本「卞和」作「玉人」，「刖」作「誅」，蓋誤。

坼肝〔二四七二·三〕中統、游本「坼」作「折」。舊刻作「析」，御覽四百七十五引同。

尾生索隱於齊〔二四七二·一二〕「齊」誤「秦」，今改。

范睢〔二四七三·三〕蔡本「睢」。

借宦〔二四七三·五〕中統、游本譌「官」。

出逐不收〔二四七三·一〇〕蔡本、王本「不」誤「之」。

五伯〔二四七三·一一〕舊刻「霸」。

覺寤〔二四七四·一七〕舊刻「悟」。

而能不說於田常之賢〔二四七四·一七〕雜志云漢書、文選無「能」字「於」字。

驕慠〔二四七五·一〇〕舊刻、毛本「傲」。

雖蒙〔二四七六·一三〕索隱本、各本作「包」。雜志云新序、漢書、文選並作「蒙」。

匕首索隱通俗文〔二四七七·一〇〕類聚六十引通俗文與此注正合。單本作「風俗通」，誤。

巖巖〔二四七八·七〕下「巖」字誤也。漢書、文選並作「戴」。集解據誤本强爲之說。

屈原賈生列傳第二十四（史記卷八十四）

左徒正義蓋今在〔二四八一·六〕「在」字疑即下「左」字之譌衍。

草稾〔二四八一·八〕索隱本作「槀」，誤从木。它本或作「藳」，或作「藁」，皆譌俗。

曰以爲〔二四八一·一〇〕治要無「曰」字。今本有者，疑旁注異文誤混。

離騷〔二四八二·二〕索隱本作「慅」，疑今本史文皆後人所改。

怨誹〔二四八二·五〕王本作「非」，注同。

蟬蛻〔二四八二·八〕舊刻作「脫」。

不獲〔二四八二·八〕雜志云廣雅「獲，辱也」，又「濩，辱汚也」。

皭然集解疏淨〔二四八三·二〕蔡本「靜」。

丹淅〔二四八三·八〕索隱本、凌、毛本並譌「浙」，注同，依攷異改。蔡本、中統、游、王、柯本並作「丹陽」，楚世家同。

屈匄〔二四八三·八〕索隱本作「丐」，注同。

丹淅正義枝江〔二四八三·一三〕「枝」譌「岐」，考證據郡國志改。

追張儀〔二四八四·五〕索隱本無「張」字。

唐眛〔二四八四·七〕各本譌「昧」，依志疑改。

正義莫葛反〔二四八四·八〕「葛」誤「暮」，汪校改。

毋行〔二四八四·九〕索隱本「毋」，各本作「無」。

愚智〔二四八五·三〕索隱本作「知」。

不知忠臣之分〔二四八五·四〕「臣」字疑誤。

心惻〔二四八五·六〕索隱本作「測」，誤。

豈足福哉〔二四八五·七〕舊刻「脫哉」。

正義豈足受福〔二四八五·一四〕「足」譌「是」，考證改。

世俗〔二四八六·六〕舊刻有「俗」字，與索隱本合。

溫蠖〔二四八六·六〕索隱本誤倒。

隨其流索隱滑其泥〔二四八六·九〕「滑」今本楚詞作「淈」，義同，見段氏說文注。

汶汶集解垢汚〔二四八六·一三〕舊刻「汚」，各本作「敝」，游本作「瑕」。

索隱汶汶者音閔〔二四八六·一三〕疑衍「汶者」二字。

懷沙之賦〔二四八六·一五〕索隱本無「之」字。

窈窈〔二四八七·二〕蔡、王、柯、凌本作「窈窕」。

俛詘〔二四八七·三〕中統、游本作「絀」。

眗兮窈窈索隱徐氏云眗音眩〔二四八七·六〕案：集解眗，眩也，故卽讀爲眩。

幽墨正義歎無人聲〔二四八七·七〕「歎」字疑誤。

不章集解奏公〔二四八八·五〕毛誤「功」。

無明正義眄也〔二四八八·六〕「眄」譌「盼」，今改。

鳳皇正義應瑞圖〔二四八八·九〕類聚九十九引韓詩外傳與此注大同。

鴻前〔二四八八·九〕王本誤作「鳥鴻」。

鷄喙〔二四八八·一〇〕王、柯作「啄」。

翼俟順〔二四八八·一〇〕「俟」字疑誤。類聚作「翼挾義」，今本韓詩外傳亦有「挾義」二字。

足履正〔二四八八·一〇〕官本有「足」字，與類聚合。

五色〔二四八八·一一〕官本有「色」字，與類聚合。今本外傳作「彩」。

誹駿〔二四八八·一六〕索隱本作「非駿」。「駿」字各本皆同，姑仍之。

含憂索隱楚詞作舒憂〔二四八九·一四〕雜志云「含」當爲「舍」，舍卽舒字。

曾唫〔二四八九·一六〕舊刻作「吟」。

焉程〔二四九〇·二〕攷異云：「『程』讀如『秩』，與『匹』韻。」書「平秩東作」，史作「便程」。

人生稟命〔二四九〇·二〕各本作「有命」。雜志云：「當從宋本作『稟』。楚辭作『民生稟命』。」

餘何畏懼〔二四九〇·二〕索隱本「餘」，各本作「余」。

曾傷爰哀四句〔二四九〇·二——三〕雜志云：「上『曾唫恆悲』四句卽此四句異文，特史在前，楚辭在後耳。後人據楚辭增史，不知已見上文也。此四句似當從史，較叔師本爲長。」

沅湘索隱陽海〔二四九〇·六〕各本誤倒，依漢志乙正。

正義陽海山北入江〔二四九〇·七〕脫「陽」字，「北」下衍「至」字，考證依說文改。

自投〔二四九〇·一六〕索隱本作「沈」。雜志云「沈」字是。

正義湘陰〔二四九一·二〕「湘」譌「相」，考證改。

竹筩〔二四九一·三〕官本有「竹」字，與類聚四引續齊諧記合。

並爲蛟龍所竊〔二四九一·五〕官本有「爲」字，各本無。類聚作「苦蛟龍所竊」。

練樹〔二四九一·五〕類聚「練」作「楝」，下同。

以弔屈原〔二四九一·一二〕游本無「屈」字。

而常學事〔二四九一·一四〕中統、游本作「士」。

法制度〔二四九二·六〕中統、游本「法」作「改」。

自賈生發之〔二四九二·八〕游本「發」作「廢」。

辭往行聞長沙卑溼自以壽不得長又〔二四九二·一三〕漢書、文選無此十五字。志疑云：「生因服鳥入舍，故以爲命不得長，非因卑溼也。此乃下文之複出者，當衍。」

適去〔二四九二·一三〕舊刻「至」。

嗚呼哀哉〔二四九三·三〕游本下有「兮」字。

方正倒植〔二四九三·四〕攷異云：「『植』與『置』同。論語『植其杖而芸』，石經作『置』。」案：選注引史記作「值」。

斡弃周鼎兮寶康瓠〔二四九三·五〕各本「兮」下有「而」字，索隱本無，與下二句一例。雜志云：「漢書文選『兮』在『瓠』下，亦無『而』字。」

堙鬱〔二四九四·一三〕索隱本「堙」作「煙」。

騏驥〔二四九四·一四〕舊刻「驥」。

覽悳煇而下之〔二四九四·一六〕蔡本、毛本「悳」，各本作「德」，游作「得」。索隱本「煇而」，各本作「輝焉」。

險微〔二四九四·一六〕志疑云：「困學紀聞云顏注『險阸之證』，則『微』當作『徵』。文選作『徵』。」

橫江湖〔二四九五·一〕索隱本「橫」作「撗」。

蟻螻〔二四九五·二〕此倒文以叶韻，蓋讀「螻」爲龍珠切。集韻十虞有此一音，此後世轉侯入虞之濫觴。讀者習見「螻蟻」字，以爲誤而乙之。不知「蟻」字不可與「辜」「都」「下」「去」「魚」爲韻也。今惟索隱本未改。

誶曰索隱周成〔二四九五·四〕此下疑有脫文。隋志梁有解文字義七卷，周成撰。（案：「誶曰」金陵本作「訊曰」。索隱本作「誶曰」。此作「誶曰」，似張氏原欲依索隱本改「訊曰」爲「誶曰」，而未及剜改也。）

師古音碎也 〔二四九五·四〕此自引漢書注，合刻改「師古」二字爲「解詁」，謬。

隱處正義自珍 〔二四九五·一五〕官本有「珍」字，各本脫。

騏驥正義騏文如綦也 〔二四九六·二〕「騏」譌「其」，「綦」譌「纂」，汪校改。

長沙王太傅索隱 〔二四九六·一六〕單本於「蟻螻」句注下出「爲長沙傅」四字，而系注與下，正義互有詳略，明當以類並系於此。合刻本乃系索隱於前文「乃以賈生爲長沙王太傅」下，非小司馬意，今移正。

曰服集解山鴞 〔二四九七·三〕毛譌「鳥」。

土俗 〔二四九七·三〕毛譌「浴」。

索隱有鳥小雞 〔二四九七·四〕「鳥」下疑脫「如」字。

筴言 〔二四九七·八〕索隱本「筴」，各本作「策」。

以意 〔二四九七·一〇〕索隱本「意」，各本作「臆」。

斡流 〔二四九八·三〕舊刻「斡」作「幹」。

變化而嬗 〔二四九八·三〕毛本與索隱本及漢書、文選合，各本倒。

夫差㠯敗 〔二四九八·五〕「㠯」字蔡本、中統、舊刻、游、王、柯、毛並同。（案：中華本「㠯」皆作「以」。）

糾纆 〔二四九八·六〕索隱本「糾」作「糺」，注同。

變化而嬗集解謂變蛻也 〔二四九八·一〇〕中統、游、毛本無「謂」字。

糾纆索隱通俗文〔二四九九·六〕單本誤作「風俗通」。

鑪〔二四九九·一七〕索隱本「鑪」，各本作「爐」。

控搏〔二五〇〇·一〕蔡、王、柯、凌本並譌「摶」。

烈士〔二五〇〇·二〕舊刻與索隱本同。各本「烈」作「列」。

檲〔二五〇〇·四〕索隱本「檲」，各本作「攌」。（金陵本依索隱本作「檲」，从木，中華本作「攌」。案：桂馥、朱駿聲皆據索隱於說文手部補攌字。）

遺物〔二五〇〇·四〕索隱本作「遺物」，疑譌。

淡漠〔二五〇〇·五〕舊刻「淡」作「儋」，蓋「澹」之譌。

其死若休〔二五〇〇·六〕索隱本「其死」下有「兮」字。雜志云：「漢書、文選並作『其生兮若浮，其死兮若休』。如索隱本，則上句亦當與漢書、文選同。」

澹乎〔二五〇〇·七〕舊刻作「兮」，下句同。

養空而浮〔二五〇〇·七〕索隱本與漢書、文選合。各本「浮」作「游」。雜志云「游」字誤。

慸葪〔二五〇〇·八〕攷異云「葪」不成字，當作「薊」。

夸者集解不尤〔二五〇一·五〕毛本譌「死」。

攌索隱說文云〔二五〇一·一五〕攷異云：「說文無『攌』字，漢書作『僒』，蘇林音欺全反。」案：說文「檲」「攌」「僒」三字皆無，以字音字義求之，於「圈」字爲近。

淡漠索隱捐道〔二五〇二·三〕「捐」譌「損」，考證據莊子改。

帶蔕正義加邁反〔二五〇二·一五〕「加」譌「如」，今改。

世其家〔二五〇三·九〕官本與漢書合。各本重「世」字。

材游〔二五〇三·一三〕毛誤「君游」。

何國〔二五〇三·一三〕毛本「何」誤「使」。

呂不韋列傳第二十五（史記卷八十五）

賣貴〔二五〇五·三〕「賣」各本譌「賣」，注同，今正。

陽翟正義今河南府縣〔二五〇五·六〕誤「也」字，考證改。

孼孫〔二五〇六·四〕索隱本「孼」作「孽」，注同。

憐之〔二五〇六·五〕毛本「憐」譌「鄰」。

奇貨正義立主定國〔二五〇七·二〕官本「立主」，各本皆倒。

鄏城〔二五〇七·二〕王、柯「鄏」作「聊」。

陽泉君〔二五〇七·三〕官本「陽」，與秦策合。各本譌「楊」，下同。

山陵崩〔二五〇七·四〕王、柯脫「崩」字，下「山陵」句同。

重尊〔二五〇七·一六〕據上索隱引，則當作「尊重」。

莊襄王所母〔二五〇九·七〕各本「所」下有「養」字，索隱本無。雜志云後人妄加。

雒陽〔二五〇九·九〕舊刻、毛本「雒」，與索隱本合。各本作「洛」。

齊有孟嘗索隱孟嘗春申死已久據表及傳〔二五一〇·一二〕單本無此十一字。

不韋又陰謂〔二五一一·四〕舊刻「不韋」上有「呂」字。

徙處蜀〔二五一三·四〕中統本、吳校金板「處」作「居」。

刺客列傳第二十六（史記卷八十六）

遂邑正義龔丘〔二五一五·八〕官本「龔」，各本譌「龍」。

堂邑〔二五一六·一〇〕索隱本「堂」譌「常」，注同。

五子胥〔二五一六·一〇〕舊刻「五」，各本作「伍」，下同。（案：金陵本作「五」，中華本逕改爲「伍」。）

無如我何索隱左傳直云〔二五一八·二〕單本「直」下衍「注」字。

我爾身也〔二五一八·三〕單本誤「死」。

如我何至史記也〔二五一八·四〕此三十一字單本脫。

事范氏及中行氏〔二五一九·四〕索隱本與治要引合。雜志云：「今本無『氏及』二字，蓋依趙策删。」

醳去〔二五一九·一〇〕索隱本「醳」，各本作「釋」。

有郤〔二五二二·五〕索隱本作「郄」，注同。

大人麤糲〔二五二二·一〇〕官本「大」，各本作「夫」。

未敢以許人〔二五二二·一二〕舊刻「敢」作「可」。

韓哀侯索隱列侯生文侯文侯生哀侯凡更三代〔二五二三·一〕單本作「後次文侯，後次哀，凡三代」。

有郤索隱二人相害也嚴遂舉韓傀之過韓傀叱之於朝〔二五二三·四〕各本與韓策合，單本脫「也嚴」十四字。

拔劒趨之〔二五二三·四〕單本「劍」誤「趙」，脫「趨之」二字。（案：中華本「劍」皆作「劍」。）

自暢正義數色吏反〔二五二三·六〕案：「數」字無此音，疑「吏」乃「庾」字之譌。

大人麤糲正義尊婦嫗爲大人〔二五二三·八〕各本「婦」作「大」，吳校改，與下荆軻傳索隱合。官本「大人」，與今本漢書合。各本作「夫人」。下同。

宣元六王傳〔二五二三·八〕官本有「六」字，各本脫。

所欲報仇〔二五二四·一〕毛本「讎」，下同。

衆終莫能就〔二五二四·二〕雜志云：「『衆』與『終』一字也，今作『衆終』者，一本作『衆』，一本作『終』，後人誤合之耳。韓策作『終莫能就』。」

不棄〔二五二四·三〕王本誤「益」。

請益其車騎〔二五二四·三〕蔡本、王本「益」誤「登」。雜志云韓策「益其」作「益具」，義長。

韓之與衞相去中閒不甚遠〔二五二四·三〕索隱本出「韓衞閒不甚遠」六字，疑此有衍文。

無生得失〔二五二四·四〕索隱本出「無生得」三字。考證云：「唐本無『失』字，後人誤增。」雜志說同。

因自皮面〔二五二四·二〕雜志云：「廣雅皮，離也，又曰剝也。續列女傳作『自披其面』。」案：御覽五百十七引史作「披面」。

購縣之〔二五二五·一〕雜志云：「當爲『縣購之』。下文曰『王縣購其名姓千金』。」

自刑正義自刑作刊〔二五二六·三〕此蓋正義本作「自刊」，而合刻者爲之詞。

其姊妄云〔二五二六·四〕下複衍一「云」字，考證删。

乃其姊亦烈女也〔二五二六·六〕游、王、柯、凌本「乃」譌「及」。蔡本「烈」作「列」。

以列其名〔二五二六·七〕毛本「列」譌「烈」。

其後二百二十餘年〔二五二六·一二〕案：自韓景侯六年始爲侯至秦始皇二十三年，首尾百八十年。若韓哀侯六年，又減三十二年。六國表書俠累事於韓烈侯三年，下至秦始皇二十三年，實百七十四年。此傳文及集解、索隱所言年數皆不合，正義更謬，疑並傳寫之失。

目攝之〔二五二七·一〇〕雜志云：「攝，懾也。襄十一年左傳『武震以攝威之』，釋文『攝又之涉反』，是『攝』與『懾』同。」

高漸離索隱王義之音哉廉反〔二五二八·五〕案：隋志有小學篇一卷，晉下邳內史王義撰。此「之」字疑衍。蔡本、王本並無「之」字，作「子廉反」，與此音同。柯本改「王」爲「正」，割入正義，斯爲謬矣。

不能爲之謀〔二五二九·四〕王本「爲」誤「謂」。

此所謂資怨〔二五二九·八〕舊刻有「所」字。

智深〔二五二九·一〇〕毛本「智」作「知」。

逢迎〔二五三〇·二〕舊刻、毛本「逢」作「進」。

可使也正義武陽〔二五三〇·一三〕疑卽下「秦舞陽」。志疑云秦舞陽，國策、燕丹子、隸續、武梁畫並作「武陽」。

太子丹恐懼〔二五三一·五〕蔡本、毛本無「丹」字。

長侍〔二五三二·六〕游、王本譌「待」。

揕其匈〔二五三三·二〕蔡本、中統、舊刻、游、柯、毛本「揕」作「椹」，下同。

集解一作抗〔二五三三·四〕雜志云「抗」當爲「抌」，集韻抌、揕並涉甚切。

荆卿豈有意〔二五三三·一二〕中統、游本、吳校金板「卿」作「軻」，非。

而爲歌曰〔二五三四·五〕中統、舊刻、游、毛本有「爲」字。

圖柙〔二五三四·一三〕索隱本「柙」，各本作「匣」。

荆軻逐秦王秦王環柱而走〔二五三五·二〕舊刻「秦王」字不重，疑是。蓋此時軻與秦王皆環柱而走也。

中桐柱〔二五三五·七〕策無「桐」字，疑衍。毛本作「銅」。

軻被八創〔二五三五·七〕毛無「軻」字。

箕踞〔二五三五·七〕蔡本、毛本「踞」，它本作「倨」。

九賓正義文物〔二五三五·一〇〕「文」譌「交」，考證據藺相如傳注改。

操其室正義燕丹子〔二五三五·一四〕「丹」誤「太」，汪校改。

欲獻之秦〔二五三六·一三〕「欲」字疑衍。

彼有善〔二五三七·二〕毛本「彼」譌「被」。

乃矐〔二五三七·六〕柯、凌譌「臛」。

宋子正義在趙州平棘縣〔二五三七·二〕　各本「趙」譌「提」，「棘」譌「頼」。案：隋志趙郡平棘，大業初廢宋子縣入焉。郡縣志武德元年改趙郡爲趙州平棘，仍舊屬。今據改。

召使前擊筑索隱丈人〔二五三七·一三〕　案：此與聶政傳正義所引不同，蓋小司馬所見漢書别一本也。

李斯列傳第二十七（史記卷八十七）

郡小吏〔二五三九·三〕雜志云：「『郡』字類聚獸部引作『鄉』。」案：御覽百八十八引亦作「鄉」，與小司馬本合。

之秋〔二五三九·一二〕舊刻誤「時」。

卑賤〔二五三九·一二〕舊刻「微」。

故詬〔二五三九·一三〕毛本「而詬」，涉下而誤。

胥人者去其幾也〔二五四〇·一二〕雜志云胥者須也，「去」當爲「失」。

五伯〔二五四〇·一三〕舊刻「霸」。

由竈上騷除〔二五四〇·一四〕雜志云：「御覽人事部引『竈』字上有『老嫗』二字。」案：索隱「若炊婦」云云，則當有「老嫗」字。

溉渠正義自中山西邸〔二五四一·一〇〕「中」字「西」字考證據河渠書、溝洫志增。

來丕豹〔二五四二·一〕索隱本「來」，各本作「求」。

此五子者〔二五四二·一〕王、柯、凌、毛本脫「子」字。

范睢〔二五四二·五〕蔡本、毛本並作「雎」，下同。

皆以客之功〔二五四二·六〕舊刻「以」下衍「爲」字。

鄢郢正義上郡〔二五四三·六〕譌「都」，汪校改。

阿縞〔二五四三·一四〕雜志云：「『阿』或作『絅』。廣雅絅，縞練也。淮南修務訓注阿，細穀。漢書禮樂志注阿，細繒。司馬相如傳注同。」

叩缶〔二五四三·一五〕索隱本「缶」，各本作「缻」。

快耳目〔二五四四·一〕雜志云：「『目』字後人所加。文選無，舊本書鈔、類聚、御覽樂部引史皆無『目』字。」

不問可否〔二五四四·三〕毛本「問」作「論」，涉下句而誤。

太阿集解〔二五四四·九〕蔡本脫。

昭虞集解徐廣曰〔二五四五·四〕毛本脫此條。王、柯、凌本誤作「索隱曰」。

明其德索隱泰山〔二五四五·一〇〕「泰」字誤衍，管子無。

尊主〔二五四六·一〕舊刻作「王」。

青臣〔二五四六·五〕各本倒，考證改。

別白黑〔二五四六·一〇〕索隱本「別」，各本作「辨」。

及幸宦者〔二五四八·六〕王、柯本「宦」譌「官」。

故顧小〔二五四九·四〕舊刻「故」，各本譌「胡」。

內官〔二五四九·一四〕中統、游本譌「宦」。

就變〔二五五〇·七〕毛本「就」作「龍」。志疑云文選東方朔畫贊引作「龍變而從之」。

故秋霜降者草花落水搖動者萬物作〔二五五〇・九〕索隱本出下句，無「動」字。雜志云「秋」字「動」字皆後人所增。

孔墨之智〔二五五〇・一三〕舊刻「知」。

足以爲寒心〔二五五〇・一三〕雜志云：「『以』字文不成義。文選報任少卿書注引作『足爲寒心』。」

不得罷歸〔二五五一・九〕舊刻「得」誤「能」。

於上郡〔二五五一・一一〕毛本「於」誤「與」。

諸公子及大臣〔二五五二・六〕治要「及」作「至」。

姦謀〔二五五二・一〇〕治要、舊刻「姦」作「姧」。

矺死集解史記音隱曰〔二五五二・一四〕宋本、中統本同，毛本脫此條。游、王、柯、凌本「音隱」二字誤作「正義」。

治直馳道〔二五五三・六〕雜志云「直」下脫「道」字，治要引作「治直道馳道」。

不轂於此〔二五五三・一〇〕索隱本作「是」。

然則夫所貴〔二五五三・一二〕「然則」二字疑衍。

賜志廣欲〔二五五三・一五〕「賜」字蔡本、中統、游、王、毛本並同。字類補遺引此文亦作「賜」。方言賜，盡也。義自可通。今本作「肆」者，疑後人以「賜志」不經見而改。

股無胈集解〔二五五四・一二〕毛本脫。

可不察焉〔二五五四・一五〕治要「邪」。

以天下爲桎梏者〔二五五五·二〕王誤「告」。

無他〔二五五五·二〕舊刻「它」。

謂之爲桎梏〔二五五五·七〕蔡本、中統、游、王、柯、毛並脫「梏」字。

不能督責〔二五五五·七〕治要「能」作「知」。

弃灰於道者〔二五五五·一一〕毛無「者」字。

庸人不釋〔二五五五·一二〕索隱本「不」作「弗」。

百溢〔二五五五·一三〕索隱本「溢」，各本作「鎰」。

盜跖〔二五五五·一三〕舊刻「蹠」。

泰山之高百仞而跛牂牧其上〔二五五五·一五——二五五六·一〕「牂」當作「牂」，今本皆從俗。志疑云：「說文繫傳『夌』字注引史曰『泰山之高，跛牂牧其上，夌遟故也』。與今本殊。」

峭塹〔二五五六·一〕索隱本「峭」，各本作「陗」。

樓季集解樓季之兄也〔二五五六·一三〕句有誤。

跛牂集解牝曰牂〔二五五六·一三〕舊刻「牝」作「牡」。案：牂，詩傳、爾雅、廣韵、集韵並云牝羊，內則鄭注、說文、玉篇、類篇並云牡羊。牝牡字形近易亂，未知孰是。然此文「跛牂」對「樓季」而言，是指人，非謂羊。莊子駢拇篇有臧穀同牧羊之論，疑「牂」與「臧」同聲假借，乃言牧羊之跛豎耳。集解非也。

閒於側〔二五五七·二〕蔡、王、柯、毛本「閒」作「開」。

烈士〔二五五七·三〕蔡本「列士」。

磨俗〔二五五七·四〕索隱本「磨」，各本作「摩」。

則可謂能督責矣〔二五五七·一四〕前句王本、治要皆無「責」字。〔二五五七·一五〕後句中統、舊刻、游本、吳校金板無「則」字。蔡本、中統、王、柯、毛本、治要皆無「責」字。

益發繇〔二五五八·八〕王、柯、凌無「益」字。

吾有所言者〔二五五八·一〇〕治要作「吾所欲言者」。

待二世〔二五五八·一一〕舊刻「待」作「侍」。

公行集解音松〔二五五九·六〕各本譌「私」，依吳王濞傳集解改。

布惠〔二五五九·一〇〕舊刻「布」作「市」。

加費〔二五六〇·一四〕中統、舊刻、吳校金板「加」作「如」。

先王之時〔二五六一·四〕王、毛本「王」譌「生」。

罪一矣〔二五六一·七〕游本「也」。

百越〔二五六一·七〕舊刻「粵」。

戴主〔二五六一·一〇〕蔡本、舊刻、毛本「主」譌「王」。

囚安得上書〔二五六一·三〕王本「囚」譌「因」。

卦之〔二五六二·五〕王本「卦」譌「封」。

避宮〔二五六二·九〕中統譌「害」。

壞者〔二五六二·一二〕中統「壞」譌「環」。

乃召〔二五六二·一三〕舊刻「詔」。

韓談〔二五六三·一〕史諱「談」作「同」，此後人改。

不務〔二五六三·八〕毛誤「輔」。

爵祿之重〔二五六三·八〕蔡本、中統本脫「之」字。

俗議〔二五六三·一〇〕蔡本、中統、柯、毛本作「譏」。

周召〔二五六三·一〇〕蔡本、中統、王、柯、毛本作「邵」。

蒙恬列傳第二十八（史記卷八十八）

成皋〔二五六五·四〕蔡本、毛本「成」，各本作「城」。毛本「皋」誤「皇」。

得爲秦將〔二五六五·一〇〕毛無「得」字。

用制險塞〔二五六五·一二〕蔡本、中統、舊刻、毛本同。它本「制險」倒。

逶蛇〔二五六六·一〕舊刻「虵」。

收河南正義謂靈勝〔二五六六·四〕各本「靈」下衍「及」字，官本無。

至遼東正義至海之上〔二五六六·六〕「之上」二字疑衍。

罪死〔二五六六·一〇〕中統、吳校金板倒。

迺使蒙恬〔二五六六·一四〕舊刻「迺」，各本作「乃」，下同。

公子胡亥〔二五六七·八〕蔡本、中統、王、柯、毛本同。它本作「少子」。（案：金陵本亦作「少子胡亥」，查張氏批校本，原擬剜改「少」爲「公」字，而未及剜改也。中華初版亦依底本作「少」，再版改。）

中車府令〔二五六七·八〕毛本「車」譌「軍」。

復貴而用事〔二五六七·一三〕蔡、王、柯本脫「用」字。

俞弗立〔二五六七·一四〕索隱本「俞弗」，各本作「愈不」。

倍秦之約〔二五六八・四〕毛無「之」字。蔡作「士」，蓋「出」之譌。

而主欲〔二五六八・六〕毛本「主」譌「王」。

先主之意〔二五六八・一三〕中統「主」譌「王」。

情實〔二五六八・一四〕毛本「寔」。

遂殺之〔二五六九・三〕王、柯本無「遂」字。

然自知〔二五六九・九〕舊刻、毛本有「然」字。

襁緥〔二五六九・九〕中統「褓」。

卒定天下〔二五六九・一〇〕毛本「卒」下有「平」字。

孰謂周公〔二五六九・一三〕毛本「謂」譌「爲」。

身死則國亡〔二五六九・一五〕凌引一本作「則身死亡國」。

亭障〔二五七〇・九〕舊刻、毛本作「鄣」。

張耳陳餘列傳第二十九（史記卷八十九）

被堅〔二五七三·二〕柯、淩本「被」作「披」。

以德服之〔二五七三·六〕中統本、吳校金板「服」作「報」。

長城之役〔二五七三·一三〕毛本「役」，與漢書合。各本誤「域」。

西擊秦〔二五七四·二〕舊刻擊下衍「於」字。

頭會箕斂集解家家人頭數出穀〔二五七四·九〕杭氏考證云：「有脫落。漢書注云『吏到其家人人頭數出穀』。」

君急遣臣〔二五七四·一四〕中統本「君」作「若」。

驅馳〔二五七五·八〕毛本倒。

未敢參分〔二五七七·五〕中統本「未」譌「永」。

左提右挈〔二五七七·七〕蔡本、毛本「左右」互易。

石邑〔二五七七·一四〕淩本「石」譌「后」。

獨立趙後〔二五七八·六〕索隱本與漢書合。各本重「立」字，蓋誤以「獨立」屬上「難」字爲句也。

當是時燕齊楚〔二五七九·二〕王本脫「時」字。

卒存鉅鹿〔二五七九·一四〕中統本「存」誤「亡」。

楚力也〔二五七九·一四〕毛脫「也」字。

與陳餘相見〔二五八〇·一〕毛本「餘」誤「與」。

與君印〔二五八〇·五〕毛本「與」作「予」。

漢元年二月〔二五八〇·一二〕毛本作「十二月」。

素數聞〔二五八〇·一三〕毛譌「問」。

陳餘客〔二五八一·二〕毛脫「客」字。

三縣以封〔二五八一·三〕警云「以」字疑衍。

曰漢王〔二五八一·九〕毛無「曰」字。

甘公索隱字逢〔二五八二·一〕二字疑當在「甘德」下。

亦復覺〔二五八二·七〕「復」疑「後」。

箕踞〔二五八三·一〕舊刻「踞」，與索隱本合。各本作「倨」。

故欲殺之〔二五八三·六〕中統本「欲」作「爲」。

令事成〔二五八三·六〕舊刻「令」作「今」。

孱王集解仁謹〔二五八三·一一〕毛誤「敬」。

索隱服虔音鉏閑反〔二五八三·一一〕單本作「昨軒反」，孱字無此音。案：服虔時未有反切，當有誤。

小顏〔二五八三・一二〕與漢書注合。單本作「孟康」。

置廁〔二五八三・一五〕毛本有「廁」字，與索隱本及漢書合。各本並脫。

幷逮〔二五八四・五〕舊刻「幷」作「並」。下「幷捕」同。

自剄〔二五八四・六〕舊刻「刎」。

絕肮遂死〔二五八五・一一〕索隱本「遂」作「而」。

尙魯元公主故〔二五八五・一三〕索隱本有「公主」二字。

諸客以鉗奴〔二五八五・一三〕毛本重「客」字。

高后〔二五八五・一四〕王本「高」誤「魯」。

乃封〔二五八六・二〕王、柯、凌本「乃」譌「及」。

他姬〔二五八六・二〕舊刻「他」作「它」。

壽爲樂昌侯〔二五八六・三〕蔡本、中統、舊刻、毛本無「壽」字。警云據傳末集解，此句「壽」字，下句「侈」字，皆後人所增。

勢利交〔二五八六・一一〕索隱本有「勢」「交」二字，各本脫。

魏豹彭越列傳第三十（史記卷九十）

臨濟正義故城（二五九〇・三）官本「城」，各本誤「越」。

豹國集解河東太原（二五九一・五）毛脫「東」字，複衍「原」字。

昌邑正義昌邑國（二五九一・八）「邑」字考證據漢志補。

漢乃使人賜彭越（二五九二・三）「漢」字衍。

守成皋（二五九二・二）官本「成」，各本作「城」。

會垓下（二五九三・三）毛本「會」作「至」。

五年項籍已死（二五九三・一三）志疑云「五年」衍，上已書。

固陵正義固陵地（二五九三・一三）各本脫「地」字，官本有。

宛丘（二五九三・一三）官本「宛」，各本作「苑」。

王恬開（二五九四・二）游本「開」，與功臣表、張釋之傳合。各本誤「闕」。

虜囚（二五九五・五）宋本譌「因」。

戮（二五九五・五）舊刻「僇」。

黥布列傳第三十一（史記卷九十一）

范曾〔二五九八·九〕宋本、中統、舊刻、游、王、柯、毛本並同。

先渡河〔二五九八·一二〕各本「渡」上衍「涉」字，宋本、舊刻無。案：漢書作「先涉河」，此後人旁注混并。

軍鋒索隱前簿〔二五九九·六〕考證云今漢書作「鋒」。

遣將將〔二五九九·一〇〕宋本下「將」字誤「軍」。

親用之〔二五九九·一三〕舊刻無「親」字。

百全〔二六〇〇·二〕毛本「萬全」，注云一本作「百全」。

項王伐齊〔二六〇〇·七〕毛本「項」字複衍。

深溝〔二六〇〇·一三〕毛本譌「漢」。

不得攻〔二六〇〇·一五〕中統本「得」作「能」。

不得解〔二六〇〇·一五〕中統、游、毛本「得」作「能」。

封大王〔二六〇一·四〕宋本「封」作「分」。

并力〔二六〇二·一〕舊刻「并」作「並」。

布甚大怒〔二六〇二·八〕志疑云：「『甚』『大』當衍其一。漢書作『大怒』。」案：此亦旁注混并。

故當反〔二六〇四·七〕宋本、毛本「故」，各本作「固」。

殺韓信〔二六〇四·八〕毛本「殺」作「擊」，疑誤。

此三人者〔二六〇四·八〕各本「此」上衍「言」字，宋本、舊刻無。

敖庾〔二六〇四·一三〕索隱本「庾」，各本作「倉」。

麗山〔二六〇五·一〕舊刻「麗」作「驪」。

布之初反〔二六〇六·一〕王本「初」誤「夜」。

諸將獨患〔二六〇六·一〕宋本無「諸將」二字，疑脫。

數止〔二六〇六·一二〕舊刻譌「上」。

會甀索隱鉦下〔二六〇六·一四〕案：「鉦」疑「銍」之譌。漢志銍、蘄皆屬沛。蘄垂鄉，高祖破黥布，都尉治。蓋地相近。

長沙哀王集解孫固〔二六〇七·三〕表作「回」，漢書同。

妒娼索隱不得言妬娼是媢也〔二六〇七·一四〕據此，是舊本有誤作「妒媢」者。顏氏家訓引史亦辨之。

淮陰侯列傳第三十二(史記卷九十二)

杖劒 〔二六一〇·一二〕宋本、王、毛本「杖」作「仗」。(案:「劒」字中華本皆作「劍」。)

乃韓信也 〔二六一一·一二〕王本無「韓」字,淩引一本同。

惟信亦爲大王不如也 〔二六一二·一〕「惟」漢書作「唯」。王本作「雖」,唯雖字形相近,古亦通用,見漢書雜志。淩引一本「亦」下有「以」字。

有背 〔二六一二·四〕雜志云「有」讀「又」。

〔增〕特劫於威彊耳 〔二六一二·六〕案:漢書信傳「彊」下有「服」字,是彊讀「勉彊」之「彊」,「特劫於威」絶句。史無「服」字,則讀爲「彊弱」之「彊」,亦通。

詐阬 〔二六一二·九〕宋本、毛本「詐」譌「訴」。

秋豪 〔二六一二·一〇〕宋本、中統、游、王、柯本並同。俗作「毫」。

嘔嘔集解凶于反 〔二六一三·二〕毛本「凶于」誤倒。

何所不散索隱何不散 〔二六一三·五〕雜志云:「案注,則正文無三『所』字,後人加之。新書、新序並無。」

齊趙亦反漢 〔二六一三·一三〕「亦」字宋本、中統、游、毛同。它本誤「欲」。

欲度 〔二六一三·一五〕索隱本「度」,各本作「渡」。

李左車〔二六一五·二〕毛本「李」譌「季」。

閒道〔二六一五·五〕舊刻「道」，御覽四百六十一引同。各本作「路」。

倍則戰〔二六一五·八〕各本下衍「之」字。雜志云：「宋本無。涉上誤衍。御覽兵部引無，漢書通典並同。」

能千里〔二六一五·八〕雜志云能猶乃也，古聲近義通。

輕來伐我〔二六一五·九〕毛本「輕」誤「聽」。

廣武君策不用〔二六一五·一〇〕六字疑衍。當是後人注於下「知其不用句」旁，誤入正文。

三十里〔二六一六·一〕毛本「十」譌「千」。

夜半傳發〔二六一六·二〕毛無「半」字。

人持一赤幟〔二六一六·三〕宋本脫「人」字。

萆山〔二六一六·三〕索隱本作「卑」，疑因引楚漢春秋作「卑山」而誤。觀其引說文從竹卑聲云云，則本作「箄」也。

泜水〔二六一六·一〇〕此下集解、索隱合刻本皆脫。

傳飱集解音湌也〔二六一七·一〕索隱本作「傳湌」，疑集解本亦作「湌」而音「飱」，今本互誤耳。

背水陳正義回星〔二六一七·四〕柯、凌「回」作「洄」。

休畢賀〔二六一七·九〕宋本無「休」字。

然竟以勝此何術也〔二六一七·一〇〕舊刻「勝此」倒。

此在兵法〔二六一七·一〇〕舊刻「在」作「皆」。

敗軍之將〔二六一七·一五——二六一八·一〕中統、游本「軍」誤「君」。

莫不輟耕〔二六一八·七〕王本「不」誤「敢」。

距境〔二六一八·一〇〕王、柯脫「距」字。「境」王作「竟」。

數使奇兵〔二六一九·二〕王、柯脫「使」字。

宛葉〔二六一九·一三〕宋本、中統、游本「宛」作「苑」。

成皋〔二六一九·一三〕毛本「成」，各本作「城」，下同。

已聽酈生〔二六二〇·六〕王本脫「酈」字。

乃亨之〔二六二〇·七〕「亨」字中統、游、王、柯本同，下同。

追信渡水〔二六二一·三〕宋本、中統、游、毛本有「信」字，各本脫。

散走〔二六二二·四〕毛本「散」誤「敗」。

相與勠力〔二六二三·三〕毛本「勠」，各本作「戮」。

叄分〔二六二三·九〕毛本「叄」作「參」，下同。（案：金陵本亦作「參」，似張氏原欲改「參」爲「叄」，而未及剜補也。中華本亦作「參」。）

予我數萬衆〔二六二三·一一〕毛本「予」作「與」。

貴乃不可言〔二六二三·六〕舊刻「乃」作「而」。

壹呼〔二六二三·七〕舊刻「壹」作「一」。

賢聖〔二六二三·一三〕舊刻倒。

懷諸侯以德〔二六二四·二〕游本「以」，各本譌「之」。雜志云漢書正作「以」。

請命正義士卒不死〔二六二四·九〕誤作「士卒亡」三字，考證據漢書注改。

韓信曰漢王遇我甚厚〔二六二四·一〇〕宋本、毛本無「韓」字。

東殺龍且〔二六二五·六〕雜志云：「摧楚兵，殺龍且，本一事。漢書、漢紀並作『遂斬龍且』。」

戴震主〔二六二五·六〕王本「戴」作「載」。

闞卿相〔二六二五·一一〕宋本、毛本「闞」，它本並作「鬬」。

故知者決之斷也〔二六二五·一一〕雜志云當作「決者知之斷也」。

豪氂〔二六二五·一一〕「氂」字宋本、中統、游、王、柯本同。

時乎時〔二六二五·一四〕舊刻、毛本下衍「乎」字。

儋石集解一儋與一斛之餘〔二六二六·三〕毛本無「與」字。「斛」疑當作「石」，「餘」疑「儲」之誤。方言注所謂「家無儋石之儲」，「儲」字今本亦誤「餘」。又案：此語本出漢書楊雄傳，疑集解尚有脫文。

行縣邑〔二六二七·二〕毛本「縣」下有「鄉」字。

公之所居〔二六二八·八〕舊刻有「之」字，與漢書合。

漢十年〔二六二八·一〇〕各本「十」下衍「一」字，舊刻無。

待豨報〔二六二八·一三〕宋本譌「赦」。

信方斬〔二六二八·一五〕王、柯、凌本下衍「之」字。

秦之綱〔二六二九·九〕宋本、毛本譌「網」。

蹠之狗〔二六二九·一〇〕舊刻「蹠」，各本作「跖」。

夷滅〔二六三〇·三〕宋本「威」。

韓信盧綰列傳第三十三（史記卷九十三）

韓信盧綰列傳〔二六三一·二〕各本「韓」下衍「王」字。宋本、舊刻無，與索隱本合。

東鄉〔二六三一·四〕索隱本「鄉」，各本作「嚮」。

與其將白土人〔二六三二·一一〕志疑引朱子文漢書辨正曰多一「與」字。

曼丘〔二六三三·一一〕宋本「曼」作「㬅」，下同。

復破之〔二六三三·一三〕各本「復」上衍「後」字，漢書無。依雜志删。

樓煩〔二六三三·一四〕毛譌「頰」。

居代上谷〔二六三三·一四——二六三四·一〕雜志云：「『上』字衍。漢書作『居代谷』，若上谷，去平城遠矣。」

陳豨〔二六三五·三〕宋本「狶」，後皆同。

故韓王信〔二六三五·三〕宋本脱「信」字。

盲者〔二六三五·八〕舊刻作「人」，與上句合。

參合〔二六三五·九〕王、柯「參」作「㕘」。

柴將軍集解柴奇也〔二六三五·一一〕毛本「奇」作「武」，蓋後人依索隱引應劭注改。

卒爲案道侯〔二六三六·一三〕志疑云「卒」疑當作「今」。

說孫曾〔二六三六·四〕索隱本作「增」，毛譌「會」。

穨當城集解匈奴地〔二六三六·五〕毛譌「也」。

弓高索隱漢書功臣表屬營陵〔二六三六·六〕案：史記功臣表索隱及漢書韓王信傳注引晉灼，並與此同。今惟明嘉靖廣東本漢表有「營陵」字。地理志營陵屬北海。

豨等已盡〔二六三八·七〕毛本重「豨等」二字，各本無。

詐論它人〔二六三八·九〕舊刻「它」，各本作「他」。

審食其〔二六三八·一三〕宋本、中統、王、柯本脫「審」字。

降者言張勝〔二六三九·二〕此「降者」二字疑複衍。

候伺〔二六三九·三〕王本譌「同」。

封爲亞谷侯〔二六三九·七〕宋本「封爲」誤倒。

封豨爲列侯〔二六三九·一二〕凌本「列」譌「烈」。

監趙代邊兵〔二六三九·一三〕舊刻脫「趙」字。案：漢書無「兵」字，疑涉下而衍。

宛朐人正義陳豨〔二六四〇·一〕王、柯脫「豨」字。

封豨爲列侯集解將卒五百人前元年從起〔二六四〇·三〕「將」字「起」字考證據表增。

高祖十年〔二六四〇·八〕各本「十」譌「七」，考證改。

自立爲代王〔二六四〇·八〕宋本、中統、舊刻、毛本、吳校金板同。它本「代」譌「大」。

不以慰趙〔二六四一·三〕舊刻有「不」字，與漢書、漢紀合。各本脱。

羽檄集解飛羽檄之意也〔二六四一·六〕中統、舊刻、游、毛本「飛」譌「非」。中統、游本「羽」作「取」。案：疑皆有錯誤，當作「取飛檄之意也」。

聊城〔二六四一·八〕考證云：「當是『鄗城』，國策所謂『秦子異人質于趙，處于鄗城者』。」

中都正義平遙〔二六四二·二〕官本「平」，各本譌「于」。

日疏自危〔二六四二·六〕中統本譌「自疏」，毛本譌「事危」。

田儋列傳第三十四（史記卷九十四）

亝古〔二六四三·七〕宋、中統、舊刻、游、王、柯本並作「亝」。下「定亝地」「亝王田榮兵敗」，並同。（案：中華本三「亝」字均作「齊」。）

殺奴集解故詐縛奴〔二六四三·九〕宋本「詐」，各本作「詳」。

大破齊魏〔二六四三·一三〕宋、中統、毛本「魏」誤「楚」。

東走東阿〔二六四三·一三〕中統、游、毛本有上「東」字。

今田假〔二六四四·一〇〕毛本「今」作「則」。

蝮螫正義一遍〔二六四五·一〕疑「匾」字誤分。

醳齊〔二六四六·二〕索隱本「醳」，各本作「釋」。

而亨〔二六四六·一三〕宋、中統、游、王、毛本作「亨」，下並同。

走博陽〔二六四六·一三〕考證云：「漢書作『走博』，蘇林曰『泰山博縣』。此『陽』字衍。」志疑云：「灌嬰傳『破田横至嬴博』，傅寬傳『屬相國參殘博』。若博陽，則汝南縣矣。下亦誤。」

破殺〔二六四六·一四〕中統本、吳校金板誤倒。

遂自剄〔二六四八·八〕舊刻「刎」。

不無善畫者〔二六四九·五〕索隱本「不無」，各本誤倒。

莫能圖〔二六四九·五〕索隱本無「能」字。

樊酈滕灌列傳第三十五（史記卷九十五）

司馬𡰥〔二六五一·九〕宋本「𡰥」，舊刻、毛本譌「⿸尸工」，餘本譌「尼」。

從攻圉〔二六五一·一二〕杭氏考證云漢書作「從攻圉」，注「圉，地名」。

捕虜二十七人〔二六五二·一〕中統、游本、吳校金板「七」作「一」，漢書作「六」。

宛陵〔二六五二·三〕宋本「宛」作「苑」。

重封〔二六五二·五〕舊刻「爵」。

上閒爵集解如淳曰閒或作聞〔二六五三·一〕案：漢書作「上聞」。

天子賞文侯以上閒爵〔二六五三·二〕案：如淳本引呂氏春秋以證「上聞爵」所始，此譌爲「閒」，與漢書注乖，并與上「閒或作聞」語不合，或傳寫誤。然索隱據此以爲「上閒」之證，則所見本集解已如今本矣。志疑云「今本呂覽作『上卿』，亦誤」。

轘轅正義轘轅關〔二六五三·一四〕各本誤「門」，考證改。

亞父〔二六五四·五〕凌譌「夫」。

肩蔽之〔二六五四·五〕雜志云：「『肩』字誤。漢書作『屛』。」案：中統、舊刻、游本無「之」字，有「沛公」二字。

時獨沛公〔二六五四·五〕中統、游本無「獨」字。

譙讓〔二六五四·一三〕索隱本「譙」，各本作「誚」。

虜二十人〔二六五五·一〇〕毛本「十」作「千」。

秦車騎〔二六五五·一一〕凌本「車」，與漢書合。各本作「軍」。

白水集解廣平〔二六五六·三〕「平」字考證據漢書注增。

攻鄒正義鄒兗州縣〔二六五七·三〕官本有「鄒」字。

虜荼〔二六五七·八〕宋本、舊刻無此二字。

蓁毋卬〔二六五七·一三〕毛譌「卭」，中統、游、王、柯譌「卯」。

參合〔二六五七·一三〕王、柯、凌「參」作「叄」。

太卜〔二六五七·一四〕疑即下文「太僕」之誤衍。毛本、明監本無此二字，漢書亦無。

封噲他庶子〔二六五九·一三〕舊刻「他」作「它」，下同。

他廣奪侯索隱舞陽〔二六六〇·四〕單本誤「武陽」。

旬關〔二六六〇·七〕柯本「旬」作「洵」，注同。

〔增〕曲周侯正義故城在洛州〔二六六〇·八〕「洛」乃「洺」之誤。

商爵信成君〔二六六一·三〕警云複出，疑誤。

焉氏〔二六六一·四〕索隱本「焉」，各本譌「烏」。

正義縣在〔二六六一・九〕王本「縣」下衍「乃」。

縣東〔二六六一・九〕王本「縣」下衍「之」。

龍脫〔二六六一・一五〕攷異云：「趙世家『以龍兌、汾門、臨樂與燕』，『龍脫』即『龍兌』，脫亦有兌音。」

滅趙王自殺〔二六六三・七〕宋本、中統脫「自」字。

爲太常坐法國除〔二六六三・九〕志疑云七字後人妄增。

泗水監平集解給之〔二六六五・五〕毛本「給」譌「紿」。

而致孝惠〔二六六五・一三〕舊刻「致」作「置」。

雍樹集解南陽〔二六六五・一五〕考證云：「漢書注作『南方』。」案：如索隱引，則本作「南方」。

祈陽索隱漢書作沂〔二六六六・三〕志疑云水經注六作「沂陽」。

項他〔二六六八・五〕中統、游本作「佗」。

定陶南〔二六六八・六〕王、柯本「定」譌「走」。

攻下黃〔二六六八・九〕志疑云漢書作「下外黃」。

可爲車騎將者〔二六六八・一〇〕志疑云：「『車』字衍。」案：漢書無「車」字。

皆推故秦騎士〔二六六八・一〇〕中統「故」作「其」。

五人〔二六六八・一四〕中統、毛本「五」作「伍」。

連尹一人〔二六六八・一五〕　舊刻「一」作「二」。

敫〔二六六九・一〕　宋本、柯本。（案：中華本「敫」字皆作「敖」，此「敫倉」之「敫」亦然。）

攻龍且留公旋於高密〔二六六九・一六〕　中統、游本、吳校金板如此。宋本、王、柯、凌、毛無「旋」字。索隱本「旋」作「族」，注同，無「於」字。

各一人〔二六六九・一六〕　中統「一」作「二」。

攻博陽〔二六七〇・六〕　志疑云「博」乃「傅」之譌。

盡降其城邑〔二六七〇・六〕　中統「城」譌「殘」。

頤鄉集解苦縣有頤鄉〔二六七一・一〕　毛誤「縣」。

吕車騎將軍先出〔二六七二・五〕　宋本、中統、游、柯、毛並作「目」。王本作「臣」，亦「吕」之譌。（案：中華本「吕」皆作「以」。）

吕誅〔二六七二・一三〕　宋本、中統、游、毛並同。（案：中華本「吕」皆作「以」。金陵本亦作「以」，則張氏校刊時未及剜改也。）

平侯阿〔二六七三・五〕　志疑云：「『阿』乃『何』誤，功臣表、灌夫傳、漢書鼂錯傳並作『何』。」案：漢表亦作「何」，然此傳各本皆作「阿」，姑仍之。

十三年〔二六七三・五〕　宋本、舊刻、毛本與史、漢表合。它本「三」譌「二」。

漢廷〔二六七三・八〕　舊刻「廷」，各本作「庭」。

述贊更王〔二六七三・一二〕　考證云誤。

張丞相列傳第三十六（史記卷九十六）

高景侯集解九年 〔二六七·五〕毛本「九」，各本譌「元」。

上以留侯策 〔二六七·八〕中統本、吳校金板「上」譌「止」。

東箱 〔二六七·一〇〕各本作「廂」，依索隱引小顏改。

跪謝 〔二六七·一二〕宋本、毛本「跪」，各本譌「詭」。

知其不可正義昌以口吃 〔二六七·一三〕「昌」誤「期」，考證改。

奇才 〔二六八·三〕王脫「才」字。

請問 〔二六八·五〕志疑云：「宋祁曰『問』疑作『閒』。」

其人堅忍質直 〔二六八·八〕「人」下衍「有」字，今刪。雜志云：「御覽職官部引無。漢書作『其人堅忍伉直』亦無『有』字。」

非公無可者 〔二六八·一二〕御覽二百二十六引「無」作「毋」，蓋舊本如是。

左遷索隱仕於諸侯王也 〔二六九·二〕中統、游本有「侯」字。

江邑侯集解十一年 〔二六九·八〕宋、中統、游、毛本下有「封」字。

守豐二歲 〔二七〇·五〕毛本「二」作「三」。

曹窋 〔二七〇·七〕柯、凌譌「窟」。

不與大臣共誅呂祿等免〔二六八〇·七〕志疑云「衍『不』字。漢書云與大臣共誅諸呂，後坐事免」。

三歲免索隱又引任安書〔二六八〇·一〇〕讐云集解不見引任安書。

入之音聲〔二六八一·三〕舊刻「入」。讐云：「倪氏史漢異同、許氏史漢方駕錄此傳作『入』，今本皆譌『人』。」

子康侯代〔二六八二·三〕索隱本「康侯」，各本誤倒。案：「侯」下疑脫「奉」字。

子類集解一作顚〔二六八二·五〕毛本「一」譌「二」，「顚」譌「蒯」。雜志云「顚」乃「類」之譌。

國除索隱康侯代〔二六八二·六〕「侯」字依正文增。

蒼子復長〔二六八二·七〕志疑云：「御覽五百十九引史作『蒼子復長八尺』，與漢書同，疑今本脫。」

蒼年百有餘歲〔二六八二·九〕中統、游本無「有」字。

太中大夫〔二六八三·一〇〕柯、毛「太」作「大」。

侯臾〔二六八四·一〇〕毛譌「更」。

堧垣集解畏愞〔二六八四·一一〕毛譌「堧」。

他官索隱漢書作宂官〔二六八四·一四〕雜志云「宂」與「它」形近而譌，後人又改爲「他」。

劉舍〔二六八五·一〕宋、中統、毛本「舍」，各本譌「舎」。

高陵〔二六八五·二〕毛譌「商陵」。

劉舍集解陶舍〔二六八五·四〕宋本「舍」，各本譌「舎」，下同。

而不遵明用秦之顓頊曆何哉〔二六八五·一三〕中統本「哉」作「也」。志疑云：「句不可解。漢書作『專尊用秦之顓頊麻』。」

劾中尚書〔二六八七·五〕宋本、舊刻無「尚」字。

邴丞相〔二六八七·一〇〕宋本無「邴」字。

何見之明也〔二六八七·一五——二六八八·一〕宋本、毛本「何」上有「是」字。

豈非遇時而命也哉〔二六八九·四〕御覽二百四引「命」作「合」，疑今本誤。

酈生陸賈列傳第三十七（史記卷九十七）

聞其將〔二六九一·一二〕舊刻「聞」，各本作「問」。

適酈生里中子〔二六九一·一三——二六九二·一〕「酈生」索隱本作「酈食其」。

倨牀〔二六九二·一三〕各本「倨」。索隱本作「踞」，然其訓主邊牀，則當從「倨句」之「倨」。

之衝〔二六九三·二〕字類引作「衝」，各本作「衝」。

數困滎陽成皋〔二六九三·一五〕柯、凌本下有「數亦音朔」四字，蓋旁注誤入，各本無。

王事可成〔二六九四·一〕王本此下有「索隱曰管子云王者以民爲天；民以食爲天，能知天之天者斯可矣」二十六字，蓋後人旁注誤混，各本皆無。下「民人以食爲天」下王本索隱與各本同，知此爲衍矣。

王者以民人爲天而民人以食爲天〔二六九四·一〕漢書無兩「人」字，管子亦無。索隱本出上句，無「民」字。志疑云：「唐時諱『民』爲『人』，後遂幷入。文選籍田賦注引漢書，上句作『人』，下句作『民』。」

令適卒〔二六九四·三〕舊刻「令」譌「今」。

歷城〔二六九四·七〕宋本、中統、毛本、吳校金板作「歷下」。

敖倉之粟正義在今〔二六九四·一五〕王無「今」字。

西十有五里〔二六九四·一五〕「西」各本譌「四」，依項羽本紀正義改，與郡縣志合。王本無「有」字。

秦始皇時 〔二六九四·一五〕王本無「始皇」二字。

故名之曰敖倉也 〔二六九四·一五〕王本無「之曰也」三字。

蜚狐正義俗號爲飛狐口也 〔二六九五·四〕王本無「爲」字。

郎齊國 〔二六九五·六〕凌本「郎」作「則」。

勠 〔二六九五·七〕宋、中統、游本同。

刓而集解玩惜 〔二六九六·四〕毛本「玩」誤「刓」。

索隱杌團 〔二六九六·五〕各本作「刓斷」。案：今莊子本作「輐斷」。

武遂侯平正義子敦 〔二六九六·一五〕各本作「敵」，字形相近而譌，今正。今史、漢表作「勃」。

尉他 〔二六九七·四〕柯、凌作「佗」，下同。

三王 〔二六九八·七〕各本誤「皇」。雜志云：「當從漢書、漢紀作『王』。御覽奉使部引史作『三王』。」

車轝 〔二六九八·八〕中統本作「輦」。

剖泮 〔二六九八·八〕柯、凌作「判」。

南越王 〔二六九八·一二〕宋本、中統、游、毛、吳校金板並有「南」字。

橐中索隱以入囊橐也 〔二六九八·一六〕「以」字疑衍。它本「以」上有「裝裹」二字。

高帝罵之 〔二六九九·三〕中統本「帝」作「祖」。

粗述〔二六九九·六〕凌本「粗」作「麤」。

權不分〔二七〇〇·一四〕宋本、中統、舊刻、游、毛本皆重此三字。

揣我集解度也〔二七〇一·六〕毛本「度」作「量」。

士務附集解徐廣曰務一作豫〔二七〇一·八〕宋本、毛本無「徐廣曰」三字。毛本注在上句「則士務附」下。案：疑此四字乃後人旁注，非集解文。

而聽梁父侯〔二七〇二·一〕宋本無「而」字。

毋故集解災危〔二七〇三·一三〕毛脫「災」字。

初沛公引兵〔二七〇四·二〕各本連上，今依凌本別行（案：此就金陵本言，中華本分段提行，無所謂依某本別行也）。志疑云：「酈生事復出，猶秦記也。御覽三百六十六引楚漢春秋與此政仝。」

討不義〔二七〇四·三〕王脫「討」字。

狀貌〔二七〇四·四〕宋本、中統、游本作「皃」。

衞〔二七〇五·二〕宋本。

沛公引兵〔二七〇五·八〕中統「引」譌「及」。

余讀〔二七〇五·一三〕凌本「余」作「今」。

傅靳蒯成列傳第三十八（史記卷九十八）

杠里 〔二七〇七·三〕宋本、舊刻「杠」譌「杜」。

陽陵侯集解 〔二七〇七·七〕宋本、中統、游、毛皆無此文，疑後人所增。

殘博索隱顧祕監 〔二七〇八·八〕中統、游、王、柯、凌本並作「顧」，單本作「顔」。警云：「漢書無此注。衞將軍傳『傅校獲王』，索隱亦然。唐志顧胤漢書古今集義二十卷，小司馬徵引或即此。他處亦屢引顧胤。」

頃侯精 〔二七〇八·一五〕宋、中統、舊刻、毛本同。它本「頃」譌「須」。

偃立三十一年 〔二七〇八·一五〕宋、中統、毛本、吳校金板同。它本「三」譌「二」。

靳騎千人將一人 〔二七〇九·三〕毛本「千」，與漢書合。各本譌「十」。志疑云：「七字一句讀。如淳曰騎將率號爲千人。」

靳車司馬二人 〔二七〇九·三〕柯、凌「二」作「一」。

邢說集解音悅 〔二七一〇·一〕毛本作「稅」。

車馬二百五十匹 〔二七一〇·三〕警云車馬同以匹計，恐有脫誤。

饟 〔二七一〇·六〕柯、凌作「餉」。

信武 〔二七一〇·九〕中統本倒。

無人可使 〔二七一二·八〕中統本「人」誤「令」。

劉敬叔孫通列傳第三十九（史記卷九十九）

起豐沛〔二七一六·六〕毛本、凌引一本同，與漢書合。它本「豐」下衍「擊」字。

其亢〔二七一六·一二〕索隱本「亢」，御覽三百七十一又四百九十六引同。它本皆作「肮」。

洛邑正義尚書曰成周既成遷殷頑民〔二七一七·四〕此多士序文，「尚書」下疑脫「序」字。

以此而論漢書非也〔二七一七·五〕警云「漢書」疑誤。案：疑亦當作「書序」。

即日車駕西都關中〔二七一七·一三〕索隱本出「即日駕西」四字，御覽引亦無「關中」二字。

老弱〔二七一八·三〕中統作「病」。

械繫〔二七一八·六〕毛譌「擊」。

封敬二千戶〔二七一八·八〕中統本、吳校金板譌「石」。

亡入胡〔二七一九·一〕宋本譌「朝」。

關中十餘萬口〔二七二〇·四〕索隱本無「關中」二字。

衣一襲索隱案國語謂之一稱〔二七二一·九〕中統、游、王、柯本同。單本作「國語云一稱」。案：國語不見此文，凌本遂改爲「古語」。警云疑是閔二年左傳「祭服五稱」注文。

矢石集解投人〔二七二三·三〕毛本「投」譌「殺」。

所徵三十人〔二七二三·二〕毛本作「三十三人」。

習肄〔二七二三·三〕毛本與索隱本合。各本譌「隸」。

衞宮〔二七二三·一〇〕漢書作「官」。（案：同是金陵本，亦有作「官」者，當是初刻未及剜改也。）

臚傳〔二七二三·一二〕各本「臚」下有「句」字，索隱本無。雜志云：「『句』字後人依漢書加之。集解引漢書音義但釋『臚』字，不釋『句』字，其證也。」

御史執法〔二七二三·一四〕王本「史」譌「吏」。

讙譁〔二七二三·一四〕柯、凌「讙」作「諠」。

臚傳索隱爲臚〔二七二四·四〕各本與漢書注合。單本「爲」作「云」，下「爲句」同。

告上〔二七二四·四〕單本脫「告」字。

以爲臚傳〔二七二四·六〕單本下衍「也」字。

從上語下爲臚〔二七二四·六〕單本「爲」作「曰」。

諫上曰〔二七二四·一五——二七二五·一〕毛無「上」字。

莫能習〔二七二五·九〕雜志云：「當從漢書作『莫習』。書鈔設官部、類聚職官部引史並無『能』字。」

漢諸儀法〔二七二五·一〇〕宋本、毛本此四字重。

論箸〔二七二五·一〇〕宋本「箸」，各本作「著」。

及閒往〔二七五五·一二〕各本下衍「來」字，索隱本無。

迺作複道〔二七五五·一二〕舊刻「迺」作「及」，蓋「乃」之譌。

則示有過〔二七五五·一四〕中統、游本「示」作「是」。

道上行集解複道下〔二七五六·六〕「下」字考證據漢書注增。

非一木之枝也〔二七五六·一二〕宋、中統、游、柯、毛本脫「也」字。

季布欒布列傳第四十（史記卷一百）

爲氣任俠〔二七二九·三〕漢書無「氣」字，疑此衍。御覽四百七十三引「氣」作「人」。

忌壯士〔二七二九·一二〕宋本「忌」作「誋」。

任俠集解傳也〔二七三〇·四〕王、柯、凌本「傳」作「甹」，索隱同。

索隱其義難喻〔二七三〇·五〕攷異云：「說文甹，俠也。三輔謂輕財者爲甹。」

軺車集解馬車也〔二七三〇·一三〕據索隱，疑「馬」上脫「一」字。

以毀臣者〔二七三一·五〕宋本無「以」字，與漢書合，疑此衍。

一人之毀〔二七三一·六〕中統、游、毛本「一人」上有「以」字。

上默然〔二七三一·六〕舊刻及凌引一本與漢書合。各本脫「然」字。

故特召君〔二七三一·七〕宋本、中統、王、毛「特」作「時」。

金錢集解招求也〔二七三一·一三〕「求」譌「來」，考證據漢書注改。

徇軍中曰〔二七三三·三〕毛本有「曰」字，與漢書合。

方提趣湯〔二七三四·二〕索隱本出「提趣」二字，云「上音啼，下音趨」。又出「趣湯」二字，云「上音娶。徐廣云一作『走』。走，趨向之也』」。疑「湯」上重「趣」字。今本皆無，御覽四百二十引同，漢書亦不重。

遂不能西 〔二七二四·四〕雜志云：「當依漢書作『不能遂西』。御覽人事部引史同。」

徒以彭王 〔二七二四·四〕中統、舊刻、毛本、吳校金本與漢書合。它本「徒」譌「從」。

不行 〔二七二四·六〕御覽四百二十引作「不得從」。

吳軍反時 〔二七二四·一二〕考證云漢書作「吳楚」，「軍」字誤。

身履典軍 〔二七二五·一〕索隱無「典」字，與漢書合。志疑云：「衍。師古云流俗本加『典』字，非。」

然至被刑 〔二七二五·三〕宋本、中統、游、毛、吳校金板有「至」字。

身履典軍集解一作屨 〔二七二五·六〕毛譌「屢」。

瓚曰 〔二七二五·六〕毛本「瓚」誤「黄」。

袁盎鼂錯列傳第四十一（史記卷一百一）

持節夾乘〔二七三九·一二〕四字疑後人依索隱增，或旁注羼入。漢書無。

不騎衡〔二七四〇·五〕志疑云：「水經注十九引作『立不依衡』，依上『坐不垂堂』句，似失『立』字。」案：漢書「坐」字「立」字皆無。

適所以失尊卑矣〔二七四〇·一四〕宋本有此七字，各本缺，漢書亦無。

毋何〔二七四一·六〕宋本、毛本作「苛」。王本作「奇」，蓋亦「苛」之譌。

跪說〔二七四一·一一〕毛本作「詭」。志疑云漢書作「起」，是。

受禍〔二七四二·二〕宋本、毛本「受」譌「授」。下「受吳王財物」譌亦同。

具在吳事〔二七四二·一〇〕王、柯、凌本「具」譌「俱」。

丞史集解丞及史也〔二七四二·一三〕舊刻「及」，與漢書注合。各本譌「相」。

有絕集解事未發〔二七四二·一四〕毛本「事」誤「爲」。

嘗有從史〔二七四三·三〕宋本、中統、游、王、柯、毛並重「從史」二字，疑衍。今依舊刻、凌本。

嘗盜愛盎侍兒〔二七四三·三〕此句與上句兩「嘗」字，疑當衍其一。

吾不足以累公〔二七四三·七〕舊刻「足」作「可」。

辟吾親〔二七四三·八〕「辟」字索隱、中統、游、王、柯本同。

道從醉卒直隧出〔二七四三·八〕雜志云：「『道』讀爲『導』。『隧』字當在『直』上。」

騎馳去〔二七四三·九〕舊刻脫「馳」字。

棓生〔二七四五·二〕宋本、毛本「棓」，各本作「掊」。

集解秦時〔二七四五·五〕毛無「時」字。

奇其材〔二七四六·二〕舊刻「才」。

壖垣正義上人緣反〔二七四七·一〕此正義各本錯在下文「乃壖中垣」下。今案：當在此。「反」下多「石」字，蓋即「反」字譌衍，今删。

集議〔二七四七·三〕「集」字字類引作「⿰木集」，蓋「襍」之譌。漢書作「雜」。

錯父聞之〔二七四七·三〕宋本「聞」譌「閏」。

報仇〔二七四八·一〕舊刻「讐」。

張釋之馮唐列傳第四十二（史記卷一百二）

堵陽正義哀帝改爲順陽 〔二七五一・八〕 考證云：「地理志此注在『博山』下，又誤『哀帝』爲『明帝』。」攷異云：「此承酈氏淯水注『赭陽』下引地理志『縣有赭水，漢哀帝改爲順陽』之誤。」

以訾集解顧錢 〔二七五一・一〇〕 毛本作「顧」，與「雇」同。 各本作「雇」。

諜諜集解音牒 〔二七五二・一三〕 毛譌「諜」。

公車令 〔二七五三・一〕 毛本「公」作「宮」。

陳蕠 〔二七五三・九〕 御覽五百五十二引無「蕠」字。 漢書本傳及楚元王傳劉向說此事，亦無。 漢紀并無此二字。 舊刻「蕠」，作「絮」，與索隱本同。

北臨廁集解蘇林曰廁 〔二七五三・一二〕 毛譌「側」。

倚瑟集解聲依永 〔二七五四・三〕 宋本作「咏」，與漢書禮樂志合。

捕屬之廷尉 〔二七五四・一二〕 漢書「屬之」倒。

一人犯蹕 〔二七五四・一四〕 毛本、吳校元板「一」作「此」，與漢書同。 雜志云：「宋本作『此』。 類聚水部引作『一』。 初學記地部、御覽儀式部引作『此』。」拾遺云：「一人犯蹕，罰金四兩，漢律文也。 二人以上罪當加等，漢書義短。」案：本作「此」者，蓋涉下文帝言「此人親驚吾馬」而誤。

令他馬〔二七五四·一四〕舊刻「他」作「它」。

所錯〔二七五五·二〕舊刻「措」。（案：金陵本亦作「措」。如張氏所云，則本擬作「錯」而未及剜改也。中華本亦作「措」。）

下廷尉治〔二七五五·九〕各本重「廷尉」二字。凌引一本及班馬異同本不重，漢書亦無。

致之族〔二七五五·一〇〕舊刻與漢書合，各本「之族」倒。

宗廟〔二七五五·一一〕中統、游本「宗」作「高」，涉上而誤。

王恬開集解一作閒〔二七五六·五〕宋本、中統、舊刻、游、王、柯、毛同。凌剜改作「闕」。

欲以重之〔二七五六·一三〕毛本「欲」譌「故」。

高袪〔二七五七·五〕毛作「祛」。

卒將〔二七五七·七〕雜志云「卒」當作「率」。

集解帥將〔二七五八·二〕毛本「帥」譌「師」。

都尉卬〔二七五八·八〕索隱本「卬」，與文紀、惠景閒侯者表、匈奴傳合。御覽二百七十八引作「卬」，注音昂。今各本並作「昂」。說見雜志。

不從中擾〔二七五八·一一〕毛本作「覆」，漢書同。御覽引作「御」。

彀騎萬三千〔二七五八·一三〕雜志云：「脫『匹』字。御覽兵部引有，漢書同。」

南支韓魏〔二七五八·一三〕王本「支」譌「友」。

私養錢〔二七五八・一六〕志疑云「私」上缺「出」字，漢書有。

伍符〔二七五九・二〕索隱本「伍」，凌本同，各本作「五」。

郡國車士〔二七五九・五〕毛本「郡」誤「軍」。

百金索隱小爾雅〔二七五九・一五〕單本無「小」字，然今爾雅、小爾雅皆無此文。

澹林索隱檐襤〔二七六〇・二〕說見廉藺傳。

顏聚正義絕庚反〔二七六〇・五〕此「聚」字音也。各本「庚」譌「瘦」，今改。

郡國車士集解車戰〔二七六〇・一七〕「戰」誤「軍」，考證據漢書注改。

有味哉〔二七六一・三〕中統本不重。

萬石張叔列傳第四十三（史記卷一百三）

太子太傅免〔二七六四·一〕王譌「逸」。

奮爲太子太傅〔二七六四·一〕舊刻無「奮」字。

中帬廁牏〔二七六五·一〇〕索隱本「帬」，各本作「裙」。

廷見〔二七六五·一三〕毛本「廷」作「庭」。

廁牏集解音住〔二七六六·一〕毛譌「注」。

其側浣滌〔二七六六·一〕毛本「側」譌「廁」，「浣」譌「洗」。

反閉〔二七六六·四〕索隱引作「開」，今漢書注作「門」。

侯窬廁〔二七六六·四〕此「廁」字當衍。漢書注無，索隱引亦無。

誤書馬者〔二七六六·一五〕游、王、柯、凌本作「字」。

雖他〔二七六六·一六〕舊刻「它」，下同。

爲太僕御至然猶如此〔二七六七·三——·四〕案：此三十六字蓋史文所無，故正義引漢書注之，後人據注增竄，則正義爲贅矣。舊刻、毛本「然猶」倒。

咸宣〔二七六七·一三〕各本作「減宣」。警云當作「咸」。案：漢書作「咸」，師古音「減省」之「減」，此集解引服虔音正同，則本亦作「咸」明矣。

不噍呵索隱誰何二音 〔二七六九·八〕 志疑引野客叢書云：「史記『不誰何縮』，傳寫誤以爲『譙呵』。」案：索隱所據本作「誰何」，故釋爲借訪，而云一本作「譙呵」，蓋別本也。今史本無作「誰何」者，并改單本所出文爲「噍呵」，而反以「誰何」作音，疑非小司馬原文。且正文既作「噍呵」，何又云「一本作『譙呵』邪」？漢書作「孰何」，誰孰聲之轉。

朝廷見 〔二七七〇·一三〕 柯本「廷」譌「延」。

人或毀 〔二七七〇·一三〕 王本「人」譌「之」。

常衣 〔二七七二·一二〕 宋本、中統、游、王、柯、毛「常」譌「裳」。

刑名言索隱六家之二也 〔二七七三·八〕 單本「二」作「一」，疑譌。

刑名家正義自有傳 〔二七七三·九〕 「有」字疑衍，此謂史公自序。

田叔列傳第四十四（史記卷一百四）

所〔二七七五・三〕此「所」字疑當在下文「喜游諸公」下。

切直〔二七七五・五〕游本譌「置」。

樂巨公正義〔二七七五・八〕王本脫。

諸公正義〔二七七五・九〕王本脫。

漢七年〔二七七五・一〇〕宋本「七」作「十」，蓋因上云「陳豨反」而改也。然「七年」不誤，「陳豨」則誤耳，徐廣已糾之。

弑上〔二七七六・一〕柯本「弑」誤「我」。

臨城死敵〔二七七六・一五〕王、柯譌「敝」。

如其伏法〔二七七七・五〕宋本無「如其」二字，疑後人增。

財物〔二七七七・七〕毛本、吳校元板作「錢物」。

搏二十〔二七七七・七〕中統、游本「二」作「一」，疑誤。

中府正義王之財物所藏也〔二七七七・一二〕王本無「之」「也」二字。

苑中正義三十里〔二七七八・一〕王本脫。

觀者如堵墻也〔二七七八・一〕原重「堵」字，汪校删，與射義合。王本止有「觀者如堵」四字。

仁發兵至族死〔二七七八·七〕此十五字疑後人附注異說，誤入正文。

司直集解〔二七七八·一二〕此注各本錯在下文「閉守城門」下，今移正。

正義百官表云武〔二七七八·一二〕王本無此五字，並脫「正義曰」三字。警云此注與集解全同，疑有誤。

部署老小當壯劇易處〔二七七九·六〕雜志云：「『處』字衍。當，丁也。『劇』俗作『劇』，後漢章紀『欲親知其劇易』，李賢注『劇猶難也』。御覽人事部、資產部、獸部引皆無『處』字。」

不甚欲近〔二七八二·八〕疑當作「不欲甚迫」。

去越〔二七八三·六〕宋本脫「越」字。

扁鵲倉公列傳第四十五（史記卷一百五）

勃海郡〔二七八五·六〕扁鵲時未置勃海郡，史亦無此書法，當是後人竄改。

扁鵲者正義黃帝八十一難序云〔二七八五·一二〕此乃楊玄操序，凡所引注，亦楊注也。（案：此條据舒藝室續筆補。）

鄭人也集解鄭當爲鄚〔二七八六·一〕據下文，乃齊人而家於鄭，「鄭」字非誤。

舍長索隱守客館之帥〔二七八六·二〕單本「帥」，各本作「師」。

癥結正義大小腸〔二七八六·八〕脫「小」字，考證增。

專國事〔二七八六·一三〕中統本「專」譌「事」。

血脈〔二七八六·一四〕王本譌「脈」。

秦穆〔二七八六·一五〕中統、游本作「繆」。

秦策〔二七八七·二〕攷異云趙世家作「讖」。

子輿索隱未詳〔二七八七·六〕案：子輿卽子車，見秦本紀，小司馬失記。

范魁正義謂衞也〔二七八七·一五〕「謂」下衍「爲」字，依趙世家正義删。

小阜〔二七八七·一五〕各本「小」作「月」，又「川」之譌也。說見趙世家。

治穰〔二七八八·二〕御覽七百二十一、元龜八百五十八引並作「禳」。然韓詩外傳、說苑並作「壤土之事」，則是治塋墓，非祈釀矣。

撟引〔二七八八·七〕宋本、中統、游、毛「撟」作「橋」。下「撟然」同。

案扤〔二七八八·七〕索隱、宋本、中統、游、淩、毛並作「杌」，王、柯譌「杬」，淩引一本作「亢」。攷異云：「索隱音玩，謂按摩而玩弄身體，當作『抏』，从手从元。」

訣脈〔二七八八·七〕中統本譌「服」。

終日〔二七八八·九〕雜志云：「終日猶良久。素問脈要精微論曰『言而微，終日乃復言者，此奪氣也』。亦謂良久乃復言。」

當聞〔二七八八·一三〕王本「當」譌「嘗」。

虢太子集解〔二七八九·二〕各本系在下文「越人能使之起」下，今依索隱移此。

死正義〔二七八九·四〕各本錯在上文「血脈治也」下，今移正。

五藏之輸正義合谷〔二七八九·一四〕「合」譌「全」，考證據難經改。

論得其陽正義幕在陰〔二七九〇·六〕「幕」譌「募」，考證改。下同。

楊玄操〔二七九〇·六〕官本「操」，各本譌「孫」。

腹爲陰〔二七九〇·六〕「腹」譌「腸」，考證改。

鼻張正義音漲〔二七九〇·一〇〕王本譌「張」。

陰上而陽內行〔二七九〇·一六〕宋本、中統、吳校元板無「上而」二字。

破陰絕陽之色已廢脈亂〔二七九一·二〕雜志云：「上文正義引此文云『色廢脈亂』，此『之』『已』二字衍。御覽人事部引無。」案：「已」字蓋即「色」字之譌衍。

陽入陰中動胃正義脈雖時沈滑而長〔二七九一·一二〕此二十難文，今本作「浮滑而長」，楊注同。據下云「陰中伏陽」，疑「沈」字是。（據續筆補。）

三焦膀胱正義經絡下于〔二七九一·一六〕王本「下」，柯、淩譌「不」。

兩脅〔二七九二·一〇〕王、柯誤「臍」。

三陽五會正義少陰〔二七九二·一五〕誤「陽」，今改。

桓侯體病〔二七九三·一〇〕雜志云：「『病』當爲『痛』。養生論『桓侯以覺痛之日爲受病之始』。文選爲石仲容與孫皓書注引史作『痛』。韓子喻老篇、新序雜事篇亦作『體痛』。」

桓侯遂死〔二七九三·一〇〕宋本脫「侯」字。

齊桓侯客之集解〔二七九三·一一〕各本誤系下文「桓侯遂死」下，今依索隱移正。

則疾可已〔二七九三·一四〕中統本無「則」字。

淳于氏正義州公〔二七九五·三〕官本有「州」字，各本脫。

肉刑正義左右趾〔二七九五·一五〕官本「趾」，各本作「止」。

奇咳〔二七九六·一〇〕說文「奇侅，非常也」。段氏注云「漢志五音奇胲用兵二十三卷，五音奇胲刑德二十一卷。據張守節正義，則史記本亦作『奇胲』。肉部訓胲爲足，指皮毛，則『侅』正字，『胲』其借耳。淮南兵略訓「刑德奇賌」，又作「賌」，亦假借。」案：「奇咳」及下「揆度」，今並見素問。

年三十九歲〔二七九六・一三〕毛本無「年」字。

高后八年集解意年三十六〔二七九六・一四〕舊刻本「三」，各本譌「二」。案：高后八年年三十六，加文帝三年適三十九，與史合。

奇咳正義胲當宊也〔二七九七・二〕王本「胲」，柯、凌作「咳」。「宊」柯、凌作「寅」。玉篇皆無其文。「宊」俗「肉」字，其義不可解，當有脫誤。

許慎云胲〔二七九七・三〕官本「胲」，各本譌「晐」。

少陽初代〔二七九七・九〕「少陽」上吳校元板有「以」字，疑衍。

嘔膿正義女東反〔二七九八・一〕王、柯「反」誤「也」。

絡脈有過正義魚際〔二七九八・九〕「際」字考證增。

少陽之界正義鏡界〔二七九八・一四〕「鏡」當作「境」。

其自高骨〔二七九八・一四〕「骨」字錯在「自」上，考證改。

得之少憂〔二七九九・一〕案：「少」疑「心」字之譌。下文云「診其脈，心氣也」。又云「病主在心」。又云「重陽逿心主」。又云「此悲心所生也，病得之憂也」。是其證。

數忔食飲〔二七九九・一〕集韻九迄魚乙切下有「忔」字，訓心不欲也，引史記此文爲證。類篇同。案：下文云「故煩懣食不下」，語正相應，則心不欲之訓當有所本。又「食飲」集韻、類篇並作「飲食」，疑此倒誤。

脈來數疾去難而不一者〔二七九九・三〕「疾」字舊刻、毛本。又考證據宋本並同。案：此十字作一句讀，謂來疾去遲而至數又不調也。它本皆誤作「病」。

湯〔二七九九・四〕王本、毛本誤「湯」，注同。

蹷入中〔二七九九・一一〕毛本「入」譌「人」。

火齊湯〔二七九九・一二〕案：「火」疑「大」字之譌。「齊」即「劑」字。扁鵲傳齊桓侯節「其在腸胃，酒醪之所及也」，「酒醪」二字韓非子作「火齊」，新序作「大劑」，是其證。後「火齊」字放此。

前溲〔二七九九・一二〕雜志云御覽方術部引作「前後溲」。

三飲而疾愈〔二七九九・一三〕宋本、毛本、吳校元本「疾」作「病」。

而湧〔二七九九・一四〕據下文疑下脫「疝」字。

幷陰者〔二八〇〇・一三〕吳校元板「陰」譌「陽」。

脈順清〔二八〇〇・一三〕雜志云：「讀爲『靜』。上文『肝氣濁而靜』，徐廣曰一作『清』。」

故以此知之〔二八〇〇・一四〕中統、游本「故」作「固」。

失治一時〔二八〇〇・一四〕中統、游、王、毛本「失」譌「未」。

淫然風氣也〔二八〇一·五〕「淫」疑誤。

客脬正義音單旱也〔二八〇一·八〕「也」當爲「反」字之誤。

流汗出𣸣𣸣者去衣而汗晞也索隱劉氏音巡〔二八〇一·一〇〕「𣸣」宋本、中統、游、王、柯作「滫」，凌作「滲」，索隱、舊刻、毛本作「滫」。案：集韻十八諄「𣸣，流皃，史記『汗出𣸣𣸣』」，與劉音合，是古本相承作「𣸣」。雜志云：「『𣸣』當爲『滫』，讀與『脩』同。王風『暵其脩矣』，毛傳『脩且乾也』。故曰『滫者去衣而汗晞』。說文、玉篇、廣韻皆無『𣸣』字。集韻誤沿劉氏之音，又以『𣸣𣸣』連讀，其失甚矣。」

大堅正義沈一作深〔二八〇一·一二〕王本「沈」「深」互易。

適其共養〔二八〇一·一四〕此謂任病者所欲耳，索隱非。

盡卽死矣〔二八〇二·六〕吳校元板無「盡」字，義長。

少腹〔二八〇二·一三〕宋本、中統、游、柯、毛「少」作「小」。

三陰俱摶〔二八〇三·一〕凌本與如淳音合。各本譌「搏」，下同。

積瘕正義龍魚河圖〔二八〇三·四〕官本「河」，各本誤「及」。

卒然合集解一云來然合〔二八〇三·五〕毛本下複衍「然合」二字。警云：「正義云『卒一作來』，是惟『卒』字有異文爾。」

脾氣正義生於五藏〔二八〇三·六〕官本有「生」字，各本脫。

三石〔二八〇四·三〕毛譌「日」。

汗出伏地者〔二八〇四・五〕毛本「汗」作「汁」。案：說文「汗，身液也。汁，液也」。是「汁」與「汗」同。

瀺水正義手足液身體汋〔二八〇四・八〕今玉篇無此文。案：此注疑當在上文「汗出」下，然亦有脫文。

常灼反〔二八〇四・八〕官本「反」，各本誤「也」。

蹶陰之動正義鄒〔二八〇五・三〕疑下脫「云」字。

阿母正義鄭慈己者〔二八〇五・六〕此蓋引喪服傳注，「鄭」下疑脫「云」字。

召臣意〔二八〇五・九〕中統本、吳校元板、雜志引宋本並有「臣」字，它本脫。

流汗者同〔二八〇五・一四〕「同」字疑衍。

此亦關內〔二八〇五・一四〕雜志云：「當作『內關』。此承上文齊侍御史成內關之病，故云『亦』。下文齊丞相舍人奴病，亦曰內關。內關猶內閉，靈樞終始篇『溢陰爲內關，死，不治』。」

左大陽明脈〔二八〇六・三〕宋本「大」作「太」，毛本無。疑「大陽明脈」四字有誤。

五六枚〔二八〇六・六〕王譌「枝」。

即示平〔二八〇六・一五——二八〇七・一〕中統、游本「示」作「視」。

召舍人奴〔二八〇七・一〕志疑云「奴」字衍。

心急然無苦〔二八〇七・五〕「急」字疑誤。

灸於火〔二八〇七・七〕毛本「灸」作「炙」。

煩懣正義非但有煩也〔二八〇七・一四〕官本「非」，各本誤「止」。

諸客坐〔二八〇八・一〕雜志云「諸客」上脫「與」字，御覽引有。

腎濡〔二八〇八・三〕疑當作「輸」，因上文「濡腎」而誤。「五藏之輸」見扁鵲傳。

卽弄之〔二八〇八・四〕雜志云御覽引作「取弄之」，義長。

暮要脊痛〔二八〇八・五〕毛本「脊」譌「瘠」。

腎濡正義欲溺腎〔二八〇八・九〕王本「溺」作「弱」，古通用。然正義說非。

病蟯〔二八〇九・五〕雜志云「蟯」字衍。凡篇內稱病得之於某者，皆不言病名。

化爲蟲〔二八〇九・五〕王本「蠱」。

所以知薄吾病者〔二八〇九・五〕各本「薄吾」上衍「寒」字。雜志引宋本及中統、毛本並無。

毛美奉髮集解奉一作奏又作秦〔二八〇九・一三〕蔡、宋本、舊刻、毛本、元龜引並作「拳」。案：「拳」古作「卷」，小雅「卷髮如蠆」是也，於義爲長。然小司馬見本已作「秦」，故以「螓首」釋之。

索隱奉一作奏〔二八〇九・一三〕單本作「鬈」。

驅疾〔二八〇九・一六〕元龜引作「疾驅」，疑是。

左右閣都尉索隱閤卽宮閤〔二八一〇・七〕據此，則「閣」當作「閤」，御覽引正作「閤」。

知其墮馬者〔二八一〇・一〇〕游本誤「也」。

黍主肺〔二八一〇・一三〕中統、毛本作「肝」。

養喜陽處〔二八一〇・一三〕宋本、毛本與上句一例。它本「養喜」倒。

益箸〔二八一一・七〕宋本「箸」，各本作「著」。

忿發〔二八一一・八〕中統、游本重「發」字。

果爲疽〔二八一一・八〕御覽引「爲」作「病」，疑今本涉上而誤。

覆杯〔二八一二・一〕中統本「杯」。

陽虛侯時集解謚孝王〔二八一二・三〕中統本「孝」譌「平」。

嘗診安陽〔二八一二・四〕宋本「嘗」，各本譌「常」。

使人瘖集解一作脊〔二八一二・九〕疑當作「瘠」，故音才亦反。

曰牡疝〔二八一二・一三〕中統、游本「牡」譌「壯」，下同。

爲勞力事〔二八一二・一四〕王、柯本此四字不重。

一絡集解〔二八一三・八〕毛脫。

他所診〔二八一三・九〕中統、游誤「脤」。

能異之〔二八一三・一二〕凌本「能」誤「皆」。

家貧〔二八一四・五〕毛譌「負」。

因事侯〔二八一四·七〕游本「因」譌「内」。

文王病時集解以文帝〔二八一四·八〕毛本誤作「文以文」。

大董集解深藏之〔二八一五·五〕毛無「之」字。

古傳方〔二八一五·一〇〕雜志云當作「傳古方」，索隱、正義可證。

事之〔二八一五·一一〕舊刻作「客之」。

悉受書之〔二八一五·一一〕舊刻「之」作「而」，屬下句。

時者〔二八一六·二〕舊刻重「時」字，疑衍。

陽慶〔二八一六·三〕王、柯、毛本「陽」作「楊」。

邪逆順〔二八一六·一六〕雜志云：「『邪』下脱『正』字，御覽引有。」案：元龜引亦作「邪正」。

齊王侍醫〔二八一七·三〕中統本「王」作「國」。

正義胃大一尺五寸〔二八一八·一〕案：此下藏府脈法蓋張守節所附，合刻各本皆有之，姑從其舊。（案：舒藝室續筆補識云：「此文自『胃大』至『肛門』四百九十一字見四十二難。其首百五十二字，亦見靈樞平人絕穀篇。」）

橫尺〔二八一八·一〕「尺」字誤，靈樞、難經並作「屈」。（據續筆補。）

〔增〕回腸注小腸〔二八一八·三〕案：「小」乃「大」之譌，中華本據難經改。

謂受穀而傳入於大腸也〔二八一八·三〕「受」誤「之」，考證改。「謂」當作「胃」，在「受」字下。此亦楊注。（據續筆改增。）

徑一寸半長二丈二尺〔二八一八·三〕靈樞作「徑一寸寸之少半，長二丈一尺」。難經亦作「二丈一尺」。（據續筆補。）

徑二寸半〔二八一八·四〕靈樞作「徑二寸寸之大半」。難經與此同，然下文肛門下亦作二寸大半，疑此脫「大」字。

八分合之一〔二八一八·四〕「分合」誤「寸半」，吳校改，與後「肛門」條合。

故腸胃凡長五丈八尺四寸〔二八一八·四〕據上合五丈九尺四寸，今如此數，則回腸實當作二丈一尺。（據續筆增補。）

合受水穀八斗七升六合八分合之一〔二八一八·五〕靈樞作「九斗二升一合合之大半」，是。（據續筆補。）

此腸胃長短受水穀之數也注甲乙經腸胃凡長丈六尺四寸四分〔二八一八·五〕楊注本作長六丈四寸四分，此「丈六」二字誤倒。（據續筆補。）

藏魂注女子三〔二八一八·八〕「女」誤「世」，「三」誤「也」。官本不誤。

主藏神注太始南極老人員光之身〔二八一八·九〕「員光」楊注作「元先」，疑誤。（據續筆補。）

裏血〔二八一八·一〇〕「裏」疑「裹」。（案：難經正作「裹」。）

主藏意〔二八一八·一〇〕誤「榮」，考證據素問改。

注在助氣主化穀〔二八一八·一〇〕楊注作「在胃之下」，此脫三字。（據續筆補。）

其神云光玉女子母〔二八一八·一〇〕「云」字誤。楊注作「玄」。（據續筆補。）

重三斤〔二八一八·一一〕官本「三」，各本作「二」。

主藏魂魄〔二八一八·一一〕難經無「魂」字，此衍。（據續筆補。）

注肺孛也言其氣孛故短也鬱也〔二八一八·一二〕楊注「孛」作「勃」，云言其氣勃鬱也。（據續筆補。）

主藏志注校尉尉卿也〔二八一八·一三〕楊注作「廷尉」。（據續筆補。）

胃重二斤十四兩〔二八一八·一四〕難經作「二斤二兩」。（據續筆補。）

迴積十六曲〔二八一九·一〕難經作「左迴疊積十六曲」，此脫「左」「疊」二字。（據續筆補。）

盛穀二斗四升水六升三合合之大半注言通暢胃氣牽去穢也〔二八一九·一〕楊注作去滓穢也，此「牽」字即「滓」字之誤而倒。（據續筆補。）

大腸重三斤十二兩〔二八一九·二〕難經作「二斤十二兩」。（據續筆補。）

長二丈一尺〔二八一九·二〕案：大腸即迴腸也，上文云「二丈二尺」。

盛穀一斗水七升半注其迴曲因以名之〔二八一九·三〕楊注其上有「以」字，此脫。（據續筆補。）

盛溺九升九合注體短而又名胞〔二八一九·四〕楊注作「言其體短而橫廣」，此有脫字，文不成義。（據續筆補。）

口廣二寸半〔二八一九·四〕此下至咽門五十三字，亦見靈樞腸胃篇。（據續筆補。）

大容五合也〔二八一九·五〕「也」字衍。靈樞難經皆無。（據續筆補。）

至胃長一尺六寸注又謂之咽〔二八一九·六〕此「咽」字誤。楊注作「嗌」。（據續筆補。）

九節注心肺之系也〔二八一九·七〕楊注作「即肺之系也」。心字疑衍。（據續筆補。）

而人多惑也〔二八一九·八〕楊注「也」作「之」是。（據續筆補。）

肛門〔二八一九·八〕案：肛門即廣腸也。胃、小腸、大腸、廣腸尺寸容納並複衍。

徑二寸太半〔二八一九·八〕上文「廣腸」下無「太」字。

受穀九升三合八分合之一注又名瞋也〔二八一九·九〕此不知何字之誤。（案：難經注作「䐈腸」。又案：續筆云，「瞋」字誤。楊注作「䐜」。前廣腸下，楊注亦作「䐜」，疑本作「直」，對上回腸而言。大小腸皆迴曲，廣腸獨直也。）

手三陽之脈〔二八一九·一〇〕此下手足三陽三陰之脈，文見靈樞脈度篇，本作六陽六陰，亦見難經二十三難注，亦楊注也。分作三陽三陰，未知孰是。（據續筆補。）

長五尺〔二八一九·一〇〕「五」譌「三」，吳校改，與下數合。

注五六三丈〔二八一九·一〇〕官本「丈」，各本誤「也」。

合三丈九尺注各有三陰〔二八一九·一三〕「三」字考證增。

厥陰至於項上〔二八一九·一四〕楊注「項」作「頂」，此疑誤。（據續筆補。）

督任脈〔二八一九·一五〕「任」字吳校增。（案：續筆云，脈度篇作「督脈任脈各長四尺五寸」。難經同。此脫「任脈」二字。）

注督脈起於胲頭上於面至口齒縫〔二八一九·一六〕楊注本作「督脈起於脊膭，上於頭，下於面」。（據續筆補。）

寸口脈之大會〔二八二〇·二〕此下見難經一難及靈樞五十營篇甲乙經素問八正神明論王注引其注亦楊玄操文。（據續筆補。）

脈行六寸注二十七氣〔二八二〇·四〕王本「十」譌「寸」。

度爲一周也〔二八二〇·六〕此「度」字衍。難經無。（據續筆補。）

故五十度復會於手太陰寸口者〔二八二〇·六〕「十」字吳增。（案：續筆云，難經作「五十度」，此脫「十」字。）

故法於寸口也〔二八二〇·七〕難經法下有「取」字，此脫。（據續筆補。）

注謂一旦夜〔二八二〇·八〕楊注本作「一日一夜」，此誤。合「日」「一」二字爲「旦」字。（據續筆補。）

脈還得寸口當更始也〔二八二〇·九〕楊注本作「脈還寸口當復更始也」。此「得」字即「復」之譌文錯在「還」字下。（據續筆補。）

肺氣通於鼻〔二八二〇·一〇〕此下見三十七難。（據續筆補。）

吳王濞列傳第四十六（史記卷一百六）

益鑄錢（二八二三·二）雜志云「益」字誤，文選吳都賦注、蕪城賦注引並作「盜」，漢書同。

茂材（二八二三·八）拾遺云：「漢初本稱『秀才』，東京避光武諱改『茂』。賈生傳、儒林傳並稱『秀才』，此『茂』字後人依班史改。」

平賈集解爲卒者雇其庸（二八二四·五）「者雇」誤倒，考證據漢書注改。（案：金陵本「雇」作「顧」。）

正義迭爲（二八二四·八）「迭」譌「送」，脫「爲」字，考證據漢書昭紀注改增。

訟共禁弗予集解音松（二八二四·一三）各本皆同，廣韻、集韻、類篇並有此音，又見李斯傳。毛本作「公」，蓋依如訓改。

鼂錯（二八二四·一五）宋本「鼂」作「晁」，下同。

往年爲（二八二五·五）毛本「年爲」誤倒。

諸齊集解爲國者（二八二六·一一）毛誤「名」。

什二（二八二七·三）漢書同。中統本作「一」，誤。

正月丙午（二八二七·八）孝景本紀三年正月乙巳赦天下，與此先後一日。班馬異同作「戊午」。

正月甲子（二八二八·一）顓頊術癸未朔，殷術甲申朔，無甲子，亦無戊午。案：二術皆壬子晦，而漢書景紀書「二月壬子晦，日有蝕之」，年前無閏，不知何以致誤。然二月壬子晦，則正月有戊午、甲子，而無乙巳、丙午矣。

人雖少〔二八二八·五〕柯本「人」上衍「寡」字。

三十餘年〔二八二八·六〕毛本「三」譌「二」。

人戶五千〔二八二八·一五〕毛本「人」上衍「一」。

如得列將〔二八二八·一五〕中統本誤「侯」。

軍法〔二八二九·二〕凌本「軍」作「常」。

長沙王子集解二人〔二八二九·六〕毛本「二」譌「一」。

西走蜀正義走音奏〔二八二九·一三〕「奏」誤「後」，考證據蒙恬傳索隱改。

盎時家居〔二八三〇·六〕毛本「盎」上有「袁」字。

願屏〔二八三〇·一二〕王、柯、凌作「并」。

爲名〔二八三〇·一四〕宋本、毛本倒。

宗正集解宗正也〔二八三一·九〕毛本「正」譌「王」。

吾據滎陽〔二八三一·一二〕王、柯、凌本重「滎陽」二字。

楚兵輕正義遣正反〔二八三一·五〕脫「遣」字，考證據左傳隱九年釋文增。

推鋒〔二八三一·一五〕宋本、中統、王、毛「推」作「椎」。

比至城陽〔二八三三·六〕宋本、中統、舊刻、游、王、柯、毛本「城陽」誤倒。

破城陽〔二八三三·六〕宋本、中統、舊刻、柯、毛「城陽」誤倒。游、王誤作「蕩城」。

爲非者〔二八三三·九〕中統本作「爲不善者」。

及漢使者〔二八三三·一四〕宋本、舊刻、毛本及它本譌「反」。

吳王之度淮〔二八三四·七〕毛本「之」誤「上」。

梁數使使〔二八三四·八〕中統、游本無「梁」字。

利啗集解徒覽反〔二八三五·五〕毛本「覽」誤「屬」。

盛其頭正義今入于江〔二八三五·九〕王、柯本「于」譌「乎」。

及未有詔〔二八三六·二〕雜志云「及」當作「乃」。

圍趙十月〔二八三六·五〕樊酈滕灌傳、漢書荆燕吳傳並作「十月」。楚元王世家云「相距七月」。案：七國以景三年正月反，至十月則入四年歲首矣，恐誤。

豈盎錯邪〔二八三六·一四〕毛本「盎錯」作「袁盎」。

魏其武安侯列傳第四十七（史記卷一百七）

高祖天下〔二八三九・九〕中統、游本「高祖」下有「之」字。

嬰乃言袁盎〔二八四〇・三〕宋本、中統、游、毛「嬰」上有「竇」字。王本有「竇」字，失「嬰」字。

財取集解令自〔二八四〇・九〕各本倒，考證據漢書注改。

藍田〔二八四〇・一三〕官本有「藍」字。

沾沾集解沾一作怗〔二八四一・一〕索隱本「怗」，各本譌「恬」。

多易集解沾音幨〔二八四一・一三〕索隱本、宋本、游、毛作「憺」，與「幨」形近而譌。集韻憺與沾無同音，今正。漢書注作「音瞻」。

索隱幨音尺占反〔二八四一・一三〕單本「幨」亦譌「憺」，憺無尺占反，今正。此爲集解「幨」字作音也。

子姓〔二八四一・一五〕漢書作「姓」，史本譌「姪」。雜志云：「古惟女子謂昆弟之子爲姪，男子則否，當依漢書。」

槃盂〔二八四二・一〕毛本「槃」作「盤」。

集解凡二十九篇〔二八四二・六〕「九」譌「六」，考證據漢書注改。

未如魏其〔二八四二・一三〕中統、游本「如」譌「知」。

郡諸侯〔二八四三・四〕各本「郡」下有「國」字，索隱本無。雜志云：「『國』字後人所加，漢書亦作『郡諸侯』，師古曰『郡及諸侯，猶言郡國也』。」

貌侵集解音核〔二八四四·八〕刻确二字皆無核音，索隱又音确爲刻，疑皆有誤。

曲旃集解大夫建旃曲旃柄上曲也〔二八四五·八〕各本作「大夫立旃曲柄上曲也」，考證據漢書注增改。案：漢書注「曲」下亦脫「旃」字。

壯義〔二八四六·四〕班馬異同本「壯」下有「而」字，志疑云與漢傳合。

吳已破〔二八四六·四〕王本脫「破」字。

剛直〔二八四七·一〕王本「剛」誤「則」。

尤益敬〔二八四七·二〕中統、游本「尤」誤「猶」。

數十百人〔二八四七·三〕中統、毛本「十」譌「千」。

弃之者索隱令不得通〔二八四七·一三〕單本譌「退」。

餘半膝席〔二八四九·一〇〕吳校宋板「半」作「坐」。

乃罵臨汝侯〔二八四九·一三〕中統本「乃」作「因」。

呫囁索隱女輒反〔二八五〇·一一〕單本「女」譌「汝」。

灌夫所爲〔二八五一·六〕中統本「以」。

臣乃不知〔二八五一·一〇〕毛本「如」。

堅對〔二八五一·一四〕毛譌「封」。

轅下駒正義駒馬加著轅〔二八五二·一〇〕漢書注作「駒者駕著轅下」，疑各有誤。

石人正義人形〔二八五二·一三〕「形」字考證據漢書注增。

君亦毀人〔二八五三·四〕宋本、中統、游、毛作「之」。

首鼠集解禿老翁〔二八五三·六〕毛本「翁」作「公」。漢書注無「老」字。

簿責〔二八五三·一〇〕宋本、毛本「簿」作「薄」。

乃使昆弟子〔二八五三·一三〕宋本無「乃」字。

武安侯病正義秦楚之際表云〔二八五四·一六〕此下當脫「十月」二字。

子恬集解則其春〔二八五五·四〕當作「死」。

襜褕正義衣蔽前〔二八五五·八〕「衣」誤「今」，考證據爾雅改。

特爲〔二八五五·一三〕中統、游本「特」譌「時」。

竟被惡言〔二八五六·三〕毛本「竟」譌「音」。

韓長孺列傳第四十八（史記卷一百八）

睢陽　〔二八五七・三〕毛本誤「雒陽」。

成安人正義地理志　〔二八五七・七〕誤「括地志」，考證據漢書改。

前日　〔二八五八・二〕宋本倒。

大長公主集解景帝姊　〔二八五八・一一〕毛本譌「姑」。

正義景帝妹　〔二八五八・一二〕考證云：「漢書注作『姊』。」案：徐廣亦云姊。

鄗縣集解駰案佗音丑亞反誇也　〔二八五八・一五〕宋本、毛本注「佗」字下無「駰案」二字。

梁內史　〔二八五九・三〕游譌「使」。

足與治　〔二八五九・四〕王本「足」誤「成」。

索隱繩持　〔二八五九・七〕當作「治」。

邪臣索隱漢書作訹　〔二八六〇・一一〕誤「怵」，考證據漢書及說文改，下同。

未至越　〔二八六〇・一三〕宋本、中統、游、毛「未」上有「兵」字。

天子下議　〔二八六一・一〕吳校本「下」下有「其」字。

魯縞集解尤薄　〔二八六一・八〕毛本「尤」譌「光」。

財物可盡得〔二八六一·一〇〕中統本「可」作「乃」。

顧謂左右〔二八六二·六〕毛本「謂」作「問」。

驍騎集解梟矣〔二八六二·九〕毛本「也」。

禔取辱〔二八六三·一〕宋本、毛本「禔」，注同。各本作「褆」。

取舍〔二八六三·一〇〕宋本、舊刻作「合」。各本作「舍」，漢書同。（案：金陵本亦作「合」。如張氏所云，則校刊時本擬作「舍」而未及剜改也。中華本亦作「合」。）

所推舉〔二八六三·一〇〕中統、游、毛本「所」上有「然」字。

歐血〔二八六五·二〕游本「歐」作「嘔」。

李將軍列傳第四十九（史記卷一百九）

衝陷〔二八六七·六〕宋本、毛本作「衝」，它本作「衝」。（金陵本亦作「衝」。案：酈生陸賈傳「夫陳留天下之衝」，「陳留者天下之據衝也」，金陵本均作「衝」，如張氏所云，則此處亦當作「衝」。作「衝」者，未及剜改也。中華本初版亦作「衝」，再版改。）

後廣轉爲至爲名〔二八六八·三——四〕疑此文三十一字當在後文「不知廣之所之故勿從」下，而衍「徙上郡」三字，則與漢書次序合。

皆大恐〔二八六八·一三〕中統、游本作「驚」。

大軍誘之〔二八六八·一三〕各本「大」下衍「將」字，宋本、中統、毛本無。雜志云當依漢書作「大軍之誘」。

白馬將正義而出〔二八六九·二〕官本「出」，各本誤「將」。

刀斗〔二八六九·一四〕中統、游本「刀」，注同。各本作「刁」。

治軍簿〔二八七〇·二〕宋本「薄」。

刀斗集解飯食〔二八七〇·七〕中統、游、毛「飯」譌「飲」。

莫府索隱兵行舍於帷帳故稱莫府〔二八七〇·一〇〕此「莫」字當作「幕」。

後韓將軍徙右北平〔二八七一·八〕宋本無「後」字，吳校宋本亦無。案：漢書作「韓將軍後徙居右北平死」。

潁陰侯孫集解孫灌嬰之孫〔二八七一・一〇〕注中上「孫」字疑衍。汪校改「按」。

後二歲〔二八七二・一三〕中統本「二」，各本作「三」。志疑云名臣表、匈奴傳及漢書武紀、匈奴傳皆元狩二年，則當作後二歲。

以功爲侯者集解充本法〔二八七三・七〕毛本與漢書注同，各本作「本義法」。

大黃集解南都〔二八七三・八〕毛譌「郡」。

軍曲折〔二八七五・五〕雜志云當從漢書作「失軍曲折」。

自剄〔二八七六・三〕王、柯、凌譌「頸」。

鼓旗〔二八七六・八〕中統、游本倒。

李陵既壯〔二八七七・六〕志疑云此下後人妄續，天漢事史不載，且與漢傳不合。

於祁連〔二八七七・一一〕中統、游、毛本有「於」字。

遮狹〔二八七七・一四〕柯本「俠」。

匈奴列傳第五十（史記卷一百十）

正義此卷或有本次平津侯後 〔二八七九・三〕 案：索隱本正如此，其述贊次第亦然。然史公自序具在，不能易也。

先生舊本 〔二八七九・三〕 警云疑卽梁孝王世家正義所云「張先生舊本」者。

毌弓 〔二八七九・八〕 索隱本「毌」，各本作「彎」。

兄弟死 〔二八七九・一二〕 游本下衍「者」字。

而無姓氏 〔二八七九・一三〕 「姓」字衍，漢傳無。然裴見本當已衍，故引漢書諍之。

有郤 〔二八八一・一〇〕 舊刻「隙」。

齊郊 〔二八八一・一三〕 此下各本有「索隱云釐音僖名諸兒也」七字，謬甚。單本無。

戎狄是應 〔二八八二・二〕 舊刻、游本「應」，建元以來侯者年表引詩及字類引年表亦同。它本並作「膺」。

戎翟 〔二八八二・四〕 舊刻「狄」。

雒邑 〔二八八二・四〕 中統、游本「雒」作「洛」。

畎夷索隱弄明 〔二八八二・九〕 單本與大荒北經合，下同。各本作「幷明」。

二牡 〔二八八二・九〕 大荒北經作「牝牡」，注言自相配合也。海內北經云「黃帝之後，弁明生白犬二頭，自相牝牡」。疑索隱有脫文。

周道衰索隱〔二八八二·一二〕單本無此條。懿王在穆王後，不當闌出其前。案：漢傳穆王下遞及懿宣並引采薇、六月詩，疑亦本史文，小司馬見本尚完，故有此注。及宋時刊單本者見史無其文，疑爲衍而删之。它刻本亦以無可附麗而系之此。

焦穫正義城北〔二八八二·一五〕誤倒，考證改。

河西〔二八八三·八〕索隱本倒。

圁洛〔二八八三·八〕志疑云：「『洛』疑當作『潞』。」案：此說與下「白翟」正義合。

集解音銀〔二八八三·一三〕游、王本作「音張」，蓋有脫字。吳校金板下有「張作銀」三字。

白翟正義按文言〔二八八四·四〕「文」上疑有脫字。

翟豲索隱豲道〔二八八四·八〕「豲」誤「狄」，考證據漢志改。

大荔正義括地志云〔二八八四·一三〕王、柯脫「云」字。

故王城〔二八八四·一四〕官本「王」，各本譌「三」。下「大荔王城」同。

朐衍集解音詡〔二八八四·一七〕舊刻作「音項于反」。宋本、王、柯、凌、毛作「音項」。中統、游本作「音項」，亦「項」之譌。蓋皆脫「于反」二字。汪校本改「項」爲「詡」，與索隱引徐廣音合。然索隱又引鄭氏音吁，則當項于反，疑集解有脫文。

樓煩正義故樓煩胡地〔二八八五·四〕「胡」譌「故」，依索隱改。

鴈門〔二八五·一五〕中統、游本「鳫」，它本作「雁」。

築長城正義案水經云〔二八六·一〇〕「案」下衍「長城」二字，官本無。

白道〔二八六·一〇〕「白」譌「百」，依水經河水注改。

積毀〔二八六·一〇〕河水注作「基」。

沿谿〔二八六·一〇〕官本「沿」，與河水注合，各本譌「公」。

陰山索隱陽山北〔二八六·一三〕蒙恬傳集解作「陽山在河北」，此脫「在河」二字。

月氏盛正義延沙〔二八八·二〕柯本「延」作「瓜」。

或不敢射者〔二八八·一〇〕「者」字疑衍。

莫居〔二八九·一二〕毛譌「唐」。

侵燕代〔二九〇·一〕雜志云三字因下文而衍，漢書、漢紀並無。

膚施正義秦因不改〔二九〇·九〕「秦因」疑倒。

自如左右賢王以下〔二九〇·一四〕舊本有「王」字，各本脫。

以西接月氏氐羌〔二九一·二〕漢傳無「月氏」二字，與索隱本合。

最爲大國〔二九一·三〕志疑云衍「國」字。

以西接月氏氐羌索隱排其種人〔二九一·一四〕單本「排」譌「非」。

河關〔二八九一·一六〕單本譌「閒」。

什長索隱郡國志〔二八九二·四〕當作「百官志」。

祭其先〔二八九二·八〕游、王、柯本「祭」譌「登」。

有罪〔二八九二·九〕王脫「罪」字。

斬首虜〔二八九二·一三〕中統本、吳校金板「斬」作「捕」。

如烏〔二八九二·一四〕凌本「烏」。

蘢城索隱後漢書云〔二八九二·一五〕此章懷引漢書，疑「後」字衍。

有罪小者軋索隱撾抶也〔二八九三·六〕單本「抶」。各本作「杖」，漢書注同。

丁零〔二八九三·一二〕索隱本「零」，各本作「靈」。

索隱接習水〔二八九三·一四〕中統、柯本「習」誤「閒」。三國志烏丸鮮卑東夷傳注引魏略作「安習水」。

青駹馬〔二八九四·五〕雜志云類聚、御覽獸部引「青駹」「烏驪」下皆無「馬」字。

代地〔二八九五·五〕毛本「代」譌「伐」。

其三年五月〔二八九五·一三〕中統本「五」譌「三」。

雛氏集解〔二八九六·一三〕毛本脫。

呼揭正義音桀〔二八九六·一四〕譌「犂」，依集解改。

二駟正義二駟〔二八九七·三〕注脱「二」字，考證據漢書注增。

澤鹵正義上音舄〔二八九七·五〕譌「息」，今正。

生力〔二九〇〇·六〕中統本、吳校金板「生」譌「至」。

彭陽〔二九〇一·七〕警云據正義則所據本作「城」。

周舍〔二九〇一·七〕毛誤「召」。

人民〔二九〇一·一二〕中統本、吳校金板作「戶」。

雍甘泉正義圜丘〔二九〇二·七〕誤「圍兵」，依郡縣志改。

忘萬民〔二九〇二·一四〕毛本「忘」作「亡」。

二國〔二九〇二·一四〕毛本「主」。

得長〔二九〇二·一六〕中統誤「止」。

天年〔二九〇二·一六〕王、柯、凌本作「命」。

鄰國之敵〔二九〇三·一〕宋本、毛本「國敵」互易。

令約〔二九〇三·一五〕雜志云當依漢書作「今約」。

單臣單于既立集解後元三年〔二九〇四·四〕毛本「三」譌「二」。

終孝景時〔二九〇四·一〇〕毛本「景」下有「帝」字。

立四歲集解不容爾 〔二九〇四·一一〕毛本「容」誤「云」。

今帝 〔二九〇四·一三〕游、王本「今」作「武」，非。

奸蘭 〔二九〇五·一〕索隱本「奸」，各本作「姧」，中統本作「姦」。

集解 〔二九〇五·一一〕凌本脫。

蘢城 〔二九〇六·四〕中統、游本「蘢」作「籠」。

鴈門 〔二九〇六·五〕宋本、毛本「鴈」，它本作「雁」。

什辟 〔二九〇六·一三〕字類引「什」作「仆」，皆「斗」之譌。志疑云隸書「斗」作「什」，與「什」易混。

集解西近胡 〔二九〇六·一三〕「西」字索隱同，誤，當依漢書注作「曲」。

亡降漢 〔二九〇七·二〕宋本「降」譌「除」。

封於單 〔二九〇七·二〕宋本、毛本「於單」，各本誤作「單于」。

恭友 〔二九〇七·五〕官本「友」，各本譌「及」。案：名臣表、衞霍傳集解、漢傳並作「共友」。

得胡首虜騎萬八千 〔二九〇八·一一〕「騎萬」二字疑衍，驃騎傳無，漢書亦無。（案：日人瀧川龜太郎史記會注考證謂三條本無「騎」字，疑僅衍一「騎」字。）

擊匈奴左賢王 〔二九〇八·一四〕凌本「左」，各本作「右」，下句同。警云案李將軍傳當作「左」。

焉支山正義失祁連 〔二九〇九·二〕官本有「失」字，各本脫。

乃歌〔二九〇九·三〕王本誤「識」。

〔增〕金人正義徑路神祠〔二九〇九·七〕「神祠」二字原誤倒，依孫輯括地志乙。案：漢書地理志左馮翊雲陽縣有休屠金人及徑路神祠。

卽今佛像〔二九〇九·八〕王、柯本「今」譌「金」。

負私從馬〔二九一〇·七〕合刻本於「從」字絕句。雜志云當依漢書作「私負從馬」。

正義私募〔二九一〇·一三〕王、柯譌「慕」。

漢士卒物故〔二九一一·八〕雜志云：「『漢士』與『漢馬』對文，索隱與漢書皆無『卒』字。」

索隱魏臺訪議〔二九一一·一三〕官本「臺」，各本譌「壹」。案：隋志魏臺雜訪議一卷，高堂隆撰。

匈河水〔二九一三·五〕索隱本與衞霍傳合。各本「匈」下衍「奴」字。漢書亦然，二劉已辨之。

索隱水名〔二九一三·八〕「水」上衍「河」字，依漢書注刪。

今單于能卽前與漢戰〔二九一三·一一〕雜志云：「『能卽』當爲『卽能』，與『卽不能』相對。漢書西南夷傳注曰『卽猶若也』。」

何徒遠走〔二九一三·一三〕王本「徒」譌「徙」。

主客集解主使來客官也〔二九一三·一五〕毛本「客」。官誤「主客」。

王烏〔二九一三·二〕志疑云類聚作「焉」，李商隱爲李兵曹祭兄文「去節寧類于王焉」與「齧雪獲全」爲韻。

習胡俗〔二九一三·三〕宋本無「俗」字。

西置〔二九一三·六〕凌本誤「至」。

又以公主〔二九一三·七〕宋本、舊刻作「翁主」。

肱靁〔二九一三·八〕毛本「肱」誤「胝」，注同。漢書作「肱雷」，服虔音「州縣」之「縣」。

月氏大夏正義宛西〔二九一四·二〕王、柯誤「菀而」。

肱靁集解烏孫北〔二九一四·三〕毛本「孫」誤「子」。

無幾正義幾音記〔二九一四·四〕此讀幾爲「覬幸」之「覬」，不當音記，疑誤。

入漢見天子〔二九一四·六〕毛本「漢見」倒。

及遣太子〔二九一四·一〇〕舊刻「及」譌「乃」。

單于死〔二九一四·一二〕三字疑衍，漢書無。

貳師〔二九一五·六〕宋本、中統、游、王、柯本「貳」誤「二」。

兵來迎我〔二九一五·八〕志疑云漢書作「來兵近我」。

得數千人〔二九一五·一二〕宋本、中統、游、毛並有「得」字。

軍遂沒〔二九一五·一四〕舊刻脫「軍」字。

盧朐〔二九一六·七〕索隱本「朐」，各本譌「昫」。漢書作「盧朐」。

正義地理志〔二九一六·一〇〕誤作「括地志」，考證據漢書改。

稒陽〔二九一六·一〇〕「稒」譌「相」，考證改。

虖河城〔二九一六·一一〕誤作「牢城河」，考證改。

又西北得宿虜城〔二九一六·一二〕「宿」譌「⿱宀丙」，考證改。案：漢志無「北」字。

服虔云盧朐〔二九一六·一三〕脫「朐」字，今補。

居延澤正義一千五百三十里〔二九一六·一三〕凌本有「一」字。

彊弩都尉〔二九一六·一三〕脫「都」字，今補。

九世〔二九一七·七〕官本「九」，與漢書合。各本誤「百」。

集解公羊傳〔二九一七·八〕宋本「公羊」，各本作「春秋」。

猶可以〔二九一七·八〕宋本有「以」字。

且鞮侯單于既立〔二九一七·九〕志疑云：「史訖太初，不及天漢，此下乃後人所續，非史公書。」

丈人行正義胡朗反〔二九一七·一三〕「朗」譌「郎」，今改。漢書注「胡浪反」。

陵降匈奴〔二九一八·三〕宋本、中統、舊刻、游、毛並有「陵」字。

天山正義在伊州〔二九一八·五〕王本譌「川」。

幷衆降匈奴集解及漢書〔二九一九·一〕毛本「及」譌「乃」。

得降匈奴索隱〔二九一九·四〕單本此注在史贊「彼已將率」條後，無「漢書云明年且鞮死長子狐鹿姑單于立」十六字。據漢傳，余吾水之戰明年且鞮死，疑小司馬所見本贊後有續記狐鹿姑事，故引張晏語以明之。後經刪削，合刻者以無所系，故增此十六字附於傳末。然單本標題出「且鞮侯已下」五字，不可解。或索隱猶有脫文。

彼已將率〔二九一九·八〕案：「彼已」二字宜連上「不參」爲句。不參彼已謂不能知彼知已也。「將率」當下屬。小司馬誤解，遂失其句讀。詳志疑。

衞將軍驃騎列傳第五十一（史記卷一百一十一）

得幸天子集解生子襄〔二九二二·三〕毛本「生」譌「主」。

與壯士〔二九二三·一四〕毛本「與」上衍「敖」字。

往簒〔二九二三·一四〕索隱本有「往」字。

雁門〔二九二三·七〕宋本、中統、游、毛「雁」作「鴈」，下同。

蘢城〔二九二三·七〕宋本、凌、毛「蘢」作「籠」。

畢收〔二九二四·二〕中統、游本譌「攸」。

討蒲泥〔二九二四·三〕毛本「討」譌「封」。

伏聽〔二九二四·四〕凌本「伏」，各本作「服」。

邊害集解抄邊〔二九二四·三〕宋本、中統、游、柯、毛本「抄」作「鈔」。（案：金陵本亦作「鈔」。如張氏所云，則本欲改作「抄」而未及剜改也。初版中華本亦作「鈔」。）

西河正義今勝州〔二九二四·一五〕「今」誤「云」，考證改。

夜逃〔二九二五·一〇〕中統、游本作「遁」。案：以上下文審之，疑二字衍。

卽軍中〔二九二五·三〕宋本、毛本「卽」作「因」。

繦〔二九二六・二〕宋本、毛本同。中統、游、王作「繈」，舊刻、柯、凌作「襁」。

緥〔二九二六・二〕宋本、中統、游、毛同。舊刻作「褓」，王、柯、凌作「保」。

太僕賀爲左將軍〔二九二七・八〕王本「左」誤「列」。

右內史〔二九二七・九〕宋本「右」作「左」。（案：金陵本亦作「左」。如張氏説，則本欲改作「右」，而未及剜改也。中華本初版亦作「左」。）

見急〔二九二七・一二〕中統、游、王、柯本誤「擊」。

不亦可乎〔二九二八・三〕宋本「亦」誤「乃」。

長史安正義長史〔二九二八・四〕「長」字考證據漢書注增。

受詔〔二九二八・八〕宋本、中統、游、毛本「受」上重「大將軍」三字。

羅姑比索隱案顏氏〔二九二九・四〕單本「顏」，各本並作「顧」。

身食〔二九二九・六〕中統「身」誤「變」。

張騫從大將軍〔二九二九・九〕毛本「張騫」上有「校尉」二字，與漢書合。

因前使〔二九二九・九〕游本「因」譌「困」。

懾慴〔二九二九・一三〕游本「懾」作「攝」。

誅全甲〔二九三〇・二〕柯、凌本「全」作「全」，注同。王本惟集解作「全」，蓋「全」之俗字也。案：漢書云「銳悍者誅全甲獲醜」，疑此缺。

驃騎正義驃黃馬鬣白色一曰白髦尾〔二九三〇·四〕「驃」下衍「騎」字，「一曰」下脫「白」字，依說文刪補。「鬣」字說文作「發」，集韻、類篇引同，疑此誤。

盧胡王正義是蘭〔二九三〇·一二〕「是」誤「其」，考證據漢書注改。

稽沮〔二九三一·五〕索隱本「沮」，注同。各本作「且」。

封爲煇渠侯〔二九三一·八〕志疑云「渾渠」之譌，說在表。

先其大將軍〔二九三一·一〇〕雜志云：「本作『先其大軍』。漢書無『將』字。上文曰『直棄大軍數百里赴利』，是其證。」

〔增〕祁連山索隱匈奴謂天祁連〔二九三二·一四〕「天」下當脫「爲」字。

使人先要邊〔二九三三·二〕舊刻止此五字，各本「使人先」下衍「遣使向邊境要遮漢人令報天子」十三字。雜志云：「乃集解誤入正文。索隱本出『先要邊』三字，漢書作『使人先要道邊』，皆其證。」案：王說致確。惟所衍字是否集解文或係後人旁注誤入未可知，今止從舊刻。

見漢軍而多〔二九三三·四〕舊刻「軍」作「兵」。

巨萬〔二九三三·六〕舊刻「巨」作「鉅」。

降異國之王〔二九三三·九〕中統、游、王、柯本作「主」。

仍與〔二九三三·一〇〕志疑云漢傳作「興」。

鷹庇索隱鷹作雁 〔二九三四·一〕原譌「雍」，依漢書改。

銅離索隱徐廣一作稠離與漢書功臣表同 〔二九三四·四〕考證云：「漢書本傳作『調雖』，功臣侯表作『稠雎』，與此俱異。」

故塞外正義北地 〔二九三四·九〕官本有「地」字，各本脫。

屬國正義徙置五郡 〔二九三四·一〇〕「徙」譌「徒」，今正。

元狩四年春 〔二九三四·一四〕「元狩四年」字疑衍，漢書無。

人馬凡五萬 〔二九三五·三〕毛本「人」上衍「軍」字。

薄莫 〔二九三五·六〕毛本「莫」，各本作「暮」。（案：中華本「莫」作「莫」。）

六贏 〔二九三五·六〕毛本「贏」，各本誤「羸」。

紛挐 〔二九三五·七〕毛本作「拏」。

頗捕斬 〔二九三五·九〕毛本「捕」作「獲」。

踵軍正義轉運 〔二九三五·一一〕譌「軍」，汪校改。

比車者 〔二九三六·一一〕宋本、舊刻「比」譌「北」，漢書同。

復陸支 〔二九三七·三〕毛脫「復」字。

大司馬位 〔二九三八·一三〕中統、游本「位」下衍「及」字。

定令驃騎〔二九三八・一三〕毛本下「令」字譌「今」。

大司馬集解〔二九三八・一五〕凌本脫。

嘗欲教之〔二九三九・一〕毛本「嘗」譌「常」。

得尚平陽長公主〔二九四〇・一四〕宋本、中統、游、毛本有「長」字，它本脫。

故長平侯伉代侯〔二九四〇・一四〕王、柯本脫「伉」字。案：「長平」疑當作「宜春」。

六歲坐法失侯〔二九四〇・一四〕志疑云：「此後人妄增。伉失侯在天漢元年，建元侯表書『今侯伉』，則知非史公本書。」

左方兩大將軍及諸裨將名〔二九四一・二〕此行宋本、中統、舊刻、游、毛皆不提。王本、凌本「方」譌「右」。（案：此就金陵本言。中華本分段提行，與舊刻各本異。）

侯千三百戶〔二九四一・四〕凌本與漢書合。宋本、中統、王、柯、毛本「侯」作「二」，游本作「三」，皆誤。

無傳者曰〔二九四一・六〕據此句，疑附傳諸人皆後人所增，故有及天漢後事者。辨見志疑，今不具。

事景帝至武帝〔二九四二・八〕宋本脫「帝」字。

後三歲〔二九四二・九〕毛本「後」譌「從」。

武帝立十二歲〔二九四二・一三〕游本「二」譌「三」。

爲驃騎將軍〔二九四二・一三〕官本云「驃」字衍，志疑及凌引余有丁說同。

築受降城〔二九四二・一五〕宋本「降」下衍「士」字。

復繫〔二九四二·一六——二九四三·一〕宋本譌「擊」。

冢在大猶鄉〔二九四四·一〕宋本、王、凌「冢」作「家」。

博望侯後三歲〔二九四四·四〕凌脫「後」字。

冢在漢中〔二九四四·五〕宋本、凌本「冢」譌「家」。

毋功〔二九四四·一四〕「毋」字宋本、中統、王、柯、毛本同。

首虜十一萬〔二九四五·三〕宋本、毛本「首虜」，它本誤倒。

酒泉正義謂涼肅等州〔二九四五·七〕官本云「謂」字上疑脫「酒泉」二字。

平州正義按西河郡今汾州〔二九四五·一二〕「郡」譌「都」，「汾」譌「邠」，考證據唐志改。

匈河〔二九四五·一三〕王本誤「奴」。

破奴生爲虜所得〔二九四六·一〕王、柯本無「破奴」二字。

後二歲集解元封二年〔二九四六·四〕游本「二」作「三」，與表合。下集解「太初二年」同。

自衞氏興至侯者〔二九四六·七〕志疑云此三十三字史詮謂當在上文「六歲坐法失侯下」，是也，然亦皆後人續而誤者。

平津侯主父列傳第五十二（史記卷一百一十二）

齊菑川國〔二九四九·三〕毛本無「齊」「國」二字。

元光五年〔二九四九·一〇〕志疑云漢書武紀在元年。

弘對〔二九四九·一三〕毛本作「策」。

儉節〔二九五〇·三〕毛本倒。

二歲中集解一云一歲〔二九五〇·一〇〕毛脫上「一」字。

封平津侯集解元朔三年〔二九五一·九〕「三」當作「五」，說見建元侯者表。

平津鄉〔二九五一·一〇〕毛本誤「侯」。

雖詳〔二九五一·一三〕凌引一本作「陽」。

畔逆〔二九五二·四〕凌本「畔」作「叛」。

智仁勇〔二九五二·六〕宋本、毛本「智」作「知」。

知此〔二九五二·七〕毛本作「斯」。

負薪之病〔二九五二·一〇〕宋本、中統、毛本作「疾」。

善善惡惡君宜知之〔二九五二·一三〕「君宜知之」四字複衍上文，漢書無，蓋因篇後續錄元后詔誤倒在下，刊者從彼增入也。

不德（二九五三·一四）毛本譌「得」。

今事（二九五三·一四）毛本「今」譌「令」。

上不召（二九五三·一四）毛本「上」誤「書」。

鳥舉（二九五四·八）游本、吳校宋本「鳥」譌「易」。

靡獘（二九五四·一〇）索隱本「獘」，各本作「敝」。

地固澤鹹鹵（二九五四·一一）雜志云：「『鹹』字後人所加。漢書作『澤鹵』，漢紀作『斥鹵』，澤即斥也。」案：匈奴傳亦云「地澤鹵」。

黄腄（二九五四·一三）索隱本與漢書合。各本作「東腄」，誤。

轉輸北河（二九五四·一三）中統、游本作「河北」。

靡獘索隱（二九五五·四）單本在後「黄腄」條下，蓋因彼文亦有「靡獘」二字而誤。

下脩近世之失（二九五五·一五）雜志云「脩」字當依漢書作「循」。

慮易（二九五五·一六）毛本「慮」譌「虞」。

愁苦（二九五五·一六）索隱本「黄腄」「靡獘」二條下「徐樂」條上出「燋愁」二字，注云「上音焦」。今史文無此，疑即「愁苦」二字之異文。蓋小司馬據本與今不同。

徐樂〔二九五六·四〕中統、游本誤「岳」。

下怨而上不知也〔二九五六·一〇〕志疑云「也」字衍。

安土樂俗〔二九五六·一四〕中統本「土」譌「上」。

而不服乎哉〔二九五七·一三〕毛譌「載」。

五伯者〔二九五八·一〕宋本無「五」字。

主海內〔二九五八·五〕中統、毛本「主」作「一」。

而脩其故俗〔二九五八·八〕雜志云「脩」字亦當依漢書作「循」。

尉佗屠睢〔二九五八·一〇〕考異云「『佗』字漢書無」。志疑云：「南越傳尉佗無攻越事，因下文『尉佗戍越』而誤衍。」毛本「睢」譌「睢」。

深入越〔二九五八·一二〕舊刻作「粵」，下同。

乃使尉佗〔二九五八·一三〕毛本譌「陀」，下南越傳「佗」字並同誤。

項梁舉吳〔二九五八·一四〕毛本「梁」譌「渠」。

景駒〔二九五八·一四〕游、王、柯、凌本並譌「騎」。

棘矜〔二九五九·一〕舊刻作「矝」，下同。

壞長地進集解長進〔二九五九·一〇〕注「長」誤「壞」，依漢書注改。

數見上疏言事〔二九六〇·一一〕志疑云「數見」上當依漢書增「偃」字。

遷樂〔二九六〇·一二〕志疑云「樂」字衍。

鼂錯〔二九六一·三〕中統、游、王、柯本「鼂」作「朝」。

蓋偃有功焉〔二九六一·八〕「蓋」字吳增，與舊刻合。

暴施索隱不跌〔二九六一·一一〕疑「軼」之誤。說文軼，車相出也。類篇一曰侵軼，義與及近。

出關〔二九六二·七〕毛譌「闕」。

服受諸侯金〔二九六二·八〕中統本「服」誤「偃」。

不劫王〔二九六二·九〕中統本「王」誤「叉」。

太皇太后〔二九六三·四〕宋本、中統、舊刻、游、王、柯本並連上，毛本空一格，凌本另行低格，今依秦記例。（案：此就金陵本言。中華本每篇分段提行，與各舊刻本皆不同。）

治之盛也〔二九六三·七〕宋本、毛本「治」，它本作「始」。

子率而正〔二九六三·九〕凌本「而」作「以」。

故丞相〔二九六三·一〇〕游、王、柯本「故」譌「效」。

卽制曰〔二九六四·一〕中統本「制」作「詔」。

牛酒雜帛〔二九六四·二〕游、王、柯本「雜」誤「羅」。

終于相位〔二九六四·二〕游、王、柯本「于」誤「至」。

南越列傳第五十三（史記卷一百一十三）

南越列傳〔二九六七·二〕索隱本止四字，各本「南越」下有「尉佗」二字。

楊越〔二九六七·三〕毛本「楊」作「揚」。

待諸侯變〔二九六七·七〕毛本「待」譌「侍」。

湟谿〔二九六七·一〇〕索隱本作「涅谿」，則與鄒氏、劉氏及姚察所見本同也。「涅」乃譌字，今本史記並作「湟」，疑依漢書改。

十三歲集解六年耳〔二九六八·一〇〕毛誤「也」。

龍川令正義卽穴流泉〔二九六八·一三〕「流」下各本有「東」字，蓋卽「泉」字之譌衍，今依漢書注删。

湟谿索隱衞青傳〔二九六九·四〕案當云「南粤傳」。

含滙縣南有滙浦關〔二九六九·五〕案：水經洭水出桂陽縣盧聚東南，過含洭縣南，出洭浦關爲桂水。「滙」字皆誤，詳雜志。

別異蠻夷〔二九六九·八〕毛本「蠻」譌「變」。

奉祀〔二九七〇·三〕中統本作「奉祭祀」。

遂至孝景時〔二九七〇·一〇〕中統「時」誤「帝」。

使人朝請〔二九七〇·一〇〕凌本「人」譌「入」。

裸國索隱和寡反〔二九七〇·一三〕案：臝裸字同，集韻魯果切無和寡之音。

且先王〔二九七一·六〕王、柯本譌「生」。

說好語索隱悅漢書作怵韋昭云誘怵好語〔二九七一·九〕案：「誘」「訹」字從言，「怵」乃假借字。

遂不入見〔二九七一·一三〕宋本、中統、毛本脫「入」字。

王弗聽〔二九七二·一三〕王本無「王」字。

亦恐嘉等〔二九七三·一四〕宋本無「等」字。

勇士二百人〔二九七四·一〕毛本「二」作「三」，與漢書合。

郲集解古洽反〔二九七四·一一〕毛、柯、淩本「洽」譌「治」。

自擇〔二九七六·一〕中統、游本「自」作「因」。

日莫〔二九七六·三〕毛本「莫」，各本作「暮」。（金陵本亦作「暮」。案：如張說，則金陵本本欲改作「莫」，而未及剜改也。中華本作「暮」。）

蒼梧王趙光〔二九七七·二〕毛本「蒼梧」上衍「曰」字。

九郡集解交阯〔二九七七·一一〕毛譌「趾」。

東越列傳第五十四（史記卷一百一十四）

何乃越也〔二九八〇·九〕中統、游本「乃」作「必」。

窮困〔二九八〇·九〕中統無「困」字。

彼當安所告愬〔二九八〇·一〇〕舊刻有「彼」字。

終滅國〔二九八一·三〕中統「滅」作「威」。

所爲來者〔二九八一·五〕毛本「爲」誤「謂」。

而耘〔二九八一·六〕考異引惠氏棟云：「此『耘』字之誤。左傳『隕子辱矣』，説文引作『耘』。『耘』古『隕』字。」

梅領〔二九八二·四〕中統本「領」，它本作「嶺」。

正義括地志〔二九八二·六〕警云：「通鑑綱目、集覽引正義有『豫章記云梅嶺在西山極峻處』十二字，在『括地志』上。」案：下云「二所未詳」，謂豫章記、括地志二説不同也。今本正義文不全。

殺漢三校尉〔二九八二·九〕中統無「漢」字。

山州侯〔二九八二·九〕毛本「州」譌「川」。

轅終古〔二九八三·三〕王、柯、凌本「終」譌「絡」。

白沙正義若如一預州有白沙山蓋從如此邪〔二九八三·六〕案：此五字當在「預州」上。警云：「漢書作『如邪』，此作『若邪』，正義蓋謂若如一義也，上下文俱有脫譌。」通鑑綱目、集覽引正義曰：「越州有若耶山、若耶溪，蓋從此『耶』字。山在州東南四十里，溪在會稽縣東南北流二十五里，與照湖合。案白沙東故閩州也。」

自歸〔二九八三·一二〕中統無「自」字。

舊從軍〔二九八三·一四〕毛本「舊」作「奮」，義似勝。漢書但云「從軍」。

朝鮮列傳第五十五(史記卷一百一十五)

故燕人也〔二九八五·五〕宋本無「也」字。

魋結〔二九八五·七〕舊刻「魋」譌「魁」。

眞番集解普寒反〔二九八五·一三〕毛本「寒」譌「塞」。

眞番旁衆國〔二九八六·一四〕宋本「衆」作「辰」。案:漢書作「眞番辰國」,蓋卽後漢書東夷傳所謂「辰韓弁辰」者也。然此作「旁衆」,於文義亦通。

擁閼〔二九八六·一四〕凌引一本「擁」作「雍」。

譙諭〔二九八六·一五〕索隱本「譙」,與御覽七百八十引合。各本作「誘」。

左將軍卒正多〔二九八七·一〇〕中統、游本「左」譌「右」。

〔增〕未能破自前〔二九八七·一二〕漢書無「自前」字。

亦往〔二九八八·二〕毛譌「住」。

天子曰將率不能前及使衞山〔二九八八·八〕漢書作「天子爲兩將未有利,乃使衞山」,疑史有誤。「及」則譌字也。(案:「及」字當依漢書作「乃」。)

往征之〔二九八八·一〇〕志疑云:「漢書作『正之』。通鑑考異曰『征』字誤。」

大害〔二九八八·一二〕毛本「大」譌「太」。

以報天子〔二九八八·一三〕毛誤「下」。

誅遂〔二九八八·一三〕毛譌「逐」。

韓陰〔二九八八·一四〕考異云漢書作「陶」。

〔增〕恐不能與戰〔二九八九·一〕漢書無「戰」字。王念孫謂史記「與」下有「戰」字，後人妄加之也。與猶敵也。

右渠子長降〔二九八九·三〕考異云「降」字當連上。「長降」功臣表作「長路」。

灉清侯〔二九八九·四〕凌本「灉」譌「灉」。

〔增〕長爲幾侯〔二九八九·五〕案：「長」下應補「降」字。

溫陽〔二九八九·五〕考異云當從表作「涅陽」。

將軍王唊集解凡五人〔二九八九·六〕凌本云：「師古曰相路人一，相韓陶二，尼谿相參三，將軍王唊四，云五人，誤。」

官紀〔二九八九·六〕毛本「官」譌「管」。

洌口〔二九八九·一六〕索隱本「洌」，各本譌「列」。

西南夷列傳第五十六（史記卷一百一十六）

土箸 〔二九九一·七〕宋、中統、毛本「箸」，它本作「著」。

楪榆正義上音葉 〔二九九二·七〕譌「楪」，依集解、索隱正。

楪澤 〔二九九二·七〕「楪」亦譌「楪」，今正。

葉榆 〔二九九二·八〕「葉」譌「桑」，今正。

昆明正義今嶲州也 〔二九九二·九〕「嶲」誤「髖」，蓋因上音髓而轉譌也。今據郡縣志改。

冄駹正義九氏 〔二九九二·一六〕「氐」誤「蠻」，考證據後漢書改。

循江上 〔二九九三·一〕中統、游本「循」作「侚」。

略巴蜀 〔二九九三·一〕雜志云「蜀」字衍，漢書無。

滇池地 〔二九九三·二〕雜志云不當有「地」字，索隱本及漢書皆無。

開蜀故徼 〔二九九三·四〕雜志云：「『開』當爲『關』，因俗書作『開』，形似而誤。漢書正作『關』。」

滇池地索隱而更淺狹 〔二九九三·七〕案：後漢書作「而末更淺狹」，此失「末」字，義不可通。下正義同。

道西北牂柯牂柯江廣數里 〔二九九四·一〕雜志云漢書、漢紀並作「道西北牂柯江，江廣數里」。

道指牂柯江索隱 〔二九九五·四〕案：牂柯已見上文，不當至此始釋。單本此條亦出在「食重萬餘人」條後，疑錯亂。

言其不使〔二九九五·七〕舊刻「其」下有「甚」字。

逐胡〔二九九五·八〕舊刻「逐」誤「北」。

指求身毒〔二九九六·二〕中統「指」誤「猶」。

滇王與漢使〔二九九六·八〕中統「滇」誤「漢」。

沈犂〔二九九七·三〕中統作「黎」。

首善〔二九九七·七〕游本「首」誤「守」。

離難西南夷舉國降〔二九九七·七〕漢書無「難」字「南」字，師古注云「言東嚮事漢」。

卒爲七郡〔二九九八·一〕王本脫此四字，秦藩本同。

司馬相如列傳第五十七（史記卷一百一十七）

於是相如往舍〔三〇〇〇·三〕王脫「是」字。毛本「往」誤「乃」。

相如初尚見之〔三〇〇〇·三〕凌無「相如」二字。

閒雅甚都〔三〇〇〇·八〕王本「甚」譌「是」。

馳歸成都〔三〇〇〇·一〇〕蔡本、中統、游、毛本、雜志引宋本及文選左思詠史詩注引史、警引吳汪校柯本眉上舉白鹿本，並有「成都」二字。舊刻及王、柯、凌本並脫。

家居〔三〇〇〇·一〇〕雜志云：「居卽家也。左思詠史詩注引作『居徒四壁立』。」案：御覽百八十七引作「家徒四壁立」，與漢書合，疑本有異文，後人誤幷。

第俱如臨邛〔三〇〇〇·一二〕索隱本無「俱」字，疑後人依漢書增。

當鑪〔三〇〇〇·一三〕王脫「當」字。

非財〔三〇〇〇·一五〕毛譌「材」。

乃與〔三〇〇一·一〕毛本「乃」譌「及」。

琴心索隱又曰〔三〇〇一·六〕單本、蔡本、中統、游本皆無此下三十三字。

亡奔索隱婚不以禮爲亡也〔三〇〇一·九〕「亡」疑當作「奔」。

保庸集解謂之甬〔三〇〇一·一五〕官本與方言合。各本「謂」譌「調」，脫「甬」字。

烏有先生者集解烏一作惡〔三〇〇二·一〇〕中統、游本作「烏有一作惡」，此葢集解單行本出「烏有」二字而著注也。

後園〔三〇〇三·七〕王誤「國」。

脚麟索隱掎偏引一脚也〔三〇〇三·一一〕說文無「一脚」二字。

染輪集解而悅反〔三〇〇三·一三〕毛本「悅」作「兌」，疑「兗」字之譌。

菴閭〔三〇〇四·七〕毛本「菴」作「奄」。

湧泉〔三〇〇四·八〕毛本「湧」作「涌」。

蔆華〔三〇〇四·八〕毛本「蔆」作「菱」。

蘗離〔三〇〇四·九〕毛本「蘗」作「檗」。

赤猨蠷蝚〔三〇〇四·一〇〕毛本「蠷」作「蠼」。漢書、文選無此四字。

鵷雛〔三〇〇四·一〇〕中統本「鵷」譌「鴅」，毛本譌「鴛」。

兕象野犀窮奇獌狿〔三〇〇四·一一〕漢書、文選無此二句。考異云：「後人妄增。」警云：「『獌狿』與上『蟃蜒』複出，集解、索隱本葢皆無之，故無辨釋，而窮奇象犀注於後也。」

玫瑰集解赤玉〔三〇〇五·九〕舊刻本有此二字，各本脫。

葴菥集解馬藍〔三〇〇六·一六〕毛譌「監」。

蒹葭索隱似萑〔三〇〇七·六〕誤「藿」，考證改。

烏藘〔三〇〇七·六〕誤「燕」，考證據爾雅注改。

蛟鼉正義小頭細頸〔三〇〇七·一四〕「頭細」互誤，脫「頸」字，考證據山海經改增。

蜥蜴〔三〇〇七·一四〕「蜥」譌「蚚」，考證改。

瑇瑁正義飾器物〔三〇〇七·一六〕王、柯「飾」誤「節」。

豫章正義枕木〔三〇〇八·二〕「枕」字疑誤。案：御覽九百六十引遊名山志曰「樓石山多章枕，皆爲三四圍」。又引南康記曰「南康縣營水極源去郡並九百，地多章枕」。疑「枕」乃形近而譌。又九百五十七引廣志曰「豫章生七年外始辨」，注云「凡木似豫章，故待七年當分別」，與此下文「七年」云云相合。或「枕」省爲「尤」，再譌爲「凡」耳。

桂椒正義光靜〔三〇〇八·四〕疑當作「淨」。

木蘭集解〔三〇〇八·五〕王、柯、凌本脫。

正義葉冬夏榮常以冬華〔三〇〇八·五〕「葉」譌「菓」，脫「榮」字「春」字，據文選蜀都賦注改增。「葉」下彼有「似長生」三字。

如小甘〔三〇〇八·五〕蜀都賦注作「柹」。

蠷蝚正義蠷音劬蝚音柔〔三〇〇八·一二〕各本誤重「蠷蝚」二字，脫二「音」字，吳改。

儵眒〔三〇〇九·五〕毛本「眒」，與文選、玉篇目部引子虛賦合。宋本、王本譌「胂」。柯、凌譌「聃」。中統、舊刻、游本譌「聊」。

漢書譌「胂」，字類引同。

淒洌〔三〇〇九·五〕漢書、文選玉篇引子虛賦「淒」作「倩」。

翺翔〔三〇〇九·六〕毛本誤作「翺翺」。

騊駼集解食虎豹〔三〇〇九·八〕官本與漢書、文選注合。各本脫「豹」字。

夏服集解夏羿〔三〇一〇·二〕毛誤「屏」。

未舒索隱亦曰未得也〔三〇一〇·七〕單本疑誤，各本作「亦爲得也」。

距虛集解而色青〔三〇一〇·九〕蔡本、中統、游、王、毛本脫「色」字。柯本空。凌本「而色」倒。

互言〔三〇一〇·九〕毛本「互」譌「五」。

弭節索隱節信〔三〇一〇·一六〕漢書、文選注同，當依集解乙。

扶與〔三〇一一·六〕柯、凌作「輿」。

威蕤〔三〇一一·七〕王、柯、凌「威」作「葳」。

神仙〔三〇一一·七〕毛本「僊」。

仿佛〔三〇一一·八〕中統、游本「佛」作「彿」。毛作「彷彿」。

曼姬正義鄧曼〔三〇一一·一〇〕「曼」字考證增。

紵縞正義韋昭〔三〇一一·一三〕王、柯無「昭」字。

駕鵝〔三〇二二・一六〕中統、游、毛本「駕」作「鴐」，與索隱本合。

摐金鼓〔三〇二三・一〕毛本「摐」作「樅」，注同。

紫貝正義交阯〔三〇二三・一六〕官本有「交」字，各本脫。

貝寶龜是也〔三〇二三・一六—三〇二四・一〕貨殖傳無此文，語亦有脫誤。

勠力〔三〇二四・一五〕宋本、中統本「勠」，它本作「戮」。

東陼巨海〔三〇二五・三〕索隱本「陼」，與漢書、文選合。各本作「有」，因注而誤。

烁〔三〇二五・四〕毛本「秋」。（案：中華本亦作「秋」。）

傍偟乎海外〔三〇二五・四〕王、柯本、吳校宋板無此句。

若乃〔三〇二五・五〕毛脫「若」字。

王辭而不復〔三〇二五・七〕索隱本與漢書、文選合。各本「不」下有「能」字。雜志云：「後人所加。類聚產業部引無。」

湯谷正義十日所浴〔三〇二六・三〕官本與山海經合。各本「日」譌「月」，「浴」譌「落」。

青丘集解〔三〇二六・五〕王、柯、凌本無，蓋以與索隱正義複而刪之，今仍補入。

正義在海東三百里〔三〇二六・六〕官本如此。各本「在」誤「東」，脫「百」字。

郭璞〔三〇二六・六〕王、柯本脫「璞」字。

在海外〔三〇二六・六〕王作「東」。

又見客索隱是賓客之也〔三〇一六・一〇〕文選注無「賓」「之」二字，疑衍。

今齊〔三〇一六・一三〕游本無「今」字。中統本空。

故未可也〔三〇一六・一四〕舊刻、毛本「故」作「固」。

洲淤〔三〇一七・六〕舊刻譌「游」。

衝壅〔三〇一七・九〕毛本「衝」作「衝」。（案：中華本初版亦作「衝」。）

汨濦〔三〇一七・一一〕毛譌「濦」。

徐徊〔三〇一七・一一〕毛作「佪」。

東注大湖〔三〇一七・一三〕當依沈存中說作「河」，與下池螭離爲韵。正義以爲蘇州太湖，謬。

螹離〔三〇一七・一三〕毛本「螹」作「漸」。

振鱗〔三〇一七・一三〕毛本「振」譌「搌」。

鮫鯖〔三〇一七・一五〕王、柯本「交青」。

紫淵正義其水紫色注亦紫〔三〇一八・六〕漢書、文選注無此七字，疑是讀者旁注誤入。

潦濡索隱丹紫二川〔三〇一八・一四〕單本「二」譌「三」。

所謂八川分流〔三〇一八・一五〕單本譌「疏」。

蜿𧕿正義蟬音善〔三〇一九・一五〕據此，是張所見本作「蜿蟬」。

臨坻正義小沚〔三〇一〇・三〕譌「水阯」，依爾雅改。

赤螭正義案虬螭〔三〇一〇・一七〕「螭」字汪校補。

鰬魠集解哆口〔三〇一一・三〕蔡本、中統、游本「哆」，它本譌「多」。

鱋魶集解一作鰑〔三〇一一・五〕毛本譌「鰏」。

揵鰭正義鬣也〔三〇一一・七〕王、柯「鬣」譌「鰤」，不成字。

鵁鶄正義長頸赤目〔三〇一一・一三〕「頸」譌「鵛」，脫「目」字，官本與集解合。

鴐鸕集解鸕鷀〔三〇一三・四〕蔡、中統、游、柯、凌本作「鶿」。

泛濫索隱氾氾〔三〇一三・五〕單本脫一「氾」字。

唼喋正義丈甲反〔三〇一三・七〕「丈」譌「文」，依玉篇改。

巖陁〔三〇一三・一二〕蔡本「陀」。

𠂤陵〔三〇一三・一二〕中統、游、毛「𠂤」作「𠂤」。

崛崫〔三〇一三・一三〕毛譌「藟」。

專結縷〔三〇一三・一四〕中統、游、王、柯、毛「專」譌「専」。

欑戾莎〔三〇一三・一四〕蔡、中統、游本「欑」作「攢」。

蔣芧〔三〇一三・一五〕蔡譌「茅」。

布濩〔三〇二二·一五〕蔡、王、柯、凌譌「獲」。

嶄巖正義嶄音咸〔三〇二三·二〕嶄無咸音，當有脫誤。

綠蕙正義菉一名王蒭〔三〇二四·四〕王、柯「菉」譌「葉」。

専結縷集解一作布〔三〇二四·七〕舊刻「布」，中統、游譌「抪」，它皆譌「怖」。

𪋻𪋦〔三〇二五·六〕中統、游本「𪋻」譌「塵」。

象犀索隱一角在頭〔三〇二六·二〕疑「額」。漢書注作「一角在鼻，一角在額」。

驢騾正義驒騱〔三〇二六·八〕官本有「驒」字，它本脫。

音決啼〔三〇二六·八〕官本有「音」字，它本脫。

巖突〔三〇二六·一〇〕毛譌「突」。

振崖集解音振〔三〇二七·一七〕誤作「脣」，無此音，依索隱改。

發觓〔三〇二八·一六〕毛本「觓」，各本譌「觓」。

橪柿索隱音汝蕭反〔三〇二九·八〕「橪」字無此音，當誤。集韻「橪支」之「橪」入因蓮切下，與下音烟合。

楟柰索隱楟柰榛熟也〔三〇二九·一一〕句有誤。合刻本注無「柰」字。

櫟儲集解似柃〔三〇三〇·六〕誤「樵」，考證據漢書注改。

玄猨〔三〇三一·一三〕蔡、毛本「猨」，它本作「猿」。

蜼玃〔三〇三一·三〕蔡、中統、游本作「蠼」。

蠗蝚〔三〇三一·三〕舊刻「蠗」譌「蠼」。

索隱皐塗山〔三〇三一·六〕「皐」譌「鼻」，依山海經改。

螹胡索隱又說文云獑胡〔三〇三一·一一〕案：說文本作「斬䴉」。

握板〔三〇三一·一二〕譌「柘」，今改。說文作「版」，集韻、類篇引說文同。（案：金陵本仍作「柘」，蓋未及剜改也。）

殊榛正義爾雅〔三〇三一·一六〕當云「廣雅」。

捷垂條正義捷持〔三〇三一·一七〕譌「特」，依漢書、文選注改。

踔稀閒集解託釣反〔三〇三三·一〕毛本「託」譌「記」。

館舍〔三〇三三·三〕舊刻與漢書、文選合。各本「舍」誤「客」。

雲旗正義熊虎〔三〇三三·一三〕王、柯「熊」譌「能」，「虎」誤「於」。

貔豹〔三〇三四·六〕柯譌「豿」。

綺白虎〔三〇三四·六〕王、柯、凌「綺」作「袴」。

虛發〔三〇三四·九〕中統本作「張」。

儵夐〔三〇三四·一〇〕下文大人賦索隱引此作「倏敻」。

熊羆正義始春而出〔三〇三四·一五〕王本「始」譌「沿」，柯、凌譌「治」，依類聚九十五引詩義疏改。

野羊集解殺之〔三〇三四·一六〕蔡本、毛本誤「人」。

轊白鹿集解一作惠〔三〇三六·四〕疑「轗」之爛文，漢書正作「轗」。

宇宙正義張揖〔三〇三六·七〕王、柯無「揖」字。

騤颸〔三〇三六·一三〕各本譌「颸」，今改。文選作「猋」，與爾雅合。

正義扶搖〔三〇三六·一五〕「搖」字依爾雅補。

捎鳳皇集解遒秦由反鷟鳥雞反張云〔三〇三七·一〕中統、游、毛本脫此十字。

掩焦明正義員尾〔三〇三七·五〕各本「員」譌「覔」，依續漢五行志引樂叶圖徵改。

蹷石闕〔三〇三七·七〕志疑云：「當作『闗』。」案：漢書作「闗」，與下巒寒韵。文選亦譌爲「闕」。

鈞獠〔三〇三七·八〕舊刻「鈞」譌「鉤」。毛本「獠」作「獵」。

徒車〔三〇三七·八〕各本「徒」上衍「觀」字，依漢書、文選删。

過雅鵲望露寒集解甘泉宮〔三〇三七·一三〕毛脫「宮」字。

宜春正義萬年縣〔三〇三七·一五〕官本有「縣」字，各本脫。

巴俞〔三〇三八·九〕考異云：「當作『嗙喻』。說文引司馬相如說『淮南宋蔡，歌舞嗙喻』，正據此賦。蓋以『宋蔡嗙喻』與『淮南于遮』對文。郭景純以巴渝舞當之，非是。」案：王、柯、凌本「俞」作「榆」。

韶濩〔三〇三八·一〇〕官本「濩」，各本作「護」。

娛耳目〔三〇三八·一一〕毛本「娛」譌「妜」。

爛漫〔三〇三八·一三〕中統本「慢」，游本「熳」。

淮南干遮集解募取〔三〇三九·四〕蔡、中統、游本與索隱引合。王、柯、凌「取」作「此」。

姣冶〔三〇三九·一七〕蔡、凌、毛本「姣」作「妖」。

刻飭〔三〇三九·一七〕中統、游、毛本作「飾」。

綽約〔三〇三九·一七〕蔡、中統、游、毛本「綽」作「婥」。

集解靚莊〔三〇四〇·九〕毛本「靚」作「艶」。

嫗姺正義白眠反〔三〇四一·一〕「眠」譌「服」，今改。

的皪索隱以姱〔三〇四一·三〕「以」上當脫「嫮」字。

得至〔三〇四一·八〕游誤「志」。

功羡〔三〇四二·一〕毛譌「美」。

六藝正義六藝云〔三〇四二·三〕警云疑有脫文。

易道正義乃射〔三〇四二·一四〕「乃」疑「及」。

怪獸正義張揖〔三〇四二·一五〕王、柯本無「揖」字。

清廟正義諸侯〔三〇四二·一六〕王、柯本脫「諸」字。

抗士卒〔三〇四三·三〕中統本「抗」作「抏」。索隱本譌「抗」。

責唐蒙〔三〇四四·三〕蔡、中統、游、毛本下有「等」字，與漢書合。

僰中索隱皆西夷〔三〇四四·五〕各本作「皆西南夷」，疑單本脫「南」字

郡又擅爲〔三〇四五·一〕毛本「郡」譌「却」。

賂西夷〔三〇四七·一〕毛本「西」譌「四」。

洋溢〔三〇四九·一〕柯、凌本譌「益」。

結軼〔三〇四九·三〕索隱本「軼」。雜志云：「今本作『軌』，依漢書改。」

請爲大夫〔三〇五〇·三〕毛本「請」作「且」。

粗陳〔三〇五〇·三〕凌本「粗」作「麤」。

固常之所異〔三〇五〇·六〕毛本「常」下有「人」字，與漢書、文選合。

莫非王土〔三〇五一·四〕毛本「非」作「匪」。

係纍〔三〇五一·八〕毛本「累」。

德洋而恩普〔三〇五一·八〕凌本下注「洋溢貌」三字。柯本「洋」下注「溢貌」二字。案：洋溢已見上文，此後人旁注誤混，非集解文。

鷁明〔三〇五二·二〕舊刻「鳴」，凌引一本同。

登三集解三王〔三〇五二·一四〕毛本「王」譌「五」。

稱病閒居〔三〇五三·六〕「稱病」上中統、游本有「常」字，與漢書合。毛本作「嘗」。

其辭〔三〇五三·七〕蔡本、毛本作「詞」。

長楊正義三里〔三〇五三·八〕柯本「三」作「二」。

賁育〔三〇五三·九〕毛本「賁」誤「奮」。

逢蒙〔三〇五三·一二〕舊刻「逢」作「逄」，集解同。

賁育正義孟賁〔三〇五四·二〕官本有「孟」字，各本脫。

不亦難矣〔三〇五四·八〕「不亦」疑倒。文選同。漢書無「亦」字。

家累千金〔三〇五四·一四〕蔡、中統、游、王、柯、毛本下並有「者」字。凌本無，與漢書、文選合。

索隱恐墮墜之也〔三〇五四·一五〕「之」字疑衍。各本作「恐其墮墜」也。

宜春宮正義杜之南〔三〇五五·一〕官本「杜」，各本譌「社」，下同。

敻邈〔三〇五五·七〕志疑云此下五句漢書無，後人妄增。

拾九天〔三〇五五·八〕舊刻「拾」作「捨」。

塕薆索隱〔三〇五六·二〕此下索隱三條單本無，蔡、中統、游、王本亦無。

拾九天正義〔三〇五六·五〕王本脫。

僊道〔三〇五六·七〕毛本「仙道」。

猋風〔三〇五七·一〕蔡、中統、毛本「猋」，它本譌「焱」。

蜩蟉〔三〇五七·二〕柯、凌「蜩」誤「蛷」。

夭蟜〔三〇五七·二〕毛脫「夭」字。

蠼以〔三〇五七·三〕蔡、中統、王、柯、毛本「蠼」作「蹬」。

叫奡〔三〇五七·四〕毛本「叫」譌「叶」。

赿蟆索隱牙跳也〔三〇五八·四〕單本「蟆」下衍「之」字。「牙」疑當作「牙」。

伯僑〔三〇五八·一六〕蔡本、中統、舊刻、游本與索隱本合。它本「伯」誤「北」。

祝融驚〔三〇五九·二〕當依漢書作「警」。

正東正義飛泉〔三〇五九·四〕王、柯倒。

五帝正義五時〔三〇五九·六〕王、柯譌「時」。

太一正義中官〔三〇五九·七〕此「官」字猶未爲俗人所改，可貴也。

徑入〔三〇六〇·三〕蔡、中統、游本「徑」作「俓」。

穴處〔三〇六〇·八〕舊刻誤倒。

亦幸〔三〇六〇·八〕蔡本「亦」譌「赤」。

陸離集解〔三〇六〇·一四〕毛本脫。

鬼𡾋集解楚辭曰〔三〇六〇·一五〕毛本「曰」上衍「有」字。

五河正義仙經〔三〇六一·一〕「經」字磬依漢書注增。

弱水正義輒然〔三〇六一·二〕各本「輒」下衍「物」字，官本無。

東去〔三〇六一·三〕官本「東」，各本譌「車」。

其山爲天柱〔三〇六一·四〕王、柯誤作「其主爲主」四字，凌本同，惟「山」字不誤，今補正。

流沙集解〔三〇六一·五〕王、柯、凌本並脫。

崑崙正義崑崙在肅州〔三〇六一·一三〕「在」字錯「崑崙」上，今正。

春秋〔三〇六一·一三〕王誤「秦云」，柯、凌誤「秦亡」。

建國〔三〇六一·一三〕「國」字各本脫。

臨羌〔三〇六一·一五〕各本譌「差」。

阿傉達〔三〇六一·一五〕譌「建」。

建末達〔三〇六一·一五〕「末」誤「山」。

出於崑崙西北隅〔三〇六一·一六〕誤作「出書於西河北隅」。

黃河出東北隅〔三〇六一·一七〕「河」誤「海」。以上官本並不誤。「崑崙」「黃河」二條亦見考證。

載勝正義勝代〔三〇六二·一〇〕漢書注無「代」字，疑涉下而衍。

〔增〕呼吸沆瀣餐朝霞兮〔三〇六二·一三〕案：漢書「兮」字在「餐」上，以下句例之，漢書是。

脩降〔三〇六二·一四〕蔡、中統、舊刻、游、柯、毛本「脩」並作「循」。案：脩降義窒，漢書作「修」，師古雖訓爲長，又云循長路而下馳，蓋亦騎牆。

舒節〔三〇六二·一四〕中統、游本譌「卽」。

寥廓〔三〇六二·一五〕淩本「寥」作「廖」。

紛綸索隱綸沒也〔三〇六四·八〕綸無沒義。各本作「淪，沒也」，然則小司馬本正文從水。

七十有二君集解七十有二人〔三〇六四·九〕毛本注中「有」字在「七十」上。

軌迹〔三〇六四·一五〕毛誤「於」。

逢涌〔三〇六五·二〕索隱本「逢」，與漢書、文選合。字類引亦同。今本並誤「蓬」。

收龜〔三〇六五·五〕毛本「收」譌「牧」。

郅隆集解徙郢〔三〇六五·一〇〕舊刻、游本「郢」，各本作「程」，下並同。案：此以郢郅形近，故疑爲「郢」，若「程」字則不相及矣。

周書〔三〇六五·一〇〕毛本「周」譌「漢」。

生於畢郢〔三〇六五·一〇〕「生」當作「卒」。

宜爲郢乎〔三〇六五・一二〕毛本「宜」作「其」。舊刻「乎」作「字」。

逢涌索隱又作峰讀曰烽〔三〇六六・三〕案：韋張二解義自明了，師古據誤本爲說，小司馬遂承其謬。

翠黃集解訾黃其何〔三〇六七・三〕「訾」譌「紫」，「其」譌「湛」，「何」譌「河」，考證據漢書改。

仁育〔三〇六七・一〇〕中統、游本譌「有」。

展采〔三〇六八・三〕蔡、王本「展」譌「展」。

望幸索隱摯虞〔三〇六八・九〕原誤倒，今正。

濟世索隱言自〔三〇六九・五〕單本誤倒，各本遂删「自」字，今正。

也如〔三〇六九・六〕「也」字疑衍。「如」譌「故」，今改。

符瑞集解符瑞之富〔三〇七〇・五〕毛本「瑞」誤「符」，「之」誤「大」。

厥壤〔三〇七〇・七〕王譌「攘」。

滲漉集解色蔭反〔三〇七〇・一〇〕毛本「蔭」譌「陰」。

氾專濩之〔三〇七〇・一三〕舊刻「氾」誤「我」。中統、游、王、柯本「專」譌「專」。

其儀可嘉〔三〇七一・一〕志疑云：「『喜』之譌。」案：漢書作「喜」，與上下文韻並合。文選亦譌「嘉」。

煇煌〔三〇七一・一三〕舊刻、毛本「煌」，它本作「湟」。

託寓〔三〇七二・三〕舊刻「託」，與漢書、文選合。據集解，則本是「託」字，它本作「記」，非。

翼翼也〔三〇七二・七〕毛無「也」字。

舜在〔三〇七二・八〕柯譌「尤」。

易本隱之以顯〔三〇七三・三〕「之以」漢書作「以之」。據索隱，則所見史本與漢書同，今本誤倒，幷單本所出正文而改之矣。

至隱集解推見事〔三〇七三・七〕王本「事」譌「爭」。

小己集解小雅之人〔三〇七三・一二〕「之」譌「云」，汪校改。

淮南衡山列傳第五十八（史記卷一百一十八）

十月〔三〇七五·一二〕志疑云當作「七月」。

廷尉臣賀〔三〇七七·三〕志疑云：「賀雖不知何人，然可證公卿表於孝文三年書張廷尉之誤。」

奉以二千石所不當得〔三〇七七·六〕九字當作一句讀，如說近之，瓚及索隱皆失其義。

士五開章〔三〇七七·七〕蔡、中統、游、王、柯、毛本並作「五」，注同。凌作「伍」。

蔄忌〔三〇七七·一〇〕毛本「蔄」作「簡」，下同。

棺椁〔三〇七七·一〇〕中統、游、毛「椁」，它本作「槨」。

爲亡命〔三〇七七·一三〕毛本有「亡」字，與漢書合。它本並脫。

今復之〔三〇七九·一五〕凌本「今」譌「令」。

逮考〔三〇八〇·四〕毛本「逮」，它本並譌「逯」。

陽周〔三〇八〇·一二〕各本作「周陽」，考證據惠景侯者表、漢書表傳改，下同。志疑說同。

不能相容集解而更相逐〔三〇八一·二〕毛本「更相」誤倒。

東城侯〔三〇八一·一〇〕中統本下重「侯」字。

廬江王弗應〔三〇八一·一四〕中統、舊刻作「聽」。

而謀反滋甚〔三〇八二・一一〕「謀反」疑倒。下文云「其反謀益甚」，語意相同。

陰結索隱伍被〔三〇八二・一三〕蔡本「伍」作「五」。

陵慧〔三〇八二・一四〕舊刻、毛本同，各本譌「彗」。

王皇太后〔三〇八三・一〕「王」字疑衍，漢書無。

中詗集解采察〔三〇八三・五〕下索隱引作「探察」，此「采」字疑譌。

道從長安來〔三〇八四・八〕雜志云：「道卽從也。漢書作『道長安來』，史本一作『道』，一作『從』，後人誤合之耳。」

中尉宏索隱姓殷〔三〇八五・一〕志疑云公卿表是殷容。

廢格索隱攱閣〔三〇八五・三〕「攱」譌「致」，依梁孝王世家集解改。

日夜與伍被〔三〇八五・六〕志疑云漢書無「伍被」。

不卽常山王〔三〇八五・七〕游、王本「卽」誤「如」。

萬全〔三〇八五・一五〕蔡本、中統本作「全」，可知衞霍傳「誅全甲」之誤，蓋亦當時俗字也。

一動〔三〇八五・一五〕中統本作「怒」。

聖人之道〔三〇八六・三〕蔡、中統、游、王、毛本作「聖人」，它本作「先王」。

紡績〔三〇八六・四〕王譌「紛績」。

還爲僞辭〔三〇八六・六〕雜志云：「僞卽爲也。御覽珍寶部引無『爲』字。」案：疑史本一作「爲」，一作「僞」，後人兩存而誤幷耳。

尉佗知中國勞極止王不來〔三〇八六・一一〕志疑云漢書作「止王南越」此因上「不來」而誤。

百姓願之〔三〇八六・一五〕毛本「願」誤「怨」。

地方〔三〇八七・二〕中統、游本誤「封」。

內鑄消銅〔三〇八七・三〕志疑云「消」當作「鄣」。

一船〔三〇八七・三〕蔡、王本脫二字。

吳越之衆〔三〇八七・五〕「越」疑「楚」字之譌，上下文並作「吳楚」。

萬倍於秦〔三〇八七・六〕舊刻「於秦」，與志疑說合。各本作「於吳楚」。毛本無「於」字。

王氣怨結〔三〇八七・九〕雜志云「王」字衍，漢書作「被因流涕而起」。

止王不來正義闕文〔三〇八七・一三〕警云此及後「武關」正義皆有「闕文」二字，蓋後人所記。

深購〔三〇八八・八〕毛本「構」。

且覺〔三〇八九・一〇〕二字舊刻作「泄」。

吳興兵〔三〇八九・一〇〕舊刻「興」作「舉」。

雒陽〔三〇八九・一四〕毛本「洛陽」。

太半〔三〇九〇・六〕毛本、吳校宋本作「平」，誤。

產五十萬〔三〇九〇・一三〕舊刻、毛本、凌引一本「產」上有「家」字。

逮書〔三〇九〇・一四〕志疑云：「『逮』字當在『書』下，誤倒。一本『書』下有『以逮』二字，亦非。」案：舊刻、毛本、凌引一本「逮書」下有「以逮」二字。

官奴入宮〔三〇九一・二〕王、柯譌「官」。

成臯之口正義澠水〔三〇九一・一〇〕攷異云「氾水」之譌。

耐罪集解完其耏鬢故曰耏古耏字從彡〔三〇九二・三〕各本「耏」譌「耐」，「從」誤「與」。「彡」字舊刻、毛本不誤，它本並誤「髟」，今依漢書高紀注改。

杜林〔三〇九二・三〕「杜」誤「蘇」，依高紀注改。

屈彊江淮閒〔三〇九三・二〕毛本「江淮」作「淮南」，非。

免官〔三〇九四・六〕蔡、王、毛本誤「削」。

欲勿誅〔三〇九四・九〕中統本作「殺」，游本譌「謀」。

首爲王畫反謀〔三〇九四・九〕游、凌本「王」作「之」。中統、舊刻、游、毛本「謀」作「計」。

會肆丞相諸侯議索隱會肆丞相者〔三〇九四・一一〕案：如索隱本，則「諸侯議」三字衍。蓋「諸」即「者」字之譌，後人因加「侯議」字也。舊刻「肆」譌「肄」。

爲九江郡集解徐廣曰又爲六安國以陳縣爲都〔三〇九四・一五〕拾遺云：「陳，縣。淮陽國都六合，不得有其地。」

又據漢志，六安國乃衡山故地，此注當在衡山王傳末。」案：拾遺此條刊本誤入「汲鄭傳」，亦傳寫誤也。

故劾慶〔三〇九五·五〕王本「故」誤「死」。

侵奪人田〔三〇九五·六〕毛本無「奪」字，「田」誤「日」。

壞人冢〔三〇九五·七〕蔡、中統、游、王、柯本「冢」譌「家」。

二百石以上〔三〇九五·七〕蔡、王本誤「人」。

輣車〔三〇九六·二〕中統「輣」誤「軜」。

淮南已西〔三〇九六·一三〕毛本「已」譌「巳」。

元朔六年中〔三〇九七·五〕志疑云五字衍，上已書「元朔六年」。（案：沈家本曰：「上文『六年』二字疑衍，梁說未是。」中華本據刪上「六年」二字。）

衡山王使人〔三〇九七·五〕中統、游、毛本有「王」字，它本脫。

吏捕羸〔三〇九七·六〕蔡、王本「捕」誤「稱」。

元朔七年冬〔三〇九七·八〕志疑云元朔安得七年，乃「元狩元年」之誤。

謀反者未得〔三〇九七·八〕舊刻「者」作「漸」。疑本作「所與淮南謀反者漸得」，寫者誤耳。

又疑〔三〇九七·九〕凌本譌「擬」。

坐王告不孝〔三〇九七·一三〕凌本「王告」倒。舊刻、王、柯本脫「坐」字。毛本亦脫，「告」誤「后」。

信哉是言也〔三〇九八·三〕蔡、王、柯、凌本脱「言」字。

蕃臣〔三〇九八·四〕舊刻「蕃」作「藩」。

循吏列傳第五十九（史記卷一百一十九）

索隱〔三〇九九·三〕中統、游本在首行題下，與單本合，蓋猶舊式。

施教〔三〇九九·六〕舊刻脫二字。

吏無姦邪盜賊不起〔三〇九九·七〕志疑云：「後書郭丹傳注引『姦邪』下有『遂霸諸侯』句。」案：如章懷所引，則句當在「盜賊不起」下，但彼節去「盜賊」句耳。

今市令〔三一〇〇·四〕凌本「令」譌「令」。

不悔〔三一〇〇·一三〕毛譌「侮」。

子產者〔三一〇一·一〕中統、游本「子產」上有「鄭」字。

織布好〔三一〇二·三〕毛本「布好」倒。

不奉主法〔三一〇二·九〕中統、游、毛本「主」作「王」。

自刎而死〔三一〇二·九〕舊刻、中統、游本下有「也」字。

傳其罪〔三一〇三·一〕中統、游、王本「傅」譌「傳」。

號哭〔三一〇三·七〕「哭」字與復逐爲韵，中統、游本作「泣」，非。

汲鄭列傳第六十（史記卷一百二十）

至黯七世〔三一〇五・三〕舊刻作「十世」，與漢書合。

閭閤〔三一〇五・一〇〕中統、游本譌「閣」。

弘大體〔三一〇五・一二〕漢書作「引大體」，疑此譌。志疑説同。

常揖之〔三一〇六・一〇〕毛本「揖」誤「損」。

上常賜告〔三一〇七・一〕舊刻譌「誥」。

最後病集解一作其〔三一〇七・六〕毛譌「甚」。

放析〔三一〇七・一四〕游本「折」。

乘上閑〔三一〇八・四〕蔡、游、毛本「乘」作「承」。中統一本亦剜改「承」。

益貴弘湯〔三一〇八・七〕王脱「湯」字。

亢禮〔三一〇八・一三〕中統、游本「亢」作「伉」。

稍益貴〔三一〇九・四〕中統本「稍」譌「稱」。

令天下〔三一〇九・一〇〕毛本「令」譌「今」。

奴婢〔三一〇九・一三〕中統、游本倒。

段宏〔三一一二·九〕毛本「段」，與索隱本合。各本譌「叚」。

索隱段客〔三一一二·一二〕「客」疑「容」之譌。如淮南王傳「漢中尉殷宏」，公卿表作「殷容」矣。考異謂公卿表未見「段宏」，疑即「殷容」。

張羽〔三一一三·三〕凌誤「禹」。

莊爲太史〔三一一三·一二〕「太」疑「內」之譌。漢書作「大吏」。

僦人索隱摧者獨也〔三一一三·八〕「摧」說文作「榷」，無獨義，疑誤。（案：如張說，則金陵本當作「推」，然金陵今本亦作「榷」，蓋未及剜改也。中華本作「榷」。）

儒林列傳第六十一（史記卷一百二十一）

正義姚承〔三一一五·三〕警云前卷多作「丞」。

齊魯之閒〔三一一六·五〕毛本「閒」，各本作「門」。

阬術士正義三里〔三一一七·二〕「三」下衍「百」字，考證據漢書注删。

以爲秦阬〔三一一七·二〕「爲」字考證增。

四海正義相次〔三一一七·一五〕官本「次」，它本誤「以」。

申培公集解一作陪〔三一一八·六〕毛作「掊」。

當與計偕〔三一一九·八〕索隱本「當」作「常」。

次治掌故〔三一一九·一三〕中統、游本「次」作「以」。

無傳疑〔三一二一·三〕毛本無「疑」字，與漢書合。

於是天子〔三一二一·一五〕舊刻脱「是」字。

弟子至申公〔三一二一·一五—一六〕此二十一字舊刻脱。

不在〔三一二一·一六〕中統、王、柯、凌誤「至」。

文詞〔三一二二·一〕舊刻「辭」。

招致〔三一二一·一〕舊刻「至」。

弟子二人乘軺傳從集解馬車〔三一二三·四〕毛本倒。

反因過〔三一二三·三〕舊刻「反」譌「及」。

代秦〔三一二三·四〕蔡、中統、游本「代」作「伐」。

朝錯〔三一二四·一一〕舊刻、游本作「晁錯」。

資用〔三一二五·四〕中統、游本「資」作「貲」。

兒寬集解元封〔三一二五·一三〕舊刻與名臣表合，各本誤「元狩」。

〔增〕因以起其家逸書〔三一二五·一五〕王引之曰：「當讀『因以起其家』爲句，『逸書』二字連下讀。」

瑕丘〔三一二六·八〕毛本「瑕」誤「段」。

未嘗不得〔三一二八·二〕毛本「嘗」譌「常」。

弟子遂者〔三一二九·二〕毛本、吳校元本「遂」作「通」。

百數〔三一二九·四〕王本「百」誤「言」。

酷吏列傳第六十二（史記卷一百二十二）

愉快〔三一三三·七〕拾遺云：「漢書『愉』作『媮』，小顏云『媮，苟且也』。」

遂禽〔三一三三·六〕志疑云當作「夷」。

野彘卒入廁〔三一三三·一〇〕毛本「卒」下有「來」字。

楊人正義以故〔三一三三·一〕王本「以」譌「北」。

〔增〕濟南都尉正義都尉秦官〔三一三四·一四〕「都」當依百官表作「郡」。

數十騎〔三一三五·七〕毛本「十」譌「千」。

其使民〔三一三五·七〕御覽四百七十三引「使」作「役」。

〔增〕與汲黯俱爲忮〔三一三五·一三〕考異云：「當以『與汲黯俱』爲句，『爲忮』二字屬下句，文義方安。」

周陽氏集解國除〔三一三六·一〕舊刻、毛本二字倒。

〔增〕正義聞縣〔三一三六·一〕「聞」下當脫「喜」字。

傳爰書〔三一三七·八〕考異云：「『傳』當爲『傅』，傅讀曰附，謂附於爰書。」案：「傳」與下文「欲傳古義」之「傳」同，然舊注已誤矣。

大府〔三一三八·二〕毛本「大」作「太」。

乾沒〔三一三八·一二〕案：乾沒猶言陸沈，謂陰取其利。佞幸傳「長公主賜鄧通吏隨沒入之」是也。舊注皆迂。

集解隨勢〔三一三八·一五〕毛誤「世」。

罪常釋聞〔三一三九·七〕雜志云當依漢書作「閒」，屬下。

於是湯益〔三一三九·一四〕毛脫「於」字。

亭疑集解均也〔三一四〇·三〕中統、王、柯、毛本無此二字。

賢者正義建議〔三一四〇·七〕王譌「識」。

告緡正義每千錢一算出一等〔三一四一·三〕案：「出」字疑當在「一算」上，而衍「一等」二字。然與平準書不合，當有脫誤。

蕃臣〔三一四一·一二〕舊刻「蕃」作「藩」。

事下湯〔三一四二·六〕蔡、中統、游、毛本、吳校元板並有「事」字。

湯治〔三一四二·六〕中統本譌「始」。

冶鑄〔三一四二·八〕中統本「冶」譌「治」。

常排趙王〔三一四二·八〕中統本「常」作「嘗」。

他囚〔三一四二·一〇〕毛本「他」作「佗」。

湯無與也〔三一四二·一三〕毛本「無」作「弗」。

心望〔三一四三·五〕舊刻作「怨望」。

常欲死之〔三一四三·六〕中統、游、毛本「常」，它本譌「嘗」。

使吏捕〔三一四三·九〕蔡本「吏」譌「使」。

上黨郡〔三一四五·一〕雜志云「郡」字衍，索隱本無。

長陵〔三一四五·一〕毛誤「安」。

捕鞠〔三一四六·三〕蔡本「捕」譌「補」。毛本「鞠」作「鞫」。

孔暴集解二姓〔三一四六·六〕中統、游、王、柯、毛「二」譌「三」。

捕其爲可使者〔三一四六·一五〕雜志云：「索隱本出『求爲可使』四字，今本作『捕』，疑後人依漢書改。」

後一歲〔三一四七·一〕志疑云「一」當作「二」。

黎來〔三一四八·五〕索隱本「黎」，各本作「梨」。凌引一本作「追求」，蓋依漢書改。

徙諸名禍猾吏〔三一四八·七〕索隱本作「徙請名禍猾吏」，漢書作「徙請召猜禍吏」。雜志云：「『名』即『召』字之譌。『猜』『禍』皆『猾』之譌。『徙諸』又『徙請』之譌，當作『徙請召猾吏』。」案：疑「諸」字不誤，但錯倒耳，當作「徙召諸猾吏」。

關東〔三一四九·五〕毛本「中」。

居廷〔三一四九·一二〕漢書「廷」作「它」，疑史誤。

爲方略〔三一四九·一三〕游、王「方」誤「萬」。

投銗〔三一四九·一三〕王、柯譌「銗」。

以牧司姦盜賊〔三一四九·一三〕「牧」，凌引一本作「收」，與漢書合。漢書無「盜賊」二字，疑此文有衍誤。

少禁〔三一五〇·一一〕游本「少」作「小」。

宛軍集解伐大宛〔三一五一·二〕毛本「伐」譌「代」。

尸亡去〔三一五一·四〕漢書「尸」作「妻」，疑史誤。然徐野民據本已作「尸」。

自溫舒等〔三一五一·六〕志疑云：「自此至『以文辭避法焉』，乃漢書減宣傳尾語，後人妄取入史。使繡衣治盜事在天漢元年，沈命法更在後，非史文明矣。」

其治〔三一五一·六〕吳校元板無此二字。案：上云「欲爲治者」，則此二字爲贅，漢書無。

小羣盜〔三一五一·九〕雜志云「盜」字後人所加，漢書無。

其後小吏〔三一五一·一三〕凌本脫「後」字。

十萬〔三一五三·一四〕中統本「十」譌「千」。

周中廢〔三一五四·四〕志疑云此下後人增入。

推咸〔三一五四·一三〕索隱本「咸」，各本作「減」。雜志云：「『推咸』者『椎成』之譌。『椎』即『椎擊』之『椎』，故音直追反。」

索隱推繫〔三一五五·三〕雜志云「椎擊」之譌。

大宛列傳第六十三(史記卷一百二十三)

張騫漢中人〔三一五七·三〕索隱本無「張」字。

故胡奴〔三一五七·六〕索隱本無「故」字,漢書亦無,蓋此即「胡」字譌衍,亦或因下文「故胡人」語而增之。

經匈奴〔三一五七·六〕索隱本「經」作「徑」。

飲器正義血盟〔三一五八·三〕官本「血」字,與漢書合。各本譌「立」。

導繹〔三一五八·一〇〕蔡、中統、王本「繹」,它本作「驛」。

而居〔三一五八·一一〕中統、游、毛本下有「之」字,與索隱本合。

正義盡也〔三一五九·三〕王本「盡」譌「書」。

其旁〔三一六〇·二〕毛本「傍」。

扜罙〔三一六〇·四〕「扜」字索隱音汙,漢書注音烏,字當從于,而各本多作「扞」,非。「罙」毛作「采」,下同。

于窴〔三一六〇·五〕各本譌「寘」,今正。

東則扜罙集解漢紀〔三一六〇·一〇〕毛本譌「記」。

鹽澤正義去玉門陽關〔三一六〇·一三〕「去」字「陽」字考證據漢書增。

大月氏正義康泰外國傳〔三一六二·五〕官本不誤。各本「泰」譌「秦」,脱「外」字。

安息正義地理志〔三六二·二〕漢書地理志無此文，見後漢書西域傳。

京西萬一千二百里〔三六二·二〕案：漢書西域傳安息國王治番兜城，去長安萬一千六百里。後漢傳安息國居和櫝城，去洛陽二萬五千里。文並不合。

西關〔三六二·三〕後漢傳作「安息」。

自此南乘海〔三六二·三〕「此南」二字依後漢書補。

烏弋〔三六二·四〕譌「戈」，汪改，與後漢書合。

效王面〔三六二·四〕御覽八百十二引「效」作「放」。

黎軒正義土多〔三六三·五〕譌「地」，考證據後漢書改。

有夜光璧〔三六三·五〕官本與後漢書合。各本「有夜」倒。

皆青水精爲及〔三六三·六〕「及」字誤，或上脫一字。（案：中華本據會注本補「礎」字。）

斯調州〔三六三·八〕「州」當爲「洲」。御覽八百二十引異物志云斯調國有大洲。

白鼠皮〔三六三·一〇〕疑當作「毛」。

在安息〔三六三·一〇〕「息」字考證增。

羊羔〔三六三·一三〕汪本譌「黑」。

植之〔三六三·一四〕「植」誤「擲」，考證改。

大鳥正義鳥鵄鷹身蹄駱〔三六四・三〕案：漢書注作「大爵及膺身似橐駝」，此似刪節其文。然彼此皆有脫誤，彼文「膺」即此「鷹」字之譌，而此文「蹄駱」二字當倒。

國善眩集解應劭〔三六四・四〕毛誤「昭」。

西王母正義長老〔三六四・七〕「長」下衍「安者」二字，考證刪。

流沙〔三六四・八〕誤「水」，考證改。

大荒西經〔三六四・八〕考證云大荒西經無此文。

女國北出崑崙山南〔三六四・一一〕各本此下又衍「女國北山崑崙山南」八字，官本無。

去京凡〔三六四・一一〕王脫「凡」字。

王長〔三六四・一三〕雜志云：「『王』當依漢書作『君』。御覽四夷部引史作『君長』。」

善賈市〔三六四・一四〕蔡、王本誤「氏」。

藍市城〔三六四・一五〕毛本「市」作「氏」，與後漢書合。漢書作「監氏城」。

身毒正義頂有光明〔三六五・三〕官本「頂」，各本譌「項」。

臨兒國〔三六五・五〕疑有誤。

墮地〔三六五・六〕官本「墮」，各本譌「隨」。

卽經稱河者也〔三六五・一三〕「河」上當脫「恒」字。

留役馳馬〔三一六五·一三〕「役」字疑誤。

思欲見佛〔三一六五·一三〕「欲」譌「飲」，今正。

以指畫石〔三一六五·一七〕「石」譌「名」，警依水經注改。

尚存〔三一六五·一七〕王本「存」譌「有」。

犍爲正義其連反〔三一六七·三〕官本有「反」字，它本脫。

滇越集解一作城〔三一六七·一〇〕毛本誤「絕」。

西城數萬人〔三一六七·一四〕雜志云：「『城』當爲『域』字之誤。漢書作『破匈奴西邊，殺數萬人』。史脫『殺』字。」

數有功〔三一六八·五〕蔡本「有」誤「月」。

守於西城〔三一六八·五〕雜志云亦「域」之譌。

扜罙〔三一六九·九〕中統、游本作「冞」。

窺漢知其廣大〔三一六九·一〇〕中統本、吳校金板作「窺漢地廣大」。

鑿空集解鑿開空通也〔三一七〇·一〕游本「開空」倒。

若出其南集解漢書作及〔三一七〇·一〇〕案：今漢書作「迺」，徐所據本蓋「乃」字之譌。毛本「南」誤「用」。

善眩人〔三一七三·一〕雜志云：「後人以上文云『善眩』，因加『善』字。漢書張騫傳無。索隱本出『犂軒眩人』四字，無『善』字明矣。」

名倉庫〔三一七三·九〕「名」字譌，當從漢書作「各」。

妄言〔三一七四·一〇〕王本「妄」譌「忘」。

發屬國〔三一七四·一四〕毛本「屬」譌「蜀」。

西至敦煌〔三一七五·二〕毛無「西」字。

進熟集解從行〔三一七五·三〕毛本「從」譌「徙」。

鹽水集解水中〔三一七五·四〕漢書注作「水中行」。

數日則去〔三一七五·一三〕中統本、吳校金板「則」作「而」。

橐它〔三一七六·四〕毛本「橐」譌「槖」。中統、毛本「它」作「他」。

置居延〔三一七六·六〕蔡本「置」誤「至」。

故待遇漢使善者名味蔡〔三一七七·一一〕中統、吳校金板「使」下有「之」字。蔡、王本「名」誤「爲」。

偵而輕之〔三一七七·一五—三一七八·一〕雜志：「漢書『偵』作『負』，師古曰恃也，則『偵』乃『偩』之譌，『偩』與『負』同。」

醴泉瑤池〔三一七九·一〇〕雜志云：「類聚山部、御覽地部、白帖山類、文選遊天台山賦注、洪注離騷引並作『華池』。論衡談天篇引史作『玉泉華池』。海內西經注引禹紀亦作『華池』。今本作『瑤池』，乃元以後人所改。」

余不敢言索隱荀悅作效〔三一八〇·五〕今漢紀作「攷」。

游俠列傳第六十四（史記卷一百二十四）

延陵〔三一八三·五〕志疑云：「二字漢書無。」案：疑涉下「信陵」而誤衍，然徐野民本已然。

虛附〔三一八三·一〇〕中統、游、柯譌「俯」。

乘傳車將〔三一八四·九〕志疑云：「漢書作『乘傳東將』，師古云『乘傳車東出爲大將』。」

薛兄〔三一八五·二〕索隱本「兄」，各本作「況」。

韓孺集解有郟〔三一八五·七〕毛複衍一「郟」字。

南越〔三一八五·七〕毛脫「越」字。

藏命作姦剽攻不休及鑄錢掘冢〔三一八五·一〇〕雜志云：「漢書作『休乃鑄錢掘冢』。師古曰『不報仇剽攻，則鑄錢發冢也』。是『休』字下屬爲句。『及』當作『乃』。『不』字後人所加。貨殖傳『起則相隨剽攻，休則掘冢』，又其一證。」

嚼〔三一八五·一四〕舊刻作「爵」，爛文。

遂去其賊〔三一八六·二〕南宋本「遂」譌「逐」。

箕倨〔三一八六·一〇〕舊刻、毛本作「踞」。

怪之〔三一八六·一三〕王本「怪」誤「快」。

踐更集解顧更錢〔三一八六·一六〕譌「踐」，考證據漢書昭紀注改。

且無用待我〔三八七·四〕此「待我」字涉下而衍，漢書無。

及徙〔三八七·一四〕中統、王、柯本「及」譌「又」。

解兄子〔三八八·二〕中統、游無「解」字。

爲人短小不飲酒〔三八八·三〕志疑云七字複出，衍。

侍使者〔三八八·七〕南宋、中統、游本「侍」譌「待」。

遂族郭解〔三八八·一〇〕毛本「遂」譌「逐」。

郭公仲〔三八八·一四〕毛本「公」作「翁」。

鹵公孺〔三八八·一四〕案索隱本，則史文本作「翁」，今本「公」字蓋後人依漢書改。

朱家之羞也〔三八九·三〕吳校本「之」作「所」，與漢書合。

人貌集解則貌〔三八九·一〇〕毛本作「色」。

佞幸列傳第六十五（史記卷一百二十五）

士宦〔三一九一·三〕南宋、舊刻、毛本「士」作「仕」。

材能〔三一九一·六〕毛本「才能」。

宦者〔三一九二·四〕毛本「宦」誤「患」。

以夢中陰目求推者郎〔三一九二·七〕毛本「目」，與漢書同。各本作「自」。舊刻作「衣」，疑史文「夢中」下本有「衣」字，誤倒。其作「目」者，後人依漢書改。「自」則「目」之譌也。

得自鑄錢〔三一九二·一二〕中統本、吳校金板「自」作「以」，疑本作「目」，譌爲「自」。

南安集解〔三一九三·一〕淩脫。

濯船索隱〔三一九三·二〕淩脫。

衣裻集解〔三一九三·五〕淩脫。

索隱衫襦之横腰者〔三一九三·五〕拾遺云：「說文『裻，背縫』。小司馬非。」

後穿索隱〔三一九三·六〕淩脫。

銅山正義案滎經〔三一九三·一〇〕案：誤「邑」，考證改。

乃不甚篤〔三一九四·六〕南宋本、毛本作「乃不」，各本倒。

寢與〔三九五·一三〕南宋、中統、游本「寑」，它本作「寖」。（案：中華本作「寑」。）

滑稽列傳第六十六（史記卷一百二十六）

春秋以義〔三一九七·四〕凌本「以」下衍「道」字。

禳田〔三一九八·七〕索隱本、舊刻、毛本「禳」，各本譌「穰」。

祝曰〔三一九八·七〕中統、游、王、柯、凌本「祝」上有「而」字。

革車〔三一九八·九〕中統本誤「馬」。

滿篝集解篝籠也〔三一九八·一三〕御覽七百七十七引注下有「音構」二字。又元龜八百三十三亦引注「篝，籠也，音構。甌窶猶杯樓也。言豐年栥樹易可滿篝」。疑皆集解之文，而與索隱大同，或今本以重複而删之。「栥」疑「采」之譌。「樹」當依索隱作「掇」。

索隱猶杯樓〔三一九八·一三〕南宋本「杯」作「柸」，御覽引注同。

汙邪集解汙邪下地田也〔三一九八·一五〕元龜引注云：「汙耶，下地田也。言下地田之中有薪栥可滿車也。」亦與索隱大同。「栥」亦「采」之譌。

對曰〔三一九九·一〕毛本「對」上有「髡」字。

帣韝集解衣褏〔三一九九·二〕舊刻「褏」，各本誤「裒」，下同。（案：金陵本亦譌「褎」，初版中華本同。）

袂也〔三一九九·二〕「袂」誤「衿」，考證改。

其後百餘年〔三二〇〇·二〕考異云：「優孟事在前二百餘年，此云後百餘年，乃踳駮之甚者。」

以爲不可〔三二〇〇·五〕南宋本無「以」字。

楩楓〔三二〇〇·七〕毛本「楩」，各本譌「梗」。正義同。

糧稻〔三二〇〇·一一〕中統、毛本「糧」作「粳」，南宋本譌「梗」。

優孟索隱〔三二〇〇·一三〕單本錯在下文「若無遠有所之」後。

翼衞集解趙韓〔三二〇一·一〕毛本倒。

孫叔敖子也〔三二〇一·七〕中統、游、王、柯、凌「子」上有「之」字，南宋、舊刻、毛本無。（案：金陵本亦有「之」字，中華本同。如張說，則金陵本擬從南宋、舊刻、毛本删「之」字，而未及剜改也。）

貧困往見〔三二〇一·八〕南宋本「貧」作「窮」，「往」作「且」。

談語〔三二〇一·八〕中統、游本、吳校金板作「話」。

楚王及左右〔三二〇一·九〕南宋、中統、游、毛、吳校金板並有「及」字。御覽四百五十一引亦有，又三百九十六引作「與」。

抵掌談語集解容則〔三二〇二·四〕毛譌「野」。

侏儒〔三二〇二·九〕南宋、中統、毛本作「朱儒」。

幸雨立〔三二〇二·一二〕雜志云：「『幸』字涉下而衍，『雨』下脫『中』字。初學記人部、御覽人事部樂部引並作『雨中立』。」

主上〔三二〇三·三〕毛本「主」譌「王」。

外家傳語索隱〔三〇三·一一〕此注各本錯在東方朔傳中，單本亦然，今移正。

滑稽索隱〔三〇三·一三〕單本錯在「東方朔」條後，今移此。各本改系篇題下。

無徒〔三〇四·一〇〕柯譌「徙」。

飯已盡〔三〇五·四〕毛本「飯」譌「飲」。

據地〔三〇五·九〕毛本「據」下衍「其」字。

蒿廬〔三〇五·一〇〕游本「廬」譌「蘆」。

宦署門〔三〇五·一〇〕毛本「宦」譌「宮」。雜志云：「『宦』下脫『者』字。類聚、御覽居處部、文選西都賦注別賦注引並有。」

〔增〕名朔正義括地〔三〇五·一三〕下脫「志」字，當補。

上書正義秩六百石〔三〇六·二〕官本「秩」，各本譌「殊」。

彊失士者〔三〇六·九〕王、柯脫此四字。

平均〔三〇六·一一〕毛本倒。

輻湊〔三〇六·一三〕游本「輳」。

常侍〔三〇六·一四〕王譌「時」。

固其常也〔三〇七·四〕王、柯、凌本「其」作「有」。

混邪〔三〇七·一一〕中統、游本「混」作「渾」。

建章宮正義〔三二〇七·一三〕凌本脫。

余吾〔三二〇八·四〕凌本「余」誤「於」。

遮衞將軍〔三二〇八·六〕中統重「軍」字，衍。

北海太守〔三二一〇·四〕毛本「太」誤「北」。

王先生曰天子郎問〔三二一〇·八〕毛無「王」字。

於呼〔三二一〇·一二〕游本「戲」。

小家女〔三二一一·六〕南宋、舊刻、毛本「小」，它本誤「人」。

齋宮〔三二一一·七〕毛本「齋」作「齊」。

行十餘日〔三二一一·八〕雜志云「行」字衍，御覽方術部引無。

爲河伯取之〔三二一一·九〕南宋、舊刻、毛本有「河」字，它本脫。

困貧〔三二一一·一〇〕御覽七百三十四引倒。

漂沒〔三二一一·一一〕王本「漂」誤「河」。

娶婦正義華陰〔三二一一·一四〕誤「陽」，考證改。

遂爲河伯〔三二一一·一四〕下衍「娶婦」二字，考證刪。

里父老〔三二一二·三〕毛本「里」誤「異」。

以人民〔三二二·三〕御覽引「以」作「與」。

三二千人〔三二二·四〕王、柯無「人」字。

十人所〔三二二·四〕淩本「十」譌「千」。

衣繒〔三二二·四〕毛本「繒」譌「繪」。

呼河伯〔三二二·五〕王本「呼」誤「子」。

得更求好女〔三二二·六〕御覽三百六十七引「得」作「待」，義勝。

磬折正義爲筆〔三二二·一四〕官本「筆」，各本譌「華」。

胥側〔三二二·一五〕王譌「則」。（案：中華本「胥」作「腰」。）

患苦〔三二三·二〕毛譌「若」。

民田正義令吾臣皆如〔三二三·八〕「令」譌「今」，「吾」下衍「爲」字，「如」誤「非」。

行田〔三二三·八〕誤「西」。

不與〔三二三·九〕譌「興」。

以富魏〔三二三·一〇〕「富」下衍「漳」。

河內〔三二三·一〇〕誤「名」。

魏都〔三二三·一〇〕脫「都」字。以上並考證據溝洫志改。

治鄭〔三二三·一二〕索隱本「治」作「相」。

集解王朗〔三二三·一三〕治要「朗」，各本譌「郎」。

索隱唯彈琴〔三二四·五〕單本無「唯」字。

是人見思〔三二四·六〕單本作「是仁恩」三字，蓋連上「而化」爲文。

日者列傳第六十七（史記卷一百二十七）

集解墨子〔三二一五·三〕凌本誤題「索隱」。

〔增〕所以卜筮占候〔三二一五·五〕「筮」金陵本譌「巫」。中華本初版亦承其誤，再版改正。

論議〔三二一五·一一〕毛本倒。

誦易〔三二一五·一一〕御覽七百二十五引作「講習」，疑今本誤。

先王〔三二一五·一一〕王、柯譌「生」。

觀采索隱易用〔三二一六·六〕疑倒。

所賢〔三二一六·一三〕中統本、吳校金板作「貴」，下文「別賢」同。

誇嚴〔三二一六·一五〕雜志云：「讀爲『譀』。說文『譀，誕也。誇，譀也』。」

非其功〔三二一七·七〕中統本脫「其」字。

見人有污〔三二一七·七〕中統本誤「衆」。

賓正〔三二一七·一〇〕考異云：「『賓』讀曰『擯』。六國表『諸夏賓之』，張儀傳『大王收攝天下以賓秦』，皆擯棄之義。」

飾虛功〔三二一七·一一〕中統「飾」譌「飭」。

以少爲多〔三二一七·一三〕毛本「爲」誤「無」。

虛公家〔三二七·一三〕元龜八百三十三引作「虛秏公家」，疑今本脫。

才不賢〔三二八·四〕元龜引作「不才不賢」。

君子義也〔三二八·九〕中統、吳校金板「義」誤「非」。

旋式〔三二八·九〕索隱、中統、游、毛本同。它本「旋」誤「按」。

後乃有之〔三二八·一一〕類聚七十五引「有」作「育」。

委聚〔三二九·六〕王、柯脫「聚」字。

不可卜哉〔三二九·七〕王、柯脫「可」字。

乍亡〔三二九·九〕毛誤「立」。

公責〔三二九·九〕中統譌「貴」。

辯人〔三二九·一〇〕王、柯誤「庶人」。

飾先王〔三二九·一二〕中統、游本「飾」作「飭」，此隸書「飭」。

口不能言〔三三〇·三〕索隱本無「口」字，疑衍。

地履〔三三〇·九〕毛本「履」。

以伎能立名〔三三一·一二〕中統本作「身」。

夫家〔三三一·一三〕中統本、吳校金板「夫」作「一」。

好含〔三二二一·一三〕南宋本作「舍」。

五行家〔三二二二·二〕南宋本脫「行」字。

天人〔三二二二·二〕考異云：「當作『天一』。漢志五行家有天一六卷。」

龜策列傳第六十八（史記卷一百二十八）

筮吉〔三二三·七〕中統本「筮」誤「無」。

亦有決疑〔三二三·九〕毛本「有」誤「以」。

上尤加意〔三二四·八〕中統本、吳校金板誤「禮」。

眦睚〔三二四·九〕毛本倒。

摓策定數灼龜觀兆〔三二四·一三〕案：玉篇「捀，扶容切，灼龜觀兆也」。蓋卽引此文而失其上句。是「摓」本作「捀」。集韵符容切「捀」下引孫佃曰「兩手分而數」，亦與索隱合。又云「通作摓」，則所見史本已有作「摓」者。

江傍家人〔三二五·一〇〕御覽九百三十一引作「人家」，疑今本誤倒。

蓮葉集解蓮一作領〔三二五·一二〕「領」疑「蘏」之譌。集韵「蘏，苓之或字」。文選七啓「寒芳苓之巢龜」注引史文「神龜常巢於芳蓮之上」，云「苓與蓮同」，則「蘏」亦與「蓮」同。

上有擣蓍〔三二六·三〕毛本「上」誤「下」。

松根〔三二六·六〕雜志云：「茯苓非松根。御覽藥部及爾雅翼引作『松脂』。」

其叢生滿百莖〔三二六·八〕雜志云類聚草部、御覽百卉部引作「其叢生百莖共根」。

必見其光〔三二六·一四〕游、王、凌本「必」誤「之」。

玉處〔三二六・一四〕凌本誤「出」。

太卜官〔三二七・九〕三字柯、凌本不重，蓋脫寫。

有神龜在江南嘉林中〔三二七・一三〕雜志云：「水經決水注引作『神龜出於江灌之閒，嘉林之中』。今本後人改。」

白蛇〔三二七・一五〕中統、舊刻、吳校金板作「蚆」。

介蟲〔三二九・八〕南宋本「蟲」譌「蠱」。下「蝗蟲」同。

漢正南北正義天河〔三三〇・二〕官本「天」，各本譌「大」。

在籠〔三三〇・六〕王本譌「寵」。

雷雨〔三三〇・九〕游、凌本「雷」譌「雲」。

欲亟去也〔三三〇・一三〕游、王、柯「欲」譌「卻」。毛本「欲」下有「望」字，疑衍。

審於刑德〔三三一・三〕中統本、吳校金板「審」誤「定」。

還復其所〔三三一・九〕毛本「復」誤「服」。

今我聽子〔三三一・一四〕王本「今」譌「令」。

送龜〔三三二・一〕毛本誤「歸」。

山原〔三三二・九〕游本譌「源」。

有介之蟲〔三三二・九〕南宋本、毛本並譌「蠱」。

閭術〔三三三·一〇〕游本作「衎」。

口得所嗜〔三三三·一一〕王譌「著」，殿本作「耆」。

拌蚌〔三三三·一五〕毛本「拌」譌「垪」。

以爲大寶〔三三三·一〕中統本、吳校金板「以」作「出」。

以知吉凶〔三三三·一五〕王本「吉」譌「告」。

象郎〔三三四·三〕御覽八百八十五引作「廊」。案：淮南子本經篇「桀紂爲琁室瑤臺象廊」，即此事。說文無「廊」字。

象箸〔三三四·四〕王誤「管」。

聚兵〔三三四·六〕中統譌「共」。

貪佷〔三三四·九〕游、柯本「很」，它本譌「狼」。

象郎集解不由〔三三四·一一〕毛譌「甲」。

取之以暴彊〔三三五·六〕中統、游、毛本、吳校金板無「之」字。

賓服〔三三五·七〕毛本「賓」誤「兵」。

桀紂〔三三五·八〕毛本重此二字，各本脫。

費民〔三三五·九〕雜志云：「『民』當爲『氓』，與常郎諸字韵。」

縣而〔三三五·一〇〕毛本「縣」，各本作「懸」。

傳之賢士〔三二三五·一五〕「士」疑當作「王」，與上下文韵。

大悅而喜〔三二三六·五〕疑當作「起」。

於是元王〔三二三六·五〕「元王」二字疑衍。

理達於理〔三二三六·七〕雜志云：「文不成義。御覽方術部引作『程達於理』。」

邦福重寶集解福音副〔三二三六·一三〕如徐音，則「福」當作「褔」，然集韻、類篇、字類引此文皆作「褔」矣。

賢者有恆常〔三二三七·一〕「恆」「常」字當衍其一，蓋漢世諱「恆」爲「常」，後人兩存之。

毋椽〔三二三七·三〕南宋、舊刻、毛本「椽」，它本譌「掾」。

而骨〔三二三七·四〕毛本「而」譌「面」。

騰蛇〔三二三七·五〕中統本「虵」。

螽門集解雄渠〔三二三七·一〇〕毛本作「熊渠」。

三瓦集解棟之〔三二三八·四〕毛本「棟」譌「陳」。

中關內高外下〔三二三八·一〇〕此卜兆乃正文，各本混作「集解」，今正。

四月〔三二三八·一〇〕當在「三月」上。

首仰〔三二三八·一一〕南宋、中統、游、毛「首」上空格，不誤。王、凌連上「四月」。柯本脫。

肸開〔三二三八·一一〕當作「足肸」。

正月正義爲十二月〔三三八·二三〕王、柯脫誤作「十日」二字。

首仰正義〔三三八·二五〕柯本與索隱系「四月」下，凌本混入「索隱」。

首俛大索隱〔三三九·二〕當次「首仰」下，删下文重出之「首俛大」三字，而以「正義」次「索隱」後。

案：「正月」下正義云「言正月、二月、三月右轉周環十二月者，日月之軀」，疑舊式本依日躔之次，從亥位起，正月右旋十二辰，列於上辰者，日月所會，故名日月軀矣。其卜兆別在下方。傳寫錯亂，致不可解。今依正義尋之，尚可得其仿佛，別寫如左：

四月	三月	二月	正月	中關內高外下	首仰	首俛
五月			十二月	大　足開	足肦	橫吉
六月			十一月			
七月	八月	九月	十月			

卜禁日〔三三九·三〕南宋、舊刻、毛本同。它本「曰」譌「日」。

食已卜〔三三九·三〕「卜」字疑衍。

月旦〔三三九·四〕南宋、中統、游、毛、吳校金板同。它本「月」譌「日」。

而遂之〔三三九·四〕疑有脫文。周禮菙氏「凡卜，以明火爇燋，遂歙其焌契，以授卜師，遂役之」。

若常〔三三九·五〕毛本「常」，各本譌「嘗」。（案：金陵本亦作「嘗」，似未及剜改者。）

卵祓正義以常〔三二三九·一二〕疑倒。

灼首曰正足〔三二四〇·三〕「灼首」下疑脫「曰正首灼足」五字。

假之〔三二四〇·四〕「之」疑「爾」字之誤。下文「假之」同。

數箣〔三二四〇·五〕南宋本、舊刻作「刺」。雜志云：「索隱作『箣』，皆『莿』之誤。說文『莿，茦也，從刺聲』。刺策聲近，故徐音策。集韻『策，蓍也，或作莿』，義即本徐。」

今日〔三二四〇·五〕毛譌「目」。

某欲〔三二四〇·五〕「某」譌「其」，依下文改。

首足收〔三二四〇·六〕「首」誤「手」，今改。下「首足滅去」同。

中外〔三二四〇·七〕游本「中」作「內」。

以造集解音竈〔三二四〇·八〕毛本「音」誤「有」。

索隱荆若木〔三二四〇·八〕三字疑衍。

靈龜卜祝〔三二四〇·一四〕「靈龜」二字疑衍。

不如〔三二四〇·一四〕凌、毛本「如」譌「知」。

某身良貞〔三二四〇·一四〕南宋、中統、舊刻、游、毛本同。它本脫「貞」字。

內外自垂〔三二四〇·一五〕誤「隨」，依下文改。

卜占〔三四一·二〕「占」字疑衍。

首上開〔三四一·二〕中統本「上」作「止」，疑「足」之壞文，而上脫「仰」字。

交駭〔三四一·二〕「駭」字疑誤。

今病有祟無呈無〔三四一·三〕疑當作「今病者祟無呈兆無」。（案：依張說，則此段文字應標點爲「今病(有)(者)祟無，呈(兆)無，祟有，呈兆有。中祟有內，外祟有外」。可備一說。中華本標點依吳汝綸斷句本。又，「卜病者祟曰」應連上「首仰足肣」，中華本初版誤提行，再版改正。）

卜繫〔三四一·三〕中統本譌「擊」。（案：中華本初版亦譌「擊」，再版改正。）

呈兆首仰足肣〔三四一·四〕案：卜兆蓋以首仰足開爲類，首俛足肣爲類，今各條有「首仰」，無「首俛」，疑傳寫誤。

卜擊盜〔三四一·七〕南宋、王、柯本「擊」譌「繫」。案：擊繫字形近易亂，義亦易辨，後不復出。

身首集解一作筋〔三四一·九〕案：此對上「身正」而言，「首」字「筋」字皆非。

首足開〔三四一·一〇〕「首」下亦脫「仰」字。

肣勝〔三四一·一三〕「肣」字疑衍，而「勝」又「肣」之譌衍。

足開有肣外〔三四一·一四〕「肣」字疑衍。

自去〔三四一·一四〕二字疑衍。

身節折〔三四一·一五〕各本「節折」倒，官本不誤。

不執足肣首仰〔三四二·二〕中統、王、毛本「首」譌「手」。

身節有彊外〔三四二·三〕「有彊」疑倒。

身作外彊情〔三四二·四〕有脫誤。

若無漁〔三四二·六〕「無」字疑衍。「漁」即後文云「漁人」也，疑脫「人」字。

首仰足肣有外〔三四二·七〕中統本下衍「足」字。

不遇呈兆〔三四二·一〇〕疑下有脫文。

命曰橫吉安〔三四二·一三〕各本連上「卜天雨霽」條。警云宊別。

過一日不得不得〔三四二·一四〕二字複衍。

民疾疫無疾〔三四三·二〕凌本作「無疫」。

命曰呈兆病者不死〔三四三·四〕「呈兆」下疑有脫文。

而市買〔三四三·六〕「而」字疑即「市」之譌衍。下「而市買」同。

聞言不開〔三四三·一〇〕疑當作「來」。

其莫〔三四三·一一〕疑「莫」即「其」字譌衍。

備者仰也〔三四三·一二〕案：備無仰義，疑「儼」之誤。說文「儼，昂頭也」。

命曰首仰足肣有內無外〔三四三·一三〕全同上條，疑衍。

雨不雨霽小吉〔三四四·六—九〕「霽」下疑有脫文。

雨霽霽小吉〔三四五·一〕「雨」下疑有脫文。

卜日毋瘳死〔三四五·三〕毛本「卜」作「占」。

民疫無疾〔三四五·四〕「疫」字衍，或在「無」下。

雨霽雨霽〔三四五·五〕疑當作「雨雨霽霽」。

內外自吉〔三四五·六〕「吉」字疑誤。

雨霽不霽〔三四五·八〕「雨」下疑有脫字。

見貴人吉行不遇盜〔三四五·一一〕中統本脫「吉」字，「行」下衍「人」字。

來者來〔三四五·一三〕中統本「者」作「不」。

命曰首仰足肣外高內下〔三四七·二〕中統本、舊刻「仰」誤「頭」。

而市買不得〔三四七·四〕「而」字疑即「市」之譌衍。

行行不行〔三四七·九〕第一「行」字疑衍。中統、毛本無。

雨不雨霽不吉〔三四七·一〇〕疑「吉」上脫「霽」字。

行行來〔三四七·一二〕疑「來」字當重。

聞盜遇盜〔三四七·一三〕上云「聞盜來不來」此非誤即衍。

⿱雨壽凶〔三四七·一三〕「⿱雨壽」下疑有脫字。

繫者久不出〔三四七·一四〕中統本「久」誤「交」。

横吉內外相應〔三四八·四〕南宋、中統、游、王、柯、毛本脫「應」字。

上柱足〔三四八·四〕三字疑衍。

內外自垂〔三四八·八〕誤「隨」，今改。

行來者來〔三四九·三〕「行」下疑脫「者行」二字。（案：此段文字似應作「命日內自外舉來正足發。行者行，來者來」。中華本初版斷句有誤。張謂疑脫「者行」二字，亦非，實則「者行」上脫一「行」字耳。）

此横吉〔三四九·五〕首當有龜兆形，傳寫失之。以下各條放此。又疑上文「命曰」各條上亦有之。

上柱外內內自舉〔三四九·五〕疑衍一「內」字。

柱足以作〔三四九·七〕「作」疑「詐」字之譌。

此挺詐有外〔三四九·九〕南宋、毛本誤連上。

病不死數起繫留禍罪無傷〔三四九·一二〕毛本不誤。有各本「繫」字錯在「傷」下，今正。

此狐狢以卜有求〔三四九·一五〕葉校本「狐」作「交」。中統、游、王、柯、毛本「卜有」誤倒。

此狐徹〔三五〇·二〕中統、柯本、吳校金板「狐」作「交」。

繫留有罪〔三五〇·四〕「繫留」倒，今正。

有求不晦　〔三三五〇·六〕「晦」字疑誤。

此橫吉上柱足肣　〔三三五〇·一一〕中統、游、王本此條複衍。

爲人病　〔三三五〇·一二〕三字疑衍。此條毛本連上。

卜輕失大　〔三三五〇·一二〕王、柯「卜」譌「十」。

首仰足肣　〔三三五〇·一三〕此條疑亦當連上。

以繫有罪　〔三三五〇·一三〕「以」下疑有脱字。

首俛者憂　〔三三五〇·一四〕此下當有「首仰」云云，傳寫脱。

行者足開至　〔三三五〇·一五〕「行」字疑當作「來」。

內高而外下也　〔三三五一·二〕疑有脱文。

大論曰索隱命兆　〔三三五一·三〕誤「召」，考證改。

貨殖列傳第六十九（史記卷一百二十九）

饒材〔三二五三·一二〕南宋、游本作「財」。

犀瑇瑁〔三二五四·一〕志疑云通志「犀」下有「象」字。

龍門碣石正義絳州〔三二五四·一〇〕「絳」譌「徐」。拾遺云：「徐州無『龍門縣』。唐志龍門縣，貞觀十七年隸絳州。『徐』當爲『絳』之誤。」

綦置正義山上有赭〔三二五四·一三〕「有」字考證據管子增。

虞不出〔三二五五·一〕游本「至」。

九府正義泉府〔三二五五·一三〕二字考證據漢書食貨志增。

職幣〔三二五五·一三〕二字考證據食貨志增。

尙猶患貧〔三二五六·二〕淩本「猶」作「有」。

二者形則〔三二五六·五〕毛無「則」字。

平糶〔三二五六·七〕游譌「糴」。

賤取如珠玉索隱元注恐錯〔三二五七·一〇〕據此，疑當有「集解」，今失之。

江湖正義反至五湖〔三二五八·一〕「反」譌「及」，依國語改。

之陶正義齊州平陽縣〔三五八·五〕拾遺云齊州無「平陽」，「陽」當爲「陵」。

猗頓〔三五九·二〕王、柯、凌本「猗」作「倚」。

集解孔叢子〔三五九·三〕南宋、中統、王、柯、毛本無「子」字。

五牸〔三五九·四〕中統本「牸」，各本譌「牸」。

索隱盬謂出鹽直用〔三五九·一五〕各本「盬」譌「鹽」，依周禮注改。

正義一尺許坑〔三六〇·一〕柯本誤作「以」。案：「坑」乃「坑」之譌，下同。說見漢書雜志四。

雙陸及暮〔三六〇·二〕「暮」疑「棊」之譌。

池中雨下〔三六〇·四〕明南雍本「雨」字不誤，脫「下」字。王、柯、凌本「雨」誤「有」。

鹽塊〔三六〇·五〕官本「塊」，各本亦譌「坑」。

什倍其償〔三六〇·七〕雜志云：「索隱本作『當』，今本後人依漢書改。廣韻『償，當也』。當與償同義。」

巴蜀寡婦清〔三六〇·八〕雜志云：「『蜀』字因下文而衍。」案：索隱特引漢書「巴寡婦清」，蓋所見本已衍「蜀」字，故引漢書正之。

殖五穀〔三六一·一〇〕中統本「殖」作「植」。

及秦文孝繆居雍〔三六一·一一〕史詮云「孝」當作「德」。志疑云通志無「孝」字。

獻孝公〔三六一·一二〕志疑云「孝」字衍。

戎翟〔三二六一·一二〕毛本「戎」譌「伐」。

武昭治咸陽〔三二六一·一三〕志疑云「武」當作「孝」。

重爲邪索隱畏言〔三二六二·五〕「言」疑「罪」之誤。

唐人〔三二六二·一六〕毛本「唐」誤「咸」。

僄悍〔三二六三·四〕毛本「僄」作「慓」。

陳掾〔三二六三·五〕毛本「掾」。集韻二仙「掾」下引此文同。它本並作「椽」。

鼓鳴瑟跕屣〔三二六三·七〕漢書作「彈弦跕躧」。

秦翟正義皆白翟所居〔三二六三·一四〕「皆」誤「皇」，今改。

懻忮集解忮音堅忮〔三二六四·一一〕注中「忮」字疑誤。類篇忮有居企切一音。毛本注脫「忮」字。

懁急集解一作惠也〔三二六四·一〇〕案：慧惠古通，「一作」二字疑涉上而衍。

多美物集解美一作弄〔三二六四·一三〕漢書作「弄」，疑「美」字譌。

跕屣集解跕屣也〔三二六四·一四〕「屣」字誤。據下引瓚曰，疑當爲「躧」。集韻「跕，曳履也」。

微重而矜節集解矜一作務〔三二六五·一一〕志疑云御覽百六十二引作「重義而務節」。

及其衰〔三二六六·三〕南宋、舊刻、毛本有「其」字，它本脫。

齪齪索隱齪音側角反又音側斷反〔三二六六·四〕南宋、中統、王本並作「惻角反」，疑「側」字譌。又齪無側斷反之晉，疑當云「又作斷」。漢書地理志「洙泗之閒斷斷如也」。

昔堯作游成陽〔三六六·六〕案：「作游」不辭，「游」疑「於」字之譌，與下二句一例。

巨野正義在巨野澤也〔三六六·一〇〕「在」疑當作「有」。

梁宋集解今之浚儀〔三六六·一二〕各本「今」下衍「陶」字，舊刻無。

睢陽正義宋城也〔三六六·一三〕「城」誤「地」，考證據唐志改。

成陽集解成陽〔三六六·一四〕毛譌「湯」。

矜己諾〔三六七·三〕王本「矜」作「務」。

楚夏之交正義夏都陽城〔三六七·九〕「都」下衍「計」字，考證刪。

取慮集解下邳〔三六七·一〇〕南宋本「邳」字誤入下句正文。

五湖〔三六七·一四〕毛誤「河」。

東楚正義今海州也〔三六七·一五〕「州」誤「郡」，考證據唐志改。

朐繒正義在沂州之承縣〔三六八·一〕官本「之」，各本作「丞」，疑皆誤衍。「承」譌「丞」，依郡縣志改。

干越〔三六八·三〕舊刻「干」，各本譌「于」。說見漢書雜志。

衡山正義故郴城在潭州東南百二十里〔三六八·七〕項紀正義引括地志「故郴城在黃州黃岡縣東南二十里」。此作「潭州」，蓋涉下「長沙」正義而誤。而此文「百」字與郡縣志合，可補彼注之闕。

江南集解所置〔三二六八·九〕毛誤「制」。

正義徙郡宛陵〔三二六八·一〇〕「陵」誤「城」，考證據郡縣志改。

南楚之地〔三二六八·一二〕柯、凌重「南楚」二字。王本空。

豫章出黃金正義括地志〔三二六九·一〕官本有「志」字，各本脫。

更費集解顧費用也〔三二六九·三〕「顧」誤「故」，依漢書注改。毛本「費」譌「貴」。

之湊集解果謂〔三二六九·七〕毛誤「爲」。

鹽鹵〔三二六九·一四〕舊刻「鹽」作「海」，蓋涉上而誤。「鹽」疑當作「鹽」。

正義池鹽〔三二六九·一六〕官本「池」，各本譌「地」。

果隋〔三二七〇·二〕索隱本、毛本、字類引作「隋」，注同。它本作「隋」，俗省。

集解作蓏〔三二七〇·九〕中統、游、毛「蓏」，它本譌「蓏」。

正義隋今爲棰〔三二七〇·九〕各本「棰」譌「搖」，汪改，與雜志合，下並同。

尙有裹棰之語〔三二七〇·一〇〕官本「尙」，各本譌「向」。官本「裹」，各本譌「裹」，下同。

足螺魚鼈〔三二七〇·一〇〕螺卽蠃也，疑下脫「蛤」字。

迹地志乃改云〔三二七〇·一二〕志疑云「改」譌「故」，考證改。

果蓏〔三二七〇·一二〕王譌「苽」，柯、凌譌「隋」，依漢志改。

呰窳正義嬴蜋〔三七〇·一五〕各本譌「蛛」，依淮南修務訓改。

巖穴〔三七一·一〕毛本「巖」作「岩」。

走死地如鶩者〔三七一·四〕南宋、中統、舊刻、游、毛本、雜志引宋本並有「者」字。

馳阬谷〔三七一·七〕游本「馳」作「駐」。

鶩者集解一作流〔三七一·一二〕毛脫「一」字。

販樵〔三七一·一五〕舊刻作「薪」。

居之一歲〔三七一·一五〕南宋本脫「一」字。

息二千戶〔三七二·三〕志疑云「戶」字衍，漢傳無。

更傜〔三七二·三〕南宋、王、柯、毛本「傜」，它本作「徭」。

進醵〔三七二·九〕舊刻誤「釀」。

牛蹄角千集解百六十七頭也〔三七三·三〕南宋本「頭」下衍「千」字。

魚陂索隱漢書作皮〔三七三·六〕單本與漢書注師古說合。各本依今本漢書改「波」，非。

畝鍾集解四斗〔三七三·一〇〕南宋本作「㪷」。

薑韭索隱〔三七三·一三〕單本有，各本脫。

醯醬千瓨〔三七四·三〕字類引作「瓨」，漢書同，與索隱音合。今索隱本作「缸」，各本作「坻」，皆譌。

漿千甔〔三二七四·三〕南宋本、毛本「漿」，與漢書合。它本作「醬」。雜志云：「涉上而誤。書鈔酒食部、御覽飲食部引並作『漿』。」

其軺車百乘〔三二七四·四〕舊刻脫「乘」字。

髹者千枚〔三二七四·四〕「枚」字後人依漢書增。索隱本無。

千荅〔三二七四·六〕漢書作「合」，疑「荅」字形近而譌。南宋本、毛本作「瓵」，蓋後人依集解改。

鯫千石鮑千鈞〔三二七四·七〕漢書作「鮿鮑千鈞」。

佗果菜〔三二七四·八〕「佗」字疑衍，漢書無。

金錢〔三二七四·八〕南宋、毛本脫「錢」字。

千釀正義醯醋云〔三二七四·一〇〕「云」當作「也」。此三字乃下句正義。

千瓨索隱閑江反〔三二七四·一二〕單本「閑」譌「開」，蓋「閒」之譌。集韵「瓨」胡公、古雙、胡江、寒剛四音，無開江切。

髹者千枚正義以漆物〔三二七五·六〕依漢書外戚傳注當重「漆」字。

俗云黑髹盤朱〔三二七五·七〕「黑」譌「里」，今改。案：漢書外戚傳注作「黑髹盤、朱髹盤」，此「朱」下脫「髹盤」二字，文不成義。

榻布索隱〔三二七五·一六〕此下至「師史」索隱二十三條，單本有，各本皆脫。

鹽豉千荅集解或作台〔三二七六·四〕譌「合」，汪改，與漢書注引又本合。

孫叔然〔三七六·四〕誤「敖」，汪改。

索隱千蓋〔三七六·四〕「蓋」疑當作「盇」，古通用。盇與合聲近。

下音貽〔三七六·四〕蓋無貽音，疑當有引集解文，仍台字之音也。

炎反說文云〔三七六·五〕此仍承集解文，當作「孫炎說云」，即裴舉孫叔然說如下文也。脫「孫」字，衍「反」「文」二字，乃以「炎反」連上，音「貽」爲「貽炎反」，使人不知爲何字之音矣。

鯫千石鮑千鈞集解鯫音輒膊魚也〔三七六·一〇〕案：鮿從耴聲，音輒，膊魚也。鯫從取聲，昨苟反，小魚也。音義迥別。此文以輒鮑爲類，當從耴，而集解、索隱、正義皆亂不分，蓋亦惑於誤本。說詳雜志。

〔增〕索隱兒漬云鮑〔三七六·一一〕「兒」當作「魚」。

棗栗正義謂三千石〔三七六·一五〕官本「三」，各本譌「之」。

駔會集解節節物貴賤也〔三七七·四〕毛本脫一「節」字。

求近處處葭萌〔三七七·一三〕王本少一「處」字。

蹲鴟集解古蹲字作踆〔三七八·四〕杭氏云：「據此，則本文作『踆』。」案：漢書作「踆」。

正義都安〔三七八·五〕「都」譌「郡」，依漢書注改。今華陽國志無此文。

滇蜀正義滇池〔三七八·七〕疑當作「蜀」。

贏得過當〔三七八·一四〕舊刻譌「常」。

貰貸〔三二七九・五〕柯本「貰」譌「貫」。

刀閒〔三二七九・八〕中統本「刀」，各本作「刁」。志疑云：「玉篇刀亦人姓。俗作『刁』，非。」

漁鹽〔三二七九・八〕毛本「魚鹽」。

獨窖倉粟〔三二八〇・五〕王本「窖」譌「穿」。吳校金板「粟」作「穀」。

則身不得〔三二八〇・八〕王本「身」誤「匈」。

宣曲正義宮名〔三二八〇・一〇〕「宮」譌「官」，依漢書、文選注改。

督道集解秦時〔三二八〇・一一〕南宋本有「時」字。

塞之斥也集解若此〔三二八一・三〕毛本「若」作「至」。

章章〔三二八一・一五〕中統、游、王本脫一「章」字。

掘業〔三二八二・三〕字類引作「掘」。雜志云：「後人改爲『拙』，則與音義相左。」

秦揚〔三二八二・三〕索隱本「揚」，各本作「陽」。漢書作「楊」。

田叔〔三二八二・四〕南宋、舊刻、毛本同。它本「田」作「曲」。

用之富〔三二八二・四〕雜志云：「用亦以也，與上下三『以』字互文，後人加『之』字。」

太史公自序第七十（史記卷一百三十）

司地索隱故命南正重〔三六五·七〕「南」下衍「方」字，考證删。

程伯休甫索隱然後案彪之序〔三六五·一二〕「後案」二字疑倒。

杜郵〔三六六·一二〕舊刻譌「陲」。

爲秦主鐵官〔三六六·一二〕南宋本「主」作「王」，疑譌。

在趙正義系本〔三六六·一六〕「系」譌「孫」，依索隱改。

傳劍論集解廉勇〔三六七·一〕毛本「廉」譌「兼」。

索隱蘇林云傳作摶〔三六七·二〕案：集解引蘇林曰「傳手摶論而釋之」，非即以「傳」爲「摶」字，此疑誤。

蒯聵正義如淳云刺客傳之蒯聵也〔三六七·三〕言此以別於衞之蒯聵。然刺客傳無此人。案：左傳齊有申蒯，死崔杼之難，韓詩外傳作「荆蒯芮」，說苑作「邢蒯聵」，莊公好勇士，或即其人。又淮南主術訓「故操劍鋒以離北宮子、司馬蒯蕢，不使應敵」。楚詞九懷「蔽聵登於清府兮」，與烏獲並舉，未知即申蒯否。抑何以云刺客傳也？

高門正義夏陽縣故城〔三六七·一六〕「城」字脫，考證增。

談爲太史公索隱郡縣〔三六八·四〕南宋本「郡」，各本誤「州」。

正義釋在武本紀〔三六八·八〕瞀云武本紀未見此文。

撮名法〔三八九·六〕淩本「名」誤「明」。

糲粱〔三九〇·一五〕雜志云：「糲粗粱精，不得連文。『粱』當爲『粢』。李斯傳『粢糲之食』，韓子五蠹篇、淮南精神篇人閒篇皆『糲粢』與『藜藿』並舉，其證也。」

茅茨正義屋蓋〔三九一·四〕「屋」譌「屈」，考證據漢書注改。

土簋集解一作塯〔三九一·六〕南宋、柯本「塯」，它本譌「溜」。

繳繞〔三九一·一五〕中統本「繳」作「繚」，非。

因物與合〔三九二·五〕志疑云：「漢書作『與舍』，後書馮衍傳引作『與物趨舍』，蓋『舍』字是。」

聖人不朽〔三九二·五〕漢傳作「巧」，顏師古云「無機巧之心」。雜志云：「史本作『朽』者，後人改之。『巧』字古讀若『糗』，正與『守』韻。」

神者生之本〔三九二·一〇〕毛本「神」誤「人」。

不先定其神〔三九二·一〇〕志疑云下脫「形」字，漢傳有。

混混冥冥正義元氣神者之皃也〔三九三·八〕漢傳注師古曰「元氣之貌也」，疑「神者」二字衍。

禹穴正義承以文玉〔三九四·七〕王本「承」作「丞」。

仰天而笑〔三九四·八〕吳越春秋作「嘯」，此誤。

岩岩〔三九四·九〕吳越春秋作「岩嶽」，此誤。

季庚〔三一九四·九〕王本，古通「更」。

以水泉之脈〔三一九四·一〇〕吳越春秋作「得通水之理」，類聚十一引同，疑此誤。

鄒嶧正義嶧山在鄒縣北〔三一九五·一〕「嶧」誤「鄉」，「北」誤「各」，考證改。

漢末陳蕃〔三一九五·二〕此下凌本删，蓋以與索隱複也。

禮樂衰〔三一九五·一一〕南宋本「樂」作「義」。

四百有餘歲〔三一九五·一三〕官本有「有」字，凌引一本同，與漢傳合。

汝其念哉〔三一九五·一三〕毛本「其」譌「某」。

受紀集解百神〔三一九六·九〕毛本「百」誤「肖」。

辯是非〔三一九七·一二〕毛脫「辯」字。

必蒙〔三一九八·三〕中統本譌「家」，疑本作「冡」。

夫君不君〔三一九八·五〕南宋、中統、游、毛本有「夫」字。

禮義之大宗〔三一九八·七〕毛脫「義」字。

春秋文成數萬集解公羊經傳〔三一九九·一〕毛本「公羊」二字錯在上文「春秋」上。

殺慶〔三二〇二·八〕中統、游本、吳校金板作「卿」。

作高祖本紀〔三二〇二·一二〕毛本「祖」作「帝」。

殺隱幽友〔三三〇二·一三〕王本重「幽」字，衍。

洞疑〔三三〇二·一三〕雜志云「洞」讀爲「恫」。

三嬗〔三三〇三·一四〕南宋、毛本「嬗」，它本作「擅」。

彊弱之原集解天漢序曰〔三三〇四·三〕案：下二句見漢書序傳。此「天」字衍，「序」下脫「傳」字。

正義相不能有所錄紀也〔三三〇四·五〕「相」字疑衍。

維高祖〔三三〇四·六〕雜志云：「『高』字後人所加。文選吳都賦注、漢高祖功臣頌注、弔魏武帝文注引皆無『高』字。下文述荆燕世家云『惟祖師旅』，又其一證。」

隕國〔三三〇四·六〕南宋本、毛本「隕」，它本作「殞」。

決瀆〔三三〇六·一〇〕南宋本譌「濆」。

申呂肖矣〔三三〇七·二〕顧氏日知錄云：「『肖』乃『削』字脫其旁，與孟子『魯之削』同。」

爰饗〔三三〇七·三〕游本「爰」譌「岌」。

解亡〔三三〇七·三〕雜志云：「『解』當爲『鮮』。鮮之言斯也。釋言曰『斯，離也』。」

番番集解〔三三〇七·一〇〕南宋、中統、舊刻、游、毛本皆無。

燕易〔三三〇七·一五〕志疑云「噲」之誤。

收殷〔三三〇八·九〕柯本、毛本作「收」。周紀亦云「頗收殷餘民」。各本作「牧」，非。

衞頊〔三〇八·九〕索隱本「頊」，各本作「傾」。

珪邑〔三〇九·四〕南宋本「珪」作「圭」。

實賓南海〔三〇九·一一〕王脫「賓」字。柯本作「居」。案：此文亦當讀爲「擯」。

騄耳〔三一〇·四〕中統、游本「騄」作「綠」。

卜人〔三一〇·七〕毛本「卜」譌「十」。

作田敬仲完世家〔三一〇·一三〕志疑云：「史記篇題無名字兼書者，此必後人妄增。漢書遷傳無『敬仲』二字。」

詘意〔三一一·三〕淩本「詘」作「絀」。

戊溺於邪〔三一一·六〕舊刻「戊」譌「成」。

嘉游輔祖〔三一一·六〕中統本譌「相」。

怵午〔三一一·八〕中統本譌「中」。

嘉參不伐功矜能〔三一二·一〕中統本「嘉」誤「言」。南宋本無「矜」字。

運籌〔三一二·四〕舊刻作「算」。

洽和〔三一三·三〕淩本「洽」作「協」。

景公以治〔三一三·一〕中統、游本「以」作「亦」。

非信廉仁勇不能傳兵論劍〔三一三·四〕雜志引顧子明曰：「本作『非信仁廉勇不能傳劍論兵書』，上文『在趙者以傳劍論顯』集解是其證。今本上下錯亂，又脫『書』字。」

作五子胥列傳 〔三三一三·六〕游本「五」，它本作「伍」。（案：中華本作爲「伍」。）

王翦之計 〔三三一三·一五〕毛本「翦」譌「翦」。南宋本、舊刻作「能」。

收西河 〔三三一五·六〕毛本「西」作「兩」。

垓下 〔三三一五·七〕中統、游、王、柯、毛本「垓」作「陔」。

作韓信盧綰列傳 〔三三一五·一二〕南宋、游、凌本「韓」下有「王」字。

朝錯 〔三三一六·五〕游本「鼂錯」。

守數精明 〔三三一六·九〕南宋本脫「守」字。

後世修序 〔三三一六·九〕雜志云「修」當作「循」。

號令不煩 〔三三一六·一五〕毛誤「順」。

祁連 〔三三一七·二〕毛本「祁」誤「神」。

納貢 〔三三一七·四〕王、柯、凌作「[目貢]」，無此字。

壯有溉 〔三三一七·一五〕志疑云：「『壯』即『莊』字，鄭當時字也。」案：「溉」下疑有「焉」字，與上「長孺矜焉」對。

作汲鄭列傳 〔三三一七·一五—三三一八·一〕南宋、毛本「鄭」作「黯」。

欲觀中國 〔三三一八·五〕毛本「觀」作「親」。

不既信〔三三八·六〕雜志云方言、廣雅並云「既，失也」。

能亦各有所長〔三三八·九〕雜志云能，乃也。

繼五帝〔三三九·五〕中統、游本「繼」誤「維」。

接三代統業〔三三九·五〕雜志云：「『統』當從漢書作『絕』。『絕業』與『末流』對。文選頭陀寺碑注引史記正作『絕』。」

律厤〔三三九·一二〕毛本作「數」。（案：中華本「厤」字均作「曆」。）

爲太史公書序〔三三九·一五〕索隱本引上五字不連，「序」字疑當屬下句。

俟後世聖人君子〔三三〇·一〕漢傳作「以竢後聖君子」，與索隱本同。雜志云：「今本無『以』字，有『世』『人』二字，皆後人所改。」

第七十集解削去〔三三二·九〕毛譌「云」。

史記集解序

裴駰〔一·一〕游本、王本止題此二字，今從之。它本或題官銜，蓋依索隱注增。

接其後事〔一·二〕索隱本「接」譌「按」。

而羞貧賤〔一·六〕索隱本「貧賤」，它本依漢書倒。王本、秦本四字脫。

楊雄〔一·六〕柯、凌本「楊」，各本作「揚」。

集解序正義序之義〔一·一二〕王本、秦本有「之義」二字，脫「序」字，今補。柯、凌三字並脫。

班固索隱廣川太守〔三·一〕案：漢書敍傳稱爲廣平相，後漢書班彪傳作廣平太守，蓋西漢末以國相行太守事也。單本「廣川太守」，傳寫之誤。各本作「潁川太守」，則更謬矣。

爲作音義〔四·一〕中統、游、王、柯無「作」字。

氏姓〔四·四〕柯、凌倒。

兼列正義數家之說〔五·四〕「數家」上衍「兼列」二字，蓋正義本出此二字作注，合刻混入注中，今删。

裨補正義頻移反〔五·一一〕柯、凌作「頻異反」，誤。

史記索隱序

索隱序〔七·二〕錢氏警石云：「所見汲古閣、單本索隱皆缺此序。」案：疑毛氏因已見所刊集解本而删之。

史記索隱後序

徐廣作音義十三卷〔九·九〕原誤作「一十卷」，依前序及集解序正義改。唐志亦云「十三卷」。案：中統、游本及合刻各本並錄補史記序及三皇本紀，此在索隱之外，今删。

史記正義

論注例

韓詩〔一四·二〕警云疑脱「薛君注」云云。

論字例

此之般流〔四・七〕婁機班馬字類序引作「如此之流」。

乖日久〔四・一〇〕字類序「乖誤日久」。

從黹〔四・一〇〕各本譌「黹」，凌譌「黹」，今正。

孝公〔四・一一〕警云當作「獻公」。

黼黻〔四・一一〕游本與字類合。王本「黻」譌「黻」。凌譌「黼黻」。

辭亂〔四・一三〕「亂」依字類序補。

匵匠從走〔四・一三〕「走」疑「𧺆」。唐玄宗御書道德經「匠」作「近」。

巢藻〔四・一三〕各本譌「巢澡」，官本不誤。

席下爲帶〔四・一三〕案：周公禮殿記「席」作「㡪」，後遂譌爲「㡪」。詳顧氏隸辨。各本「帶」譌「帶」。

美下爲火〔四・一三〕各本譌「大」，依字類序改。

此之等類例〔四・一四〕字類序無「之」。

爲龍錫字〔四・一五〕四字依經典釋文條例補。

以支代文〔四・一五〕釋文條例作「用支代文」。

將无混无〔五・一〕原誤「無」，依釋文條例改。彼作「將无混无」。

論音例

甚切（一五·七）字類序作「備」。

或滯（一五·一〇）各本譌「帶」，依釋文條例改。

情乖（一五·一三）釋文條例作「論情」。

復過解閉（一五·一三）依下「畜」字例，此四字並當有重文異音，今失。

偲司伺絲並音巨支反（一六·一）上下紐皆非，蓋涉下「祇岐」而誤。

穿詳連反（一六·四）上紐非，又穿及上篇「偏」並當有聲混異呼之字，今失。

置致躓鷙並陟利反（一六·六）置在志部，致、躓、鷙在至部，不當同音，蓋傳寫錯亂。

發字例

故略舉四十二字（一六·一四）考異云今止三十九字。

從伹容反（一六·一五）失義。

字體各別不辯故發之也（一七·一）「體」疑當作「義」，此二句當注上「觀義點發」句下。

辟君也徵也（一七·三）上脫「必亦反」一音。

閒又紀莧反閒也（一七·四）案：「紀莧反」之「閒」，集韻訓廁也，瘳也，代也，此仍訓閒，誤。

射蛇夜反射也又神亦反（一七·五）「射也」當有脫誤。「神」原譌「成」，今正。

復除役也〔一七·六〕原譌衍作「徐役之也」。案：集韵「復，漢法除其賦役也，通作復」，今刪正。

適又丁歷反大也〔一七·六〕案：「丁歷反」之「適」，集韻訓親也，玉篇、廣韻並訓從也，不聞訓大，疑誤。

汜音祀又音凡又孚劍反又音夷楚人呼上爲汜橋〔一七·七〕考異云：「音祀者從巳，音凡音孚劍者從巳，形聲俱別，張誤。」案：汜字從巳，音怡，不音夷。末句當作「楚人呼橋爲汜」，此誤倒，又衍「上」字。

率卽鍰也〔一七·一二〕「鍰」原譌「歛」，依周本紀集解改。此類後不復記。

長直良反久也又張丈反長上也〔一七·一四〕王本僅存下七字，又錯入王字下，依凌本補正。

培又蒲口反冢也〔一七·一五〕各本「口」譌「內」，「冢」譌「板」，依玉篇及集韵四十五厚改。

沈針甚反又針禁反〔一八·一〕沈字無此二音，上紐皆誤。

謚法解

謚法解〔一八·四〕王本、游本接論例，不換板，今從之。此篇原本蓋上下兩排（案：中華本不分上下兩排），傳刻錯亂，惟游本尚存舊式。王本兩行相閒，猶可考尋。今參餘姚盧氏鍾山札記訂本移正。其末三十餘謚，善惡雜糅，無從訂改，略依游本。

民無能名曰神〔一八·八〕游本、王本無「曰」字，下同。

上排克定禍亂曰武注以兵征〔一九·一五〕原譌「往」，依逸周書改。（案：金陵本分上下兩排，故有「上排」、「下排」字樣。）

溫柔好樂曰康〔三〇·五〕「柔」逸周書作「年」，盧據注改「豐年」。

昭德有勞曰昭注能勞謙〔三〇·一一〕原譌「謹」，依逸周書改。

聖聞周達曰昭注聖聖通合〔三〇·一三〕逸周書作「聖聞通洽也」，疑此誤。

夙夜警戒曰敬注敬身思戒〔三一·八〕「思」原譌「急」，依逸周書改。

下排協時肇享〔二六·一四〕原譌「厚」，依逸周書改。

資輔共就〔二七·一〕「共就」原倒，依逸周書乙。

彊義執正曰威注問正言無邪〔二七·一三〕游本「執」作「訊」。案：逸周書作「彊毅信正」，注亦作「信正」，疑本「信」字，聲近譌爲「訊」，後又改注「信」爲「問」耳。

大慮行節曰考〔二七·一五〕原譌「孝」，盧據公羊疏改。案：篇末「考成也」，與此注「成其節」合，今從之。

行見中外曰愨注表裏如一〔二八·七〕二字依逸周書補。

執義揚善曰懷〔二八·一三〕原譌「德」，依逸周書改。

秉德尊業〔二九·一〕「尊」逸周書作「遵」，注曰「遵世業不惰」。

滿志多窮曰惑注自足者必不惑〔三〇·一三〕逸周書「惑」作「感」，注作「必不足」。盧云感古憾字，不足與憾義正合。

案：王本注中「惑」字作「感」。

去禮遠衆曰煬注不親長〔三〇·一五〕疑「衆」。

剛克爲僖〔三一·七〕案：此有脫文。逸周書作「剛克爲發，柔克爲懿，履正爲莊，有過爲僖」。

尊循也〔三一·九〕盧本逸周書作「遵循也」。

式法也〔三一·一一〕「式」原譌「武」，依逸周書改。

載事也彌久也〔三一·一二〕原脫二「也」字，「久」譌「文」，依逸周書補改。　此下原連「以前周書」云云二十三字，並大書，殊不分明，今依後分野題例，改細書，另行。

列國分野（案：原無題目，中華本據殿本補。）

漢書地理志云〔三一·一五〕游本、王本並連謚法解後，無題目，今從之。（案：此指金陵本言，中華本有題目。）

注名馮翊〔三一·二〕當依百官表作「更名右馮翊」。

治內史〔三一·三〕依表下脫「右地」二字。

潁川之舞陽郾陵〔三一·八〕依志當作「舞陽、郾許、傿陵」。

襄城〔三一·一〇〕凌脫「襄」字。

城陽〔三一·一二〕漢志倒誤。（金陵局初印本作「城陽」，後又剜改爲「陽城」。中華本亦作「陽城」。黃善夫本、殿本並作「城陽」。案：漢志作「陽城」，是，此云「漢志倒誤」，非也。）

北有信都眞定常山〔三一·一三〕依志脫「中山」。

斗牛之分壄〔三一·一一〕志作「斗分壄也」。